珍藏本
纪念版

汉译世界学术名著丛书

最能促进人类幸福的财富分配原理的研究

〔英〕威廉·汤普逊 著

何慕李 译

2017年·北京

William Thompson

AN INQUIRY INTO THE PRINCIPLES
OF THE DISTRIBUTION OF WEALTH
MOST CONDUCIVE TO HUMAN HAPPINESS

Ward, Lock and Tyler

London 1869

本书根据伦敦沃德、洛克和泰勒公司 1869 年版译出

汉译世界学术名著丛书
（120 年纪念版·珍藏本）
出 版 说 明

2017 年 2 月 11 日，商务印书馆迎来 120 岁的生日。120 年前，商务印书馆前贤怀揣文化救国的理想，抱持“昌明教育，开启民智”的使命，立足本土，放眼寰宇，以出版为津梁，沟通中西，为中国、为世界提供最富智慧的思想文化成果。无论世事白云苍狗，潮流左右激荡，甚至战火硝烟弥漫，始终践行学术报国之志，无改初心。

迻译世界各国学术名著，即其一端。早在 20 世纪初年便出版《原富》《天演论》等影响至今的代表性著作，1950 年代后更致力于外国哲学和社会科学经典的译介，及至 1980 年代，辑为“汉译世界学术名著丛书”，汇涓为流，蔚为大观。丛书自 1981 年开始出版，历时三十余年，迄今已推出七百种，是我国现代出版史上规模最大、最为重要的学术翻译工程。

丛书所选之书，立场观点不囿于一派，学科领域不限于一门，皆为文明开启以来，各时代、各国家、各民族的思想与文化精粹，代表着人类已经到达过的精神境界。丛书系统译介世界学术经典，引领时代思想，为本土原创学术的发展提供丰富的文化滋养，为推动中国现代学术和现代化进程做出了突出的贡献。

为纪念商务印书馆成立120周年，我们整体推出“汉译世界学术名著丛书”120年纪念版的珍藏本，寄望既利于文化积累，又便于研读查考，同时向长期支持丛书出版的译者、编者和读者致以敬意。

两甲子后的今天，商务印书馆又站在了一个新的历史时间节点上。我们不仅要铭记先辈的身影和足迹，更须让我们的步伐充满新的时代精神。这是商务人代代相传的事业，更是与国家和民族的命运始终紧密相连的事业。我们责无旁贷，必须做好我们这代人的传承与创造，让我们的努力和成果不仅凝聚成民族文化的记忆，还能成为后来人可以接续的事业。唯此，才能不负前贤，无愧来者。

商务印书馆编辑部

2017年10月

威廉·汤普逊的经济理论述评

胡 企 林

(一)

威廉·汤普逊(William Thompson,1775—1833年)[①]是十九世纪英国空想社会主义者(李嘉图派社会主义经济学家)、欧文的信徒。生于爱尔兰科克郡的罗塞伯利一个地主家庭。曾在都柏林、牛津、伦敦等地接受中等和高等教育,并曾就学于杰里米·边沁,研读过他的主要著作《道德和立法原理》,因而深受他的功利主义哲学的影响。1822年以后在爱尔兰接受欧文有关合作社制度的宣传,又开始信奉欧文主义。为了宣传欧文主义,他更潜心地研究和利用了李嘉图的经济理论。1824年他出版了自己的主要著作《最能促进人类幸福的财富分配原理的研究》(以下简称《研究》),以边沁的功利主义哲学和李嘉图的劳动价值论为依据,尖锐地批判资本主义的分配制度,并初步论证了合作社制度的优越

① 汤普逊的出生年份有1775年、1783年、1785年、1788年等几种说法,本文据马克·布劳格等编《经济学家词典》(1983年版)采1775年之说。

性。在《研究》特别是1825年出版的《人类一半（妇女）为反对人类另一半（男人）使她们在政治上从而在社会上和家庭中屈居奴隶地位而发出的呼吁》中，他还根据功利原则坚决主张妇女应当享有平等权利。1827年，他发表了《研究》的续篇《有报酬的劳动。劳资权利的协调，或怎样使劳动者得到他们的全部劳动产品》，进一步考察分配问题，阐述自己的政治经济观点，认为合作社运动是消除资本主义剥削、解决社会问题的唯一途径。1830年，他印行了最后一部著作《根据互助合作、共同占有、平等劳动和平等分配生活享受资料各项原则，迅速而经济地建立公社的具体建议》，为推行欧文的合作社制度提出了详细的规划。除写书外，他还经常为《合作杂志》撰稿，积极宣传欧文的社会主义学说，并担任伦敦合作社组织的重要领导职务。在接受欧文主义以后，他承认自己的地租收入是对别人的劳动产品的“抽取”，并把他的剥削收入中的很大部分用于宣传和推行欧文主义。在1830年所立的遗嘱中，他提出把他在科克郡的大部分世袭地产赠给欧文主义组织，把藏书等遗物赠给合作社图书馆。

（二）

《研究》写于1822年，两年后在伦敦出版。当时，英国在十八世纪六十年代开始的产业革命即将完成，资本主义工厂制度已经取得决定性的胜利。产业革命促进了社会生产力的迅速发展，同时也产生了严重的社会后果。机器的使用提高了劳动强度，把工人家庭的全体成员抛到劳动市场，因而增强了工厂主对工人的剥削和奴役。机器大工业的发展一方面使大批手工业者和个体农民纷纷破产,沦为无产者,从而扩大了雇佣劳动大军,另一方面又使大量工人受到机器的排挤而失业,加入产业后备军的队伍。在这种情况下,工人的劳动条件和生活条件极为恶劣,实际工资不断降低。资本主义的基本矛盾趋于尖锐。英国已处于第一次普遍生产过剩的经济危机的前夕。

汤普逊长期生活在英国资本主义经济发达的一些重要城市,对资本主义制度的各种弊害,特别是“在发达的技术和优越的自然条件可以说是竞相造福于人的情况下,千百万勤劳智慧的人民竟不能享受他们自己创造出的产品”的现象深有感触。他认为它们都是由于劳动者缺乏保障,财富分配不平等所造成的,在经济生活中已经产生妨碍不断再生产和财富积累、损害人类幸福的恶果,因此决心研究财富的分配,解决“怎样调和平等和保障,公平分配和不断生产”这一难题。当他在科克郡的文学协会里听到有人宣扬财富不平等的好处,立即加以批驳后,他更深感有必要深入研究分配问题,并把它提到社会面前,因而写成了《研究》这部专著。

在《研究》中,汤普逊继承了边沁的功利主义哲学、李嘉图的政治经济学和欧文的空想社会主义,把三者综合起来,形成了自己的谋求最大多数人的最大幸福的空想社会主义的经济理论体系。

在汤普逊手中,边沁的功利主义哲学已从资产阶级道德哲学和政治思想变成了批判资本主义和论证社会主义的理论武器,李嘉图的政治经济学已从资产阶级的经济理论变成了反对资产阶级的理论武器,欧文的空想社会主义也得到了比较充分的哲学论证和经济论证。

（三）

汤普逊把财富的公平分配看作是政治经济学以至全部社会科学的中心问题，以为社会的根本问题在于分配。

他认为，财富是由劳动生产出来的生活享受的物质手段或物质资料，是任何一种欲望的对象和幸福的基础，“人要想快乐，便脱离不开享受的物质手段，这在一切文明社会里主要就是财富”。因此，生产和拥有大量财富，是人类幸福不可缺少的条件之一，政治经济学的一个伟大目标就是财富积累或每年产品的无限增加。但是，财富并不等于幸福，充裕的财富本身并不足以带来最大的幸福。英国拥有比许多国家多得多的自然资源、机器、住宅、食物以及勤劳智慧的生产者，生产的财富极为充裕，然而生活于英国社会的大多数人并不幸福，他们日趋贫困，非常痛苦，只有少数人愈来愈富，穷奢极欲，就表明了这一点。在他看来，要使充裕的财富真正为人类造福，就必须根本改变财富的分配状况。因为，贫富悬殊是同财富分配状况密切相关的，“目前的财富分配状况趋向于牺牲广大生产者的利益使少数人致富，使穷人陷入更绝望的贫困深渊，使中等阶级沦落进穷人的队伍，以便让少数人不仅能够把真正的国家（它不过是个人的集合体）资本有害地大量积聚在自己手里，而且能够由于这种积聚而支配社会每年的劳动产品”。各种善行和恶德也同财富分配问题不可分割地联系在一起，“在形成人类性格和影响人类幸福的一切原因中，最重要的是财富的分配，一切条件和关系几乎都取决于财富的分配”。所以，无论对社会

还是个人,“重要的不是仅仅拥有财富的问题,而是财富的正确分配问题”。既然财富的分配和使用比财富的多寡更重要,政治经济学以至全部社会科学就应当把研究的重点放在财富分配问题上,并通过探讨财富分配不平等的弊害和财富分配的自愿平等的利益,揭示“分配的自然法则”,确立理想的财富分配方式。

汤普逊对财富分配问题的极端重视,不仅表现在原书以《论财富的分配》为书名,以《最能促进人类幸福的财富分配原理的研究》为副题[①]上,而且贯穿在本书各章节的标题和正文之中,构成了全书的中心思想。

古典经济学派很重视分配问题。亚当·斯密把国民财富在社会各阶级之间的分配作为他的政治经济学的一项主要内容;李嘉图更把分配规定为政治经济学的本题,认为政治经济学的主要任务就是研究和阐明支配社会产品分为地租、利润和地租的分配规律。汤普逊的上述观点显然是受到了古典经济学派特别是李嘉图的影响。

分配是由生产决定的。分配的性质、分配的原则及其形式,也只能是由占统治地位的生产方式决定的。财富分配不平等的根源不在于资本主义的分配制度,而在于生产资料的资本主义所有制。因而,一般地说,把分配看作事物的本质,并把重点放在它上面,是错误的。

然而,正像李嘉图主要是研究生产的经济学家一样,汤普逊实

① 英国沃德、洛克和泰勒出版公司1869年印行的版本以此副题为书名,中译本据此版本移译,因而沿用了这一书名。

际上是在财富的分配这个提法之下着重研究现存社会的生产关系和未来社会的生产关系的空想社会主义经济学家。李嘉图的政治经济学的基本思想,是宣扬只有经济自由的资本主义制度最有利于生产和社会财富的增加,资本家追逐利润、积累资本同生产发展和整个社会的利益是一致的。而在李嘉图看来,支配分配的规律对利润量从而对积累的规模具有决定性的影响,因此他强调要研究分配问题。汤普逊悉心研究财富的分配,然而他没有把问题局限于分配领域,而是在包括分配关系在内的整个生产关系以至政治制度等方面寻找财富分配不平等的原因,并从未来社会的生产关系着眼设计"理想的"分配制度,以之作为现存制度的对立物。

这里要先提一下的是,汤普逊所说的财富的分配,不能只理解为劳动产品的分配,首先应当理解为生产条件的分配。这种生产条件实际上包括物质的生产条件(即生产资料)和人身的生产条件(即劳动力)。在汤普逊看来,各种物质资料,如土地、矿藏、原料等,只要成为"欲望的对象",并"在它们身上花费了劳动力",从而"具有一个新的价值",它们就成为财富品。这样的财富品显然就是生产资料。汤普逊看到,在"文明社会"里,劳动者只具有人身的生产条件,物质的生产条件即生产资料则完全掌握在资本家手里,生产条件的这种分配对劳动产品的不公平分配具有重大影响。这种见解显然涉及了生产关系问题。

(四)

汤普逊在研究和解决上述中心问题时,以功利主义作为最高的指导原则。

他在《研究》一书的开头就说："功利主义，或者说尽可能谋求人类的最大幸福，是本书中时时刻刻记住的、凌驾于一切其他原则之上的指导原则。"他同边沁一样，把功利，特别是"最大多数人的最大幸福"，作为人们行为的道德标准。

边沁最先把资产阶级政治经济学同功利主义结合起来，把追求一己私利的英国市侩当作标准的人，把这种市侩的本性当作一般人的本性，实际上是把资产阶级唯利是图的丑恶本质加以美化。汤普逊则力图以功利主义为指导，利用资产阶级政治经济学来批判资本主义，作出社会主义的结论。他说："我们的目标就是要循着他（指边沁——引者）所指出的道路，把政治经济学上确定了的原理应用到社会科学上，使这些原理和所有其他各部门学问为最能增进人类幸福的财富的公平分配服务。"

作为功利主义基本原则的"最大多数人的最大幸福"是一种资产阶级的口号，它标榜为了全社会、全人类的利益，实际上是宣扬资产阶级的私利高于一切。但在汤普逊那里，这一口号被赋予了社会主义的内容。他说，"最大多数人的最大幸福"不是少数人的幸福，而是社会上百分之九十的人的幸福，是"可能有的人类最大幸福"、"社会的幸福和全体的幸福"，尤其是生产者阶级的最大幸福。他看到，在幸福问题上，在最大多数之外的少数人与最大多数的多数人之间存在着矛盾。但他站在多数人一边，认为多数人的幸福优先于少数人的幸福。财富分配不平等、强迫劳动、强迫抽取都将减少人类幸福的总和，甚至会造成普遍的不幸，因为它们减损生产者的生产动机，抑制劳动习惯的作用，从而妨害财富的最大生产,而劳动产品的减少将使消费减少,享受减少。生产者的劳动产品被人用强力取走,他所损失的幸福将多于掠夺者所增加的幸福;而掠夺者占有别人劳动,也只能获得“动物的暂时的感受”,他不仅将为不义之感和不安全感所缠绕,而减少他的满足,而且,他由此获得的快乐将随需要和欲望的愈益满足而逐渐减少直至无限小。因此,“强迫取走财富、取走劳动生产品的那个掠夺者所得到的幸福,和由于这个行动的结果而损失掉的幸福比起来简直不算什么”。他提出,劳动产品的全部效用为劳动者所享受,才能促进最大的幸福和最大的生产,而在现存制度下,劳动者所能获得的幸福“已经降低到仅仅能使他继续不断努力下去的最低限度”,因而最重要的是根据功利原则来调整分配,改变财富分配极端不平等的状况。汤普逊宣称,“我们的目的……是确定那种能够导致最大的财富再生产和从一切其他来源获得最大幸福的财富分配的方式”,也就是“能够增进人类可能有的最大幸福的,或者是最大多数人的最大幸福的那种分配方式”。他认为这种分配方式将增进生产者阶级的最大量的幸福,同时“表面上有所牺牲”的少数人也将获得真正幸福,所以“全体的真正幸福……将被发现是与最大多数人的最大幸福相吻合的”。虽然汤普逊不了解功利的阶级性,因此在他的论述中存在着调和对立阶级的不同利益的错误倾向,他用掠夺者的内心感受和“效用递减”的观点来解释幸福的大小也是不科学的,但是他的基本着眼点在于谋求增进生产者阶级的利益,还是很明显的。

（五）

汤普逊在运用功利原则来论述财富分配问题时，充分利用了李嘉图的经济理论。他的经济理论的基础，就是李嘉图的劳动价值论。

他继承了李嘉图的价值理论中的科学因素，正确地认为只有劳动才使财富具有价值。他在《研究》中说："劳动是衡量财富价值的唯一的普遍的标准"，只有劳动才能使天然原料作为财富品而具有价值。他还提出，绝对的劳动量不是在一切情况下都是财富品的价值的准确标准，在衡量财富品的价值时，还要考虑"使自然资料和自然力量变为有用"的科学技术知识对人们的欲望和爱好的影响。在此书其他一些地方，他用更明确的语言指出："知识能够经常地发明出改善技术的方法，使劳动能够在产量上或者在质量上或者在双方面有所提高，从而无限地增加作为享受手段的财富"；天赋较弱（有身体构造上的缺点、疾病等）而有特殊技巧的人"在适合于他们的劳动上也许能生产出有加倍价值的有用的东西"。从这里可以看出，他对脑力劳动和复杂劳动在价值生产中的作用十分重视。

他也看出了，在生产过程中生产资料如原料、厂房、机器等都不改变原有的价值量，增加的价值完全是劳动创造的。因此，他不同意边沁等人将资本家看作生产和价值的真正创造力的见解，而明确提出广大群众——"积极的和熟练的工人"——是真正的财富生产者。

基于上述观点,汤普逊在财富应当如何分配的问题上提出了如下的基本思想:既然财富是劳动创造的,一切物品的价值都是生产它们所需要的劳动量决定的,那么,劳动生产者就“有享用他们的劳动产品的绝对权利”,各种财富只有在保证劳动者获得自己全部劳动产品的原则下进行分配,才最有助于人类的幸福;不劳动而占有别人劳动所创造的财富,是背离人类幸福原则的。在汤普逊手里,李嘉图的劳动价值论从资产阶级的理论武器变成了反对资产阶级的理论武器。

然而,应当指出,汤普逊的价值理论存在着很大的缺陷。他经常把劳动是财富价值的源泉和劳动是财富的源泉这两个不同的命题混为一谈。他片面地认为,劳动是财富之母。同配第提出的劳动是财富之父、土地是财富之母的正确命题相比,这是一种倒退。说劳动是财富的一个源泉,是正确的,说劳动是财富的唯一源泉,则是错误的。汤普逊等人的错误提法在社会主义史上一直影响到拉萨尔派,马克思在《哥达纲领批判》中对此进行了严正的批判。

(六)

围绕劳动产品的公平分配这一主题,汤普逊还在劳动价值论的基础上探讨资本的实质、利润的来源等问题,提出了自己的资本理论、剩余价值和利润理论。这一部分先评述他的资本理论。

汤普逊研究了什么是资本的问题。他对资本作出了两种不同的界说。一种是,资本是没有被立刻消费掉的那一部分劳动产品,是劳动者在生产时使用的物品。这种界说把资本同劳动产品特别是同生产资料混为一谈,是不科学的。虽然汤普逊也试图对资本和劳动产品作出区分,但他提出二者最普通的区别在于物品的耐久性,仍未能将它们正确地区别开来。另一种是,资本是能够作为谋利手段的劳动产品,是资本家"从生产者那里榨取未来的大部分劳动产品的手段"。这种界说则又表明,汤普逊已接近于了解到资本的实质。他看到了,资本不是一般的劳动产品,或一般的生产资料和消费资料,而是资本家作为谋利或榨取生产者的手段在生产过程中使用的那部分劳动产品特别是生产资料(书中有一处谈到生产时,曾将资本和生产资料视为同义语),它体现着资本家和生产者之间剥削和被剥削的生产关系,但他只是用剩余价值的一种转化形式利润来表述这种关系,并未能科学地说明资本家榨取的劳动产品是哪一部分预付资本的产物。

在资本问题上,汤普逊的重大理论功绩是研究了资本(应为生产资料)同劳动的分离,指出了这是资本被用来剥削劳动者的根源。

他说,在靠强力支持的现存制度下,社会分成了两种人:一种人是劳动生产者,他们"除了劳动生产力之外一无所有";另一种人是资本家或资本家阶级,他们拥有土地、粮食、房屋、机器、工具、原料等"现存资本",即"使……劳动力在生产上起作用的物质资料"。这就是说,在资本主义制度下,生产资料同劳动力是分离的(汤普逊把这种分离称为"资本和劳动的分离")。他知道,只是由于生产资料同劳动力的分离,资本家才得以占有生产者的劳动产品。他说:"作为原料或工具使他(指劳动者——引者)的劳动生产力成为有益的那些物质资料都在那些利益和他相反的人们的手里，这些人的同意对于他这一方面的任何努力是一个必需的先决条件。”这就是说，劳动者为了使用资本家掌握的各种生产资料来进行生产，挣得工资，就不得不将一部分劳动产品偿付给资本家（汤普逊将这种偿付称为加于生产的负担、资本家的“抽取”或掠夺）。因此，“在现在人性还没有改变时，只要社会上积累起来的资本在一群人手里而创造财富的生产力在另外一群人手里，这个被积累起来的资本就将被用来破坏分配的自然法则和使生产者不能享用他们的劳动产品”。汤普逊从经济、道德等方面描述了生产资料同劳动力分离的“可怕”后果，并据此明确指出，“只要有纯粹的资本家阶级存在，社会就必定停留在病态中”。

古典经济学家如亚当·斯密已经意识到，生产资料同劳动力的分离是利润（实即剩余价值）由以产生的经济条件，是资本主义生产的前提，但是斯密强调资本的社会作用，宣扬资本家对利润的追求增进了社会公共利益，特别是资本的积累推动了劳动从而促进了社会财富的积累。汤普逊则在资本主义基本矛盾发展的新的历史条件下明确地提出和反复论证了生产资料同劳动力分离的问题，并站在劳动者一边，强调这种分离所造成的资本对雇佣劳动的剥削及其严重后果，这对加深资本理论的研究具有很重要的意义。

与此同时，汤普逊研究并在一定程度上揭示了资本同劳动的对立。他说：“资本家凭借着没有保障和强力来统治，把许多劳动者来年的消费资料、生产所必须使用的工具和机器以及他们必须居住的房屋掌握在自己手里，并且最好地利用它们，用它们尽可能便宜地来购买劳动者们的劳动力和未来的劳动产品。资本的利润越大，或者说，资本家使劳动者为他所借用的工具和机器以及所占用的房屋所付出的越多,劳动者所剩下的,取得其他欲望对象的东西就越少。”这段话的意思很清楚:第一,资本家总是利用对物质的生产条件的占有来廉价购买劳动力。第二,劳动者之所得随资本家利润的增大而不断减少。这两点表明,资本家和劳动者的经济利益是对立的。第三,资本家依靠强力来统治劳动者,维护生产资料同劳动力的分离,从而使劳动者屈从于自己的利益,因而,二者在政治上也处于对立地位(在另一些地方,汤普逊还用资本家是“法律制定者”,资本家“压制工人联合”等说法来指明这种对立)。他的这种观点,增加了他的资本理论的深度。

汤普逊认为,既然资本同劳动的分离和对立造成了财富分配的极端不平等,使劳动者不能享用全部劳动产品,那么,要改变这种状况,就要争取实现资本同劳动的重新结合。在他的理想社会中,劳动产品的公平分配就是以“资本”(实际上是生产资料)同劳动的重新结合为前提的。这一点我们将在本文第八部分加以评述。

(七)

汤普逊的剩余价值和利润理论,在他的经济理论体系中占有重要地位。

他在论述劳动产品被抽取的数量问题时使用了“剩余价值”这一用语。但是,他没有把剩余价值作为一个独立的经济范畴来研究;他分不清剩余价值和利润,没有建立科学的剩余价值理论。并且,汤普逊在其著作中所使用的“剩余价值”等术语,“都和马克思所使用的'剩余价值'这个名词的意义完全不同"[①]。因此,资产阶级学者关于马克思的剩余价值学说剽窃了汤普逊的著述的说法,是没有任何事实根据的。虽然如此,汤普逊在剩余价值和利润理论上,仍然作出了一定的贡献。

他看出了只有劳动才能使价值增值,指出了利润只能来自劳动。他说:"原料、厂房、机器、工资不能增加它们的价值,这个增加了的价值只是从劳动得来的";"除了技术工人在原材料上花费劳动给它增加了价值外,……利润没有其他的来源"。基于这种看法,他认为利润和地租等非劳动收入都是对劳动产品的"抽取",是对他人劳动的无偿占有。按照他的计算,资本家凭借其所占有的生产资料,"至少从劳动生产者的享用中抽取劳动产品的一半",甚至往往高达四分之三。亚当·斯密远在汤普逊之前就把利润归结为劳动产品的一个扣除部分,然而他把这种扣除看成是资本主义社会中的一种自然现象,汤普逊指出利润是劳动创造的价值的一部分,则是为了揭露利润的剥削性质。但是,由于汤普逊不了解劳动的二重性,他未能对旧价值的转移和新价值的创造问题作出科学说明。

汤普逊在论述劳动产品的抽取数量时,对比了劳动者和资本家在这个问题上所持的不同观点。他说,资本家认为,同样多的劳动由于使用他的机器和其他资本而创造了"多余的价值",因此"全部的剩余价值应归他享受";劳动者则认为,机器等资本赋予产品的价值仅仅相当于"资本的耗损",因而资本家从劳动产品中

---

① 《马克思恩格斯全集》第21卷,第562页。

抽取的部分应限于补偿这种损耗所需的数额，加上为使资本所有者和管理人获得同劳动者一样的享受而给予的报酬。汤普逊认为，这两种观点所反映的抽取标准（劳动者为使用资本而必须付出的代价）的差别，“几乎是完全平等与极端富有和极端贫穷之间的差别”；从功利原则看，劳动者的主张是公平合理的，尽管事实上“有效的是一个介于二者之间的由他们的对抗利益的互相冲突所造成的衡量标准”。在这些论述中，汤普逊坚持了资本不能创造新价值、利润只是劳动创造的价值的一部分的观点，并对资本家恣意追求高额利润进行了谴责，虽然他同意给予资本家投入生产的资本一定的报酬，实际上是对资本主义剥削的一种容忍。

汤普逊从经济分析中发现，“抽取劳动产品”是生产者劳动积极性降低的原因。他说：“对于劳动生产者的劳动产品的每一次抽取，不管是使用公开的强力，还是由于需要的间接压迫而使劳动者不得不自愿地承认，都会按比例地减少劳动生产者的生产动机，从而减少产量，这一点是十分明显的。它使生产情绪低落也是无可争论的。”因为“抽取劳动产品”使工资降低到只能勉强维持生活的最小限度，破坏了推动劳动者积极劳动、提高劳动生产率的一切刺激因素，“积累的欲望支配着一切，生产就主要靠生活需要的刺激了”，真正的财富生产者缺乏生产热情，国家财富总量的增长就不能不受到极大的限制，整个国家也就不能不陷于贫困。在英国资本主义经济将进入十九世纪三十年代开始的“极盛时代”的时候，汤普逊就指出资本主义剥削对劳动积极性的消极影响，初步看到收入分配和社会生产力之间的矛盾，表现了他一定的洞察力。

“文明社会”总是保障资本所有者以利润等形式取得非劳动

收入，因而汤普逊着力研究了保障问题。他把资本主义的保障制度称为虚伪的保障制度，并对这种制度的弊害和后果作了揭露和批判。他指出，资本主义的保障制度所提供的是占有者支配别人每年劳动产品的保障，在这种制度下，“仅仅少数人有保障而大多数人无保障”，因而它是虚伪的，只具有诡辩的意义。虚伪的保障限制一切人从事劳动的自由，准许具有政治和其他权力的人掠夺一切人的劳动产品，并为加强和固定对别人劳动产品的占有或“便于收集公开掠夺的东西”而限制一切交换。所以，它只能造成财富分配上的最大不平等，导致伪善和其他不道德行为，带来各种各样的不幸，极大地削弱生产和再生产，从而妨害人类的最大幸福。这种论述加深了他对资本主义制度的批判；它表明，他看到了资本主义剥削既靠经济强制，又凭依强力支持。

（八）

汤普逊在从经济理论和社会实践两方面批判资本主义的分配制度的同时，对未来社会进行了若干研究。他所设想的理想的社会制度，就是他用来同虚伪的保障制度相对立的“同等的保障”制度。他认为，这种制度“公平地给社会上的所有成员以同等保障”，它使拥有资本的人不能用它来榨取劳动产品，在财富分配上导致真正的从“公平的竞争”中产生的平等；它可以“保证最大限度和最有用的再生产”，生产的多少将同保障的程度成比例，因而它能消除不平等和无保障制度所产生的弊害，而增进全体人类的真正幸福。

按照汤普逊的解释，“同等的保障”是指保护一切人从事劳动的自由，保护一切人完全享用他们的劳动产品，保护一切人进行自愿交换。它们包括了“分配的自然法则”的各项基本原则。

在论述自由劳动问题时，汤普逊认为，人类社会已有两种劳动制度，即“强迫劳动制度”和“个人竞争的劳动制度”。强迫劳动（无论是直接的还是间接的）制度实行“暴力与欺诈的统治”，劳动者毫无保障，最不利于财富生产和人类幸福。个人竞争的劳动制度优越于强迫劳动制度，它能产生大量财富，并发展人们的才能，但存在个人追求私利、妨害两性之间权利与义务的平等、妨碍身心两方面教育的发展和一般知识的进步等流弊。在研究欧文的合作计划以后，汤普逊提出，理想的、实际可行的第三种劳动制度是“互助合作的劳动制度”，这种制度既能提供比个人竞争的劳动制度所能提供的多得多的利益，又能避免后者所固有的弊病，它“可以包括个人竞争与私有财产的一切利益，而不具有二者的任何弊害”，因而它又比个人竞争的劳动制度优越，更远胜于强迫劳动制度。

汤普逊认为，互助合作的劳动制度以至“最完善”、“平等”或“完全自由”的个人竞争的劳动制度都能实现“资本、劳动和知识的重新结合”。实行这类劳动制度的社会将有充裕的资本而基本上不存在纯粹的资本家，“所有从事生产的劳动者将直接或最终成为地主与资本家”，社会的所有“个人成员基本上是资本家而兼工人和工人而兼资本家”，“广大的劳动生产者自己就是资本家”，就是土地、工具等生产资料的所有者，“广大的工业制造者将是资本家而兼工人，每个人都有他自己的小部分资本使他能够从事生

产”。资本同劳动通过这种方式重新结合，人们就将为自己的利益而进行自由劳动，并尽全部力量用增加生产的办法来增加自己的享受，从而比在只有少数资本家的情况下多得多地增加资本积累和社会财富，增加共同幸福。《研究》原书编者在序言中这样概述汤普逊的这一思想：“在财富的分配上，明智和博爱的伟大目标应该是，使社会的每一个成员都成为资本家兼劳动者，成为共同幸福的贡献者。”

在这里，汤普逊强调劳动者应当占有生产资料，打破资本家对生产资料的垄断，通过生产资料同劳动力的重新结合来实现劳动产品有利于劳动者的公平分配，表明他力图使劳动摆脱雇佣劳动的形式，转变为他所倡导的“自由劳动”。但是，在他的论述中存在着明显的谬误。他像马克思所批评的霍吉斯金一样，把资本看作纯粹的物，而不是看作资本剥削雇佣劳动的关系，不了解资本家就是这种生产关系的自身反映，资本家失去了资本也就失去了作为资本家的属性，而在他的理想社会里排除了资本家，也就使劳动条件失去了资本性质。因而，有资本而没有资本家、劳动者兼资本家等提法都是错误的。

“一切人完全享用他们的劳动产品”，或者说，“劳动生产者有享用他们的劳动产品的绝对权利”，其他的李嘉图派社会主义经济学家如格雷、布雷等人都曾以不同的措辞提出，作为他们的战斗性的口号。汤普逊把这一点列为理想的社会制度的基本内容和“分配的自然法则”的基本原则之一，认为这是为实现最大多数人的最大幸福所不可或缺的，表明他对实现这一要求极为重视。要求实现劳动者完全享用劳动产品的权利，就是要求消灭利润、地租等非劳动收入，也就是要消灭资本主义剥削制度本身，因而它在当时具有一定的进步意义。然而从理论上说，它是不科学的。列宁指出，这种空想社会主义的错误在于，“它认为从交换规律的观点来看，剩余价值是不公平的”①。汤普逊把它列入“分配的自然法”，表明他也未能对资本主义剥削进行科学的理论分析，不懂得这种剥削的实质在于资本家无偿地占有工人在剩余劳动时间内所创造的剩余价值。在他看来，劳动者的劳动产品被大量“抽取”，似乎主要是由于资本和劳动的不等价交换破坏了价值规律。

关于自愿交换，汤普逊作了如下的表述。他说，交换对于生产财富和随之产生的物质享受，对于道德和善行的发展，都是必要的。但是只有按照自愿原则来进行交换，才能起这种作用，非自愿的强迫的交换是“野蛮的暴力和抢夺”行为，只能“破坏生产和道德”。自愿交换的原则就是“交换的双方各自得到满意的等价物”的原则，就是“等价交换”的原则。在“普遍的自愿交换的制度”下，“每一个人都为每一个人劳动，每一个人都给每一个人以福利并从每一个人得到福利”，因此，自愿交换也就是“福利的交换”，它是人们从平等和保障的原则得到最大幸福的唯一方式。任何不等价交换（包括劳动产品和劳动力本身）都是对自愿交换原则的破坏，都是对人类幸福的损害。由上述可见，汤普逊是从功利原则来看待自愿交换的；他把价值规律简单地归结为等价交换规律，并且认为等价交换规律只是社会主义的经济规律，似乎只要贯彻等价交换原则，人们就能进行自愿交换，从而促进生产的发展、道德

① 《列宁全集》第18卷，第352页。

的改善和幸福的增加。

按照汤普逊的观点，实现了一切人从事自由劳动、享有全部劳动产品和自愿交换这三项原则，就是实现了他所提出的“分配的自然法则”或公平的财富分配原则。

汤普逊认为，实现财富的公平分配可以达到双重目的。一为促进平等，使生活享受尽可能接近于平等。这种平等不是靠暴力和欺骗、靠破坏保障原则来维持的，而是以“被邀在平等分配财富上合作的人的利益”为前提的，因此是一种自愿平等。在他看来，平等的个人竞争的劳动制度（他又称之为“个人保障”制度）也有助于消除现存社会制度所存在的强迫的财富不平等，但在平等分配的充分享受上仍有一定的限制，而以自愿为生存原则的互助合作的劳动制度（他又称之为“社会保障”制度）则能排除这种限制，带来自愿平等的一切利益。另一为促进生产。汤普逊十分重视生产力及其发展，他强调指出，“不生产的为害比分配不平等的为害更大”，“没有了生产，……也就失去了获得幸福的手段”，并提出知识的获得和传播是发展生产、增加享受、使分配的自然法则发生作用的重要手段，因而劳动和知识应当重新结合起来。他认为，所有这些都有赖于财富的公平分配。实现了这一原则，特别是在合作制度下剥夺了资本家把积累的财富作为侵吞未来财富的一种手段的权力，劳动者取得了自由处理自己的劳动力和劳动产品的权利，他们就不仅会迸发努力生产的动机，而且将通过接受最好的教育和操作训练不断增加过去不能获得的各种知识和技术，并在生产中充分发挥自己的体力和智力，从而大大地增加财富和幸福总量。汤普逊在描述他初步设计的协作组织时，对此作了若干具体

论证。

其实汤普逊所说的“促进平等”,最多不过是实行资产阶级式的平等而已。因为“一切人完全享用他们的劳动产品”,是根据其劳动能力的状况来决定的;由于各个人的劳动能力有大小、强弱和熟练程度等的不同,他们所得到的劳动产品必然不等,因而消费仍然是不平等的。当然,相对于资本主义的剥削制度来讲,这种分配方式可谓是平等的;然而同共产主义“按需分配”的真正平等还相距甚远,而且是根本不能实现的。实际上,汤普逊是用小资产阶级的平等观来反对资本主义的雇佣奴隶制度。至于所谓“促进生产”,也是不真实的。因为一切人都享用了他们的全部劳动产品,也就没有余留部分用以补偿生产中的物质消耗、维持简单再生产,更不必说实行有积累的扩大再生产了。这样一来,生产又何从进步、发展?在这种情况下,即使人们由于消灭了强迫劳动,实行了自由劳动,消灭了剥削,实行了公平分配,因而大大地增强了劳动的自觉性和积极性,提高了劳动生产率,也是无济于事的。他只看到劳动热情提高的一面,而没有看到生产秩序被破坏的一面。

总之,汤普逊所谓“分配的自然法则”是无法实现的,也是无从像他所说的那样给社会带来什么政治、经济和道德方面的重大利益的。

以上这些就是汤普逊的理想的社会制度的大体设想。

(九)

汤普逊在经济理论上提出的某些观点是值得重视的。例如,他从资本主义分配方面论证工人和资本家的对立、工资和利润的对立,提出了比李嘉图更为深刻的见解。他强调知识和技术在生产中的作用,并初步论证了收入分配和社会生产力之间的矛盾,也都具有重要意义。然而,他的整个经济理论体系和政治主张具有明显的空想社会主义性质,这种特点在如何建立理想社会的问题上表现得更为充分。

从汤普逊关于未来社会的论述可以看出,他已开始接受并宣传欧文的合作社制度。他说:“我们已经发现有一个人以十分勇敢的精神,根据合理的原则对于‘如何使平等的分配与完全有保障相调和’这一重大问题作出了解答,这就是苏格兰新拉纳克的欧文先生。”但是,他在撰写《研究》时还不是一个坚定的欧文主义者。他把平等的个人竞争的劳动制度和欧文式的互助合作的劳动制度看作优越程度不同但都符合保障原则的进步的社会制度(他以前者作为后者的补充),认为二者可以并行不悖,并设想在这两种制度并存的社会,少数大企业将掌握大资本而不存在大资本家,而广大劳动者则都将通过不同的途径拥有小额资本,用以从事自由劳动,进行平等的、公正的竞争。他认为这样就能分别提供“个人保障”和“社会保障”,实现财富的公平分配。这种设想表明,当时他心目中的未来社会实际上还是一个由小资产者组成的社会。[①] 期望在这样的社会里消灭资本主义剥削制度,首先是一种不切实际的幻想。在保有私有财产的条件下,各种资本之间、小资

① 柯尔在《英国社会主义史》一书中认为,“那个时候他仍然踌躇于独立生产者的自由的、原始的、民主的社会和自觉自愿的社会主义制度下的联合劳动之间”。

产者之间以至“协作组织”之间及其与其他经济形式的竞争，都是商品生产者之间争夺经济利益的斗争，因而，这种竞争无论怎样“平等”、“公正”和“完全自由”，都不能使劳动者摆脱竞争和生产无政府状态规律的作用而免于两极分化。在这种情况下，不仅汤普逊所倡导的劳动自由（诸如“一切劳动者在使用劳动力和是否继续劳动上是自由自愿的”等）不能实现，而且许多生产者还将沦为自由劳动者，即雇佣劳动者。

汤普逊的主张的空想性特别明显地表现在他提出的实现理想社会的“和平”途径上。他同其他一些李嘉图派社会主义经济学家一样，不了解“离开阶级斗争，社会主义就是空话或者幼稚的幻想”[①]，错误地主张采取和平方式来改变社会制度。他说：“可以通过和平的方式来代替……有害的制度，并轻而易举地把有害制度消除掉。”他认为，财富平等分配的新制度只能依靠理智和说服的方法来建立，因此需要发挥“理性的力量”、“有理性的人”的作用，并开展“说服和宣传”工作，使人们认识到新制度对人类的利益。在本书中，他还把希望寄托于资本主义国家政治制度的变革，认为实行代议制有利于逐步废除旧制度并建立新制度。他说：“代议制的建立就是要解散资本家和掌握政权者的联盟”，“给多数人以权力，使他们按照他们的利益来逐一地废弃那些无保障制度”。他分不清资产阶级代议制的形式和阶级内容，误以为代议制同旧制度不相容而同新制度完全一致，因而对资产阶级民主抱有幻想。

① 《列宁全集》第9卷，第431页。

汤普逊用和平手段来改造社会的这种小资产阶级幻想,对于工人运动的发展显然是不利的。尽管如此,他仍不失为一位为了无产阶级的利益而利用资产阶级的理论武器来反对资产阶级的空想社会主义者。

目　　录

原编者序

从本书第一册问世到现在已经有二十多年了，当时，它可以说是一部在出版前就已寿终正寝的著作。那个时候，人们在思想上还没有接受书中这些先进学说的准备。当时人们一般都认为（现在仍然这样想），对“最能增进人类幸福的财富分配原则”进行探讨，并不是被称为“政治经济学家”的那一类作者的任务①。他们的研究目光还完全没有达到如此通情达理、如此远大和崇高的地步。他们的主要研究对象是财富或资本的积累，特别是大量积累的问题。对于他们来说，幸福问题仅居于次要地位。他们只满足于揭示那些曾经支配或者现在还在支配着财富的生产和分配的法则——也就是说，曾经维持或者现在还在维持着暴力和欺骗王国的那些法则；因为迄今以来，人们生产、交换和消费他们的生活必需品、享用品和奢侈品，一直是处于暴力或欺骗或者二者兼而有之的影响之下的。固然，经济学家们有时也大胆鼓吹一番，主张消除一些不利于他们所说的“财富自由发展”的障碍，以改善社会生产事业的经营方式，诸如取消直接规定的或者由于颁布某些财政法

① 前牛津大学政治经济学教授西尼尔先生说：“作为一个政治经济学家，我所要研究的不是幸福而是财富；我不但有理由省略，而且也许必须省略掉一切与财富无关的考虑。”

令而引起的垄断、奖励、禁令和限制等等。但是，只要财富的生产和分配是根据错误而邪恶的"个人竞争"原则——孤立和互相敌对的原则——进行的，他们所夸耀的这些改善就无异于天平上的灰尘，丝毫不起作用。只要这种主要的罪恶——这种野蛮的本质——存在一天，人类的生活状况就休想有什么重大的改善。试看在被认为最文明的国家里，这种罪恶究竟造成了什么结果？对于群众说来，是无休止的从事着消耗生命的沉重劳动，而所得到的却是连最普遍的生活必需品也感到不足的供给、极端的愚昧无知和不得已的犯罪行为。当他们在时常再现的农业或商业萧条中陷于失业时，他们就只能在济贫院、监狱和坟墓当中选择一条道路①。

① 可尊敬的西德尼·戈多尔芬·奥斯本牧师在1848年6月2日写给《泰晤士报》的一封信中说："劳动者一直处于无知状态，对一切社会享受或者勤勤恳恳的独立谋生都抱着低级动物的漠然态度；他们已经如此长期地处于这种状态，以致我们必须用巨大的和耐心的努力才能唤醒他们，使他们离开家乡去寻求公平待遇，而不困居于定居法强迫他们居留的地方，不困居于那些人口充塞的地方，在那里，他们不能摆脱的环境滋生着罪恶，他们的劳动价值则为他们无力抗拒的原因所贬低。

* * *

"长期而痛苦的经验使我相信，用自己的血汗勉强换一口饭吃的人所处的地位，在任何地方都不会比在他的家乡——英国、快乐的英国(?)、基督教的英国(?)、工业策源地、博爱主义温床(?)的英国——更坏。根据我最近的、时间非常近的亲身经验，根据我从远近各处我可以信任的人们那里了解到的情况，根据我所认识到的和得自绝对可靠来源的事实，一切都使我相信，在我国成百成千的乡村中，人民的社会状况低于我在书上所曾读到过的任何国家的乡村状况；罪恶的增加之快和性质之严重真该为我们招来任何最可怕的天谴；劳动者被骗去工资、被压迫、被虐待的种种情况对于我们国家的声誉来说真是一种耻辱。"

* * *

"假使政府能听从诤言，愿意勇敢而开明地努力帮助那些打算去澳大利亚的家庭，我能够指出不止一处需要它注意的地方，在这些地方，如果政府能给予这种帮助，对于自爱和愿意勤劳工作的劳动者就将是一种莫大的恩惠。这将不仅使他们在这个世界上有了希望，而且能让他们使自己的家庭脱离宗教史与世俗史上所从未有过的罪恶渊薮(我随时可以这样证明)。"

对于中等阶级来说,个人竞争的社会制度使他们不得不长年奔走,焦心劳神,经常在最窘迫的经济情况下为维持“体面”而拼命挣扎。在这样一种基础之上,对他们的知识和道德品质,我们能指望些什么呢?这些东西已经被伤心地压抑下去了。一切慷慨的和高尚的情操,都为竞争中的讨价还价——永远想贱买贵卖——造成的狡猾自私的卑劣心理所代替了。

在那些财富最多的上层阶级中间,现存制度的影响表现为他们经常有一种不安全的感觉,经常担心政府会发生剧烈变化,从而造成即使不是财产上的、也是权势上的损失。此外,出身高贵、地位显赫的旧贵族对于只是以金钱取胜的新贵族——中等阶级的百万富翁,也怀有一种病态的嫉妒心理。

这就是现存制度对于通常构成“社会”的三大阶级的影响。把它叫作“社会”,实际上是名不副实的,因为它并不是许多人为了共同的利益联合在一起,而是一个利用彼此的无知和无助状态而互相欺诈的离奇集合体。它不是一种明智的、科学的协作,而是一种粗暴的、笨拙的啸聚——不是像被强大的化学亲和力聚到一起的许多原子那样,构成一个有规则的谐和体,而是像一些被机械力强拉在一起、互相排斥的粒子那样,形成一个无组织和不调和的聚合物——总之,用一位当代知名作家简洁有力的话来说,它不是秩序,而是“无政府状态加上一个街道警察”。

但是,为什么人们要容忍这种局面呢?是不是说,以我们所有的知识和经验还不能作出周到的安排,实现一种使所有的人都利害相关、祸福与共的合理社会制度呢?是不是还缺少生产手段——假定它们组织得很好的话——能够为所有的人生产出极其富裕的财富（也就是生活必需品、享用品和奢侈品），并使人们有足够的闲暇时间来高度培养自己的才智和道德品质、养成最高尚的习惯和趣味呢？任何自认为在这个问题上略具知识的人都不能否认，不管过去是什么情况，以目前世界上各个文明国家的情况而论，在现代科学技术提供给它们的巨大帮助之下，它们完全有条件在物质财富方面充分满足本国人民的合理需要。而且在做到这一点时，还不必像现在生产不充足的供应品时那样痛苦，那样不断的劳累、焦虑，以及在其他种种不愉快的情形下工作；事实上，它所需要的只是在愉快的条件下进行适量的劳动，而这种劳动正是一个人保持健康和充沛的智力、体力和精神面貌所必需的。在最近半世纪期间，这种生产手段的巨大增长已经达到几乎令人难以置信的地步，而人们或许从来也没有像现在这样富有发明和改进的匠心。我们这个时代最大的苦恼，不是我们不能创造出足够的财富，而是在创造出财富之后，由于恶劣的人为制度，不能对它们进行有益于资本家的处理，结果使生产者陷于失业，流于饥寒或窃盗，或者漂泊到地球的另一面去，而不能作出合理的安排，使他们为自己的福利而生产、消费和交换他们的剩余生产品。社会正在极其愚昧地花很大力量救济贫民和惩治罪犯，而利用这些力量却可以绰绰有余地建立起一种良好的制度，这种制度不仅能够在短时期内逐步而完全有把握地消灭贫穷和犯罪（通过消灭造成这两种现象的原因），并且能够使所有的阶级都过一种比以前任何一个阶级所曾享受过的处境要好得多的生活。

我们再说一遍，任何一个彻底研究过这个问题的人都不会否认：我们有力量——如果把它们很好地组织起来——既生产出丰富的物质财富，而同时又能使全体人民有充分的闲暇和机会来养成优良的习惯和作风，获得最有用和最有意思的知识，培养和享受最高尚的趣味——总而言之，成为有高度才智、德行和幸福的人。

但是，我希望谁也不要认为，不对现存社会的各种原则和实践作一次彻底的革命，就能达到这样美好的境界，不过，这种革命将在有关各方完全同意的情况下和平而有秩序地进行，因为暴力是和未来的新制度准备用以指导生活的精神完全相抵触的。

社会改良家坚信一条颠扑不破的救世真理，这就是在所有的国家和地区，在任何情况下，在一个人一生中的任何时期，人的性格都是由他的身体本性和外在环境（大部分是他所能控制的）对于他的身体本性所起的影响形成的。所以，社会改良家对于一切人的信念、感情和（出于必然的）行为都怀有极其深厚的同情，因此，他经常不懈的努力目标，就是要用和平的方式消灭掉那些造成弊害的外部环境，而完全代之以对人类有益的环境。他摒弃一切强力的谬想，因为那些东西无助于他的神圣事业。他用真理武装起自己，挺身而出和错误展开斗争，只是依靠道义上的劝告和仁爱精神，把它们当作能够实现这样一种如此光荣和神圣的革命的唯一手段①。

① “他们（社会改良家）习惯于把人类的一切事务都视作一种演进过程，所以既不冒进，也不停顿。指导他们的并不是那种模糊的政治认识，就像熹微的晨光那样，只能照亮他们勉强向前迈步，而是他们愈向前进，境界就愈趋开朗，花花世界，景象万千，听凭他们海阔天空地一往直前。他们的一切行动都具有冷静和坚毅的特征。他们相信罪恶并非根源于人而是根源于周围的环境，不是出自人们的本心，而是由于人们的认识不够，所以他们对任何人都不绝望。为了消除恶德，培养善行，他们不愿用高压的皮鞭玷污自己的双手，而是从改变环境上来消除诱惑，从加强理智上来战胜诱

我希望我在这里简单介绍的这部杰出著作，能够帮助加速这样一种美好的改革。虽然是为了实现一切人的幸福，这种改革必定是普遍性的，它却可以逐步进行——从一切国家中最需要这种改革的那一部分人，即身体健全的穷人身上开始。

令人高兴的是，研究社会科学的人——有名的"实业钜子"——正在一天比一天增多，也一天比一天更认真。本书的编者在它最初出版时，就深知在它所论述的重大题目上，这部著作是如何有助于人们形成编者自认为是正确的信念，因此他希望别人也能同样从中得益。为了尽量方便读者，编者在这一版把原书缩减了三分之一左右，并且相信不会因此对原书的价值有重大的损害。

毫无疑问，不同派别的经济学家将会欢迎本书的这一部分或那一部分，因为这些部分为他们的各种孤立学说提供了有力的论证。例如，作者大胆揭露了奴隶制度的罪恶，揭露了它在财富生产和传播人类幸福上的成就显然不如自由劳动所起的作用大，这自然会引起反奴运动拥护者的重视；又如，作者在第一章第十二节中讨论了"自愿交换"问题，对于摆脱了一切津贴和禁令、鼓励和限制、不受任何束缚的"自愿交换"制度的优越性作了精湛的说明，这当然会为"自由贸易派"所乐意接受。主张不分宗派实行普及教育制度的人，也一定会十分欣赏第四章中的透彻论断——论"知识的获得和传播是提高生产和增加享受以及使分配的自然法

惑。"——科尔里奇*。

* 塞·特·科尔里奇（1772—1834年），英国诗人，反动浪漫主义的代表人物之一。——译者

则获得巩固的一种手段”,特别是论述在成年以前进行严格意义上的教育的第四节。

作为孤立的各个部分来看,这些无疑都是最好的文章,但我们要向读者指出的是,在我们看来是本书作为一个整体的那些主要优点,这些优点可以简述如下:

第一,清晰而合乎逻辑地规定了若干重大的根本原则,这些原则是为谋求人类最大幸福,在财富的生产和分配上所必须遵守的。

第二,说明了在个人竞争制度下,这些原则能实行到什么程度以及能取得多大成就,并指出由于这个制度本身所固有的弊害,就是在最自由和最良好的形式之下,要实行这些原则也必将归于失败。

第三,说明了在生产上实行互助合作,在财富和享受资料的分配上实行自愿平等这种制度的巨大优越性,指出这种制度不仅在财富方面而且在其他每一种幸福来源方面,都远远优越于迄今存在过的任何社会制度。

第四,说明了这样一点:只要社会上已经积累起的资本就会被用来破坏分配的自然法则,剥夺生产者享用其劳动产品的权利;所以,在财富分配的问题上,明智和博爱的伟大目标应该是,使社会的每一个成员都成为资本家兼劳动者,成为共同幸福的贡献者,并且为此设想出一种安排,在这种安排下,既可以顺利实现上述伟大目标,又尽可能不给任何人带来不便——这不仅对于已经积累起的资本所有者是如此,而且对于那些目前只是生产劳动者的负担同时对他们自己也很少有好处的游手好闲者也是如此。

用作者自己的话来说：

“不管人们设想这种伟大改革会带来什么不便，和它所造成的福利相比，这些不便是算不了什么的。不论是什么政治变革，只是在具有实现这一伟大改革的明显趋向时，它们才是有益的。本可以不堕落而堕落了的广大人类——没有知识、没有安慰、没有相互关心的群众——向正义要求这一改革，而从那些自认为是特权阶级的人们的真正利益来看，几乎也同样要求有这种改革。”

在结束时，略说几句关于作者本人的话。汤普逊先生是爱尔兰人，秉性宽厚、仁慈，心胸开阔，而又特别勤学。他一生中有很大一部分时间都用于研究政治、道德和社会哲学，其中有几年曾从学于有名的杰里米·边沁[①]，并和边沁住在一起。除了写成于1822年左右的这本著作外，汤普逊先生还写了很多和本书性质相类似的作品，其中的主要几种曾以下列书名出版：

《人类一半（妇女）为反对人类另一半（男人）使她们在政治上、从而在社会上和家庭中屈居奴隶地位而发出的呼吁——对米尔斯先生的名著〈政府论〉中一段话的答复》，伦敦郎曼图书公司，1825年版。

《有报酬的劳动。劳资权利的协调，或怎样使劳动者得到他们的全部劳动产品》，伦敦亨特—克拉克图书公司，1827年版。

---

① 杰里米·边沁（1748—1832年），英国资产阶级法学家和道德哲学家、功利主义的代表人物。——译者

《根据互助合作、共同占有、平等劳动和平等分配生活享受资料各原则，迅速而经济地建立公社的具体建议》，伦敦斯特兰奇公司，1830年版。

作者对于他的信仰抱着真正热诚的信念，对于人类具有慈爱的精神，这一点可以从下面这件事上得到证明：他在1830年立了一份遗嘱，把他的大部分财产——他在科克郡的世袭地产——交给遗嘱执行人（编者是其中之一），用以进一步宣传他如此长期和如此有力地鼓吹过的原则，并帮助较贫苦阶级根据这些原则从事的任何实际活动。

在他立这份遗嘱的时候，公众对于尸体解剖正存在着一种最强烈的偏见。除了靠偷来的尸体以外，我们的解剖学校就只能使用被处决的罪犯尸体。汤普逊先生感觉到这是一种极大的社会弊端，所以在他的遗嘱中插入这样一段：

"为了活人的利益对于没有感觉的尸体进行解剖检查，是一项造福于人的工作，而且对于解剖者说来，这是不愉快的并且往往是十分危险的，但是人们对此却怀有愚昧的、并且时常是十分有害的偏见。为了克服这种偏见，我决定在我去世后，把我的尸身捐赠给一位解剖学讲师进行解剖检查，条件是解剖者必须把骨骼以原有的或者整理过的形式交给人种与比较解剖学博物馆保存，——正如我的藏书等遗物交给不列颠或爱尔兰第一个成立的合作公社图书馆保存一样。"

汤普逊先生于1833年3月28日在科克郡罗塞伯利地方克罗

恩金自己的家中，因肺炎病故。他在逝世前二十年中就一直素食戒酒，据他告诉编者说，他所以这样节制自己，主要是因为慎重地考虑到他的身体在这些方面的需要，同时也因为这样可以使他更好地从事思想探索和著作活动。他的患病时间很短，可是他敏锐地预感到了自己行将去世，所以在死前几天里，能够由于这种预感而有所准备；他写信给他的几个朋友，就他长期来所关心的伟大事业作出了种种安排。关于解剖他的尸身问题，按照他的遗嘱执行了，虽然并不是没有遭到邻近无知农民相当激烈的反对——几乎激烈到动武的程度。可是他的遗嘱执行人却没有能办到遗嘱中提示的其他各点。死者的一些亲属对于遗产的处理问题提出了争议，于是引起诉讼，案件送到了办事最拖沓、花钱最多的法庭——爱尔兰最高法院里，直到现在还未解决。

写于都柏林郡的克郎塔夫

1850 年 8 月

作者前言

迄今以来，一切考察、研究政治经济学及其有关各学科并在这一方面有所著述的人，都可以被分为两派——精神学派和机械学派。就晚近时期我国的情况而论，在精神学派的玄想家或哲学家当中，突出的人物是《政治正义论》的作者葛德文先生[①]。在机械学派的理论家当中，同样有名的是马尔萨斯先生，特别是他的早期著作《人口论》几乎已经成为一派政治经济学家的教科书。

精神学派的玄想家们，由于他们切身体会到同情心和文化素养带来的那种永不枯竭的、令人感到满足的和高尚的喜悦，由于他们本身的物质需求全都得到了愉快的满足，从而使这些方面很少引起他们的注意，由于他们感觉到自己能够自我克制，压抑在他们看来是我们天性中比较粗鄙的那些癖好，或许还由于他们很少注意研究自然界的物质规律、研究人及其周围各种生物的物质本性，——由于这一切，所以他们宣称人只要依靠自己的精神力量，差不多不必凭借物质的从属作用，就能够得到幸福。他们把人体组织的思维部分提到了如此优越的高度，以至认为人们今后如果

① 威廉·葛德文（1756—1836年），英国急进作家，他的代表作《政治正义论》对资产阶级贵族的剥削所有制进行了批判，但带有无政府主义倾向。——译者

能充分发挥思想的作用，就可以不必依赖通常用来促进健康的物质手段，而纯凭意志力量保持自己的健康。他们认为心灵不用物质手段作为中间媒介，就可以支配像耕地和航海这类机械行动。至于这种神秘的过程，这种意志的奇迹怎么有可能实现，怎么能和人所公认的事理相符合，当然是无法解释的。

不论人类在谋求社会幸福的技术上可能有什么进展，这些都要归功于他们对周围物质世界和他们自身的广泛了解和细致认识，归功于对这类物质存在的明智的利用、分配和制约。但是，属于精神学派的政治经济学理论家们，却希望人的思想就是一切，他们自命不凡地把劳动看成是机械的和下贱的事情，忽略了功利这个最高原则，这个只有根据它才能判断一切事物有无价值的原则。思想是什么呢？不过是人们头脑中产生和被感觉到的活动而已；劳动又是什么呢？劳动就是传达给自然界永远活动着的力量并与这种力量合作的活动。除了比较这两种活动产生人类幸福的趋势大小以外，还有什么标准能衡量哪一种活动更优越呢？

如果说我称之为精神学派的那些玄想家们过于忽视物质和物质力量的作用，那么，我称之为机械学派的那些理论家们，则正好采取了另一个极端。据他们看来，人这种生物根本就没有什么理智力和同情心；他不过是一个机械的东西，就如同他与之合作的耕犁、织机或马匹一样；只有用对其他动物起作用的那些粗暴手段，才能促使他劳动。那些自称为纯政治经济学家，声言除研究财富问题外别无其他目的的人，都或多或少地属于这一派。他们对于智慧、仁慈、互助合作和可以达到尽美尽善境地的可能性这些崇高的观念，都一律加以嘲笑。他们的唯一目标就是作出这样的安排，使机器——不论是用食物和空气发动的活机器如牛、马、人等，或者是用蒸汽或水来发动的死机器——尽可能多地生产出食物、衣服、房屋以及各种优雅的或者随心所欲的消遣品等等，另一方面，则是想出各种办法来找到足够的消费者使用生产出来的这些物品，以便每年都能够继续保持对这一类产品的需求。至于这些物品是用什么方法或者由谁生产的，不管是由骆驼、马、人、奴隶或非奴隶生产的，是由沉重的或轻快的、健康的或损耗生命的劳动生产的，这些都无关紧要，除非这些死机器或活机器的耗损将提高价格或减少生产。这些物品是怎样或者是由谁消费的，究竟是由广大的生产者消费、让喜笑颜开的民众普遍得到欢乐呢，还是由住在高楼大厦中的少数人享用、由于过分餍足而徒然浪费掉呢，这些也都无关紧要。这一派学者所关心的，只是怎样达到最高额的生产和保证最大的消费或有效需求。除去和财富或交换价值直接有关系的东西以外，这些严峻的经济学家们在推理过程中不考虑任何其他问题。在这些机械学派的理论家中间，正如在精神学派的玄想家中间一样，同一派人的意见又存在着各种差别；他们有时也或多或少地采用一些对立学派的观点。

以上这两派研究政治经济学和人类幸福问题的理论家（他们被作者称为精神学派和机械学派），没有一派能达到真理；不论哪一派都还没有设计出一种调和而有益的人类劳动制度，提出一种最明智、最健全的产品分配方法；虽然每一派在自己这方面都发现了不少真理，揭露对方的错误却是他们的主要快事。这一切难道有什么奇怪吗？他们怎么会不是这样呢？事实是，人并非仅仅是一架机器，就像一架蒸汽机或纺纱机那样，也并非一头愚蠢的牲畜，就如同供人驱使的牛马一般。同样，人也不仅仅是一个纯思想的东西，同他周围的生物和无生物没有任何共性。人是一种非常复杂的生物。就和他的工作对象木材或羊毛一样，他同样会受到外物推动力的影响。适当的动因可以使他的身体内部和外部产生化学的和机械的变化，正如在其他物体身上所产生的一样。山洪和狂飙那种压倒一切的力量，会一视同仁地把他和一切无生命的障碍物（不管是他搭起来保护自己的棚屋，还是他当作救命物抓住的木板）一齐冲倒，按着每一件东西的不同重量和抵抗力把它们卷走。在这种场合，由人们的身体组织产生的、发展成为神经和肌肉活动的某种生命力，只能使人增加很少的抵抗力。和一切别的动物一样，人只能在不断得到空气和食物刺激的条件下生存下去；和组织得最完善的动物一样，由于身体各部分的所谓感官中存在着各种神经末梢，人能感受到各种快感和痛苦；和那些动物一样，人也会产生某些由内分泌引起的、完全不受他的意志支配的冲动，从而具有某些和他的身体组织不可分的癖好、欲望或需要。但是，和那些无生命物质的固体或气体分子不同，和任何我们所知道的除人以外的有生命组织不同，人不仅能从他对周围事物的观察以及这些事物与他自己的关系中得到最大程度的感受，不仅具有记忆的能力，即把他最初观察所得的这些感受永久保持下来的能力，而且还有比较和推理的能力。因此，人能够观察自己的身体组织，有展望未来的目光，会考虑他的活动造成的后果，从而能够既以目前的也以**长远**的动机来指导自己。通过适当的训练，人能够于感官和内部冲动的快乐之外，感受到得自文化素养的愉快；通过对自己的嗜好和情欲作适当的**节制**，人不仅能极大地增加对它们的享受，而且可以避免因缺乏预见而造成的弊害，养成和他的同类亲密合作的意愿和同情心。

由此看来，当事情主要涉及这样一种生物的自愿或被迫劳动的时候，难道我们能够像对待羊群或者从它们身上剪下的羊毛那样，像对待空气、水、蒸汽和机器动力那样考虑问题吗？或者说，在主要与这样一种生物有关的事情上，难道我们有理由这样来看问题，好像他完全是由理智和善心组成的，好像他不受那些在他的身体内部和周围起作用的、自然界的化学和物理定律的影响，好像他能够摆脱掉那些随着他的生理发育各阶段而产生的感受和冲动，好像他天生就有一种神秘的力量，用不着借助一般公认的自然作用或动因，只靠意志就能够在他的身体内部和他的周围造成变化，就像诗人笔下创造万物的大自然精神或意志所具有的那种力量一样吗？

所以我认为，要想使政治经济学的高贵发现——从它们本身联系到的东西来看，这些发现也是伟大的——有益于社会科学（如果得到应用，它就能成为造福社会的手段），就一刻不能忘记人类的复杂性质，他既是一种用来起作用的工具，也是一种受作用的生物。如果不经常考虑到这一点，功利这个指导原则就要被牺牲，而政治经济学的伟大目标——财富积累或者每年产品的无限增加——就将没有价值，只能使四分之三或十分之九的人类陷于痛苦的无偿劳动，而让其余的一小部分人在奢侈浪费中懒惰得要死。对于一个社会来说，重要的不是仅仅拥有财富的问题，而是财富的正确分配问题。对于社会说来是如此，对于个人说来也是如此。人要想快乐，便脱离不开享受的物质手段，这在一切文明社会里主要就是财富；但是，人们可以在拥有较少财富的情况下达到前所未见的快乐境地，而在财富极为充裕的情况下，却仍可能非常痛苦。和社会利害攸关的，主要是财富的使用和分配问题，而不是财富的多寡。因此，在研究财富问题的时候，就有必要不仅从它对于生产和再生产的作用上着眼，而且要考虑到财富的道德和政治效果，考虑到它影响人类幸福的一切方面。

伦理学家们大部分不懂自然科学和政治经济学的真理；神学家们只抱着他们自己那些特殊的和有利可图的梦想，摆出一副瞧不起其他一切学问的姿态；政治经济学家则声言他们只注意财富的生产和积累，至于分配问题，除了影响到再生产和积累外，他们是不管的，他们把财富对幸福会发生什么影响的问题推给了伦理学家、政客和政治家，并且认为他们这种脚踏实地的具体理论和虚无缥缈的精神哲学之间有着巨大差别。更有甚于此的是，直到不久以前，化学家和机械师、工业家和商人们也都目空一切，认为政治经济学家的理论纯粹是空谈，根本不能应用到他们的本行活动上去。

根据以上情况，我们应该得出什么结论来呢？问题并不在于学问的分门别类，这是不应该受到谴责的，就像劳动的分工不应该受到谴责一样；问题在于我们应该在每一门学问上先集中全力精益求精地研究它那一特殊部门，而不应该忙着在社会幸福这样一个关系重大的问题上应用自己的那一门学问，同时却没有掌握那些同等重要的其他知识（而这些知识，却是正确地应用那门学问所必须依靠的基础）。社会科学是一门伦理科学，立法问题又是其最重要的项目之一，因此它不仅需要具备用术语来说叫做伦理学和政治经济学的那些知识，而且需要大致掌握一切已知的各门学问，有能力深入研究任何一门在特殊的情况下可能有助于实现总目标的特殊学科。可是上面谈到的那些理论家们，没有一个人把自己限制在他们的本部门之内，而是在并未具备有关知识的情况下，就大胆地把他们那些孤立的理论应用到社会科学上来。当然，这方面也有几个光辉的例外，其中有一位思想家对于伦理科学的贡献，比培根[①]对于自然科学的贡献还要大；因为培根只是指出了一条通向科学发现的新的可靠道路，而这位思想家[②]则不仅指出了从事伦理学研究的正确道路，并且亲自在这方面作出了前人所没有想到、当然更谈不到完成的巨大进展。我们的目标就是要循着他所指出的道路，把政治经济学上确定了的原理应用到社会科学上，使这些原理和所有其他各部门学问为最能增进人类幸福的财富的公平分配服务。

在世界上的每一个国家和几乎每一个时代，人们都模糊地看到和认识到了一切人获得平等享受的利益和财富极端不平等的巨大弊害，并且在争取建立公平的分配上作了一些徒劳无益和愚昧无知的努力。强力一直是出于无知而用以实现一切事情、甚至用以实现正义本身的手段，所以，人们也曾凭借强力来建立平等。但是，一经使用强力，保障就不存在了，随着保障的不存在也就没有了生产，结果也就失去了获得幸福的手段。所以，人类就陷进了一

① 弗·培根（1561—1626 年），英国哲学家，其《新工具》一书对于科学方法论作了杰出的阐述。——译者

② 从作者的思想体系和曾经受业于边沁的历史来看，这里多半指的是边沁这位功利主义代表人物。——译者

种残酷的进退两难的处境。这里就产生了一个需要解决的重大的伦理学难题，"怎样调和平等和保障，公平分配和不断生产"。本书的目的也就是要讨论这个问题，探讨它的后果，并指出用哪些公正而温和的手段可以使分配的自然法则被普遍采用，可以使保障被公平地适用于一切人，而非独占地和伪善地仅仅适用于少数人，从而使它成为实现合理和健康的平等时最坚强的保证，而不致成为实现这种平等的永久障碍，因为唯有存在着保障才是不断再生产和财富积累的稳固基础。

直到今天，这个重大问题还没有完全解决。纯粹的政治经济学并没有试图解决它。对于少数思想开明的人来说，解决这个问题所必需的初步原则可能是他们所熟悉的，但他们并没有一个人担负起这样一种任务，即把关于这一问题的分散的知识集中起来，整个应用到财富分配问题上。因此，把社会科学的这一个部门获得的知识加以推广，并由推广应用到实践上；把全体人类都应该懂得和实践的这些重要真理，从冥思默想的研究家的安静书斋里（这些真理曾经在那里使少数人的心灵感受过喜悦和激动）引导到生活和行动的现实中；帮助拭净科学身上的污痕（孔多塞[①]在三十年前已经注意到这种污痕，但是它们迄今还沾染在科学身上，所以科学虽然给人类带来了很大的光荣，却没有或者很少给人类带来幸福）——这些就是我迫切希望达到的目的。

今天，看一看文明人类的现状，谁能不高兴呢？[②] 看到真正的

① 孔多塞（1743—1794 年），法国启蒙学者、社会学家、十八世纪末法国资产阶级革命的活动家，著有《人类理性进步的历史概况》等。——译者

② 写这句话时是在 1822 年。——原编者

知识已经普及的情况随时随地都在表现出来,谁能不高兴呢?看到人类的一切文明国家,不是正在按照他们本身的知识水平稳定地改组他们的社会制度,就是即将展开那种必然要进行的伟大的博施济众的活动,谁能不高兴呢?现在谁还看不到:不论一个社会拥有的知识或财富的绝对量是多是少,构成这个社会幸福的并不是它们的丰富与否,而是它们的正当使用和分配呢?因此,难道现在不正是恰当的时机,正好让我们以坚持不懈的精神来研究分配的自然法则,弄清楚立法机关和个人可以在多大程度上有益地配合事物的这些发展趋势,从而使新社会组织摆脱掉那些由长期的愚昧造成的、根深蒂固的罪恶和贫困本源吗?

但是,如果由一切文明国家构成的整个世界的状况,以及我们(这些国家里边的人)对于事变的总进程的关心,还不足以唤醒我们注意到这样一个重大的问题,那么,还有一种近在眼前的、就在我们身边的情况,使我们不能不立即注意到财富的分配。为什么一个国家拥有比任何其他国家都要多的自然资源、机器、住宅、食物以及勤劳智慧的生产者,具有可以获得幸福的一切显而易见的手段,并且存在着由社会上一小部分富有者表现出来的类似幸福的景象,而竟然穷困不堪呢?为什么人们经过成年累月不断的和有效的努力之后,辛勤劳动所得的果实,竟在他们本身既没有胡作非为、自然界也没有发生灾害的情况下,会被神秘地全部夺走呢?这不是由于缺乏科学知识,不是由于缺乏足以使一切人都能过舒适生活的物质财富,也不是由于没有能力或者不愿意去进行更多的再生产。那么,人类事务中的这种奇怪变态,这种置身于一切幸福来源之中而终不免于贫困的情况,到底是由什么原因造成的呢?

不懂得生产方法和不愿意劳动的野蛮民族会陷于贫乏，那是不足为奇的；但是，在发达的技术和优越的自然条件可以说是竞相造福于人的情况下，千百万勤劳智慧的人民竟不能享受他们自己创造出的产品，这才是一件神秘难解的事，一种使人惊异的现象。这种特殊的现象如果不是由财富分配的不得当造成的，那又是因为什么呢？在这种情况下，对不公平现象发出抗议的呼声不是最自然的吗？要求用强硬的干涉手段来纠正这种不公平，不是最自然和最平常的么？找出这种分配不当的原因，不是非常有必要的么？它们到底是临时性的呢，还是根深蒂固和永久性的呢？目前这种现象究竟是表示那些长期存在的错误和极端有害的制度所固有的弊端已经发展到最高峰，因而现在到了大肆破坏，不可收拾的地步了呢，还是代表着别的什么呢？是不是能在强力以外找到任何一种人为的或自然的办法，使同样的灾祸不可能再发生，并取消目前这种会产生众所周知的那些弊害的分配方法，而代之以一种有益于一切人，并且能够自动调节和自我保存的分配制度呢？难道研究这些问题不是最有必要的么？要想作根本治疗而不是仅仅作局部的临时补救，还能够有任何研究比这更为迫切吗？

目前的财富分配状况趋向于牺牲广大生产者的利益使少数人致富，使穷人陷入更绝望的贫困深渊，使中等阶级沦落进穷人的队伍，以便让少数人不仅能够把真正的国家（它不过是个人的集合体）资本有害地大量积聚在自己手里，而且能够由于这种积聚而支配社会每年的劳动产品。看到大多数人都日趋贫困，而少数人却日益穷奢极欲、愈来愈富，谁能不深感忧虑呢？谁看不到这样的后果，即如果不依靠自然的分配原则或者其他办法来遏止这种发展趋势，它就会逐渐破坏国家的富源并使劳动者的生产情绪日趋低落呢？难道我们现在还不该问一问，是不是根据自然和社会的法则，我们注定要忍受这类现存的和可以预见的弊病，而假如我们企图冒昧地消除这些弊病，就会有遭受更大痛苦的危险呢？所以，目前一切道德的和政治的智慧都应该主要致力于解决这一症结问题，即获得幸福的物质资料的公平分配，因为——打个比方来说——如果不事先作出安排，使新西兰的野蛮人不仅能获得生存资料，而且能获得生活享受资料（即使不是由我们赠送，至少也应该由他们通过发挥自己的工作能力而获得），而只是向他们宣扬各种法律规范和道德准则，要他们用这些东西来控制自己的欲望，那将多么没有意义！正是在这些物质资料的使用和分配过程当中，他们的优劣品质，他们的美德或恶行才得到了主要的发展。技巧和坚忍耐劳是生产财富、也就是生活享受资料所必需的条件。守信或虚伪能够帮助人们通过交换或其他方式取得财富。诚实表现在对他人所有物的尊敬上，强暴与残忍则通过掠夺生产者的所有物表现出来；谨慎和有节制表现为如此支配所有物，以便既能得到它们所能产生的一切目前享受，又不至于招来可能有的将来祸患（如果盲目地服从本能的支配，就一定会遗留下这些祸患）。仁慈就是在智慧的指导下，为可贵的同情心所驱使，使财富能对于别人的幸福有所贡献。由此可见，我们最重要的善行和恶德都是这样不可分割地和财富分配问题联系在一起的，因此，如果在谈论道德和立法问题时假作清高地轻视财富这类东西，那就是徒作空谈，不务实际，也就是使社会在受苦受难之外又蒙受了伪善或无知的侮辱。

如果我们发现政治经济学所要求的分配方式和政治上的功利观点有冲突,而从一般道德观点来看二者并无轩轾时,我们就要仔细权衡财富和政治的轻重而善为取舍。如果我们发现增加财富和设想的政治上的功利要求一种分配方式,而普遍的道德原则要求另外一种分配方式时,我们就必须根据增进全民最大幸福的原则,使财富和政治考虑都服从于能保证最大的善行即最大幸福的那种分配。但是,如果我们有这样的幸运,能找到一种分配财富的方式,既能最有助于财富的生产和积累,又比任何其他可能有的分配方式更能促进政治上的功利,既能提供最广泛地传播道德风尚的美好希望,同时又是如此简单易行,以致不需要任何累赘的法律机构,乃至几乎根本不需要任何机构来支持它,那么,我们就应该联合一切公正的人士来推行这种如此优越的分配方式。作者不自量力在本书中所要讨论的,就是这样一种同时具有许多优点的分配方式。

本书所讨论的和加以比较的人类劳动方式有三种:第一,直接或间接的强迫劳动;第二,在不受限制的个人竞争情况下进行的劳动;第三,互助合作的劳动。这三种人类劳动方式的最后一种,也就是互助合作的劳动,在增加生产和保证人类幸福上优于第二种个人竞争的劳动,而第二种又优于第一种的强迫劳动。

引起作者通过本书对于这一问题进行探讨的直接原因是这样的:在科克郡一个为了普及知识而建立的文学协会里,一位擅长在政治经济学问题上进行争论的先生,认为应该大力鼓吹目前存在的财富不平等的好处,宣扬穷人应当明白他们对富人的依赖;从而应当感激富人,以及美国的财富自由和平等太过火了等等。这样一些看法,特别是由这样一个人提出来,使我深感惊讶。因此,我不仅当时对他进行了反驳,并且决定深入研究这一问题,以论文的形式把它提到社会面前,以备将来更广泛地加以讨论。在写这篇论文的过程中,我越来越感到这一问题的重要和范围的广泛,同时,从书刊上和谈话中可以见到,几乎到处都存在着这方面的混乱和错误看法,这就大大增加了我完成这一工作的热情,决定真理要求我写多长我就写多长。这样一来,原来打算写的论文就扩大成了现在这本书。

财 富 分 配 论

第 一 章

从我们的本性以及我们周围的自然和社会环境，来研究一切公平的财富分配应该依据的自然原理、原则或法则

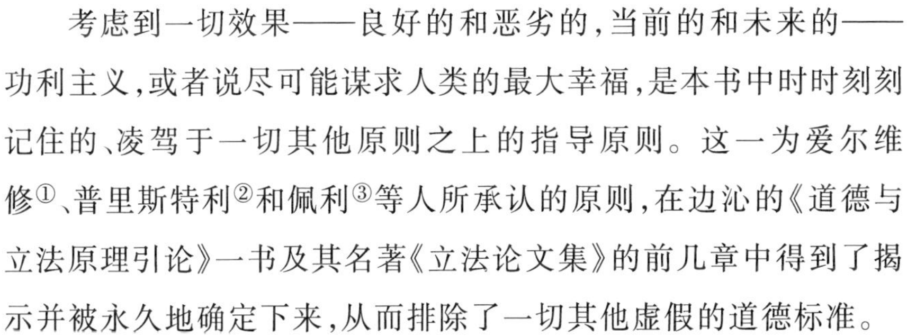

考虑到一切效果——良好的和恶劣的，当前的和未来的——功利主义，或者说尽可能谋求人类的最大幸福，是本书中时时刻刻记住的、凌驾于一切其他原则之上的指导原则。这一为爱尔维修[①]、普里斯特利[②]和佩利[③]等人所承认的原则，在边沁的《道德与立法原理引论》一书及其名著《立法论文集》的前几章中得到了揭示并被永久地确定下来，从而排除了一切其他虚假的道德标准。

没有比**财富的分配**这个问题再使人感觉兴趣的了，如果研究

① 爱尔维修(1715—1771 年)，法国杰出的唯物主义哲学家，十八世纪法国资产阶级革命的思想家。——译者

② 普里斯特利(1733—1804 年)，英国神学家、哲学家和化学家。——译者

③ 佩利(1743—1805 年)，英国神学家、伦理学家。在伦理学方面，他主张教会的功利说。——译者

得正确,也没有比这个问题再有用的了;因为不仅每一个社会的物质享受被发现直接依存于财富的公平而明智的分配,而且在很大程度上,道德和同情、谨慎、宽仁之乐以及它力能取得的知识享受的多寡也算不间接地与财富分配有依存关系。

这里所要探讨的是能够增进人类可能有的最大幸福的,或者是最大多数人的最大幸福的那种分配方式。我们将要看到,这个最大多数从来也不是一个刚过半的多数而是整个社会的十个人之中的九个或者一百个人之中的九十个。事实上,全体的真正幸福,甚至于表面上被牺牲了的少数人的真正幸福,将被发现是与最大多数人的最大幸福相吻合的。所以可能有的人类最大幸福、最大多数人的最大幸福、社会的幸福和全体的幸福,几乎在所有的情形下,都将被发现含有同样的意义,并且大部分用起来可以说没有什么区别。

分配的自然法则所建立于其上的命题,据我看来非常平易,只要人们能理解就会予以同意,而从这些命题得出来的结论在应用上也是极为广泛而普遍的,并且与人类幸福有最密切的关系。所以,对这些命题应该进行自由的讨论,如果它们是正确的,就应该永远记在心里,用来指导我们在道德和政治问题上的推理;如果是不正确的,就越早指出它们的错误越好,以免在实际应用中发生有害的影响。

有人会问,"这里所要探讨的分配的自然原理、自然规律或者自然法则这些字样究竟是什么意思呢?"

进步的政治经济学家认为,或者说应该认为,所说的分配的自然法则是指一切财富的分配应该依据的一般规律或者首要原则,其目的是使那个生产财富的或大或小的社会得到最大量的幸福总和。当“自然”这个词和分配的法则、规律或者原理等字样联系在一起时，我们所能给它的最恰当的意义也许干脆就是指这些法则、规律或原理不需要人为的帮助。它们所要求的是消除限制或者免受限制而不是一个新的支持它们的机构。

这里所谈到的法则从来也没有写成文字，或者公布过，更没有强制执行过；它们仅存在于追求真理的研究家们的讨论中。如果有理性的人们在对它们做了所能做的最严格的审查后予以承认，它们就将成为关于财富分配的行动准则和真正成文法的指导原则。

下边是这一章里所要证明的那些命题，为了使读者了解它们的关系，把它们按顺序排列如下：

第一节——财富是由劳动产生的；除劳动外没有别的要素能使任何欲望的对象成为财富品。劳动是财富唯一的普遍的衡量标准，也是财富的典型特征。

第二节——分配财富的目的和用劳动来生产财富的目的一样，就是借此尽可能地给那个生产财富的社会以最大量幸福，也就是给以最大量的感官的或者道德的或者知识上的快乐。

第三节——社会上的所有成员（畸形的人除外）既然在身体构造上相同，所以在同样的待遇之下都能够享受到同样的幸福。

第四节——多数人的幸福优先于少数人的幸福；否则，我们所抱的目的，尽可能生产最大量的幸福，就要遭到牺牲。

第五节——被称为财富的那些生活享受手段或者谋求幸福的手段是在知识的指导之下,把劳动应用到自然所提供的原料上生产出来的,所以必须有足够的刺激,作为动机,使在知识指导下的必要劳动发生作用,从而生产财富。

第六节——按照自然之理,对于生产的最强有力的刺激(也就是最大生产所必需的刺激),是使生产者在完全享用他们的劳动产品上获得“保障”。

第七节——财富品的一切自愿交换,意味着交换的双方均认为换入的物品优于换出的物品,能使财富增加幸福,因之也就增加了生产财富的动机。

第八节——把劳动生产品、财富品和谋求幸福的手段,从任何个人那里用强力取走,这个人所损失的幸福将多于获得这些东西的那个人所增加的幸福。

第九节——从任何一定数目的个人手里,强迫取走许多小部分财富将使幸福的总量减少,这些被取走的财富合起来由任何一个人或更多的人享受也能给他们增加快乐而使幸福的总量增多,但这种减少的幸福将多于这种增多的幸福。

第十节——所以,没有一个人的劳动产品,或者劳动力本身,或者它们的任何一部分,应该在没有他认为满意的等价物的情形下从劳动者那里拿走。

第十一节——物质财富的分配应该完成双重目的,尽最大可能促进享受上的平等和尽最大可能促进生产;那就是说,尽最大可能促进“与保障相一致的”分配上的平等。人们每一种有用的体力和智力的发展程度,自然也就是财富生产的发展程度，是要依他们所享受的保障的程度来决定的。

第十二节——为了完成这个公平的分配，在使用劳动上或者在劳动产品的彼此自由交换上，不应该实行或者支持带有财富性质的，积极的或者消极的奖励或者限制。

第十三节——只有一种财富分配上的不平等是应该被支持的，那就是从保障每个人自由使用他的劳动力和自由享用他的劳动产品上以及随之发生的自愿交换上所产生的不平等；因为如果没有这种程度的不平等就没有保障，没有保障就没有生产，没有生产就没有可以分配的财富。

第十四节——所有其他种分配上的不平等不仅是不必要的，而且对于刺激生产是有害的，所以必须加以制止；为它们将不必要地减少平等所带来的福利，从而减少作为财富分配目标的幸福的总和。

第十五节——劳动生产者在生产时使用的物品叫作资本，这些物品的所有者叫作资本家，劳动生产者为了他们所使用的资本应该用他们的多大一部分劳动产品来偿付资本家。

第十六节——从上述前提中得出来的一般结论，为了从财富中得到最大幸福所必须遵守的“分配的自然法则”或者一般规律是：

第一　一切劳动，在劳动的使用上和劳动的继续上，都应该是自由自愿的；

第二　一切劳动生产品都应该为它们的生产者所有；

第三　一切这些生产品的交换都应该是自由自愿的。

第　一　节

财富是由劳动产生的；除劳动外没有别的要素能使任何欲望的对象成为财富品。劳动是财富唯一的普遍的衡量标准，也是财富的典型特征

财富这一名词是指“人们用他们的劳动和知识把有生的或者无生的原料或者自然产品变成为有用，从而产生的那一部分物质资料或享受手段”而言，或者更简单地说，财富是“由劳动生产出来的任何一种欲望的对象”。

交换价值对于财富不是必要的，虽然它几乎常常和财富的概念联系着；因为小规模的社会没有交换而只有共同劳动，一样可以过得富庶而快乐。如果每个人都为自己做衣服而不用购买，难道毛料衣服就不是财富了吗？一件物品，尽管它的所有者十分需要它并且是用很大的劳动力生产出来的，但如果没有交换价值也就不能有市场价值。它不能被送到市场上去卖给不需要它的人；可是对于认为它有用而十分需要它的人，对于费心制造它供自己使用的人来说，它仍然不失为一件财富品。

没有劳动就没有财富　劳动是财富的显著属性。自然的力量不能使任何东西成为财富品。劳动是财富的唯一来源。

财富不过是个别的许多批财富品的总和。

土地、空气、热、光、电流、人、马、水这些东西本身，都同样没有资格被称作财富。它们可能是欲望的对象，是能够给人们以幸福

的东西，但在人们用劳动的手改变它们以前，它们不是财富。这里边，空气、热、光、电流（水也时常是这样），虽然不仅对于人们的健康而且对于生命的延续来说也是欲望和使用的对象，甚至是必需的对象，但却不是财富。为什么这样说呢？因为不需要劳动来生产它们，把它们收集在一起备用，来享受它们。它们大量地存在，不必费什么力气就可以使用和享受，其中有几种——如空气、光和热——要想使它们对我们不起作用倒需要我们作积极的努力来排除它们，当然更不需要任何劳动来满足我们对于它们的需求。人烟稀少的地方，大群的牛马与空气或光一样，并不是什么财富。它们比人们需要的要多，人们并没有费力气来生产它们，谁花费必要的劳动把它们据为己有，谁就是它们的主人；仅仅用“取得”那么一点劳动就能使以前仅仅是一个可能的欲望对象成为一件财富品。所以，一般人认为是财富的东西在不需要劳动来生产它们的情况下就失去了财富的性质；而一般人认为不是财富的东西在需要劳动才能享受它们的情况下就取得了财富的性质。在白天，所有光线中的最有用的和最可爱的太阳光并不是财富。但是，如果地球继续转下去使刚刚被太阳照亮的部分转瞬变为黑暗，如果光线是人类为了方便所仍然需要的，那么，太阳光就立刻作为稀有的东西而变成财富品了。蜡烛、汽油、煤气等一类东西的价值仅仅是从它们身上抽取出来的光线的价值；当科学发达，抽取的方式更多更方便时，光线的价值就随着抽取时需要较少劳动力而减少。自然力量，除非在知识指导之下，用劳动来加以控制，否则，对于所谓财富品的有益生产，并没有什么价值。如果任何一个社会的劳动停止一年，能有多少人会被自然物资或者自然力量保存下来，在下

一年里讲述他们的危险经历呢？不仅是享受而是一切民族的生存都依靠着永久进行的劳动。在人们消费的同时，勤劳的双手在不断地再生产。

财富只限于生活享受的物质手段或者物质资料。物质快乐以外同样还有精神上和知识上的快乐。这些幸福的来源不是我们现在所要讨论的，因为它们并不直接被包含在我们赋予财富这个名词的意义之内。还有许多获得幸福的物质资料不属于财富的范围。光线由于它的五颜六色能使眼睛得到享受，水能使味觉得到享受，男女性别能互相使对方得到享受；但这些获得幸福的手段都不能叫作财富，因为它们仅仅是自然所赐与的，没有人类的劳动或技巧给它们加上任何东西。

仅仅是一件东西的效用，不管它是多么广泛，和是不是这件东西本身以外所具有的，或者是我们所说的由自然的手所创造的，在它本身中不含有某种形式的劳动时，是不能成为财富的。有了劳动之后就成了财富。

在这一个国家里是财富的，在另外一个国家里可以不是财富。在赤道的文明地区冰是一种财富品和奢侈品；但靠近南北极就成了灭绝生物的毒害。在干旱的沙漠地带，一口水井是财富的源泉；而土地却对谁也不是财产，不值得费事去占有。我们假设这口井是天然的，不需要用劳动来打；我们没有单纯考虑到引出水来的那种劳动。但这口井在那个地方的存在节省了劳动，否则就必须从最近的水源去取水。这口井的价值就是用这样节省下来的劳动量来衡量的。

在不同时期和不同地方，男人和女人曾经被变成为仅仅是财富一类的物品，在野蛮的强力压迫之下，没有任何等价物就供他们的主人来享受。当人们被专制地变成为财富一类的东西时，构成财富的两个必要条件——"欲望的对象"和"从劳动得来的"，或者从努力得来的——就像适用于任何其他物品，如铁或者羊群一样地适用于人类。不仅使人类成为奴隶，从而成为财富品，在最初必须花费劳动、使用强力和经过努力，而且把人类保持在奴隶状态中也同样需要这些东西。

关于用来压制别人的暴力，比如压制一个女人的人身使她不得不屈服于一个男人的意愿的那种暴力，无论什么地方只要容许这种暴力存在，女人就成了住在闺房中的财产，就像男人成为种地的或者在家庭中操作的奴隶一样。

在这样一部写给文明社会的书里，正式说明人类不在欲望的对象或者互相占有的对象之内，未免有些失礼。而且那也没有必要；因为无论什么地方，只要这种最有害的欲望存在，从而引起占有，"人"就会成为财产，而人类也就成了财富品，像其他有生命的和无生命的物资一样。无论什么地方，只要占有的力量与这种可怕的欲望并存，这种占有和有时是非法的但永远是不公平的把人转变成为财产或者财富的事情就自然要随之发生。

如果从对于特殊对象的片面观察出发，对于什么东西构成财富品这个简单的解释，可以提出很多反对的理由。只注意其中最显著的几个就够了。在人类所欲求的物质对象当中，没有比占有一块富庶而开发得很好的土地再吸引人的了。它能够每年提供食粮和果实的丰富收成，或者从它内部蕴藏的矿物中得到有用的矿产品。这块土地或者它的所有产品是不是财富品呢？首先，这块土地和它的一切产品是不是欲望的对象呢？显然会有这样的情况存在，那就是无论这块土地或者它的地下的地上的任何产品都不是值得占有的欲望的对象；就像半世纪以前美国的阿勒格尼山脉以西地区有肥沃的土地和丰富的物资或者一切可能转变成为财富的东西，但却被野蛮的猎人占据了一样。虽然那里有获得幸福的丰富的物质资料，但却不是财富品，因为它们不是欲望的对象。但如果情况改变了，文明人类看到并走向这些地方，并且想把它们变成获得幸福的手段；是不是这些地方就成了财富呢？它们仅仅是将要变成财富，还不是已经变成了财富。于仅仅是欲望之外还要加上劳动，并且随着所加劳动的多少，它们才从仅仅是欲望的对象变成财富品。第一个移民伐木、建棚舍，把他的劳动价值加在了他所劳动于其上的那部分土地上，也加在了由于劳动而变得更为合用的邻近的土地上。第二个移民在土地的名义下为这部分劳动付出了代价，并对这些土地施以更多的劳动以增加它们的价值，如扩大园地、种植桑麻、修缮棚舍、畜养家畜等等。第三个移民在田产的名义下，为附属于这块土地上的一切劳动产品付出更多的代价，添置了由劳动生产出来的牲畜、农具和机器，把原有棚舍留作次要或临时用途，另行建造房屋，修缮垣墙，以谋永久的和更大的便利。这样，数年前一件没有价值的东西，一块肥沃的土地，现在变成了财富品。大自然对于这个转变做了些什么呢？什么也没有做。人，人的劳动，做了些什么呢？什么都做了。所有我们称之为自然的赐与的那些东西，如土地本身的存在和它所蕴含的能力，在转变成为财富以前和以后都显然是同样存在的。不，由于屡次的耕作，最肥沃的土地也常常会受到损害或者变成贫瘠。不过，在这期间土地表面散布着的或者内部蕴藏的矿物并没有被考虑在内，并没有被看作财富品，虽然它们的用途最广。为什么会产生这种现象呢？总起来说，是因为在这一整个期间，这些矿藏并不是欲望的对象，所以也并没有在它们身上花费劳动力。其中有一些，如煤，所以不是欲望的对象，是因为有可以用较少的劳动力得到的东西，如木柴等来代替它；这些木柴必须被清除以使土地适合于耕种。其他矿藏，如铁，由于缺少必要的技术和机器使它们成为范围非常狭窄的有用的物件而被忽视了，因为在土地上花费较少的劳动力就可以得到足够的东西来交换铁，或者毋宁说由铁造成的器具。但是，如果人口增加，需要这些东西的人增多，因而使机器和少数人的技术经常成为有用；如果木柴砍伐已尽，来源枯竭，那么被忽视了的铁矿石和煤就将成为欲望的对象，就将在它们身上花费劳动力，而它们也就将成为财富品。这时，这块土地将具有一个新的价值；这并不是因为自然给土地所蕴藏的东西增加了有益的用途，而是因为新的情况引起了占有它们的欲望，而由于有了这种欲望，就在它们身上花费了劳动力。

如果有人反对说：这些土地是从美国政府手里购买来的，在购买以前没有任何劳动力用在这些土地上，那我们就可以看到，他所付出的低廉的代价对于他所获得的利益来说不过是一个很小的回报。从这种购买当中，一个力量比较薄弱的个人占有者可以从强有力的国家手里获得三种利益，从而使他在耕种和使用这些土地时免去许多的冒险和节省许多劳动力。这三种利益是：第一，立即安全地占有这些土地；第二，国家的力量可以保证他免于野人的攻击和同胞的骚扰，使他能把全副力量用在土地的开发上而不必为保卫自己分心；第三，在将来使用或者转让这些土地时，产权稳固，最初的占有已成为登记过的合法行为，这样就可以免于损失物力和浪费人力的诉讼以及随之而来的诸端弊害与无穷烦恼。

至于这些土地的肥沃与贫瘠也并不要求我们对提出来的定义作什么修正。

假设一个商业移民队单纯以经商为目的定居在一个限定的荒野地区，像英国人在马耳他岛那样，他们邻近的那些块荒地的价值将依靠什么来决定呢？决定于花费在它们上边的劳动力。这个劳动力的多少又是依靠什么来决定的呢？决定于过去或将来在这些荒地上必须花费的劳动力，能够使在当地便利条件下所生产的物品，和从最近的廉价市场上运入的同等物品以同样的条件出售。如果要在这里开辟葡萄园、橘子园或者一块麦地，因而要用的钱多于上述劳动力加上人们所说的资本的必要利润以及管理费用，那么付出这笔钱就要受到损失；因为这个地方的产品不能换回投入资本的利息以及每年为了与外来产品竞争而必须用在培育上的花费。从外地运来的物品，其价值一定也是决定于那个地方生产这些物品所需要的劳动量。

在这样一个岛上，一块土地用在农业上的价值就是这样决定的。如果作为建筑用地或者公园，它又是怎样决定的呢？建筑用地的价值决定于它的位置在运输上或者在其他方面所能节省的劳动力和它有没有被迅速卖出去，或者租出去的可能；所有这些都可以化成为所节省的劳动力。公园的代价决定于有钱的人们的欲望之间的竞争。在财富分配不平等的情形下，在极端的愚昧和极端的富有结合在一起的情形下，对这种欲望很难定出它的界限的。

由于任性而把一块土地的价值估计得远超过于它的农业或者建筑价值，取得这块土地一定会使取得者在其他方面的享受遭到损失，这种损失几乎就是对于竞争的唯一限制。不过，在所有的情形下，欲望和劳动仍然是构成财富品的两个必要成分。如果大自然限制了某种物品的供给，因而劳动不能满足欲望的要求，一种人为的任意抬价就开始了，不过在一般情况下，一件物品的价值是相当于能够生产它的最小的劳动量的，而人为的抬价则甚至还达不到这个限度。几乎没有任何劳动量，没有任何个人财力所能购买的那种劳动量，能够开凿一条河，在那上边设立场址，或者继续掘地，一直到发现和人们所知道的最大的钻石同样大的新钻石或者同样的玩物为止。即使是这种过高的人为的抬价也是在我们的规律支配之下的；因为它不仅永远不能超过生产同样物品所需要的劳动量，而且很少达到那个劳动量。所以在欲望的对象身上花费的或者节省的劳动量，在所有情形下都是它们的价值的极限，使这些欲望的对象成为财富品的就是这种劳动量。

这一节开首所提出来的命题说：劳动是衡量财富品价值的唯一标准，但并没有说这个唯一的标准在一切情况下都是一个正确的标准。一件东西成为财富品必须是人们欲望的对象，而这些欲望和爱好又随着物质的和精神的条件而变化，特别是随着怎样把自然资料和自然力量变为有用的知识（科学的和技术的）的多少而变化，所以很显然，绝对的劳动量不可能是这些东西的价值的准确指针。多余的无用的装饰品是野人和廷臣们所追求的。但在现代的代议自治政府制度之下，它们同样不被看作能给人增加什么优点，因之降低到只具有商业价值，相当于它的真正用途的价值。

未开化的国家忽视了海藻和它们的海岸上的玻璃砂,它们不知道把这两种东西合起来加热,可以成为一种新的物质,使它们的居处得到照明和温暖;但对于文明国家来说,如果有更便宜的东西来代替这种物质,它们也会同样不重视这些东西,除非为了其他目的对这些东西有所需要。我们所要说明的是,在一定的社会里,关于任何特定的欲望,在任何特定的时间内,根据平常的判断,用在欲望的对象上边的劳动是这些东西的价值的唯一衡量标准,而在这种情形下,它也是一个准确的标准。

通常被看作财富品的那些欲求品里边,没有一件不是曾经和现在仍然在许多地方,被否认是财富品。有的民族不把谷类、棉花、羊毛、金子、稻米、银子看作有价值的东西,或者看作财富品;但没有一个民族、没有一个人不把人的劳动看作有价值的东西。劳动在每一个地方,对于所有的人,无论智、愚、贫、富、贤、不肖,都是有价值的东西;在每一个地方,它都是为继续生存和生活享受资料所付出的代价。它是唯一的具有普遍性的商品。没有人类的劳动或者努力,在任何地方也不能得到足够维持生活的或者具有维持生活性能的欲望的对象。

我们希望上边所说的已经足够证明:“财富是由劳动生产出来的,劳动是把欲求品变成财富品的唯一要素,劳动虽然还不是衡量财富价值的正确标准,但它是衡量财富价值的唯一的普遍的标准。”

从以上所说的可以看到下列几个命题的正确:

第一,任何一件物质的或者其他的东西,仅仅它本身具有被欲求的条件或者人们对它有欲求,并不能使它成为财富品。

第二，一件东西的稀有或美丽，或者能够给人真正的、深刻的或永久的快感，或者甚至是人们生存所必需，都不能使它成为财富品。

第三，一件东西的效用，或者它对于上述的一项或者全部或者其他用途有帮助，自然也不能使它成为财富品。

第四，只有劳动，加上对于物质东西的欲求，才能使那些东西成为财富品。

还有两种情况，应该注意。这两种情况合起来可以使一些物质的东西，虽然是欲望的对象，但不需要在它们身上投入劳动以使它们成为财富品，那就是：

第一，某些物质的欲望对象取之不尽，用之不竭；

第二，它们原来存在的状态就适合于使用，如：太阳光、空气，有时候就是水、气温一类的东西。

对于财富是什么有了清楚的概念，我们在谈到财富的分配时就可以免得彼此发生误解。现在我们就进入下一节。

第　二　节

分配财富的目的和用劳动来生产财富的目的一样，就是借此尽可能地给那个生产财富的社会以最大量幸福，也就是给以最大量的感官的或者道德的或者知识上的快乐

我们的身体构造使我们成为有知觉的生物，那就是说，能够从各种来源感受快乐和痛苦。任何一种努力，或者是为了取得财富，

或者是为了任何其他目的，其唯一的合理的动机，就是增加现在的或将来的谋求幸福的手段，或者是除掉或减少现在的或将来的造成苦恼的原因。所以生产财富是为了增加幸福。如果大自然自发地生产出丰富的食物和一切其他生活舒适品供人类享用，如同她生产出空气供人类呼吸一样，人们就不会费力气去生产或者占有那些东西，也就不会想到分配问题，因为每个人都可以按照他的需要来取用和消费。用劳动生产自然所不能给与的财富品，其唯一的目的就是为了增加幸福；增加的幸福越大，我们的努力也就越有成效。如果我们对于从财富产生的一部分幸福感到满意——不管它是由谁享受——那么，对于两部分幸福一定感到更满意，而对于三部分幸福一定比对于两部分幸福更满意，这样每一部分幸福的增加都可以使我们有更大的满意，一直到增加无数部分。因为生产财富的唯一目的，是从它们的使用或消费中使它们成为生活舒适手段或者生活享受手段，而要消费就必须分配，所以能够给生产这些财富的那些人——社会或者公社——以最多部分享受，以可能有的最大量幸福的那种分配方法一定是最好的分配方法。生产这些财富的公社不会把他们的劳动果实送给邻近的公社去增加他们的幸福，这是因为那个公社拥有同样的生产便利条件，因为没有理由认为其他公社有更多的享受幸福的能力，也因为这种无代价的供给将在懒惰的接受公社里和无偿赠与的公社里，同样造成生产动机的消灭。

人的身体组织是这样构成的，它能够使他所享受的幸福在程度上无限地超过一个或任何数目的牡蛎这种动物所能享受的幸福，或者也许甚至超过任何数目的马所能享受的幸福；所以无论什么时候，只要这种下等动物的幸福和人的幸福不能并存时，人的享受就无限地优先于那些动物的享受。现在，如果任何一个人能够证明他的身体构成是如此地优于他的同胞，因而他所能感受的幸福无限地超过他的其余同类所能感受的幸福，他的权利就像人的权利高出于牡蛎一样，可以得到我们的承认，而财富和一切获得幸福和手段就都应该用在他身上，因为这样用这些东西，它们生产的幸福最多。就是这种情况也并没有破坏我们现在的规律。发现最大量幸福落在哪里，我们就必须到哪里去追求。

生产财富的唯一理由，终归是因为它能增加谋求幸福的手段；而财富之所以应该这样**分配**而不那样分配，唯一的理由也就是用这一种分配方式比用另外一种分配方式能够生产出更多的生产对象和增加更多的幸福。根据这一原则，如果十个人之中有九个人被奴役，而第十个人的最高度的幸福能够增加幸福的总和，**那个**奴隶制的分配方法就应该被实行。这个首要原则所要求的一切是：最大量、最深刻和最持久的舒适感应该是财富分配的目的。否认它就是承认痛苦比快乐更可取，无感觉比舒服的感觉更可取，无知觉——也就是等于不存在——比有知觉或者存在更可取。抽象的幸福，可能有的最大幸福是我们的首要目的，现在让我们来确定：究竟什么样的分配方式能够保证最大的幸福。我们的下一个命题是：

第　三　节

社会上所有的成员（畸形的人除外）既然在身体构造上

相同,所以在同样的待遇之下都能够享受到同样的幸福

在出生后几个月之内,人们的感官就发展到几乎和成年人一样十分完全。不管对它们是否进行训练,声、香、色、味和对外界的接触都将对它们起作用;如果不发生意外的事故,它们在发展上或在使用及享受能力上对于一切人都是相同的。至于我们的思想感情所赖以发生的身体组织就与此大不相同了。如果忽视它们,它们就不会比猿猴高多少;如果培养它们到现在所能知道的程度,它们就会大大地超越于诗人们所伪托的古代不朽圣神的思想和道德。大脑组织里边不是如人们所推想的有一些比感官更顽强、更不易于改变的东西。事实与此正好相反,思想感情所赖以发生的组织不是越来越趋向于不同,而是这个组织的原来的不同比感官组织的不同更易于因教育和环境而得到矫正和发展。在这些普通的事实被承认之后,也许有人会说,“如同有一种天赋特殊的特异性体质,具有特殊的机能和癖好,受特殊药物的治疗一样,感官和心理也有特殊的嗜好。”这是不错的,但它并不削弱我们的一般主张;因为,先不必说,许多这些特性,特别是道德上的和精神上的特性,都显然是由环境或教育造成的,而且这些不同特性是如此微不足道,因而并不能影响某一特殊感官的快感的总和,更不用说影响任何一个人感官的一切快感的总和,至于对一个人的肉体的、精神的和道德的所有快感的总和影响就更少了。但是即使情形确是这样——它显然不是的——它是不是会减少一切对于快感的总和的感受能力呢?我们又用什么方法,什么标准来断定,由于这种特性,在什么地方或者有什么人能比别人感受更多和更高的快乐呢?

所以，据我们看来，这种享受能力的不同是不存在的，因为我们看不到这种现象；它们不在我们的道德的和政治的考虑之中，因为它们像电流一样不好捉摸和计算。它们之间的不同是一回事，而计算它们不同到什么程度以作为分配的根据是另外一回事。我们只是说对于幸福的感受程度有所不同，而不能证明在哪些地方不同，不同到什么程度，那就等于没说，实际上是毫无用处的。不过，让我们再进一步地来辩论一下。假设这些感受能力、或者享受能力在所享受到的快乐的总和上各人有所不同，假设我们发现了一种衡量这种不同的方法，另外一个实际上不可克服的困难又产生了，由谁来衡量这些感受力呢？富人还是穷人，青年人还是老年人，受过教育的人还是文盲？我们是不是还要为每一个人成立一个法庭和召集陪审官呢？或者认为这样太麻烦而不用陪审官，那么是不是由一个审判官在每个男人（姑且不说女人）的脖子上拴一个标签，注明他们从一到一百——假设这些数目包括一系列不同感受的极限——的不同程度的感受力呢？看吧！只要标签一拴上，只要这种衡量感受力的细致工作一做完，立刻就发生了变化，而最准确的衡量也就会立刻被打乱。意外的事故、疾病、年岁的增长、精神上的或道德上的进步或者败坏，所有这些原因都在不停地起作用，结果这一年的感受能力登记表在下一年、也许在下一个月就不适用了。因此，我们必须摒弃那种想要用不同的个人有不同的享受能力的玄想来影响财富分配问题的想法而认为完全不值得加以考虑。现在的问题不是同样遭到意外和患有疾病的人，在同样的治疗之下，能不能发展到具有同样道德的或精神的素质的问题；现在的问题仅仅是对于身体同样健康的人给以同样的待遇，能

不能产生同样的总的享受能力的问题，虽然我们也可以看到，这种同样待遇也能够在一百个人中的九十九个人身上产生同样的精神的和道德的素质。对于我们当前讨论的财富分配问题来说，甚至不需要这么多的享受能力。我们并不需要人们对于每一种享受都具有感受力来支持我们的主要论点；我们只要求人们能特别在享用财富品上有感受力就够了。我相信现在人们可以承认"所有精神正常的社会成员，在同等待遇之下，能从同样多的财富得到同等程度的享受"这个前提了；虽然对于各种享受能力都相等——这似乎也同样是无可争议的——这个较大的前提还会否认；要永远记住就是能证明人们的这些享受力不相等，也不可能根据这种不相等来行事。在施行惩罚时，确是可以有益地考虑到对于痛苦的感受力以使惩罚均等，如果对于个别情况多作了解可以在这方面提供机会。

应该永远记住，我们的推论适用于自然生成的和受外界环境影响的所有人类的能力。即或有人指出任何社会里边的一大部分人已真正退化到不知道什么是物质享受的状态，但这仍不能削弱我们的论点，除非他能证明这个如此退化了的社会上一部分人和同一个社会里边那些更为幸运的成员受到过同样的待遇。

第 四 节

多数人的幸福优先于少数人的幸福；否则，我们所抱的目的，尽可能生产最大量的幸福，就要遭到牺牲

这一命题是前一个命题的必然结论，因为，如果所有精神正常的人，在同等的待遇之下，能够有同样多的享受，那么，我们说两个有同样享受能力的人的幸福优先于一个人的幸福，就和说两个或者任何其他数目都多于一个是一样的。作为我们的目的的幸福，如果抽去其任何一部分，它的总量一定就要减少。既然这个命题是如此地不证自明，为什么还有说它的必要呢？这是因为它虽然有时候对于较小的团体来说在理论上为人们所承认，但在实践上却被彰明较著地和可悲地忽视了，以至于它不但没有适用于一般社会，甚至也没有适用于较小的团体。要列举破坏这一原则的许多现存的事实，就必须列举几乎每一种特权和特免权。必须再加以说明的是：这一命题虽然和其他命题一样，它的措辞是泛指的，适用于每一种幸福，适用于从财富和从其他一切来源获得的幸福（因为它被承认是普遍的真理），不过，我们的一般的论点还是专指：多数人的那一部分从财富获得的幸福优先于少数人的那一部分从同一来源获得的幸福。财富的直接作用主要是对于感官提供更为广泛的享受手段，而增加道德上的和精神上的享受不过是它的间接作用；如果财富的分配在很大程度上是不平等的，它将如我们所要证明的那样，几乎完全取消这些较高的道德上的和精神上的享受。

也许有人会没有根据地问，“是不是聪明智慧道德高尚的人们的幸福，在财富的分配上，应该优先于那些愚昧无知品行堕落的那些人的幸福呢？”首先，那只是因为待遇的不同，所以才造成一个聪明，一个愚昧，一个高尚，一个堕落。没有比有知识的和有道德的人们再能说明这个真理的了。问问他们，他们的幸福是从什么来源获得的，问问他们，其中有多少不过是直接从财富得来的，结果你就会对于他们从一般生活享受品的供给以外的来源所得到的享受之稀少而感到惊讶。他们是否愿意，他们是否要求别人的物质享受应该为他们的享受而有意地被牺牲呢？财富的分配应该离开自由劳动和自愿交换的自然常轨而服从于他们的利益吗？难道他们希望用任何人为的规定，在没有得到别人的同意和不给与任何等价物的情形下，就占有别人的劳动果实吗？

一个真正有智慧、真正有道德的人是不会有这种愿望的。聪明睿智的人不会用这种手段来增进他们的幸福；他们不会强迫任何人牺牲幸福，强迫他们的同胞牺牲某一部分幸福来增进他们自己的幸福。这种不公正的行为不但不能增加他们的幸福，反而要破坏他们的幸福。他们对一切别人的幸福和对自己的幸福同样地尊重。假设情形与此相反，假设聪明而有道德的人竟然用这种不聪明、不道德的方式，要求别人，要求大多数的人为他们而牺牲幸福，我们又怎样来判定究竟谁是聪明和谁是有道德的人呢？是不是以有没有这种愿望来决定呢？那样谁将不说自己是最聪明、最有道德的人呢？每个人都将主张自己有绝对的权利。为了避免这种纷扰，我们把决定哪些聪明和有道德的人应该受优待的权力交给谁呢？如果交给当权的人，他们的立法措施能够支配财富的分配，是不是他们会承认聪明贤惠的人们的利益优先于他们自己的独占的利益呢？如果少数人的幸福可以优先于多数人的幸福，他们会不会立刻发现他们自己是聪明和有道德的人，而他们和他们的朋友，作为最聪明和最有道德的人，应该具有优先权呢？

不管我们站在哪一边，也不能为少数人从财富或者从任何其

他来源获得的幸福优先于多数人的幸福，找出任何合理的根据。所以最大多数人的幸福应该永远是道德家和政治家所抱的目的，而不考虑德性、行为、智力或者其他品质。事实上，我们的论点并不因为有不同性格和不同情况实际存在的这种假设而受到阻碍。我们认为人类确是自然生成的，而在同等的待遇之下，也是能够随着环境而改变的；我们以此为根据，来研究怎样做才算是最好的分配财富的方法。在我们以后的探讨中还要研究怎样用最好的方式把我们自然的分配计划采用到一个饱受强迫的和人为的财富分配计划的毒害的社会去。

所以，不管我们怎样制定我们的关于财富的分配计划，多数人的幸福也是优先于少数人的幸福的。现在我们可以进入我们的第五个命题，它要说明的是：

第　五　节

> 被称为财富的那些生活享受手段或者谋求幸福的手段是在知识的指导之下，把劳动应用到自然所提供的原料上生产出来的，所以必须有足够的刺激，作为动机，使在知识指导下的必要劳动发生作用，从而生产财富

人类每一种自觉的努力，都有一个适当的动机。努力的时间越长，痛苦就越大。从努力所得到的利益越遥远，越轻微，越靠不住，就越需要一个强有力的动机来产生所要求的效果。人类在他的最初的野蛮的未开化时代，和他周围的其他动物一样，几乎完全

靠饥饿的感觉和渴望享受饮食的快乐来迫使他努力。和其他动物一样,他最初是满足于攫取大自然丢在他面前的植物和动物的滋养品的,在还能得到这些东西的时候,他从来也没有想学习怎样来驯养、圈禁和繁殖野兽,或者模仿大自然的生长过程来培育果核或者种子以准备收获生产出来的粮食或者果实。他在一切事情上都是为需要的压迫所推动着,或者为忧虑到将来的需要所推动着,至于为享受的欲望所推动则是比较少见的。人类努力发展的最大障碍,不仅在早期,就是在以后的一切斗争中,也是缺少“保障”。只要上天把食物——这些永远是人类所首先预见到和奋勉以求的对象——孕育成熟,摆在人类面前可以供他们享用和消费时,他们就会立刻受到周围一切力量的攻击,这或者是由于攻击力量的强大,或者是由于攻击者食欲的迫切要求。人类勤恳努力取得财富的最初障碍是:缺少适当的动机来克服贪图安逸、缺乏远见、缺乏理解力、缺乏知识,想不出办法来生产他们所需要的东西或者增加它们的产量。当这些困难被克服之后,当人们已经有了知识之后,当环境已经引起了十分迫切的动机之后,这儿还有一个条件,没有这个条件,所有生产知识、生产愿望将永远不能产生有效的努力,这就是需要有保障。没有保障,努力,继续不断的努力,是不可能的。就是在它的最可靠的帮助之下,要想克服野人的懒惰也常常几乎是不可能的。在北美洲,个人和政府曾经不断地在有限的和广泛的规模上对野人全族和从未开化的土人中选出来的少数人做过努力以引导他们改变懒惰的习惯为吃苦耐劳,但几乎都一律没有获得成功。是不是能用说服和新的劳动组织等其他方法来克服这些困难是一个没有必要在这里讨论的问题。

但是必须看到的是：迫使野人在他野蛮的状态中，甚至为了维持他的生存才不得不从事努力的是他的欲望和需要的冲动，同样，迫使文明社会里的一个生产劳动者，借着他早期获得的习惯的帮助来从事努力的也是这种同样的冲动。野人必须猎取他的野兽和寻觅他的野菜，否则就要挨饿；文明的工人必须使用他的工具和进行生产，否则他也一定挨饿。如果要求一个未开化的野人来从事现代的按部就班的生产劳动，他会永远有一种选择，或则是从事他原来的冒险的追逐，或则是从事新式的要求坚持下去的迟缓的但有可靠报酬的劳动。但对于一个现代工人，就没有这种选择的可能。没有广阔的原野引诱他去过自由冒险的生活，去劳动和休息。他必须坚持生产，否则就要灭亡。需要迫使他劳动来维持生活。如果把野人邻近的森林和开阔的平原消灭掉，他就和文明的劳动者一样，必须工作，否则就要挨饿。但是，因为他没有养成勤劳的习惯，他将吝惜他的努力，并限于满足最简单的物质需要为止。知识、从预见到劳动给他带来的良好效果而产生的劳动动机、从他的劳动成果所得到的享受，所有这些有利条件都不能使他变为勤劳。可是，一个文明人在显然相同的条件下就会是勤劳的，所谓相同当然只就与财富有关者而言。我们必须于仅仅是财富之外来看一看人类智力方面的构成。这两类假设的劳动者，开化的与未开化的，在什么上边有所不同呢？在他们早期生活中各自所获得的不同习惯上。野人的需要和条件所给予他的习惯是短时间的激烈的劳动、长时间的休息、不受拘束的自由并且在很大程度上使他忘记了有必要限制自己的行为以避免引起周围人们的恶感和破坏；对于从人与人之间应有的和互相依存的关系中产生的社会道德，他认

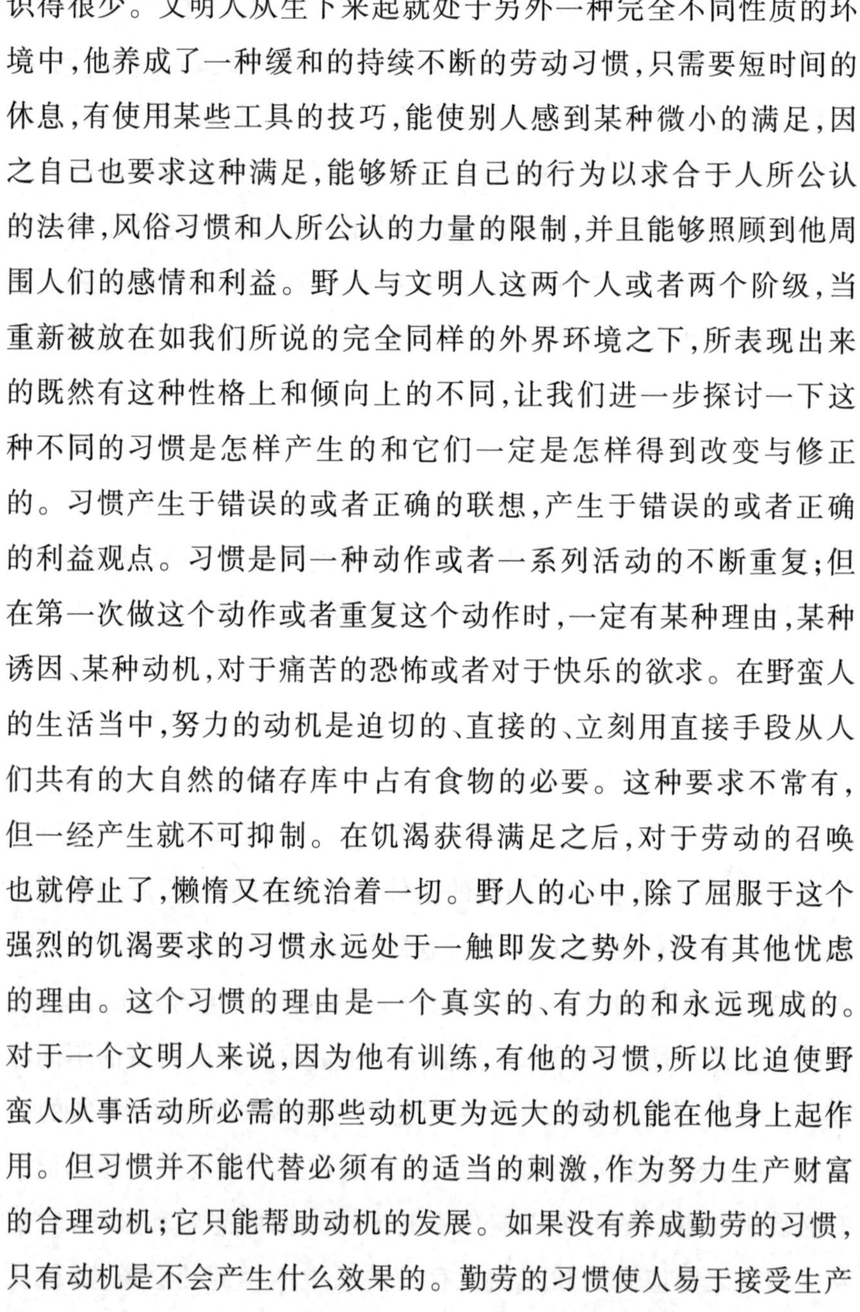

识得很少。文明人从生下来起就处于另外一种完全不同性质的环境中，他养成了一种缓和的持续不断的劳动习惯，只需要短时间的休息，有使用某些工具的技巧，能使别人感到某种微小的满足，因之自己也要求这种满足，能够矫正自己的行为以求合于人所公认的法律，风俗习惯和人所公认的力量的限制，并且能够照顾到他周围人们的感情和利益。野人与文明人这两个人或者两个阶级，当重新被放在如我们所说的完全同样的外界环境之下，所表现出来的既然有这种性格上和倾向上的不同，让我们进一步探讨一下这种不同的习惯是怎样产生的和它们一定是怎样得到改变与修正的。习惯产生于错误的或者正确的联想，产生于错误的或者正确的利益观点。习惯是同一种动作或者一系列活动的不断重复；但在第一次做这个动作或者重复这个动作时，一定有某种理由，某种诱因、某种动机，对于痛苦的恐怖或者对于快乐的欲求。在野蛮人的生活当中，努力的动机是迫切的、直接的、立刻用直接手段从人们共有的大自然的储存库中占有食物的必要。这种要求不常有，但一经产生就不可抑制。在饥渴获得满足之后，对于劳动的召唤也就停止了，懒惰又在统治着一切。野人的心中，除了屈服于这个强烈的饥渴要求的习惯永远处于一触即发之势外，没有其他忧虑的理由。这个习惯的理由是一个真实的、有力的和永远现成的。对于一个文明人来说，因为他有训练，有他的习惯，所以比迫使野蛮人从事活动所必需的那些动机更为远大的动机能在他身上起作用。但习惯并不能代替必须有的适当的刺激，作为努力生产财富的合理动机；它只能帮助动机的发展。如果没有养成勤劳的习惯，只有动机是不会产生什么效果的。勤劳的习惯使人易于接受生产的动机。没有这种活动的习惯，人们除了满足当前的要求外，就不会有任何其他动机。人们虽然有了勤劳的习惯，不管它是机械的还是有理性的，或者是一半由于理性一半由于强迫，但没有动机仍不能生产出什么东西来。对于那些已经养成勤劳习惯的人，谋求利益的动机是一时也不可缺少的重要推动力。为了能够继续不断地生产出财富，为了使整个社会生机活泼，经常提供这样动机是完全必要的。检查一下各民族的发展情况，不管它是勤劳的或是懒惰的，就可以看出生产的发达程度恰好是与生产动机成比例的，这种动机一般是以奖励生产的形式提出来的，也就是劳动者可以享受到他的劳动生产品。

现在，在世界上有许多地方，用强力来代替人们自愿的动机，用痛苦的恐怖和强迫来使人们勉强从事看来似乎是健康的自愿的劳动。从经济学的观点看来，它是一种代价最高的劳动，从道德的观点看来，它减少了人类幸福的总和。如果我们这里所提出的一些原则有几分真理的话，那么，即使证明用强迫劳动来生产是比较经济的，和证明没有强迫劳动就不可能得到我们所欲求的某一部分财富，也仍不能片刻证明实行或者继续实行强迫劳动的正确。我们所要问的一个简单而公正的问题是："用强迫劳动代替自愿劳动，使人类幸福的总和——包括奴隶的和他们的主人的幸福在内——减少了还是增加了呢？"其实问这样一个问题是可笑的；如果强迫劳动产生更多的幸福，那就根本没有使用强迫的必要，它一定会变成为自愿的劳动。

把从恐怖所产生的一切动机除外，把人当作自觉自愿的动物来使用，就必须以自愿动机的形式对他提供足够的刺激，以诱导他

继续发挥他在文明生活当中必然或多或少形成的勤劳习惯的作用。从什么地方能找到这种足够的刺激呢？我们下一个命题就是要解决这个问题。

第六节

按照自然之理，对于生产的最强有力的刺激（也就是最大生产所必需的刺激），是使生产者在完全享用他们的劳动产品上获得"保障"

我们已经看到，从事生产的工人，在享用他们的劳动所生产出来的产品上，如果不能得到或者由于他们自己的力量或者由于与别人合作而获致的某种保障时，他所具有的丰富的知识、诱导他努力生产的复杂的动机和甚至他所养成的勤劳的习惯，就都不能引导他坚持着去继续生产财富。在不受压迫的情形下，为了别人的福利，继续不断地自愿从事劳动将是一种神经错乱；事实上，这在全国范围内是从来没有发生过的事情。这在道德上是不可能的。为了终于能把自愿生产继续下去——因为在开始生产时也许没有想为谁生产或者仅仅是一个试验——生产者必须从他所生产的东西上边得到他所预期的利益。但这个一般的原则虽然在字面上为人们所承认，而在实践上却遭到了顽强的反对。所谓的社会经常在努力欺骗和利诱，恐吓和威迫劳动生产者使他们尽可能地为自己劳动产品的最小一部分而工作。那些造成和支持这种情况的人所抱的目的和我们在这里所提出来的简单目的完全不同。我们所提出来的是法律的道德的或者人与人相结合的唯一公正的目标——尽可能地生产出最大量的人类幸福。而那些拥有社会的大部分财富和统治权的人却一致地把他们的次要目标当作了最后追求的目的，例如他们的制度的支持和继续，继续维持他们所采用的任何形式的统治，在任何情况下继续维持和增加他们在财富、权势和幸福上的优势。现在，为了促进不同的目的，必须使用不同的方法。缘木求鱼是最幼稚的行为，如果不是由于对象的愚昧和意外是不会产生所期待的结果的。论证经济的和立法的首要原则时，最坦率的办法就是明确地说出我们的最终目的。政治经济学的最终目的一直是增加社会上财富积累的绝对量，至于如何分配每年的产品和多年积累下来的财富则留给道德家和政治家按照他们神秘的智慧认为适当的比例来解决；它满足于社会财富（劳动的生产力）增加的成就，并且相信这种已经增加了的和正在增加中的财富必然以某种或其他方式或者在某些或其他地方给人们带来享受和幸福。有钱有势的人热心地注视着这种生产出来供他们享用的财富的支配，踌躇满志地思索着怎样用最简便的方法把这些足供自己享乐的东西积聚起来，同时并幻想他们自己从对于这些享受手段的偶然支配，进而成为生产阶级的食物、衣服、住宅的施与者。这些有钱的人们说："应该给工人们留些够用的东西好使他们能劳动。"此外的一切就完全不是他们所能想得到的，不，更糟的是，这一切将使工人阶级对他们不满和轻慢。他们抱有这一类的主要目的，所以财富的绝对生产量就成了次要的目的，除了有助于他们自己的最丰富的享受资料的供应外并不认为有什么重要性。所以，现在就有必要直率而明确地声明：　我们认为仅仅把这

些当作生产和积累财富的目的未免太幼稚了；而且把一部分人类幸福放在另一部分人类幸福之上也是可笑的、残酷的和不公平的；我们认为任何规章制度都不应该阻碍或者代替（哪怕是暂时的）我们所提出的最大幸福的原则；我们对于任何其他利益绝不妥协；我们的原则必须不受限制地支配一切，绝不容许其他主张分庭抗礼。这样，存在的问题就仅仅是：

目的既然是为了增进生产者阶级的最大量的幸福——因为如果财富的增加不能带来幸福的增加，财富也就不会再是合理的欲望的对象——那么这些生产者阶级在其他条件如地域、制度、道德、风尚等等都相等的情况下，会不会从享用他们的劳动生产出来的一部或者全部生产品上感到更幸福呢？

假设有一千个人，都是健康而愿意工作的，并且在各方面都养成了吃苦耐劳的习惯；他们为了互相支持在互助合作和经济的原则上联合在一起，靠着科学的帮助，用他们的技艺从事有益的事业；假设他们没有工具，在他们的劳动能够生产以前，没有衣服穿，没有东西吃，没有土地可种，也没有原料可以供他们使用；看到他们除了勤劳的习惯和技巧之外，什么也没有；这将怎么办呢？只有勤劳和技巧就能克服横在幸福之前，生活之前的巨大障碍么？我们怎么样才能刺激这一群缺少援助的人使他们发挥出足够的力量来征服这些障碍，并进而享受到舒适的生活呢？保证他们完全享用和自由处理他们的劳动所得能不能达到这个所期望的目的呢？如果部分享用行不行呢？无疑地，这个问题是提得有些荒谬的。无疑地，当前的困难问题是怎样不必消除这些障碍，不必有另外的鼓励，就使这一群人的劳动力投入到生产活动中。无疑地，当前的困难问题是怎样不必用压力——欲望的压力代替强力的压力——就使这一群人肯于劳动，肯于为生存必需品以外的东西去劳动，因为从劳动产品中取得享受的希望是非常渺茫的。

为了供给这一群肯于努力的人以必需的东西，土地所有者出来说，他并不坚持人们用相等的劳动代价来购买他的土地，他将满足于处理他的土地的每年的利息，每年取回可以被认为是等价物的那么多的以生产品来衡量的劳动力，那么多的土地上的收获。这一群人于是每年把它投在土地上的一部分劳动所生产出来的产品，以地租的形式付出作为那个土地和它的生产力的利息。制造原料的所有者，对于这一群人的劳动也有同样的要求以作为他们用他的原料来制作衣服和其他舒适品的利息；劳动生产者于是不能不把他们所制造的物品的一部分价值让给原料供给者，这一部分就构成了利润。有时，这一群人所使用的工具，如果是比较复杂的或者制造时费钱较多的，或者是需要固定的附属设备或建筑的，这些工具的所有者也对于没有这些工具的劳动者有同样的要求；就是那些拥有食物（这一群人在自己的劳动产品可供消费或者交换之前必须消费的食物）的人也同样于全部归还借出的食物以外为他们所提供的帮助要求一种利润，一部分劳动所得。

是不是有人会问，为什么这个劳动者必须用他的一部分劳动来作为偿付他所用的或者他劳动于其上的工具、衣服、食物、原料或者土地等等的全部代价或利息呢？为什么不给他以他的劳动的全部绝对生产品而不做任何这些扣除呢？这是因为那些用劳动或者自愿交换取得这块土地、这些原料的人，制造这些工具和衣服的人，与大自然合作生产出食粮的人，也需要同样的刺激来继续他们的生产活动,需要与一无所有的劳动者所要求的同样的“保障”以全部享用他们的劳动所得。我们不能剥夺一个生产者来奖励另外一个生产者。全部享用上的保障必须一视同仁。如果一个劳动生产者破坏了别人的保障,他就是用自己的手毁坏了自己在劳动产品的不仅全部享用上,而且任何享用上要求保障的权利。只有自愿交换,只有靠劳动取得的东西才是与一视同仁的保障相一致的。至于资本家所要求的报偿的多少将在以后讨论。

现在,既然从这一群人的劳动产品中减掉了这么些东西,那么他们的劳动生产力是不是还能生产出剩余的东西,以提供足够的刺激使他们为这样一种报酬而从事劳动呢?有人会说,就是在这样的条件之下,极端的需要这个压力——不劳动就挨饿——也会迫使他们从事劳动。是的,不错。但这是最有力量的刺激么?这是自然之理所能容许的最高报酬么?这就是劳动生产者全部享用了他们的劳动生产品么?政治经济学想不出其他有效办法和找不出更多的奖励来鼓舞和酬报这些人们的劳动吗?在财富这一方面,在产生任何像全国利益那种范围的规模上,政治经济学不能比这个做得更多;这就是给了劳动者以在完全享用他们劳动产品上的保障。

但是,不要忘记,这正是每一个文明社会里边的每一个一无所有的劳动者的处境。

也许仍然有人反对,“为什么不可以给奖金呢?为什么不可以给以奖赏、荣誉奖或其他奖赏呢?为什么不可以采取捐助和入股等等办法给这些劳动者买到或者赠送给他们一些他们必须租用的东西呢?”这些办法没有一项能够大规模地实行,因为资本家如果不能获得平常的利润是不会用他的资本来冒险的。不必说他们的资本担着风险，就是关于这种利润的偿付，资本家们也决不满意于这样一个公社的保证。很明显，我们永远不能期待有大规模的自愿让与。用强力从财富生产者的手里把由生产劳动和自愿交换得来的财富强取过来以交给另外的人鼓励他们从事生产劳动和自愿交换，显然是一手解铃一手系铃。至于奖金和荣誉奖，在这样一种极端紧迫的情况下，更是人们所不能设想的。它们可能把劳动引入歧途，这里的问题是怎样促成劳动。

但我们是不是可以通过早期教育的联想试着灌输给他们一种迷信思想来引导劳动者把劳动看作为一种责任而不是为了全部享用劳动产品呢？是不是这种联想可以构成一个有力的生产活动的原则呢？整个的人类生产活动的历史已使这种希望落了空。如果迷信只是阻碍人类官能在某一个问题或某一种思想或努力方向上的发展而不削弱整个官能本身；如果能使人在他们生活当中的一件最重要的事情上停留在极为幼稚的状态中而不至于使他在每一件其他事情上都变为无精打采、墨守成规和不事生产，那么这种办法也许是可能成功的。可惜人类生成的天性并不是这样。重大欺骗会破坏人们勇猛精进所需要的好奇心和思想的活跃。这种办法的影响一定会使人们变得愚蠢或不近人情，但却永远是消极的、奴性的，几乎不能为他自己或者他的主人生产出什么可供享受的东西来。

如果迷信，或者错误的或者假冒的知识不能给人们以新的刺激或者根本就不能给人们以刺激而只是造成生产上的绝对倒退，那么真正的知识将会特别有力量加强和加速生产，并使人类能力

获得充分的发展。但知识永远不能代替全部享用劳动生产品的刺激。相反地,它将使这种全部享用成为劳动生产的首要条件;只要有了这个条件,劳动生产就会增加无限的力量。

除了大自然或者耕种的进步程度给野蛮人或者文明人或者美洲移民的生产发展带来的阻碍之外,还有其他无数的严重阻碍,被人们愚蠢地、荒唐地、残酷地摆在劳动生产者面前。那些在财富的交换上提不出来具体的实在的等价物的人们把劳动生产者的一部分生产品抢走了。他们从来没有征求过劳动生产者对于这个让与的同意,也没有给劳动生产者认为满意的任何物质的或者精神方面的等价物。现在全世界上,没有一个地方的情况像在美国那样,大规模的劳动能够如此自由和如此有保障地全部享用劳动生产品,所以也没有一个地方的生产像美国那样发展。随着劳动生产的报酬从这个最大限度上的逐步降低,生产的努力也就越来越松懈,直到最后由于缺乏自愿的刺激而陷于极端冷淡,因之不得不采用野蛮的暴力,用恐怖手段强迫那些可怜的人去勉强地进行生产。全部历史都承认这个真理,并且可以从无数的著作中找到说明。如果有理由在没有得到劳动者同意——这种同意是我们所寻求的人所公认的最合理的牵制力量——的情况下把劳动生产者的一部分产品拿走,那么根据同一理由就可以拿走任何其他部分,直到最后,没有了任何刺激,没有了任何努力的可能,除了服从于物质需要之外也没有了任何生产,不然就要随着发生强迫现象。

我们希望在这个问题上消除了一切障碍之后,人们将会承认,"根据自然之理,对于生产的最强有力的刺激,是劳动生产者在完全享用他们的劳动产品上有'保障'"。

至于资本家的要求究竟从这个完全享用中有害地取走了多少，将在以后讨论。

第　七　节

财富品的一切自愿交换，意味着交换的双方均认为换入的物品优于换出的物品，因而增加幸福，也就增加了生产财富的动机

没有交换就不能有生产，也就不能继续生产财富。没有交换的劳动和没有劳动的交换几乎是同样地毫无用处，因为没有一个人能生产出他的幸福所必需的一切物品来。假设仍有一千名劳动者的队伍，或者一千个个人，按一般的比例包括妇女儿童在内。所有这些人不仅要吃饭、穿衣，而且还要有住房、家具和其他日用品。用什么方法才能供给他们这许多需要呢？是不是每一个人必须自己去努力来供给这些需要，制造他自己的工具，建筑他自己的房屋，为自己的食粮去种地，自己去寻求制做衣服和家具的原料并自己动手去制造呢？如果每一个男人必须为自己准备一切需要的东西，为什么每一个女人不应该准备她自己所需要的呢？为什么她不也应该去种地、盖房、制做衣服、食物、器具等等以供自己使用呢？因为她没有和男人一样大的力气，而且她的一生大部分壮年时期是用来培育下一代的儿女，所以她不但没有时间去完成所有这些任务，而且就是去做也做不好。为了方便，所以要求女人去担负对于她自己、她的伴侣、他们的后代都有益的那一类劳动，担负

她的身体构造、和因此而具有的力量最能产生良好效果的那一类工作。这个理由是很明显的，除了最野蛮最愚蠢的野人才会不受它的影响。在野蛮人的生活当中，有少数的例子是男人让女人和管理家务一样地去负重和在田间操作，而给她们的报酬是压迫和拳打脚踢，把她们完全当作奴隶。在北美洲的某些种族里边就是这样。但这些野人的目的并不是增加生产而是为了满足他们自己的贪图安逸和统治女人的欲望。我们的目的和这个不同，所以必须用不同的方法来达到这个目的。一家里边的男人和女人为了便于增加生产从而增加享受应该担任不同种类的劳动，同样的理由，一个公社里边不同的人也应该从事不同方式的生产，或者毋宁说，应该从事不同物品的生产。如果所有的人都从事所有的行业，所有的人就必须学习所有的行业。显然，学习所有行业的技术不如学习一种或少数行业的技术学得好。所以，每个人都努力为自己所需要的每一种东西而生产就造成了一种技术上的损失。此外，还有第二种不便，就是由一种操作变为另一种操作而造成的时间上的损失；不仅在放下一套工具、原料拿起另外一套工具、原料上，在从这一个地方挪动到那一个地方上耗费时间，而且在从一种工作过渡到另一种工作中也容易分心和受外界事物的干扰。但是还不止于此，一个人可能居住于邻近水源或森林的地方，因之就便于捕鱼或者制造器具，因为原料就在手边。还有，在农业和工业操作上边，有的需要很多人的力气，有的必须有很多人参加才能胜任。如果这一类操作由一个单人去担当，那一定是一个很大的不便；因为一个人孤立无助地去劳动，和五个人合作相比，他所生产的不但不是五分之一，也许连百分之一都不到。此外，有些人由于身体构造上的缺点、疾病，或者事故而天赋较弱，或者在某一种特殊劳动上有特别的喜爱和技术。这些天赋较弱的和有特殊技术的人在适合于他们的劳动上也许能生产出有加倍价值的有用的东西来，而从事任何其他工作在时间上就将比较地是一个损失。另外还有一个比上述各项加在一起还大的障碍。在这个地球上，几乎没有一个地方能在它自己界内产生所有的衣服、食物、器具等等的原材料，以供给一个最小的社会，如我们所说的那个一千人口的社会的舒适生活所必需。那么，如果每一个社会或者任何一群人的所有成员都由他们自己单独地去制造所有的物品以供给他们各自的需要，他们的生产必将在质量上和数量上痛感不够，而许多对于生产或消费最有用的物品必将完全付之阙如。个人孤立无助的生产计划还将受到许多其他弊害的影响。一个独立供给自己需要的人能不能预先准确地断定自己肚子有多大容量，或者全家的人将吃多少东西，或者全家全年将有多少人？假设他能断定，他能不能预见到土地的生产量和季节的意外变化呢？他能不能肯定他调配得很好的劳动能为他生产出恰好足够的食粮以供应他一年的需要呢？会不会生产出多余无用的东西来呢？是不是做皮鞋、皮带和其他物品永远需要一张兽皮，不多也不少；做椅子或者桌子永远需要一棵树的木材，不多也不少；做外衣恰好需要一只羊的羊毛，不多也不少呢？是不是其他所有原材料都是这样呢？如果衣服、食物或者其他制作品有不足或者剩余时，怎样补上这个不足或处理这些剩余呢？是不是对于这些剩余不加利用而使它们成为绝对的损失呢？是不是甘心忍受不足所带来的穷困、饥饿、疾病或者死亡呢？从哪里去寻求补救的办法呢？最简单而又最有效的办法就是自愿

交换。没有交换的作用,在占有自然产物和把自然产物变为有用的东西上边花费劳动,对于增加财富和从财富得到的快乐不会有什么结果和起什么作用。所以,交换和劳动一样,对于有益的和扩大了的生产是必要的。

实在说来,如果我们认为一个社会的各个成员为自己的享用所做的个人努力能够给劳动生产者带来舒适的生活,那是与自然之理不相符合的,也不是任何一个社会——虽然很小——的经验。在某些情形下从事劳动合作,在另外的情形下从事劳动分工,对于保证真正的生产是完全必要的。在没有交换的地方,必将由于自然的或者意外的原因,时常发生使人非常沮丧的生产过剩和生产不足现象,因之劳动的结果既不可靠也不能使人满意,而对于劳动的一切刺激力量也必将被一扫而空。人们不会学会什么真正的技术,也没有一种同样的必需品或者便利品是可取的。孤立无援地费尽力气去生产每一件东西的个人或者个别家庭刚一开始就会放弃这种努力,结果除了生存所必需的以外,不会生产出任何东西来。

因之,不仅为了使劳动具有某种程度的生产力,而且为了使人类的双手能终于从事劳动,为了使人类从野蛮的不幸的最堕落的处境中上升,我们也必须看到交换的利益和必须实行交换。如果把交换的作用取消,也就消灭了劳动的动机。如果给交换的原则以生命,个人的单独劳动就不会受到损失。对于个别生产者或者甚至对他周围的人没有用处的东西,如果拿到共同市场上去,就会恰好是某一个人的欲望的对象,这个人将用某种等价物来交换这件东西。

这样，我们将进而考察一下交换在道德方面的影响。从经济观点上看，交换是有用的，对于生产财富和随之产生的物质享受是不可缺少的，而对于道德和善行的发展也同样是不可缺少的。试设想一下，如果一个人，一个家庭，只是为自己而劳动，被剥夺了进行交换的可能和利益，那将是一个什么样的人和一个什么样的人类中的孤立家庭呢？一个人不给任何别人什么东西，也不接受任何别人什么东西，没有意味着互换劳动的合作，这个人就成了他的同胞的畏惧的对象，不信任的对象。在这种情况下，人们的心中能产生什么友爱之情呢？在这种情况下，所产生的不会是什么宽厚仁慈的而一定是完全相反的感情。一方面是嫉妒和巧取豪夺，另一方面是恐惧、怀疑和仇恨。这样一种没有交换的个人劳动的情况将是一个培养恶德的学校。但是，换一下这种场面，让人们一度了解到互相交换的利益，让人们在实践中认识到互相交换给彼此带来的好处，结果，一个以前巧取豪夺的舞台，一个培养恶德的学校将变成为一个社会道德养成所。人和其他动物一样，基本上是一个有知觉的生物，任何一个行动方向，如果在他看来不是直接或者间接，现在或者将来能增进他的福利，他就不可能沿着那个方向前进。告诉他要讲道德，要加惠于人，要增进他的同胞的幸福，必须证明做这样的人和做这样的事对于他是有利的。告诉他要讲道德，但却把他放在一个一切你所提倡的道德都违反他的明显的利益的环境中，他的行为将毫不迟疑地遵循看来于他有利的途径，而一切反对他的劝告也将不被注意和失去作用。提高他的比较和判断的能力，教给他怎样注意他自己的和别人的行动的后果和当时的影响，教给他远见，然后再使他处于有利的外部环境中，他自然

就会养成所有的美德。

实行一种简单的交换对于一个能够欣赏真理的人告诉他一些什么事情呢？在指出来的许多事情当中，他看到了他和他的同伴们彼此之间的合作对于彼此的幸福来说是必要的；他对于他们的共同劳动的成功感到兴趣；他对于他们的努力抱有同情；在这种最初的和最简单的劳动交换上，他的感情已经被引出他的自我天地。当他发现，在新的劳动获得新的供应之前，他所生产出来的任何物品已经超过了满足他自己当前需要所必需；当他发现另外一个人拥有他所需要的一件物品，而对于那个邻人却是一个多余的东西；而当最后他做了一个交换，以自己的剩余换别人的剩余，为自己的一个欲望的对象付出一个别人的欲望的对象；于是这里又产生了相互的满足，引起了彼此的同情，双方由于同一原因，同时感到喜悦，因而形成了愉快的关系，并且发现别人的幸福并不一定与自己的幸福相冲突，而且是常常与自己的幸福不可分地联系着。这种彼此互利的交换越多，人们就越变得互相依存，同情心就越来越发展，人也就越来越变得和蔼可亲，越来越能加惠于人。他发现：这种互助精神在他的邻人身上产生了善良的性格，并且因此在遇到机会时还能产生善良的行为。他自己也要分享有一个同样的性格；于是由于看到了真正的明显的利益，那些不近人情的孤立的迹象完全归于消灭。

所以，可以看到，一切劳动产品的交换不仅能增加幸福，从而增加生产财富的动机，而且是社会道德和生产的基础，如果没有交换，劳动本身就不会有多大用处。

是不是有必要问一问，所有这些交换应该是自愿的呢，还应该是强迫的呢？是不是在任何情形下应该用强迫的交换来代替自愿的交换呢？如果不是自愿的交换，这些交换还有什么好处呢？自愿这个条件是不是交换的本质呢？从交换中把“自愿”这个条件取走，没有得到劳动生产者的同意就把他的劳动产品拿走，将会有什么结果，这种行动不就是野蛮的暴力和抢夺么？一切的自愿交换都能给交换的双方以同样的幸福和促进生产与增加仁爱精神；所以一切非自愿的交换都将破坏生产和道德。这两种交换在各方面都是截然相反的，一个是彼此谅解，使意欲屈服于理智，一个是不讲道理，用强力夺走所需要的东西。当一个人劳动的剩余产品被拿走时，也许根本就不准备假作给他以任何回报或者交换的等价物，也许给以强有力的一方认为适当的等价物。前一种情形我们在上一节里已经讨论过，并且表明在全部享用劳动产品上有保障就是对于保证最初的简单生产也是必要的。当劳动的一部分剩余生产品在违反它的所有者的意愿的情形下被拿走，而假作给以等价物以为交换时，这就有两种情况：或者这个等价物事实上是一个真正的等价，劳动生产者如果认识到他自己的利益就应该认为满意；或者它不是一个真正的等价，事实上没有价值，或者与拿走的东西不相称。首先，我们假设这个等价物在真正价值上与拿走的东西完全相等，但由于劳动生产者的固执和愚昧，认为它并不完全相等，并且认为不满意；在这种情形下，强迫这个劳动生产者接受这个真正的等价物的人应该做些什么呢？他的工作简单容易得很。他只须开导这个愚昧无知的劳动生产者，说明真实的情况，把他自己的利益向他所提议的交换一定会对其有帮助的那个人说清楚。试研究一下，在这种真正的交换中，不断使用强力和凭借说理

凭借知识有什么不同之处。人们一旦有了知识，一旦把道理讲清楚，这种有益交换的将来道路上的一切障碍都将被消除，一次进行了这种交换，它就将永远进行下去。一切这种未来的交换都由于对彼此的享受提供了自愿的补偿而提高了生产和增进了彼此之间的善意。但如果一旦用强力来强迫完成这种有益的交换，则下一次交换需要的强力不是更少而是更多。由于使用强力而产生了恶感；随着赠送式的交换而形成了痛苦的虚伪的不圆满的痛苦关系；因此而引起了成见；他们对于自己所认为的不公平感到愤怒，因而失去了取消轻率决定的能力。所以在以后交换中就更需要继续使用比原来所使用的更多的强力或者代替强力的恐惧来强迫完成这些交换。每一次重复使用暴力，不讲道理，都会更增加人们的反感。

在实现交换上，应该用了解和说服的方法来代替强力，还有另外一个同样使人信服的理由，那就是说服的方法，使劳动生产者满意——因为根据假设，交换的另一方已经被说服和认为满意——的方法，按照自然原理，是对于交换效用的一个最好的检验。它当然不是一个没有错误的检验方法。在推理的能力还不完全的生物里边还找不到这种没有错误的检验方法。但和任何其他可能想到的方法比较起来，这个方法可能是最正确的，而且现在，也还不可能找到另外一种暂时代替它的方法。用这种方法，有关的具有不同利益的两方面一定都得到了说服；用强力的方法只有一方面是被说服了的。所以在这种情形下，满足的快乐是加倍的。所有能提出来的，交换的双方都陷于错误之中的，如同用奴隶来换酒精或者毁灭性的武器的例子也并不能证明什么。因为我们并没有认为自愿交换的力量能够使人类立刻或者无论如何得到圆满无缺的智慧；它所产生的不是一种没有错误的尽善尽美，它只是能够比其他办法产生无限多的生产要求和幸福感。我们可能想到的其他办法都将直接导向狡黠者和强梁者的统治，导向一切欺骗和压迫联合造成的痛苦。至于交换双方都错认了他们自己的真正利益的那种情况，最简单而明显的补救办法就是指出他们的错误，给他们以知识。他们一经发现自己的错误自然会纠正它。这种指出他们的真正利益的办法不仅是最可靠和长期有效的补救办法，而且是一个最快的补救办法。当然，就是上千次阻止了这些错误的交换，但在双方对于判断的错误没有认识以前，它仍然会在一定的时间内像以前一样地完全倾向于这种交换；可是一旦他们的判断得到了矫正，这一类的交换自己就会停止。愚昧无知永远需要用强迫来对待；但人们一旦有了知识，就会不需要任何进一步的，任何外界的帮助而循着真正利益的方向前进。不过，在奴隶交换的情形下，保障的原则，自愿交换的原则都完全被破坏了。最初占有奴隶的罪恶贯串在以后的全部活动中。哪一个奴隶曾经是从自愿交换得来的呢？什么时候，一个野蛮人或者文明人曾经为了一点水或者一小块面包就自愿地屈服于伤害或折磨他们的身心的权力和一个主人随意榨取他们的劳动的权力呢？关于劳动的处理，哪怕是最小一部分，关于劳动产品的交换，哪怕是最少一部分，都必须是自愿的；难道对于整个一个人的处理，包括他的全部劳动，他的全部交换，他的整个意志倒可以是非自愿的和强迫的么？这种情形最明显地破坏了我们自由劳动和自愿交换的原则。

现在所剩下的只是用正当手段和不违反自愿原则所得到的两

种东西的自愿交换的问题了。我们假定交换的双方都犯有错误，要交换的这一件东西或者那一件东西，或者两种东西的生产是于人有害的，或者这个交换是在不公平的原则上进行的。在这种情形下，它所以成为可能，也许不过是因为交换的双方分有他们周围的人们关于这些事情的普遍无知和错误的联想，但对于这种交换的唯一补救办法仍然是知识的传播。因为虽然有可能在这个社会上，安置一个公正廉明的交换总监督——这是不可能的——但由于干涉自愿交换而引起的对于保障原则的破坏，不仅压倒了从优越的判断所能得到的假设利益，而且将使生产的源泉，因而也就使道德和幸福的源泉变为枯竭以至于最后消灭了这些源泉。

从上边所说的可以清楚地看到，在自愿交换上的保障和在自由使用劳动和劳动产品上的保障同样都是必要的。它们是生产之源，不仅是生产之源，而且也是道德和幸福之源。没有这些，人几乎不能高出于他现在所傲然俯视的下等动物。没有一种想得出来的办法能够代替自愿交换：在任何情形下，有关的个人或者任何其他人的真正的或者假定的优势力量或者优越的知识都不能有益地代替自愿交换。[①] 自愿交换建立在有关双方的利益上并能使他们

---

① 也许有人提出共同劳动、互助合作的计划作为反对自愿交换的实际办法。有人会说，在有些社会或者几百人到几千人的小社团里，并没有任何交换，但生产可以照旧进行，人们同样感到幸福。

我们认为更正确一点说，这种制度——就它是，并且只有就它是完全出于自愿的而言——是更为完美的自愿交换和从自愿交换中产生的更为完美的友情表现。在这种制度下，每个人都为每一个人劳动，每一个人都给每一个人以福利并从每一个人得到福利。虽然这里没有个人与个人之间的个别物品的交换，但有一种经常的普遍的福利的交换。只有聪明人才能从最进步的社会科学理论中得出这种普遍的自愿交换的制度。它不过是把一个个别交换的原则应用到每一个人的所有劳动的总和上边去。

感到满意。自愿交换的作用可以扩展到社会整个结构中去，扩展到社会组织的巨大轮廓中去，也可以扩展到人与人之间的琐碎活动和他的一切社会关系中去。它们是建立在对于一切事情都用说理和说服的方法来代替野蛮的强力所产生的效用上边的；它们的作用的范围之广和影响之大，此后还要予以更充分的说明。有些公正的原则，因为是仁爱的——所以是仁爱的因为它们能产生最大的幸福——所以应该指导财富的分配，这些原则，特别是自愿交换的原则，应该指导人类的一切交往和渗透到人类的一切制度当中去。什么时候这个原则被忽视，就要随着它被损害的程度而产生痛苦和罪恶。这一点以后在讨论到为了支持现存制度而采取的那些强迫勒索时将进一步举例加以说明。

第　八　节

把劳动生产品、财富品和谋求幸福的手段，从任何个人那里用强力取走，这个人所损失的幸福将多于获得这些东西的那个人所增加的幸福

虽然很少有人在字面上否认这个原则，但几乎每个人都惯于在行动与明目张胆地破坏这个原则或者漠不关心地看着这个原则

这是用每一个人的全部劳动来交换这个公社其他人的各部分劳动产品，如果这个总的交换制度的最终利益能比个别交换制度产生更多的幸福，即为什么不可以实行这种制度呢？它并不是用一个新原则代替了交换的原则，而只不过是在一个广泛而普遍的规模上实行了交换的原则。

被破坏。甚至有些与这个原则相违背的法律和规章制度竟得到了制定和支持。它的应用和被误用是普遍的,因而就从之产生了弊害或福利;所以有必要把这个原则弄清楚。

当用强力把任何个人的劳动生产品,财富品取走时,这个人所受到的损失都包括哪些东西呢?他所受到的害处是由哪些部分构成的呢?另一方面,取走的那个人得到了什么利益呢,这个利益是由哪些部分构成的呢?让我们把这两种东西研究一下并把它们放在一起比一比,我们马上就会看到它在什么地方是弊多于利的。

首先,只就那些一个人从另一人那里取走的物品本身来说,它们在大多数情形下显然在双方的手里都是一样的;比如一磅麻一斗谷,这个人失掉了那个人立刻就得到了。这个人失掉了麻或谷,那个人就得到了麻和谷,在这个转移的过程中,这些物品不一定有什么损失或者浪费。虽然也会常常造成这种损失或浪费。我们的目的是使问题极端简单化。所以,我们假定一个人所失掉的已被另一个人不折不扣地完全得到。一斗谷的充饥的效用和一磅麻的做衣服的效用对于这一个人和对于那一个人是一样的,假设他们的身量和饭量相等的话。

所以,这件物品本身并没有受到这个转移的影响。一方面所得到的能用的物品和另一方面所失去的能用的物品既然是相等的,我们就必须从其他根源来探求这两方面情形的不同;我们将要看到这有关的双方,在他们的直接感受上,在他们的心情上,在这件事情对他们每一个人所产生的未来后果上是有很大区别的。

用强力取走一斗谷的人和生产者一样消费和食用了这一斗谷,尽管是抢夺来的,他的食欲和饥饿也算得到了满足。但当他食用这些谷物时，根据他的身体组织的法则，他的心里必然会产生些什么样的连带感受呢？一头牛可以泰然自若地消费从另一条牛那儿抢来的谷物；但是一个人，不管他是怎样地粗野，也不能不随着这种享受而在他的心里产生连带的感受。这个抢东西的人在消费，但当他消费的时候，他不能不想到他已经引起了被掠夺的人的恶感，他知道他自己应该对这个恶行负责，而且如果遇到机会，这个抢夺来的物品一定会被它的所有者，生产者拿回去。此外，他会感觉到自己的不义，有时也会对受害者产生一种愧悔和怜惜的感情。他知道他自己也不愿意别人抢走他用许多劳动力生产出来的东西；虽然他在享受的欲望诱惑之下，从别人那里抢来了他所能抢得到的东西，但一种不义之感会时常缠绕着他，因而减少了他的满足。即使他不担心自己的不安全，也没有因自己的不义而受到良心的责备，但他也许因为他的抢夺所造成的痛苦而感到遗憾。最后还有一种假定——这是很少见的也几乎是不可能的——，那就是他既不畏惧也不自责也不感到遗憾；如果是这样，他的享受能力将是怎样的呢？和一个鬣狗一样，他只有动物的暂时的感受，既没有远见或者同情心，也不能从正确的判断或者仁慈中得到快乐来增加他的兽性的满足，或者以一种轻松的但却是时常重新感到的愉快来填补这种满足的空隙。可是事实上，这样的人是不存在的；因为他既然有足够的聪明来使用他所有的力量以对付他的邻人的聪明和力气，并能使他的抢夺成功，他就必有足够的聪明至少能看到他的行为的某些后果。如果他不比鬣狗聪明，他的进攻将要和鬣狗一样容易地遭到失败。再退一步说，假定这样一个生物是可能存在的，谷物所能给他的直接快乐是什么呢？仅仅是食欲和饥饿得到满足的快乐；此后，就是毫无感觉，没有联想的快乐，也没有把享受传达给别人的快乐。相反，对于一个生产者来说，谷物能维持他的生存，从而使他不仅能把食欲和饥饿得到满足的快乐传达给别人，并且能把伴随着勤劳生产所需要的聪明而产生的所有精神上的快乐带给其他的人。也许仍有人反对说我们在所列举的各项当中，漏掉了占有别人劳动的人所感到的一项最大的快乐，成功的快乐——自然是掠夺和侵犯的成功，但它仍然是一个成功。

但是无论在野蛮的半开化的社会里，或者是在文明的社会里，仅仅掠夺成功的快乐本身而不伴以欲望满足的快乐，是永远算不了什么的；因为先不必说它可以为忧惧所抵消，就是生产者那一方面的生产成功的快乐也比它大得多。

现在看一看，和这个用强力从生产者手里取走劳动生产品，取走谋求财富和幸福的手段的那个掠夺者的快乐相对比，一个劳动生产者能够具有哪些直接的快乐呢？从肉体上来看，他和抢走他的财富的那个人的消费是相同的；但在他的心里，必然和他的肉体享受联系着的是些什么感受呢？生产成功的快乐，不是一朝一夕的努力的成功，而是一个为了一个目的和一个所期待的结果所做的长期继续努力的成功。这是一种来自生产技术的快乐，来自坚忍精神的快乐和来自成功的快乐。这许多快乐在享受自己的产品时好像是被集中到一起了。这些快乐曾经贯注在生产过程的每时每刻中，在享受产品时回忆起来，就使快乐达于高潮。所有这些快乐都包括在有正当职业的快乐中，包括在具有**固定的人生目的**的快乐中，而这两种快乐就填补了生活的空虚，使人们没有疲乏和厌倦之感。况且，**他的**成功将会得到社会上和平而勤劳的人们的同情和好评。所有这些使人感到安慰的联想都是那个使用强力的人所没有的,而对于一个勤劳的人却是成功的快乐以外的许多快乐;所以只就这一方面来说,生产的成功将比掠夺的成功使人感到大得多的快乐。

即使我们不考虑这些,即使这一个人的成功的快乐和那一个人的成功的快乐在深度和广度上是相等的,但他们双方精神上的感受的主要区别,他们连带产生的快乐,仍有研究的必要。

一个人在享受时不断为不义、悔恨、恐惧的感觉所侵袭;另一个人却由于感到公正,安心和努力得到了成果而更加快乐。一个人的享受是不安全的,担心会有人从各方面把它拿走;另一个人没有损害过任何人,因之安享所得,无忧无虑。一个人必须用隐秘手段,默默无言、弄虚作假来保护自己,另一个人却绝不需要这种欺骗狡猾来帮助自己。

把这个勤劳的人和这个用强力掠夺的人的直接感受丢开不谈,让我们进一步从另外一方面来做一个比较。关于财富或者其他欲望的对象的生产,一种是容许把劳动产品留给生产者享用,一种是容许产品的任何一部分被人以强力从生产者那里取走供别人使用;现在就指出它们各有什么将来的影响。

如果容许一部分产品被人以强力取走,对于劳动生产者有什么影响呢?对于用强力取走别人的劳动产品的人有什么影响呢?对于这两方面同样都是导向生产性劳动的动机的消灭,自然也就是以前那种积极劳动的本身的中断;或者是劳动热情的昙花一现,接着就是过早的枯萎;或者由于有机会不经过劳动而取得享受手段,因而对于劳动完全轻视。

劳动生产者在辛勤劳动之后，他的劳动果实被别人拿走了，为什么他还要工作呢？他劳动的唯一目的就是为他自己取得一些有用的东西；那就是说能够将来或者现在满足他的欲望的东西。当他的劳动在远见的指导之下生产出物品来作为他的报偿时，这个报偿却被别人立刻以强力从他的手中夺走，这时他发现他白白地劳动了。后果怎么样呢？吃苦耐劳的干劲松懈下来了；他不能再稳当地依靠他的劳动来取得那些生活舒适品或者享受品了，这种希望曾经在他的苦干中支持过他。他的劳动产品第一次被拿走时，他感到惊惧，感到把勤劳作为取得享受的手段不甚可靠；第二次他感到更惊惧，感到勤劳更不可靠；直到这种强力掠夺一再重复，他也就从苦干毫无结果的经验中而逐渐地失去了勤劳的意愿。这个弊害，这个勤劳的人的勤劳精神的丧失，到底有多大呢？是不是仅仅是被强迫取走的他的劳动生产出来的那件物品或者 1 件或 2 件或 5 件或 10 件物品那么大的损失呢？完全不是的。这些损失虽然是重大的，但和劳动生产者的真正的绝对的未来损失比起来却算不了什么。他失去了他的勤劳习惯，因之也就失去了他一生中随时可以补充的一切享受，如果有保障，他的坚持不懈的辛勤劳动一定会给他带来这些享受。所以，即使那个掠夺者在享受他取到手的物品时感到比劳动生产者享受同一物品时多 10 倍的快乐；即使需要 12 次的掠夺才能毁掉那种勤劳的精神，但在劳动生产者那一方面这些物品的生产的中断，使他不能每月每周每天地享受它们，仍将是他整个一生的损失。那么这就是在比较之下可以看到的弊害：一边是从某一种特定物品中得到的某一特殊方面的一生享受的快乐，一边是从同一物品中得到的几个小时的享受

的快乐；劳动生产者和掠夺者的快乐两相比较就是这样。这就是为什么保护劳动产品不被别人用强力取走有超越一切的良好效果。还要看到，掠夺者每一次的成功都因为它并不鼓励生产而使他将来很少有可能再提供出自己的力量；而劳动生产者的每一种享受每一次生产性劳动的成功都将加强他的勤劳习惯，给他的努力以一种新的刺激，从而使他将来更有可能提供出他自己的力量。

但也许有人说，劳动生产者的全部劳动生产品被人用强力拿走是一个极端的而且是不大可能的例子。事实上，他一般损失的不过是一部分，是他能够节省下来的，超过了他所需要的，而这种部分的抽取实际上并不影响他的生产。不过我们首先要知道，每一种抽取就它是一种抽取来说，都发生有害的影响，抽取一部分所引起的惊惧将扩展到剩下的每一小部分，从而使他对全部感到不安，而且如果全部未被拿走，那很可能是因为没有机会或者没有力量，而并不是因为无意拿走才使剩下的得到保全。也许还有更深一层的解释。人们消除饥饿和维持生活的动机是如此地迫切，所以对于劳动生产品的任何侵夺都不会消灭满足这种迫切欲望所必需的那一部分努力。不过，仅仅为了生存而没有享受，所需要的是什么呢？那就是如同伏尔诺[①]在他的有名的《旅行记》中所描写的，叙利亚或者埃及的野人和可怜的农夫，因为怕生产出多于自己所需要的东西来被掠夺者拿走，而偶然地劳动一次。也许又有人说，即使由于时常掠夺而剩不下劳动产品，但人们满足食欲的渴望

① 伏尔诺（Volney，1757—1820年）是法国有名的怀疑论者和历史学家，1782年到小亚细亚旅行，1787年写有《叙利亚和埃及旅行记》一书。——译者

是如此地强烈，他们一定和老鼠一样，在得不到食物时就互相咬杀以求自己的生存。所以用强力把劳动生产品夺走是不会消灭生存的欲望和避免饥寒之苦的欲望的。可是，这就是生产么？这就是生产性劳动的希望和报酬么？把生产破坏到这种地步，现有的人口和幸福必将减少，直到繁荣的城市和富庶的农村变为荒凉的野人居住区为止；而且在这种情形下，未开化的人将永远享受不到生产的幸福。难道这种结果不就很可怕么？难道人类还应该彻底灭绝么？虽然生产的松懈不过是如此，不过是把人们降低到这样的水平。所以，生产不仅仅是得到最下等动物维持生存所必需的东西，而是于仅足维持生存的东西之外，尽可能地多生产一些物质享受资料。单是需要的欲望足可以促使每一个动物来想法得到满足，但需要的欲望也只能到此为止，而任何不如这些欲望有力量的东西就更不足以和用强力取走任何部分的劳动生产品所造成的沮丧相抵抗。除非劳动成为自愿的，于维持生存的迫切要求之外另有次要的动机，它就不能叫作生产。在生产的或者自愿劳动的名义之下，为了增加我们的享受所得到的每一种东西，显然都是不容许用强力从劳动生产者那里取走的，不管是多是少，因为他生产它就是为了享受。

我们还可以再进一步。我们已经看到，没有自愿交换，生产就不能存在，而生产就意味着合作和交往。所以，对于某一个人所施加的力量是他周围所有的人都感觉得到的。不管采取什么方式，既然曾经使用强力从他那里把劳动生产品拿走。不信任和生产冷淡的气氛将日益增加而遍布于全社会直到发生在一个人身上的生产松劲，由于同样原因变为普遍的，整个社会的劳动生产者的松劲。生产松劲使生产品减少，生产品减少使消费减少，使享受减少。这样，在少数场合下，从少数人那里用强力取走财富所造成的无保障将使无数人，整个社会失去幸福。所以我们不是用某一个人一生勤劳所感到的享受上的快乐和掠夺者暂时的快乐相比来估计强力夺取的弊害，而是用整个的勤劳社会上一切人们一生勤劳所感到的享受上的快乐的丧失和随之对他们全体造成的良好道德习惯的丧失来估计这个弊害。

这就是用强力从劳动生产者那里夺走他的劳动产品因而破坏了保障原则的不可避免的结果。至于给那个掠夺者以什么名义是无关紧要的，无论他的行为，像在游荡的阿拉伯人当中那样，被称为老练的、勇敢的、值得赞扬的，或者像所谓文明国家里的那种明目张胆的抢夺情形一样，被认为是非法的，或者他的抽取是法律所许可的，在每一种情形下，唯一要问的问题是："这个抽取是自愿的呢，或者是强迫的呢？"如果是强迫的，任何法律形式或者宗教仪式也不能改变它的性质和影响。它是不是可取就看交换上是不是出于自愿。把这个自愿的成分拿掉，把劳动生产品拿走而不给它的所有者以满意的等价物，结果将对个人和社会产生上边所说的一切弊害；恢复这个成分，使那个东西被拿走的人得到满意，强迫抽取就变成为自愿交换，变成为一项最有用和最有益的社会活动。任何劳动生产品的抽取是不是公平的，只要看"它是不是自愿的"就够了。

第 九 节

从任何一定数目的个人手里，强迫取走许多小部分财富将使幸福的总量减少，这些被取走的财富合起来由任何一个人或更多的人享受也能给他们增加快乐而使幸福的总量增多，但这种减少的幸福将多于这种增多的幸福

我们已经看到，强迫取走财富取走劳动生产品的那个掠夺者所得到的幸福，和由于这个行动的结果而损失掉的幸福比起来简直不算什么。为了减少被害者的损失，曾经有人提出并且普遍实行过一种办法，那就是尽可能地把这个损失分成若干份，并使每一份尽可能的小，这样最后就可以使这个损失几乎不为人所觉察，并且也免得被害者的穷困和一个享用那些东西的掠夺者或少数掠夺者的阔绰的享受成为鲜明的对比。在这种情形下，掠夺者的享受量是固定不变的，它的目的不是增加掠夺者的享受而是减少对于那些被强迫贡献者的压力。现在我们要问的是，究竟能不能产生这种效果呢？

从一个人手里强迫抽取一堆财富品，一堆劳动产品，和分成一千份从一千个人手里抽取这些产品，那一个人的绝对物资的损失恰好是一千人之中的任何一个人的一千倍。这里，就绝对物资来说，既没有多也没有少，在两种情形下，所取走的都是那么多的东西。所以，我们必须从掠走的东西以外，从掠夺在被害者心中所引起的感受上来寻找出任何区别，寻找出它们的不同之点。我们并

不是说，一个贫苦的劳动者损失掉一先令的痛苦和一个有钱的人损失掉一千先令的痛苦相等；后者损失一千先令后所剩下的比前者损失一先令后剩下的还要多。假定失掉一先令的痛苦是失掉一千先令的痛苦的十分之一——这当然是一个很大的进步——那么整个一千人的痛苦和一个人的痛苦相比就是一百与一。在这种情形下，把损失分成一千份由一千个人承担和仍作为一份由一个人一次承担相比，在幸福的损失上就是增加了一百倍；因为一千人之中的每一个贫苦的人所受的痛苦虽然是失去一堆的那个人的十分之一，但这个受害较小者有一千，而那个受害较大者却只有一个。这一千个十分之一加在一起就是整个痛苦的一百份，而每一份都和那个整个被一次取走的人所受的痛苦相等。如果说那些许多小部分物品被取走的穷人的感情已经习惯于贫乏和受损失的痛苦，那我们也可以说取走财物的有钱的人已经因久惯享受而变得麻木不仁。习惯的作用在两种情形下，在两方面都是一样的，可以同样减少享受和痛苦，所以不应该在所考虑的问题之内。

无疑，这儿另有有力的动机，促使那些掠夺者赞成分散和分摊损失的办法，这种动机和分散与集中所引起的痛苦大小是毫无关系的。当对于大多数人进行小部分物质掠夺时，这个行动的不公正似乎因为它的对很多人平等对待而被遗忘了。不公正的行为往往因为它对一切人平等对待而被看作为是一种公正，这是因为在考虑一种措施的实行方式时忘记了它的本质，因此，非常明显的是：一种最不公正的措施也可以用公正的方式来付诸实行。把这两种观点混淆起来，就可以使人们不注意掠夺本身的性质以及它对于个人和社会幸福的影响；这种假象也因为每一次所掠夺的数量较小而更易于迷惑人。

不过,那些使掠夺者聪明谨慎地在每一种情形下尽可能地把损失分散和分摊给很多人的理由也就是使这个分散和分摊成为社会所不欢迎的一种办法的理由。把每一种掠夺的真正影响暴露出来是对于社会有利的;决不容许用来实行欺骗的行动和利用平等把自己伪装起来以便更容易获得成功的掠夺存在。如果做了一件不公平的事情,社会就应该使它被人们看到、感到。认识到和适当地了解到。任何一件事情只要做了出来,不管它是公正的或是不公正的,把它的效果揭示出来对于所有的人都是有益的。所以无论哪一种强迫掠夺方式,只要它能够最真实地暴露这种行动的本质,它对于社会就是有益的,即使从当前的利害着想,掩盖起来较为有利。何况我们已经看到它并不是这种情形。

已经指明,把强迫的损失分成许多份不但不能减少而且在大多数情形下将增加痛苦的总和,那么现在所应该做的不是发什么政治狂言,说怎样消灭它,而是去证明由于这种分散所造成的幸福上的损失,多于分得掠夺品的那些人所能体验到的幸福。

掠夺来的物品究竟是分给一个人或者是很多人对于问题本身是没有什么分别的。分给很多人不过是同一行为的重复;在每一种情形下,为害的大小都是由每一个人所取得的财富绝对量和那些被迫受到损失的人数与处境相比较来决定的。所取得的财富越多,从这个财富所得出来的幸福就比较越少。把财富品分成一千份,假设第一个一百份是消除饥渴和维持生存所必需的,这第一部分的用途就是与生死问题有关系的,这个价值是人类所有价值中的最大价值,因为它包括着天性和教育赋予个人的一切享受能力在内。现在把第二部分财富,第二个一百份用在同一个人身上,看看它会产生什么效果呢?不是动人心魄的,关系着生死的问题;不过是增加一些最显而易见的由于为了真正方便而需要的生活舒适品。这个第二个一百份的效果在享受的深度上远在第一个一百份所产生的以下,以至于二者无法相比。我们进一步在这第二个一百份上加上第三个一百份并且看看这第三个同等的供给有什么效果。它是不是能产生和前两部分中任何一部分所产生的幸福相等的幸福呢?和第一部分,它没法比;和第二部分,可比的也很少:第一部分是生存问题,生和死的问题;第二部分是真正舒适的问题;第三部分是什么呢?想象中的舒适品,由于我们周围的看法和风尚的影响而使我们希望有的那些东西。用第三个一百份得到了这些东西;但它们不是由于迫切需要而获得的,也不是由于真正的舒适,仅仅是由于公众的意见,至于有没有用处却是靠不住的。公众意见在使用前两部分财富时看来并不是不存在,可是只有第三部分财富的效果是由它决定的;所以第三部分在产生幸福的效果上是比较微弱的,比第二部分小得多,但还不像第二部分比第一部分那么小。在这三个一百份之上,三部分财富品之外,再加上同样的第四部分。这个人这时已经得到了生存需要的满足,得到了真正的舒适品,得到了公众意见认为是舒适品而最接近于有用的一些东西。他将怎样使用给他加上的第四部分财富呢?他必然要注意那些比较轻松的享受来源,他的周围的公众意见和风尚认为是次要的享受的来源。这种寻求较少满足的做法是不可避免的,因为在使用前一个一百份时,他已经做过一番选择,他认为最喜欢的那些享受自然已经先被选中了。所以这第四部分的增加对于幸福的

绝对增加自然就比第三部分所能增加的为少，不过这二者之间的效果的不同不是那么明显而已。我们现在再以另外的一百份财富品来第五次增加享受手段。这第五部分将怎样被使用呢？生活需要、真正的和非真正的舒适品、次要的便利品都已经得到了供应。他一定去寻找那些更为靠不住的便利品，他必将开始受幻想和任性的支配。这第五部分的增加对于幸福的绝对增加一定比第四部分更少。如果为了增加享受，我们把另外一百份财富品做第六次的增加，我们将看到它比第五次的作用更小。对于效用的要求早就得到了满足，爱好新奇开始表现在仅仅是用品的形式或质量的变换上或者表现在取得一些浮夸无用的东西上。这第六个一百份所增加的幸福一定更要减少；如果再加上第七部分，它对于幸福的增加将按比例再减少，直到积累的习惯和享受几乎成为占有的唯一有力的动机为止。每一个一百份的增加给占有者增加的绝对幸福越来越少，不过从第一部分第一次增加往下数，每一次增加在效果上的不同也越来越小；直到最后，所增加的数量虽然和最初足以解除饥饿和保证生存以及它的享受能力的那一部分相等，但也成为没什么区别的了。

我们现在已经看到，那些从许多分担者那里掠夺来许多份财富合在一起作为自己享受的人到底给自己增加了哪些享受。如果这个掠夺者从一千个分担者的第一个人那里得到的第一份财富所给他的享受是可观的，那么一千份的最后一份所给他的享受就会少到看不见的程度。在大多数情形下，得到这一千份财富的那个人和分担这一千份财富的那些人，在处境上是不同的，在需要上是不相等的，所以，就是他从第一份财富所得到的快乐，如果和别人损失的痛苦比起来也是微乎其微的，如我们所看到的，利得的快乐随着每一部分的增加而减少，而损失的痛苦对于每一个被迫分担者，尽管他们有多少人，却都是一样的。从每一个新增加的部分所得到的快乐都永远在减少直到最后成为觉察不出来的，而损失的痛苦却始终不变，并且永远不会减少。这种可怕的悬殊之势对于那些用强力取走别人劳动产品的人已经是很不利的了。但这些还是在享受者所得到的第一部分财富——如果他的环境和被迫分担者的环境相同——所造成的幸福和生产者所失去的幸福相等的假设下立论的。可是我们在上一节里已证明了这种观点的错误，已经说明劳动生产者受损失所造成的弊害（即使掠夺者的抽取是为了最迫切的需要）和掠夺者从利得中所获得的快乐相比是无限大与一之比，相形之下利得的快乐太不算什么了。所以我们就得出了下列的各步论断并且都是人所共知的事实：

第一、劳动生产者受损失的弊害和它的后果，尽管不能以数字计算，但比掠夺者利得的利益却大得多，虽然两个人的需要相等，虽然只是从一个生产者那里取走一部分财富。

第二、可是那些强迫取走财富的人的需要和那些生产者的需要几乎永远是不相等的，这就使损失的弊害增加了第二层严重性。

第三、那些强迫取走财富的人，从一个生产者那里取走几部分；从其他生产者那里取走其他相等的部分；每一部分损失的危害和前一部分是一样的，而利得的快乐却逐渐减少直到无限小，这就使损失的弊害增加了第三层严重性。

第四、我们今后将会看到，由于人类身体的和精神的构造和他周围的事物与环境中的内在的原因，随着过多的财富（这里所说的过多的财富是专指用自由劳动和自由交换以外的方法取得的财富而言)的获得,享受的能力将会减少,这就使损失的弊害增加了第四层严重性。

这就可以看出来,我们的看法已经完全成立。用分散和分摊的办法来减轻强迫抽取的压力只不过是一种欺骗。只要有强迫抽取的欲望和力量存在,抽取的做法就要随着生产者的增加而扩大,并且只有从他们每一个人身上所慎重抽取出来的最大量是这种欲望的限制。保障的原则一经在自愿让与上遭到破坏,不管这种掠夺是法律和命令所支持的还是它们所标明要惩罚的,除了由剥夺者任性而为外,对于压迫就再没有什么限制。

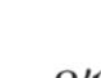

第　十　节

没有一个人的劳动产品,或者劳动力本身,或者它们的任何一部分,应该在没有他认为满意的等价物的情形下从劳动者那里拿走,自愿交换的原则是不容许有例外的

强迫是有害的这个一般的事实已经得到了承认;但在特殊的情况下,仍有人争论说:“当已经提出了真正的等价物,而生产者由于他的愚昧却认识不到这个等价物的价值时,他的劳动力或者他的劳动产品是可以被取走的。对于劳动生产者一百次提供一个真正的等价物来交换他的劳动力或者他的劳动所生产出来的财富品,不可能每一次都能满足他的愚昧的自私。”在这种情形下,我们将一无例外地说,不要进行交换。这个等价物虽然据有知识的

人看来是确有好处的，但这个好处也将完全为强迫的害处所掩盖而不为人所见。

我们想要从劳动生产者手里得到他一部分劳动力或者他的劳动所生产出来的一件财富品。这里有两种方式可以满足这个欲望；强迫或者是提供一个能使所有者自愿转让的等价物。在一切平常的情形下，我们假定所有的人都认为强迫是最有害的。那么，那些准许使用强迫的不平常的情况是什么呢？人们会说，当这个等价物是真正地够了，当一方的愚昧无知却使他看不见这个等价物的真正价值时就应该使用强迫。

人们有做一次交换的欲望。怎么才能知道有这个欲望呢？是不是只有一方面有这种表示就行了呢？这是不行的；因为进行交换至少必须有双方面的赞同。没有双方面的欲望就不能有交换。一方面的欲望可能引起掠夺。可是另一方面却为了同意交换而要得到一个不合理的等价物；谁来断定它不合理这个不可克服的困难我们姑且不管，而承认他的要求确是不合理的；那么是不是应该强迫这个不愿交换的人接受一个合理的等价物呢？我们已经指出了强迫抽取的危害。在这个所有者或劳动生产者没有满足以前，这种抽取就是强迫的，对他来说就是这样的强迫，这样就随着发生了强迫常有的害处。在这种情形下，和这些害处相抵的好处是什么呢？他被强迫接受了一件所谓具有真正优越价值的等价物，但因为是非自愿的，它的所有价值都失效了，有利的变成为有害的了。现在很清楚，如果按照自然之理能够有一种方式使这个没有道理的交换者得到那个真正优越的等价物的好处而不造成强迫抽取的弊害，当然就应该采取这种方式。这种方式是有的，那就仅仅

在于对这个没有道理的人做一番启发开导的工作。这个没道理的人或者和善意地希望他取得一个优越代价的人有相等的知识水平或者没有这个水平。如果相等，他就一定会认识到交换的好处——假定是真正的好处。如果水平低，知识优越的有利条件就在有道理的人这一面，在这种情形下，说服难道不是靠得住的么？那么为什么不普遍使用这种方法呢？理由是为了给那些（根据假设）拥有真理和解释与证明这个真理的优越智力的人节省一些说明这个真理的麻烦。能有什么理由为了给拥有真理的人节省麻烦，节省说服的麻烦，就应该忍受强迫的一切害处呢？这是一种什么麻烦？这个麻烦有多大？这个困难，这个说服的麻烦究竟是由哪些东西构成的？难道说服的方法是不可爱的和没有教育意义的么？揭示真理、说明事物的真正性质和它们的关系、说明行动的直接的和将来的真正后果，难道这种说服对于说服者和被说服者不都是同样有教育意义么？很难说这种说服对于哪一方面最有益。对于愚昧无知的人，它告诉他以真正的利益，唤起他为受到的好处而抱有一种愉快的感激心情，从而给他以知识和幸福。对于明智的人，它提供了一个锻炼和发展自己才能的机会，引导他趋向于温和和宽厚，放弃使用暴力和不义手段的意图。所以，这个所认为的麻烦，这个稻草人，研究起来，竟成为了真正的有益之举，如果不是天性所规定的，我们也要用我们的智慧来把它发明出来。经过仔细的分析，我们看到，讲道理、进行说服和使用温和手段其收效是如此良好，强迫和使用暴力其影响是如此有害，以至一般人所错误地认为从坚持正义中所产生出来的弊害也会变成为福利。

看看自愿交换——双方同样认为满意的交换——这个原则的

普遍实行的好处，这个微不足道的好处吧！它所起的是一个简单而又非常有力的防止作用，能够阻止在交换掩蔽下的任何形式的暴力、欺诈或者不公正的行为；它使人们必须发挥他们的智力和仁爱精神；而且根据自然之理，没有任何别的防止手段可以替代他。在自愿交换的原则上，是不是有任何一方所提供的等价物虽然真正于对方有用而却被他认为不满意呢？还能看到什么更有力的动机能使希望交换的一方来很好地运用他的智力呢？为了达到他的目的，得到他所欲求的等价物，他必须进行说服；为了说服，他必须培养自己的说理能力——他必须研究他希望说服的人的性情，心理活动；他必须说明这个等价物所可能有的各种用途；他必须传授知识，以引起对方和自己相同的欲望来实现这个交换。他还必须研究他要说服的那个人的感情；他既不能做出违背或者触犯他的事也不能说出违背或者触犯他的话；他必须想办法来劝导他和使他高兴，这样他就养成了和解和亲切的习惯；而事之以利始者，却能以义终。交换把人引出了自我的小天地，成为了仁爱和文化素养的根源。从交换普遍具有自愿因素得出来的对于不公正的防止功效是从自愿的极端简单性和它的普遍应用上产生的。谁能这样愚蠢，这样缺乏理解力以至于不知道（没有判断错误的可能）劳动生产者什么时候对于提供给他的劳动力或者劳动产品的等价物已经满意了呢？谁会在这上边发生错误呢？如果没有自愿，就不能交付那个等价物。把强迫除掉，在双方没有一致满意之前是不会有交换行为的。这是人类最简单的一种交易方式。这与和它相反的强迫制度，强迫别人接受一个真正的等价物是如何地不同啊！如果强迫，哪里还有防止作用？哪里还有简单性？这里没有防止

作用:因为不满意的一方既然是愚昧无知,所以是不说话的;或者虽然说出他的不平,但对方也不听。意愿,有关双方的一方的不受限制的意愿是唯一的支配力量;而这个意愿必然要受他心里的种种猜测的影响,猜测这个交换对于他在每一种情形下打算强迫他们进行交换的那些人是适合的。除了从自己孤立的绝对的利益的观点产生的动机以外,把其他一切动机都控制起来,抱有这样得出来的意愿,谁还能做出正确的判断——能做出公正的事情来呢?如果没有全知的本事,谁能知道这是一个符合别人情况的合适的交换,谁能知道别人的时常在变化着的感情和需要呢?什么人能够做得出,什么人能够想得到这样复杂这样不可思议的事情呢?如果自愿,或者互相满意是极端简单的,那么强迫就一定是它的反面,是极端复杂和混乱的。

在财富问题上,天性,在最明显的推理的支持之下,给了我们一种对于一切不公正的防止办法;这个办法是如此明显、如此简单、如此有效,以至不可能希望有比它再好的。当我们准许交换离开最公平的原则,离开交换的双方得到相互的完全满意的原则,我们就是自愿地容许使用欺骗和强迫,那我们为什么又去寻求一些专断的人为的防止办法来限制它们呢?其他防止办法是想不出来的;因为,如果说理智的发展和从而产生的道德的进步,能够终于使一方——替双方做判断的一方——,认识到与另一方假定的目前利益相反对的双方的真正广泛利益,那么什么东西能够阻止不同意的一方,同样受理智的影响和取得道德的进步呢?不止于此,根据假设,争议的一方倒是更易于受理智的影响;因为既然这个交换真正于他有利而另一方又迫切地希望揭开这个真理,这个交换的真正作用，那么他一定很快地了解到这个真正利益不是肯定的么？与此相反，绝对希望这种交换那一方的情形是，既然自己有权力决定双方面的利益，就将由于不断受到自己当前利益的诱惑而做出于己有利的错误判断。在等价物是一个真正的等价物而且应该为彼此所满意的情形下，那么满意的一方就不必再去推理；不过更多的可能——不，是必然——是：强迫的原则一经确立，理智的影响，对于这种情况下的人来说，因为他没有培养理智的必要，将逐渐减弱而不是增强，直到最后作为一种无用的努力而被放弃，而一意孤行的强迫就将成为万能的了。

一种奇怪的与本节论证开始时提出来的简单命题相反的错误看法仍然存在着。一种非常流行的见解是劳动产品和劳动力本身在性质上是很不相同的，因而对它们应有不同程度的重视。财富品和拥有财富的人是人们所普遍欢迎的，而那些毫无积蓄，那些只有劳动能力的人则遭到漠视或者厌恶。富有和贫穷，也就是说财富和财富生产者，被彼此对立地区别开来，并且被认为是水火不相容的，为了保护财富所有者的财富可以想尽一切办法；保护生产财富的那个生产能力却被认为是多此一举。不止于此，甚至到处都是有计划地联合起来以控制人们的自由劳动。所以有许多人爽快地承认，可以说主张，任何一点点财富，劳动产品，如果没有它的所有者认为满意的等价物，也不应该以任何借口从它的所有者那里取走；同时却凶恶地主张，劳动力，生产财富的源泉，可以从它的所有者那里取走而不必付以满意的等价物。

我们认为没有一个已经读过上述各节书的人能够片刻受到这种强词夺理假造区别的影响。我们既应该尊重那些由劳动生产出

来的没有知觉没有生命的东西，难道我们就不应该更多地尊重生产那些东西的在丰富的智慧指导之下的勤劳的双手么？从最贵重的东西丝绸衣料、金银器皿里边把用来生产它们的劳动拿走，它们还有什么价值呢？作为财富品，没有经过制造的原料对于人是没有什么用处的。如果不需要劳动来占有它们，虽然像空气或水那样十分有用，却没有交换价值。使它们成为财富品的是劳动。劳动是把自然散布在各处的无用原料变成为人类获得幸福手段的因素。只有劳动才能使它们作为财富品而具有价值和市价。没有劳动，即使它们非常有用——太阳光能使我们辨清我们周围的一切事物，没有任何财富品能比太阳光再有用的——却不被我们看作为是财富品。这些财富品之所以被有见识的人重视，只是因为它们体现和代表着技术和劳动力并且在使用它们时能增进人类的幸福。当我们把一件财富品看作极宝贵的时候，事实上我们所估计到的是制造它的时候投入的劳动力和发现与培植它的天然原料时所花费的劳动力。所以假作重视劳动所生产出来的财富而轻视生产财富的劳动力，这是怎样地可笑呢！这就等于赞扬弥尔顿[①]的"失乐园"，而同时却故作轻视创造它的智慧和文学天才。

再者，我们既然有理由应该尊重劳动产品的自由处理，为了同样的理由为什么我们不应该也尊重劳动力本身的自由处理呢？再生产、道德和幸福都要求劳动力和劳动产品同样免受强力或者非自愿交换的侵犯。把劳动已经生产出来的东西拿走或者好像是事

---

① 弥尔顿（Milton，1608—1674年）是英国的大诗人。他著名的长诗《失乐园》及其他作品为他奠定了他在英国诗人当中的崇高地位的基础。——译者

先挪用和攫取劳动将要生产出来的东西，在行动上有什么区别呢？在有害的效果上有什么区别呢？如果有任何区别，这个区别就是在生产以后拿走生产品比事前挪用更好一些，因为生产品既然已经存在，就避免了劳动生产的松劲，而使人沮丧的影响也只是对于将来的生产不利而已。如果强迫劳动，用来生产和完成这个将被掠夺的生产品的力量就要减退。我们反对强迫拿走一件财富品并不是因为对这件物品本身，这个没有生命的东西本身会造成什么害处，有什么坏影响，而是因为它对于有知觉的人，对于劳动生产者的心理有损害。这件东西本身不一定受到损害，不管它是自愿让与的或者是非自愿让与的，它还是同样有用；但强迫劳动或者攫取产品或者为这个劳动产品提出的等价物使人不满意，都将会同样产生惊惧、不安全的感觉、未来生产的灰心丧气、不愿从事得不到报酬的劳动等等。不管是劳动力或者还是劳动产品受到了侵犯，它对于劳动生产的心理上的有害影响，如限制未来生产，造成和经济恶果同样的道德上的恶果——这是唯一应该考虑的问题——等等都是相同的；因为劳动产品在任何情形下都不能不被看作所代表的就是劳动力本身。我们现在的观点是，死的物资算不了什么，活的精神，活的人，才是我们在理论上和道德上所顾虑的唯一对象。如果我有什么借口可以要求强迫任何一个人以他的劳动为我服务，那个人为什么不可以同样地要求我以我的劳动无偿地为他服务呢？下面，我们将指出，任何社会所绝对积累起来的财富对于生产和幸福的影响和同一社会的未来生产力比起来，是怎样地微不足道。

普遍实行自由自愿的交换的原则既已成立，如果有人认为在某种情形下应该脱离这个原则，那他们就有义务来证明从那种脱离情况下所得到的特殊利益优于从这个原则得到的一般利益。

第十一节

> 物质财富、劳动生产品的分配应该完成双重目的，尽最大可能促进享受上的平等和尽最大可能促进生产；那就是说，尽最大可能促进与保障相一致的分配上的平等。只有保障能唤起人类每一种有用的体力和智力的完全发展

如我们所曾经企图证明的（我们希望这个证明是成功的），所有身体构造健全的人类，在同等的待遇之下，能享受到同样多的幸福，特别是从享用财富品上所产生的那种幸福，而在最大多数同样构造的人们的幸福和任何较少数人们的幸福彼此不相容时——如果安排好了就永不会有这种情形——前者的幸福自然会永远优先于后者的幸福。由此可见，我们的目的应该是不加区别地同样增进所有人的幸福，而幸福的平等就应该是我们努力的目标。因为既然他们的享受能力是相等的，为什么给这个人的要比给那个人的多一些呢？如果这个绝对平等的制度是与生产相符合的，它就应该普遍地被坚持着。各部分财富如果都先后给一个人增加上，产生幸福的力量就要减少；但如果分给许多人，每一部分产生幸福的能力就要大大增加，虽然这个效果看着未必是那么显著。这样，我们所要求的公平看来就是把社会上的大批财富按等份平均分给它的成员。

如果财富的生产和存在不需要劳动,这种论证将是不可抗拒的。这需要劳动的情况使平等受到了限制;不过这种限制必须严格地被限制在它的正确目的的范围以内。在平等并不减少生产时,平等仍应该是我们所追求的唯一目的。如果它减少了真正有益的生产(对于生产者带来巨大利益的生产),它就削弱了它自己的存在而应该停止。让我们来说明一下这个限制,这是大自然在慈航普度的旅途上放在大公无私的掌筏者手中的一种限制。

任何一种物品,因为是欲望的对象和生产它时需要劳动,已经成了财富品,如同小麦,或者糖,或者帽子,假设这种物品现在是由大自然的机械作用或者其他方法生产出来的,而不需要人力;假设它的生产不是像空气或者阳光那样取之不尽可以满足一切人的需要,而它的产量只能对于社会上每一个人作有限的供应。假设这个供应不需要任何部分的人们的努力就能随着人口的增加而增加,但永远不能使需要的人十分富裕。水、空气和阳光是有用的东西,如同小麦、糖或者帽子同样有用或者比它们更有用;虽然它们的供给大部分也不需要人们的合作,不过它们太多了,所以不适合于我们现在的说明之用。那么,假设一定数量的帽子,永远随着人口的增加而增加,每年生产也不需要人力,如果把这些帽子平均分配,社会上的每一个人就可以得到 1 顶或者 2 顶以供他一年的消费。怎样分配这些帽子才能在消费中尽可能产生最大量的幸福呢?是不是我们每年给某些个人以 3 顶或者 4 顶,或者 10 顶 20 顶,而使其他的人没有帽子戴,受烈日熏蒸和风霜雨露之苦呢?拥有多数帽子的人——这里没有交换的问题——从他的剩余中不能得到什么好处,仅仅可以满足他经常更换新衣物,比如每日更换一

次新帽子的浅薄的虚荣心。如果这个一年享受 12 顶帽子的人是一个理智清楚懂得同情之乐的人，那么当他想到那些帽子被他占用的人因为没有帽子所受的诸般苦恼，他一定很少能从使用这些不必要的多余的帽子里感到快乐，相反，他一定感到极大的不舒服和痛苦。不管怎么样，即使那个拥有许多帽子的人由于愚昧的自私而能从这种做法上感到满足，那么他多得的好处和那些被迫放弃使用帽子的人失去的幸福（或者说所受的痛苦）比较起来究竟又有多少呢？那些被迫失去帽子的人，除每天的不被尊敬和不愉快外，在健康上所遭到的损害也是没有止境的。所以，问题只能有一个回答，那就是在这种东西的分配上必须保持完全的平等，离开了这个原则幸福立刻就要受到损失，因为两相比较它对于得到帽子的人无所补益而对于失掉帽子的人则危害重重。严格的平等是正义和仁爱的不可变更的法则。即使仅仅是不经人力得到的有限数量的奢侈品，结果也是一样的——分配的不平等将永远使幸福减少。当奢侈品增多并给一个人很多份的时候，它很快对于他就不再是一个奢侈品而只是一个必需品——不是它具有必需品的性质而是因为常用成了必需品；由于欲望早已得到满足，他虽比别人多三十倍，但他从这些东西所享受到的，比得到一份的消费者所能享受到的将要少，对于这个消费者来说，这一份仍是奢侈品。所以，在所有的情形下，不管是奢侈品或者是必需品，如果在生产上没有使用劳动，分配上就必须平等以产生最大量的幸福总和。

但在财富是分配物品的所有情形下，它的生产都是需要劳动的：珍珠宝石需要寻找的劳动，家畜或者野生动物需要捕获和喂养的劳动，提取矿物、糖精或者其他液体需要分离的劳动，制造一切工业品需要研究设计和安装配合的劳动。劳动必须以某种形式用在一件有用的或者仅仅是人们所欲求的东西上边以使它成为财富品，没有劳动就没有财富品。在仅仅取得和占有以前未被别人取得和占有的东西的时候，如从一个公共的井里边汲水，也只是因为使用了劳动才把以前不属于任何人的东西变成了财产。所以如以前所证明的，劳动是一切财富的源泉。

劳动这个因素能把那些叫做财富的、人们所欲求的，和有用的东西，从所有其他不叫做财富的、人们所欲求的和有用的东西分开，既然已经找到了这个因素，现在让我们伴随着上边所提的不经过劳动而得到小麦、糖和帽子的例子，设想一个另外的例子。

我们现在假设每年生产出和以前从大自然中得到的同样多的小麦、糖和帽子。所有这些同样多的东西每年交由社会使用；可是为了生产这些东西，寻找它们的原料，提取和配制它们，社会却用了每年的一半劳动或者某一部分劳动。是不是我们在分配这些东西的时候仍然遵守以前所主张的平等和公正的原则呢？把这些用劳动得来的东西作平均的分配，是不是能够和以前每年不需要任何个人的任何劳动就能得到这些东西的时候一样，同样产生可能有的最大量幸福呢？

每个人都会看到，这里必须引用一个新的分配法则。每个人都会看到，在这种情形下，平均分配不会再有什么好处，因为它将伤害那些专在生产这些东西上使用过劳动的人，引起他们不快之感。这些劳动生产者用了很多时间，在精神上身体上分别花费了很大的力气来生产这些东西，目的就是增加他们自己的享受；他们将站出来并主张那些只是由于他们的劳动才造出来的东西，与他们周围的未被占有和未经制造的东西不同,应该为他们所有,应该是他们的财产。取走他们心力交瘁所生产出来的东西等于取走他们本人的一部分一样。这些东西很明显地表明了他们比那些不用思想,没有远虑、懒惰成性的人是优秀的。他们努力的动机是享用这些生产出来的东西,而自由享用也就包含着自由处理。在用劳动来占有和制成的东西上边主张这种权利,这种独占财产的观念,是不是应该予以鼓励呢?没有这种权利的被承认,生产这些东西显然就是愚蠢。没有这种权利就不会有人生产这些东西。所以,只要由劳动生产出来的新产品一经开始供应,就必须设计出一个新的分配法则,或者修改使用在不是由劳动生产出来的产品上边的旧的平均分配的法则。一类物品将永远生产下去,虽然在生产时不需要劳动;而另一类却是通过劳动才存在的,作为财富品,它们的价值都是从投到它们上边的劳动中得来的。这个新的法则、原则或者聪明的建议就是,"劳动生产者应该自由享用他的任何劳动生产品。"这个新的行动准则显然是与以前的平等原则相抵触的,只要一件有用——真正有用或者认为有用——的东西是由劳动生产出来的,它就和那个原则相抵触。

那么,我们怎么办呢?是不是认为平等的福利仅仅是一个理想,对于人类社会里的实际情况不适用而予以放弃呢?完全不是这样。首先,在生产不再需要劳动的情形下,必须永远遵守平等的原则。其次,在任何情形下如果离开(这是不应该发生的,即使曾经发生过)"每个人都应该自由劳动和自由享用他的劳动产品"这个原则,这个离开就应该永远是有利于平等的而不是增加不平等所必须有的和不可避免的弊害。

看到了享受，看到了生产是获得享受的必要手段，人类的智慧和正义感就会完全承认劳动生产者有享用他们劳动产品的绝对权利。这种承认对于社会上其余由于缺乏远见、技术、力气和活动而没有参加生产的人是不是一种虐待呢？是不是平等的原则和由这个原则而增加的享受都必须为了劳动生产者的利益而被放弃呢？是不是生产者应该有余而非生产者应该不足呢？

劳动生产者有余——就是说他们有多于满足他们自己当前欲望所需要的东西。在分配劳动产品——也就是说在分配财富品上（永远指彼此竞争的劳动，一切社会的普通劳动方式），绝对平等是不实际的，或者即使是实际可行的，然而在个人竞争的制度之下也是不聪明的。这些物品分配的绝对平等既然不在问题之内，那么，我们的下一个聪明而仁爱的目的就是怎样使它尽可能地接近于平等，尽可能地符合于最大的生产。

劳动生产者有余，怎样处理这些有余的东西呢？没有远虑的非生产者感到不足，他们怎样取得这些东西呢？这里第三个原则，“自愿交换”的原则就可以提出来以调和平等和保障之间的一切明显的矛盾。坚持执行这个从保障派生出来的原则可以导致最大限度的实际可行的平等，必然带来财富品的最大生产，因而也就确保了最大量的幸福。

非生产者不足。他们的不足是因为他们没有去工作，而生产者却生产出超出于自己当前需要的许多东西来。这些非生产者如果不是绝对的懒惰也是比较地不够勤劳，因为生产者和非生产者同样地看到了那些存在的东西，但生产者的技术和劳动却能使许多未被占有的原材料成为有用。非生产者不足；他们却提不出任何东西,任何财富形式的东西以作为交换。所谓财富不过是集中在欲望的对象上边的劳动。非生产者现在没有这个财富;但是只要他有劳动的力,有生产财富的手段,有唯一能够给财富以价值使它成为财富的那个东西,他的身体内部就有财富的源泉,财产的源泉。非生产者有两种表面上不同的但在实质上却相同的方式从劳动生产者那里取得有余的劳动产品。他可以把自己的劳动力置于生产者,他所需要的那些东西的所有者的支配之下直到他以劳动力的形式付给所有者一个等价;他也可以自己用他的劳动力来寻找或者配制某些物品作为那个所有者可以认为满意的等价物。

生产财富的唯一的合理目的,和人类其他努力的目的一样,是给那些生产财富的人们——不管数目有多少——增加幸福,分配上的平等最有助于达到这个目的,除非它受到了同等的和公平的保障的限制。自愿交换的自由(保障中就含有此义)将直接导致与个人竞争下的再生产相符合的可能有的最大平等。除了使平等和保障的好处达到最大限度外,还有什么其他办法能从财富中得出它所能产生的最大量的幸福呢?平等和保障二者之间远不是互不相容的,只有坚持不离开(真正的)同等的保障才能更接近平等。以前假冒保障之名受人崇拜的仅仅是少数人的保障,它的代价是掠夺大多数人,使之堕落,特别是起作用的广大群众,那些真正的财富生产者。这种假造的不同等的保障和财富平等之间的互为水火正如同同等的保障与财富平等之间的水乳交融。对于财富的保障包括着自由处理自己的劳动力,完全享用自己的劳动产品和具有自愿交换的权力。维护这种真正的同等的保障最有利于生产也能导致可能有的最大平等。所追求的这两个目的十分吻合,因而这一个的最大量就是那一个的最大量，这是多么简单的行动准则——在每一件事情上尽可能促进最大的保障就是促进最大的生产和促进最大的平等。只要一离开同等的保障，就会减少平等；只要由于干涉造成不平等，就会减少保障。

那么，对于应该**如此分配**财富品以产生这双重效果还有什么疑问么？还有什么其他看得到的次要的从属的分配原则（首要的至高无上的原则永远是增进幸福）能够比这个更高，或者在任何方面能被看作与它相比呢？

那些曾经指导人类的错误原则，它们在财产分配上所抱有的有害目的几乎是数不胜数的。但有一个目的却似乎是它们所共有的——增进那些有财有势的人们的假定的利益。维护平等和保障，维护和保障相符合的平等是它们所从来没有考虑过的。有时，由于对平等的好处有一种混乱的看法，它们曾经力图建立和维持一种绝对的平等；但这样做的结果是使社会的半数劳动生产者成为奴隶，像在斯巴达和希腊的其他国家的那种不太彰明较著的情形那样，或者是引起不断的骚乱而不能不很快地放弃这个行不通的措施，像罗马的早期或最初的基督教社会制度那样。摇摆于平等和保障之间，不知道怎样调和这两个互不相容的敌对者的相反主张，当偶然感到其中一个的危害十分严重时，另一个就占了上风；再加上由于缺乏知识，所以最善良的人也曾经拥护和提出过最残忍的不公平的原则。这种情况甚至发生在以大多数人福利为假定目的的共和国家里。而在所有其他社会制度下，那里对多数人的幸福这个目的不但不予考虑而且有计划地予以轻视；那里对于有财有势的人或者拥有其中一样的人说来，取得和增加他们的财

产或者权势并使这些东西永久化，就是他们所公开追求的一个目的；那里有时也附带着追求多数人的利益，但像追求马的利益一样，目的是为了使它们的工作能对于它们的主人更有利；那里，愚昧和暴力强占了社会的财富并把它们交给有时是一个人，有时是少数人，有时是许多人来掌管；短见和剥削的观点几乎永远使整个社会陷于穷困和造成它的败坏和不幸。在各种统治制度下，“自愿交换”的原则几乎都同样地遭到破坏，虽然实际上破坏的程度并不一样。没有一个地方重视这个原则；随着这个自愿交换原则的被牺牲，也就必然牺牲了平等和保障的原则以及它们所带来的好处，因为如已表明的，完全的自愿交换是从这二者获得最大幸福的唯一方式。英国的政治制度是各种特殊利益联合起来以便于获得实现彼此观点的相互之间的利益的最完全的典型；一般的利益，不属于任何阶级的广大群众的利益，劳动生产者的利益完全被忽视了，除非是由于生理的或者心理的自然法则这些生产者的利益恰好和某些治阶级的利益统一起来。作为一个僧侣，一个律师，一个贵族；作为一个彼此具有不同的奇怪的凭照和章则的社团成员；作为一个既不受智慧也不受正直甚至于也不受经济价值原则控制的某一郡领地的持有者；作为一个海陆军人，一个公家收入的征收者或消费者；具有任何一种资格，他们的个人利益作为他们所属的那一类人的较大利益的一部分都能得到直接的照顾。如果一个人有足够的财富，他还可以用间接的方式买一个区选举人或者保护人当，干上一年或者几年，因而就有权投票为社会制定法律；如果是一个巨富，他几乎能为自己随意加上一个无意义的贵族称号，因而这就使他和他的后代永远有权利参加制定法律。作为一个人，

生长在这个国家里边的人，虽然聪明睿智，他的利益也是不被英国制度所承认的；因为英国的制度是建筑在更重要的特殊利益的联合上边，而不是建筑在对于有知觉有理性的个人权利和幸福的重视上边。这里也和其他各处一样，对人类的半数，女人的权利和幸福不但不予考虑而且完全否认；只要认真地加以研究，每个人都能清楚看到，这种反社会的荒谬情况将对于一般社会的利益和幸福产生有害的后果。可是这种具有一切弊害的荒谬的政治制度，在美国政府的代议和选举制度建立以前，竟是许多国家的情况所能造成的一种最好的，也就是说为害最小的制度。美国首先严肃地公布和实行了唯一的公正社会制度的健康原则。“没有代表权就不纳税”在别处是一句空话，而在美国却是不能违背的行动准则；除了在那里像在整个人类中一样，仍在许多州中有不道德的奴隶制度和压迫妇女的制度。

从我们这些显然脱离本题的议论中现在能得出什么结论来呢？在这些社会中，“自愿交换”的原则，自然也就是平等和保障的原则，事实上已经遭到有计划的破坏，而且为了保证这些社会的存在也不能不加以破坏，任何人对于承认这个事实能有片刻的迟疑么？它们必然普遍地用什么原则来作为代替呢？使用强力。它们用或多或少地掩蔽起来的强力来支持自己，完全蔑视把劳动生产者认为满意的等价物给与这些生产者的原则。

事实上，在交换的双方各得满意的等价物这个“自愿交换”的原则和用“野蛮的强力”来统治的这个原则之间并没有一个中间的原则。使用强力的程度和它施加的方向可以不同，但原则是一个，不是由强盗就是由统治者夺取任何一部分财富，一部分劳动产品，而不给生产者以满意的等价物。在这两个原则之间，就是想也想不出一个中间的原则来。半自愿就是完全满意所缺少的那一部分的非自愿；这一部分仍然是被强迫夺走的。

一切社会制度，到现在为止，都仅仅是孩提时期的偶然试验，而社会科学对于人事自然也是无知的。不过理性现在已经进入了这个重要园地并把凌乱地散布在各处的广大资源整理到一起以发挥它们的效用来供人类享用。

关于财富的分配，没有比这个方式再简单再公平合理的了，那就是“使每个人都有自由来处理他的全部劳动生产品”。在财富分配上人们能做到这一点就已经够了，其余的可以留给大自然之手来完成。

第十二节

> 为了完成这个公平的分配，在使用劳动上或者在劳动产品的彼此自由交换上，不应该实行或者支持带有财富性质的、积极的或者消极的奖励或者限制

实行任何带有财富性质的鼓励或者限制都不能不破坏保障的原则，并且在大多数情形下还会使不平等的不可避免的流弊益趋严重。这些社会科学上的鼓励或者限制，当用在它们所偏爱的那些人身上时，就用商业上的术语，给以奖励金、保护政策、学徒制度、行会、公司、专利等等名称；当用在那些被排斥的人们身上，用在广大群众和一切社会的大多数个人成员们身上时，就给以禁止、

违禁等等名称，从而带来最残酷的惩罚以支持它们所赐给的那些有害的特权。对于任何个人或者一些个人给以非普遍的特权（普遍的特权根本就不是特权而是建筑在功利基础之上的共同权利）必然使社会上其余的人遭到牺牲。给与所喜欢的人的利益越是明显地不公平，不被喜欢的人，社会上其余的人当然就越不愿意服从这些利益，也就越有可能用他们的力量来破坏这些利益。不过，这些破坏动机以及从而产生的可能的破坏力量越强，用恐怖和暴力来进行压迫的手段就必定越多越残酷。所以，特权越不公平，用来有效地支持这个特权的手段就必定越恶毒。单是适用于社会管理各个部门的这些考虑，就使人们不能不谴责任何干涉自由使用劳动力和自由处理产品的任何企图。

当对于劳动力提出一种新的使用方式而这个新方式确实比旧方式生产得更多和更有用时，所需要的就是善意的行为（这几乎被普遍地忽略了），用推广知识的办法向有关的人说明采用这种方式是符合于他们的利益的。但好像是为了说明一切强迫独占的有意识的自私——一切特权和独占必然是自私的，因为在一个自由劳动的社会里不被保护的独占者的恐惧比一个吓人的东西的恐惧还甚——垄断者和赞成垄断的人都一致地努力掩藏起他们的计划、他们的一切知识、他们能使劳动生产得更好更多和获得更多利润的方法。独占和一切独占者的历史都将证明这些事实。因为他们建立在独占的基础上，所以他们是靠着压抑知识和别人的努力来支持的。他们与推广知识是不相容的，虽然这是每一个为社会服务的人，为了使用在任何有用的对象上边的劳动力生产得更多更好所应尽的责任。所以，准许少数人有绝对的权利在特殊的行业上使用他们的劳动力——即使这样做可以暂时增加社会上的财富——这种特权的道德影响也一定会使他们受到普遍的谴责。

幸而特权和独占的道德上的和经济上的影响是属于同一方向的。无论是在它们初建的时候或者是在它们以后存在的时期里，它们都不能增加而是减少全国财富的总和。它们的真正目的从来就不是增加劳动产品的总量，而只是给社会上幸运的个人增加利润，因而也就必然牺牲其他人的幸福。他们有时用来掩饰他们的不公平的借口是：他们创造了一批财富，不然这一批财富就不会存在。但稍加研究就可以看到这个借口的不成理由。

一个社会，包括多数或少数的个人，每年都要生产出一定数量的食物、衣服、住房和其他真正或者设想能够给人们以幸福的物品。有些人认为，一个社会除了这些东西之外，如果能生产出过去没有生产过的东西来，这个社会的幸福就增加了。显然，仅仅一个人或者整个社会的取得一件新物品的愿望（如果没有机器和技术的进步）就只能在把他们的一部分力量用在这件新物品生产上的同时，把等量的生产先搁在一边。新生产出来的东西是显而易见的并且能引起每个人的注意；而旧东西的减少却不易被大规模地看到。这件新物品也许是社会以前所认识的，也许是一无所知的。如果社会一无所知那就不可能有人希望享受它，自然也就没有人希望生产它。那怎么办呢？不过是说明它的用途以使社会认识它，对社会提供关于这件东西的情况——总之一句话，给社会以知识。使用这件物品，揭示它的用途，自然可以迅速而有效地传授这种知识。这样做了之后，社会也认识了它的好处，什么东西能导致它的生产呢？享受它的欲望——也就是说被引起来的需求。什么东西能阻止它的生产呢？最可能的仍然是不知道怎样生产它，缺少知识。但也许是劳动生产者已经完全从事于他们认为比这件新物品更重要的其他东西的生产。这是一个反对生产新物品的有力障碍；除非资本的积累、劳动产品的积累，或者机器的改良，或者新技术，能够提高劳动生产率，解放一部分劳动力用来生产这个新物品。也许他们的气候或者土壤不适合于这件物品的生产。也许他们不具备生产这种物品所需要的技术或者力气。在所有这些情形下，人们是不是同样希望培植或者制造这种新产品呢？如果同样希望，必须怎样去进行呢？在社会劳动力已经完全用在生产认为效用较大的物品的情况下，生产这种新物品显然会排除能提供更多享受的那些物品的生产，虽然这种新物品本身是一个欲望的对象。在气候和土壤适合的情况下，如果用生产新物品来代替旧物品是有利的，自然进行这种生产是明智的。但在气候土壤不适合的情况下，勉强生产或者无效地试图勉强生产将造成劳动力的很大浪费，所以它永远不能有效地实行。在气候和土壤不适合，而社会以前生产出来的旧物品又有剩余的情况下，显然最好的办法是“进行交换”，当然这些有用途的物品还必须是那些新物品的外国生产者所欲求的对象。但也许有人说，如果没有土壤或者气候的障碍，为什么不在国内生产呢？这样岂不可以获得双重利益，既生产了用以交换的物品也生产了将从交换中得到的新物品。这是不可能的，这只是一个错误。这两种东西，交换的和被交换的，不能同时在国内生产。假设所需要的物品是羊毛，所生产的准备用之交换的是亚麻。在需要这种新物品之前，已经生产出足够的亚麻来供给全社会；所以，如果不是为了有用的交换，为什么要浪费劳

动来生产更多亚麻呢？现在新物品在国内生产了，没有交换了；所以那个准备用来生产等价物——亚麻——以作为交换之用的劳动力，现在就立刻在国内投入所需要的新物品——羊毛的生产了。如果新物品已在国内生产，为了在交换中得到新物品所需要的等价物就不再需要了，所以也就不必生产了。无论这个新物品是由国内生产的或者是由交换得来的，为了享受它所必须使用的生产性的劳动力是相等的。比如在一种情形下，每一百个人中要用五个男人和女人来生产羊毛；在另一种情形下，我们把他们投入于生产亚麻，生产出超过于我们消费所需要的亚麻以为交换羊毛之用。一个是用直接活动，另一个是用间接活动，但都是为了实现(代价是相同的)同一个目的——得到所欲求的新物品——羊毛。如果社会上的劳动生产者，如我们所说的，事前已经完全从事于有益的工作，虽然没有土壤或气候的阻碍，在国内生产羊毛也并没有利益可得。在所有这些情形下，都不需要奖励，因为它要达成的目的并不是我们所希望的。

关于财富，那些赞成采取奖励办法的人所持的最动听的理由是以下边的说法为根据的。在一个繁荣的具有高度知识水平的国家里，他们承认所有这些措施都是不明智的。但在一个河川通畅、土地肥沃、气候适宜、矿藏丰富、人口富庶的国家里，人们还没有从事劳动，对他们内部和周围的幸福资源还没有利用——对于在这种情况下的这样的人民，他们要求用奖励来唤起他们的勤劳习惯。

这种情况正足以证明保障和平等的原则已经遭到粗暴的破坏——这种情况正足以证明从劳动生产者那里抢走了劳动产品而不给以他认为满意的等价物；自愿交换已经被忽视；在生产的道路

上安排了无数的挫折和障碍;整个社会不懂得什么是自然科学和道德科学的知识,向人们灌输的是诡辩和谎言。在想要对这种社会的努力加以援手和愚妄地予以奖励和诱导以前,应该先挪开压在他们头上的大山。向关在笼子里的鸟儿吹口哨,要它突破铁丝网飞出来啄食笼子外边的一口甜食——如果不是这样,还是不要用对于勤劳的奖励来侮辱一个在这种情形下饱受压迫掠夺的社会吧!它们不需要这样的奖励,它们只要求不再打击它们。奖励它们!用什么来奖励呢?这些奖金从哪里得来的呢?那是它们自己的劳动产品。以财富的形式给整个社会或整个社会的一部分以奖励,除了从其余一部分人的产品中取得这种奖励外,没有其他来源。你能用你的祷告从天上求得现成的财富像甘霖普降一般地把奖励洒在勤劳人民的头上么?不要用他们自己的东西来奖励他们吧!只要不榨取他们就行了。从劳动生产者手上把锁链解开,没有他们认为满意的等价物,就不要再掠夺他们一点一滴的劳动力。

如果继续作极端的勒索;如果以恐怖手段为后援,最后以强力来夺走劳动生产者几乎全部的产品而所剩下的几乎无法维持一种悲惨的生活;如果工人在被迫缴纳什一税和各种税收之后,还要被迫接受由那些和他们利益相反的人任意规定的工资;如果保证生产者完全享用他的劳动产品的“保障”原则——已经证明这对于有效生产的高度发展和继续是不可缺少的——遭到了有计划的不断的践踏,那么,再谈奖励那是如何地可笑呢!如果奖励的意思是取消绝对的使人难堪的限制,是不再对保障原则进行毁灭性的破坏,在这种意义上当然可以实行奖励直到每一种交换都是自愿的,没有生产者所认为满意的等价物既不占有他的劳动力也不拿走他

的劳动产品。许多那些叫作奖励的规定，如奖励金、退税实际上不过是部分或者全部地取消以前摆在生产道路上的许多强迫的限制。退税，从这个名词上看，不过就是在特殊情况下退回以前对于某种物品的生产、运输或者通行所强迫征收的一部或者全部税款，换句话说，就是退回强迫夺取的一部分劳动产品。这种奖励并不是外加的所以不在我们所说的奖励之内，它们仅仅是部分地取消对于自由劳动的某些普遍的阻碍。今后将指出一个唯一的方式，以使任何种类的税收能够与要求自由劳动和自由交换的保障原则相调和。以前所征收的显然都是对于保障原则和它的福利直接的侵犯。在此以前，保障这个词的意义和它所带来的一切利益都是富人所专有的；现在，财富的真正生产者，积极的熟练的工人，也应该分享保障利益了；在把“保障”提供给与富人和穷人时，应该注意到严格的公正和完全的平等，这个同一的词不应该再对于社会上一小部分有势力的人是一个意义而对于广大群众却是一个正好相反的意义。

这里有一种给与劳动生产者的绝对补助金或奖金，超出于劳动的自然报酬的，能够进一步给他们以酬劳，鼓励他们更加努力的奖金，对于这种奖金怎么说呢？据说，这种奖金的性质不但不侵犯劳动生产者手里边所有的劳动产品，而且还要增加那些产品。这种说法和根据这种说法所采取的一切大规模的措施完全是可笑的，也是不可能的。已经表明，除了劳动自己所生产出来的东西以外，不可能有其他自然财富以使劳动获得报酬和报偿。一个国家的劳动只能从它本身中取得报偿。

某一位有势力的人物认为一种特殊的次要生产部门被奇怪地

忽视了，如果把它建立起来就可以给社会增加很多的享受。第一，这个人也许错了；其次，即使他是对的，比社会上其余的人懂得的多，那为什么不把他的知识传授给他们呢？用这种方法一定可以使某些人从事于这个有用的特殊部门的生产。

一种生产，一种劳动方向，显然因为生产率不高而需要补助以维持它的存在，怎样运用，我们才能期待靠不断给与补助的办法，使它的生产率提高到值得经营的程度，使它能够像其他行业一样，没有补助也能维持下去呢？这项奖金靠着给这个新行业以虚假的利润把许多其他行业中的人吸引了来，引导他们获得这个行业所特有的熟练技术，引导他们建立起厂房，取得工具和机器，这些都是成功地从事这个新生产业所必需的。新生产业任何这种作法，新的劳动方向，这种以资本名义积蓄起来的劳动产品，能使这个新生产业的生产率提高吗？如果实际的机构，或者新方向下的种种作法，在给与奖金以后得到了改进，那么在没有奖金的旧方向下就可能也是得到了这样改进。使新生产业和旧生产业同样得到改进的一定是实际要求对于智慧所起的作用。要确定这是奖金的效果，并且只是奖金的效果，我们就必须假定，做法和机构在新旧生产业双方面都和开始给奖金时是一个样子。那么奖金怎么能使一个在给与奖金以前和在没有奖金时无利可图的生产业，终于成为有利可图呢？也许有人说：“奖励可以引起公众对于这个新行业的注意，可以使工人取得熟练的技术。”但在一个自由劳动和自愿交换的国家里，利益本身就不能经常促成智慧的发展并永远刺激技术工人去提高他们的技术么？如果事情比较复杂，那么由于奖励的办法支持人为的专断的规定，会不会使事情更加复杂化，使判

断陷于混乱和阻碍人们自由的想象呢？也许又有人说："用奖励的办法可以为社会生产出一种物品，它的价值在社会没有试验它的效用以前是不能被认识到的，在试验以后，人们就将继续使用它"。这真是对于试验的一个少有的低廉的代价，而最后这种试验却也许是有用的，也许是为人们所不需要的！个人利益和提供对于这个特殊行业的知识，无疑是恰当而有效的办法，既没有带来害处的危险，并且完全起着良好作用。奖金怎么能改变自然之理呢？怎么能使原来无利的变成有利的或者使最初无利的最后变成为有利的呢？显然，奖励是不能产生这种结果的。它的整个的有益的效果就是假定靠它的帮助能使人们认识他们使用新物品上的利益，而它促成对于事实正确认识的第一步却是歪曲那个问题的本来面貌！所以只有个人的努力、取消限制和推广知识是完成这些目的的无可反对的手段。

现在可以解释一下，人们认为奖金可以最后使生产新物品的代价比一开始的时候减低，究竟是怎么回事。由于奖励，很多的劳动以资本的形式将被积累在一直受着奖金支持的新的事业里。如果任何一部分奖金被撤回，建筑物和机器是不能随着奖金转到新的方向的。如果这种新的生产业由于全部奖金或者一部分奖金的撤消而被放弃，或者放弃一部分，它的建筑物和机器就要变为无用或者被用在其他目的上而没有多大价值；而时间的损失和缺乏从事其他事业的知识，会使这个新事业的从业员仍从事这个新事业。所以，在奖金撤回之后，新的行业虽然能自己维持下来，但我们不能说它的生产率和当地情况所要求的没有奖金来帮助的其他稳固行业一样高。而这个新的行业所以能最后自己维持下来，大概是多少靠着作为它的资本的奖金。但是,如果它是一个亏本的行业——亏本的生产一定把本钱赔净为止——这个资本的积累也不能终于把它长期维持下来。如果它没有奖金而最后终于成功,那一定是社会的情况在它继续接受奖金时期由于与奖金完全无关的原因发生了变化,而这个行业就是没有任何帮助——假定没有任何限制——也一定会自己发达起来。更为常见的结果是:支持特定行业的奖金一经撤销,那些行业尽管仍有继续经营的诱惑存在,但由于事业解体的重大损失,自然也由于不愿在薄利的情况下继续经营,而趋于枯萎和死亡。当我们看到某一特定产业部门在不断地接受过许多年奖励之后,能非常发达自给自足时,我们往往把这整个生产业看作为奖励的结果。诚然,没有奖金(如果社会情况并不需要它),那个特殊生产部门就不会产生;但在其他方面——在其他条件如土地、气候、知识、资本等都相同的情况下——将会有很大一部分生产发展起来。在每一种奖金获得显著成功的情形下,都不过是它以或多或少的社会财富为牺牲,过早地强迫一个特定产业部门的实现。这个产业部门一定会于短期内在不受任何奖金之害的情形下有力地滋长起来,在人民的需要或者欲望中扎下稳固的根基。把劳动投入一个新方向而最后能获得利润,那是由于与奖金完全无关的那些情况。

仅仅给奖金这个事实表明某种生产事业是给这个奖励的人所希望的,表明要把公众的注意或者至少许多肯用思想的人的注意导向于那一方面。其实奖金不能引起这种原有的注意;它仅仅是完成它的目的的一种手段。建立奖金制度以引起别人的注意和加强这个注意;这种目的是可以用无懈可击的其他方法来更好地完成的。因为奖金和利益以及它常常引起的改进是同时存在的，所以不细加辨别，不经过仔细的分析，就认为一个是原因，一个是效果。辨认原因是道德科学和经济科学上的最大困难。

不能从这里所说的任何一点得出结论，认为一种荒谬的想法得到了支持，那就是：一个国家的劳动生产者，无论是直接劳动者、机器制造者，或者资本家，都能够永远判断出使用他们自己生产力的最有益的方式；或者，事实上，他们的生产力必然会永远用在最能增加他们个人财富或者社会财富的总和上。这种认定就等于说在每一种继起的不断变化的社会情况下，知识和智慧都达到了完美的地步。现在这个时代所取得的知识比以前任何时代所得到的都多，但每天还有许多变化和改进，每天都要改正以前的错误。所以劳动生产者不见得比那些善意地或者傲慢地为他们设想的人更能不犯错误或者更多地学到了止境。他们的努力时常由于偶然的结合用在浮夸无用的劳动上，有时候用在造成危害和罪恶的劳动上。浮夸无用的劳动就是给（如果是他们自愿的）死人修墓碑，给堕落的活人修宫殿；造成危害和罪恶的劳动就是生产那些损害健康减少寿命的东西，如超过医疗所需要的大量麻醉剂，如供懒惰的僧侣或者军队所享用的东西，用这些东西来败坏社会的智力或者未经过训练的体力。不过，在所有这些错误地使用一个社会的一部分，有时候一大部分生产力情形下，可以毫无例外地到会发生这一种或者那一种而且常常是两种都有的情况。保障劳动者的原则遭到了严重的破坏，强迫把他们的劳动力或劳动产品取走或者把它们投到错误的方向上去；或者是他们缺乏知识不能看到自己的真正利益。对于这两种弊害的任何一种怎样补救呢？不一定是奖

金(就这个词的本来意义而言)而是取消限制和普及知识。

虽然给了奖金,也仍应该普及知识以达到最终的目的;但是,奖金的存在使知识的普及更为困难了。奖金对于知识的有害影响不止于此,它不仅使人们认为了解新生产方式的效用为不必要,不仅使取得这种正确知识更为困难,而且将压制一切有益的研究,使人类理智趋于败坏,使人成为仅仅是一个机械的生物。

无论奖金是在什么样的社会规定情况下(简单的或者复杂的)提供的,所有奖金制度都会产生另外一种有害的影响,而且奖励得越不恰当,这个害处就越大。那些从事于靠奖金来支持的任何新生产业的人比那些从事于自给自足的自由经营的人要求一种更大的利润以补偿继续获得奖金的不可靠,自然也就是继续这个生产业的不可靠。消费者自然要以高价或者增加了的奖金来支付这种提高了的利润。

也许有人说,"这些考虑并不适用于社会实际表现出来的不自然的情况,社会所遭到的阻碍是很复杂的,有各种各样的税款、奖金和限制。"

但是我们可以看到:这些原则对于任何程度的复杂情况、对于任何阶段的社会都是适用的。在保障原则每天遭到破坏的情况下——穷人的保障、劳动生产者的保障、每一个社会的大多数人的保障——人们就会希望对于某一特殊生产部门给以奖金。如果所给的奖金不是靠取消一些限制,停止一些对于保障的特别侵犯得到的,那么是怎样得到的呢?是不是子已有的限制,已有的对于保障的破坏之外再加上新的限制和新的破坏呢?为了筹措这笔奖金,必然有新的掠夺,所有劳动生产者的劳动产品必然留下的更少，只有新的阶级在劳动者的牺牲之下得到了好处。它使以前的坏事情变得更坏了，以前使人难堪的压迫更使人难堪了。如果任何数量的产品能以奖金的形式被保全下来，那么同样数量也可以用豁免一些限制的办法被保全下来——取消对生产自由发展的某些障碍。

如果奖金的作用在许多方面损害了平等和保障原则的利益，那么专利、社团行会、强迫学徒制这一类的发明设计又怎么样呢？这些办法的倾向常常是彼此互相抵制、互相对消，而它们的无穷无尽的规章制度几乎使人类生产的每条道路上都充满了苦恼和混乱。

仅仅对于这些问题做简略的讨论就会使我们离题很远；虽然对于它们的正确的阐明和理解能够说明和证实我们以前所提出的各项原则。我们希望那些原则和关于奖金的这些看法和论断足以引导我们认识这些作法的真正性质。

法律的干涉或者社会的武装力量对于构成专利是必要的。如果一切劳动是自由的，一切交换是自愿的，就不能有专利；这一类的问题不在我们现在的讨论之列。专利有许多种，有时是准许少数人独占一种特殊生产业，如鼻烟、烟草、瓷器的制造等等；有时是准许一个整个社会的任何人或每一个人从事于这个同一社会的某种特殊行业，但是却把外国或这个国家的殖民地或属地除外，如提炼砂糖以供这个社会的消费；有时是限定由某一类特殊的人向外国出口某种物品或所有物品；有时是从那些外国输入某些或所有物品，如以前和新近为东印度公司所规定的那样；有时是限定特殊的殖民地有权以某种物品供应这个社会，如所有欧洲国家都从东印度或西印度殖民地输入糖、甜酒等等，每一个国家专接受它自己的殖民地的产品作为供给；有时在某种物品的供给上建立彼此之间的相互专利如英国和葡萄牙之间所订立的古老的玛桑条约，规定英国用葡萄牙的酒，葡萄牙用英国的羊毛。

专利比奖金更堕落更可恶。因为奖金似乎完全是以一种报酬，一种鼓励和一种超额偿付的形式来起作用的；它的性质是使人高兴的，具有表面的慷慨；它的有害的影响得到了掩蔽并且与其他情况和原因混淆在一起；奖金常常欢迎一切愿意接受奖金并按照奖金规定的方式来指导他们的生产的人。但专利从一开始就始终具有严厉的限制和惩罚的特点；它们公开地承认牺牲多数人以利于少数人。它们的借口和用来替奖金辩护的一样，那就是，虽然现在是有害的，但最后它们将建立起一项有益的行业，否则这个行业就不会存在。

所有用来反对奖金的那些理由，除一个外，都可以用来反对专利；而且其中大部分比反对奖金时更为有力。此外，专利还另有奖金所没有的被反对的理由。不能用来反对它的那个理由是：一种直接税或由直接课税所得到的一部分公家收入被用来付出奖金，而专利的建立却不需要任何公款作为金钱的帮助。专利的行为是夺走别人的权利；奖金伪作给生产以人为的奖赏，使人们忘记了这些奖赏的唯一来源，忘记了这些奖赏是从社会上那些其余的成功的生产业的产品中抽取出来的产品和报酬。奖金和专利所产生的或大或小的弊害可以归纳为以下各项：

1. 它们破坏了保障的原则；

2. 它们破坏了平等的原则。

明确了这两个弊害就足以使我们谴责像奖金或者专利这样的办法;因为,如果整个社会的生产由于保障原则的被破坏而减少,和幸福的总和由于不是保障所必需的不平等而减少,从它们产生的任何次要效果,即使全都是好的,也只能对于无保障和不平等所造成的重大危害作部分的补救。况且奖金和专利还一致造成下边的另外一些弊害。或者,也许更正确一点说,下边的这些弊害不过是平等或保障被破坏的说明;它们最后都可以归入这一项或那一项。

3. 由于那些拥护奖金和专利制度的人对于事实的了解和判断必然是有缺点的,所以即使他们用心很好,这两种制度也会极端滥用国家财富和因而造成巨大损失。

4. 它们都是建筑在这样的基础上,就是承认它们所赞同的生产事业和一般的其他生产事业相比是利润较少的。

5. 它们都要求更大的利润以补偿它们继续享受这种特权的不可靠。

6. 专利和接受奖金的生产业和那些独立经营的生产业相比在管理上将造成更大的浪费;在它们必然是复杂的机构的运用上将造成舞弊和偏爱主义。

7. 由于人为地撤回投到其他商品上的劳动和资本,它们将造成其他商品价格的高涨。

8. 它们都非常不利于自然科学知识和经济学知识的取得和推广。

9. 这两种办法,奖金和专利,即使没有上述的任何弊害,也都是十分多余的;因为另有现成的恰当办法可以取得它们所能取得的一切利益而没有任何弊害。

专利所带来的，比专利和奖金所共有的还大的害处可以分为下列几项：

1. 专利大都要求残酷凶暴的惩罚作为它的支持。

2. 由于被偏爱的商人滥用授予他们的支持专利的权力，所以专利就造成了凶恶的贪婪和不义。

3. 事实上，几乎在每一种情况下，专利对于商业的经营都是有害的，它们的代理机构堕落成为舞弊和掠夺的中心，使国内的商业公司和它们权力所能及的外国人受到损失。

除已经谈的一些之外，再附带说几句以证明专利和这里所说的它的一切弊害，都是应该遭到非难的。

首先，说一说它和奖金制度所共有的那些弊害。专利和奖金同样彰明较著地破坏保障的原则，但并不完全采取同样显而易见的方式。它并不像奖金那样用强迫征收捐献的办法，从繁荣的生产业那里取来劳动产品，慷慨地给与那些自己维持不了的生产部门以破坏保障原则。它破坏保障所采取的是束缚劳动者的手脚，工匠的技术，事业家的冒险精神，限制他们把他们的生产能力用在可能对他们最有利的方向上。专利不等待产品制造出来，不等它们生产出来就预先把它们扼杀了。专利实行排斥政策，除了少数被偏爱者以外，排斥一切人不许他们在某一特殊生产业上使用劳动力或交换他们的劳动产品。它在社会所有其他人当中限制自由劳动和自愿交换的权力。假设一个劳动的工匠为了他自己的使用，生产出来一顶帽子或一双鞋，或者由于交换得到了某种他所希望的东西。这件东西或它的等价或等价的一部分，被人以货币的

形式从生产者那里强迫拿走作为支付奖金的基金。但在专利的情况下(比如制造帽子的专利)那个工匠是被限制制造鞋或帽子的。一件东西制造出来之后被人拿走和根本禁止制造之间,对于一个人的使用和享受上有什么区别呢?如果制造出来之后被拿走,这个掠夺到此为止。这件东西还可以重新制造;但在禁止制造的情形下,生产力量本身被遏止了,被消灭了。所以,当对于保障的破坏直接施之于劳动力本身,施之于生产力,施之于每一件财富品所特有的构成要素时,这个破坏就更是罪恶昭彰的。

专利在破坏平等原则方面也和奖金同样是应该被非难的。这里所主张的平等不是**绝对的强迫的**平等,而是尽可能在最大程度上与保障原则,自由劳动和自愿交换相符合的平等。奖金破坏平等在于它从劳动生产者那里取走了他们一部分所得,把它们给了少数被偏爱的人,使他们从社会利益的牺牲中发财致富而不是在自由竞争的制度下保护一切人。专利更彰明较著地破坏平等是除了某些有特权的个人外,禁止一切人作他们认为有益的努力,因而也就禁止他们获得幸福。这些少数人所生产出来的财富必然尽可能是最片面的,最不普及,也最不能代表个人的努力和技术,而因为这些和其他的理由,也必然最不能产生幸福。我们已经看到,任何一定数量的财富,分散的越广——如果每一部分的数量在它唤起享受的能力上仍是可观的,如果分割这些财富时所用的细微劳动不超过细微的享受——它所产生的幸福就越大。为了确保人类的生产和生存,保障的最高要求是普遍应用这个美好的平等原则的唯一合理的限制。注意到了保障,平等就是普遍的公正的法则。每一种制度的效用都可以用它来检验。那么,对于这样一种专利

制度我们应该怎么说呢？它首先破坏了保障的原则，随后又完全践踏了平等的原则——掠夺或限制多数的穷人、软弱的人，给少数的富人强有力的人以一种特权。如果专利制度尊重保障的原则，它对于平等的破坏也许会缓和些。如果它真是支持保障所必需，它对于平等的破坏就一定是有道理的。但是替代任何这种有道理和缓和的却是对于保障和平等这两个原则——对于人类幸福最重要的两个原则——作了同样的破坏。

专利和奖金制度所共有的这两种有害的倾向——破坏保障和破坏平等——如以前所说的，足以说明它们不能用来达到增加财富生产或者从分配财富上增加幸福的假定目的。如果再看看它们所造成的某些次要弊害，我们就会更充分并永久相信，这些办法不但对于最公平的财富分配是完全不必要的而且与这种公平的分配也是完全不相容的。

"靠奖金和专利来维持的生产业要求更大的利润以补偿它们继续享受这种特权的不可靠。"穆勒[①]先生在他的《政治经济学原理》论奖金制度的一章里说。那些从事这种被保护的生产业的人并不能比投入到其他生产业上的资本得到更多的利润，这是因为竞争把他的利润降低到和资本的利润一样。竞争不能在社会上造成利润或者劳动工资的绝对平等，但把冒险的成分、技术和行业本身的不愉快性考虑在内，它可以造成相对的平等。如果不能比干普通的、不担风险的、不要求特殊技术的，有继续下去的把握的行

① 穆勒（Mill，1773—1836年）是英国有名的哲学家、政治经济学家和历史学家，曾著有《政治经济学原理》和《印度史》等书。——译者

业得到更多的利润和工资,谁也不愿意从事于污秽的,不名誉的、冒险的行业。竞争将使被保护行业和其他行业的用来补偿这些不利条件的利润和工资同样降到最低限度。但是,社会付出了他们从奖励或者限制中所得到的外加的利润,虽然与被保护行业有关的人并没感觉到这是正当报酬的真正增加。这是一笔损失,对于社会的真正损失,保护政策所造成的损失。专利虽然真正能对于他们所经营制造的物品在社会上造成高价,但专利事业本身却很少能得到一般的商业利润。这是因为吞没和代替现在这个害处的还有另外一个害处,这就是那些不忠实的底下人和代理人有意识地把他们私人利益放在专利事业的总的利益之上。如果公众对于专利事业所供应的物品付出较高的代价,这个较高的代价为社会所得的也是微乎其微。

专利和奖金同样都会产生的另一个害处是"专利和接受奖金的生产业和那些独立经营的生产业相比在管理上将造成更大的浪费,而在它们的必然是复杂机构的运用上将造成舞弊和偏爱主义"。在各种条件都相等的情形下,人们是不是谨慎办事和一切力求经济,与发挥其他品质一样是要看这样做能得到多少利益。在私人钱财上,这种戒心,这种防止浪费是可以达到最高度的;因为不管一个人是什么性格,懒惰或者勤谨,但关于与个人有关的事情,只要它们本身被认为是重要的,人们就会极端怀有戒心。个人可以谨慎地经营一个靠奖金支持的行业,而很少有这种浪费的现象,但这个弊害与专利事业是分不开的。当一个人疏忽大意或者造成浪费或者容忍别人造成浪费,而这个损失落到他个人身上不过是百分之一或千分之一时,我们就不能希望他渴望或努力去防止浪费；如果这个由于疏忽造成的损失全部落在这个疏忽者的头上，他自然就会有这种渴望和努力。在大的公司里边，我们不能说道德原则能够替代个人利益。人类的整个历史证明，当这两个原则被偶然地或则由于一种必然的体制被放在彼此冲突的地位时，道德原则总是屈服于个人当前利益的。况且，既然所有专利事业的最大目的都是为了谋利，这个压倒一切的目的自然将占有每个人的心而把每一个其他目的排斥在九霄云外。在这样一个公司里，用原则来反对利益，原则将是最软弱无力的。在一种以互助合作和仁爱为指导原则的体制下，社会的动机可能和个人的动机统一起来以作为行动的准绳；但在一个以谋求私利为唯一动力来源的体制之下，放弃图谋私利的机会将被人看作为是愚蠢而不是道德。由于这种生产业的从业员和主要负责人对于彼此的自私自利互相同情，可以容许的以牺牲事业本身利益来攫取私人利益的方式将越来越扩大和越来越多；而冠冕堂皇的语言，也将改变它们的意义而被用在一切不至于犯罪的谋利的疏忽行为或其他谋利方式之上。接受奖金的生产业是以弊端累累而臭名远扬的，因为虽然常常有复杂的机构来防止舞弊，但这些在下边负责防止的人本身就是舞弊的参加者。同时在专利事业中，在分配职务和位置上也将经常产生偏爱主义，而凭借势力也许有机会取得一席就成为参加这个事业的唯一动机。

从这些办法中所产生的另一个弊害就是，“奖金制度和专利制度都非常不利于自然科学知识和经济学知识的取得和推广。”它们的趋势是阻碍一切思想和筹划的自由；自然科学和政治经济学的知识越是直接和这些手段发生关系就越是特别受它们的影

响。奖金和专利制度的含意是，对于那个社会应该从事的生产方向作出了一个决定，给了一个命令。这里并不要求人们了解，不作说明，不作解释，不征求同意，也不准许研究调查。那些有权力的人——他们的利益也许与这些生产业有关也许无关——的意志决定将从事于这个事业，于是就征收款项、规定限制、付诸实行。对于这个最高意志发生疑问，即或不是对于他们的权威的攻击，也是对于他们的“全知”的一种侮辱。一切讨论，一切思想活动，因为是无用的或者被看作为是放肆的，都停止了。对于强权保护之下的举动发生疑问有什么用处呢？这些工商业的立法者渴望理解力屈服和拜倒于他们的绝对智慧之前；这种渴望永远和他们的头脑简单成正比例而和他们的优点成反比例。当那些勤劳智慧的生产者发现一切都被专断地规定好了之后，再去衡量、估计和试验怎样使用他们的生产力才能最有利于创造财富，又有什么用处呢？从大自然手里取来的限制和奖励由这些立法者随意地施与任何人；在这种情形下，对于这些问题再进行研究思索又有什么用处呢？除了引起那些具有无上指导权的人们的恶感外，又有什么用处呢？

自然科学知识，包括对于一切自然产物、无生物、植物、动物的观察研究，以把它们使用在有用的目的上，指导生产力和自然力量并与之合作，这一类一切生产基本知识特别遭到人为的规定和奖励的阻碍。只要事业还有发展的余地，人们都迫切地要找出物体的每一种有用的性质和每一种自然界的力量以备发现者使用，但在奖金和限制制度之下，自然法则被迫让路，生产是勉强的和人为的而自然界的生产能力也和人的能力一样地受到了限制。

对于奖励制度和专利事业同样适用的最后提出来的一个反对

理由是，“这两种制度，即使没有上述的任何弊害，也都是多余的，因为另有现成的恰当办法可以取得它们所能取得的一切利益而没有任何弊害。”

在这一部分讨论题目中，时常流行着一个重大错误。那就是认为奖励制度和限制制度以及全部人为的社团制度、学徒制度等等的有利倾向，已经为欧洲所有各地区得到很大发展这一事实所证明。认为在那里，由于这些发明，那些旧的可怕的封建、懒惰、迷信和掠夺制度已为勤劳的和独立的制度所代替。其实，略加研究就可以证明这种说法的不恰当。整个封建制度不过是集强力篡夺之大成，是对于保障原则和平等原则的彻头彻尾的巨细靡遗的破坏。所以继这个制度之后建立社团制度和给予参加者以特权，和这个制度比起来，事实上是在巨大程度上**取消封建束缚**，反对封建野蛮主义和维护安全和平等的原则。这些新建立的制度的所有良好效果产生自它们和我们所规定的原则相符合，减轻它们对于这些原则的愚蠢的破坏所产生的弊害，和在几乎征服了封建主义怪物之后的新情况下仍然还会发生的弊害。这些新建立的制度所加给人们的限制和公正的原则，和保障与平等的原则比起来仍是非常有害的，是应该停止的，但如果与封建时代的特点，彻底的无保障和暴力夺取相比较，就一个是禾稼稀少，一个是彻底荒芜。这些反封建制度之所以不够理想是因为它们仍然保有了或者发明了一些限制办法。在任何社会情况下，这种奖励和限制制度也不可能是贤明的；期待从封建时代的蔽聪塞明中立刻产生出关于管理生产的绝对合乎理想的制度和期待在柳条皮筏刚一下水时就立刻产生出汽船来是同样地不合理。由于机械和化学的发达而航行水面

上的汽船是无愧于进步的时代知识的；可耻的是野蛮时代的社团制度和限制，政治经济学上的柳条皮筏，不管它在**理论性**的社会科学上处于什么地位，在**实际**的社会科学上却仍然是我们的不可超越的最高智慧。显然这个限制和部分保护制度本身的起源就是一个反对这种制度继续存在和赞成我们的原则的理由。

在一个被几乎和封建制度同样凶暴的野蛮暴力制度弄得荒凉不堪的国家里，在埃及、叙利亚或者在土耳其专制政治统治下的任何其他地方，在那里，所谓政府的日常政治理论和实践就是有计划地破坏保障原则，在那里，愚昧的贪婪从生产者手里掠去他的劳动果实，直到一切生产停顿，人们沮丧到几乎无力再生产以取得他们的生存资料为止；在这样的国家里，就是限制和保护制度也是比较有益的。如果拿破仑停留在亚洲，并在那里建立起自由生产制度而不再回到荒凉的欧洲来，人类将按照他在那里从人类思想和行动的发展上所消除的限制的多少而感激他。欧洲的平常的限制制度在那里就是比较的自由并且将像部分保障制度对于封建制度起作用一样地起作用。但如果因此而认为良好效果产生于那个制度的限制部分而不是产生于它的反限制部分，那将是可笑的。

我们已经分析了限制和奖励，专利事业和奖金制度的大部分相同的弊害，现在再进而研究一下几乎是专利事业所特有的弊害。

第一个弊害或者说危害是“专利大都要求残酷凶暴的惩罚作为它的支持”。没有惩罚，制定法律和限制都是无用的——每一种法律都有它的制裁力（民法的制裁力就是赔偿）；而那些对于专利事业最有利的给它们以最大的独占权的法律，恰好就是那些要求最可怕制裁力的法律，也就是最明目张胆地破坏人类共有的权利和同情心的法律。所以必须有和专利事业的不公平成正比例的惩戒性处罚。所有的专利事业——荷兰的、西班牙的、英国的、欧洲的、美洲的、亚洲的都是为惩罚所支持着的而且常常是最残酷的惩罚，这件事情已经有相当长的历史了；而用这种惩罚来支持这种专利的必要也是非常自然而明显的。当法律给与某种真正不道德的行为以惩罚时——那就是说它是一个真正有害的行动，如窃盗、诈骗、放火、凶杀——虽然这个惩罚也许是严厉而残酷的使人们变得残忍而缺乏同情心，但犯罪的真正危害，从不加制止而任其流行中产生的无保障和恐惧的感觉将在勤劳而和平的人民的心里起有如此强烈的作用，因而它能抵消惩罚所引起的恐怖和减轻对于犯罪者的同情心。可是为了支持专利而施加的残酷的惩罚，或者任何一种惩罚，对于人类感情的伤害又用什么来抵消呢？用什么来抵消人们对于被惩罚者的深刻同情呢？用什么来抵消把一般法律都看作为是残暴和不公正以及因此而产生的对于一切法律的憎恨呢？人们被惩罚是因为他们把劳动使用在最能提高生产率方面，这是一种非常道德非常值得称赞的行为；所以所谓罪行是虚构的，是法律所捏造出来的。一切对于正义的看法被颠倒了，社会上的观听陷于混乱，道德失去了它判断的基础；即使惩罚的恐怖能够成功——在有强烈的诱惑和违法可以获得厚利的情形下它从来也没有成功过——它也只能是以社会活动和智力的堕落为代价。

专利制度所特有的第二个弊害是，“由于被偏爱的商人滥用授予他们的支持专利的权力，所以专利就造成了凶恶的贪婪和不义。”这一种害处也是为历史上的许多事情的趋向所证明了的。荷兰在东西印度群岛和缅因的庞大专利机构，英国人在东印度的专利机构，西班牙人在美洲为支持它的永久性限制而设立的机构，所有这些机构的暴行对于一个读过这些公司的历史的人或者读过它们所属的国家历史的人一定都是熟习的。一个投机家为了从抬高物价上致富不惜制造一个饥荒或者近似的饥荒，因而使他的同类陷于疾病和挣扎在死亡线上，这不过是在把权利交给贪婪的人而不要求他们负责时，他们所采取的许多手段的一个实例。至于在国内建立的专利事业，不论是对于执政的政府有利或者是对于个人有利还不至于如此残酷，因为政府监视着专利者们，对于他们的僭权难免嫉妒；如果由政府自己专利也因为它有更重要的目的和事务而不可能专心致志于贪婪的谋利事业。在国外的专利事业是由一个所谓的文明国家把一种假定的权利——这种权利是国内社会所永远不能拥有和授予的——统治它在航海中所发现的民族或国家的统治权，授予一个由它的经营商业的国民所组成的公司，使它有权用法律或者一个暴君的意志来统治、限制当地居民的劳动力、财产和人身，其唯一的目的，就是使那个统治权为贪欲服务。这种国外的专利事业最明显地表现了这种制度的罪恶。

专利制度所特有的第三个弊害是，“事实上，几乎在每一种情况下，专利对于商业的经营都是有害的，它们的代理机构堕落成为舞弊和掠夺的中心，使国内的商业公司和它们权利所能及的外国人受到损失。”单是这些事实，这种几乎是一切靠权力来支持的（因为没有强力就没有专利，一切自愿交换不仅是自由的而且是健康的）专利事业的确定的和历史上的结果就足以说明，凡是开明的立法都永远不应该采取专利这种手段。这个试验曾经由许多国家在广泛的规模上一次又一次地在地球上的几乎每一个商业区进行过，结果都证明专利事业并不是一个确保商业利益的好办法。经验已经确切地证明，它们和靠着私人企业活动和私人经济来经营的商业相比是使资本遭到浪费和破产的办法，如同风车的力量赶不上蒸汽的巨大而匀称的力量一样。一切巨大的专利事业，包括最后的英国东印度公司，都宣告破产了。这个公司虽然遭到了商业上的损失，但还仍然存在，一部分是靠着用强力从不幸的印度斯坦的居民那里取来的所谓税收来平衡它商业上的损失，一部分是靠着借债，而这个债务是它永远无力偿还的。为此目的而征收税款，至少也和一般的明显借口，说把这些款项用在支持公用事业上，为了在交纳这些款项的整个社会里办理司法、道德、教育等事业，是毫不相干的；但这种征收竟为一个商业公司的厚颜无耻而保存下来。这是合法地掠夺和他们交易的人民以补偿他们由于各种浪费和弊端所造成的损失。那么，为什么这个公司还要存在呢？私人的邪恶的利益和政治上的考虑支持着它。在这些新的观点和新的利益中，原来的仅仅是属于商业上的目的已经完全不存在了。它所以还继续下去，首先是为了公司的那些军事和行政以及商务人员的不正当的利益，其次是防止国内政府，像现在这样组织起来的政府，更坏地使用所谓任命权，或则无论如何把这个任命权保持在公司董事的手里。可是，不管是公司或者政府，它们的手里都是不应该有这种任命权的。

所以这些专利专业所产生的弊害是不可胜数的。为了那些在领导上有权势的人们的亲友，只是为了他们的利益，为了他们能在印度（在那里他们自己成了总督和总督的代理人）发财致富而不受当地居民的干涉；为了这些注定把在亚洲得来的赃物（由公开

掠夺或由苛刻的捐税得来的)源源不绝地运往欧洲的人们的卑鄙的利益,将近一亿的有理性的生物的保障、平等和政治自由的权利被有意地牺牲了;因为他们和我们到达他们那里之前几乎是同样地穷困可怜。当那些从国外掠夺而致富的人回到国内,他们的财富,他们的怯懦软弱,他们在东方养成的压迫人和轻视他们的同类的权利和感情的习惯,使他们成为在国内推广奴隶根性和腐化堕落的最好工具,好像是在替东方的难言的悲惨遭遇向英国的自由和幸福复仇一样。是的,这确是一种道德上的报复;但这不是什么幻想中的鬼神任意地拿人类的命运开玩笑,而是我们生理和心理构造的法则一定会有的作用,这种作用必然使那些习惯于生活堕落,残酷暴虐,进行压迫的人走向罪恶的道路。

现在仍回到本题上来。这里还有另外一种方式,一种专利制度,那就是为了奖励本国商业而限制外国竞争的一种制度。它的办法是向一切和本国货物竞争的外国货物征收税款,目的不是为了增加收入而仅仅是为了保护本国工商业。它的重要性是值得我们单独做一番简短的讨论。

第一、根据功利的原则,我们对于外国社会和对本国社会一样,不能侵犯它们的安全——自由劳动和自愿交换的权利——,因为它将引起回敬和报复,使我们自己的生产业同样地受到他们的打击并且将引起他们的恶感,遇有机会就要表现在无论哪一方面;所以侵犯他们的权利就是间接地侵犯我们自己的权利。

第二、这种加在外国货物上的商业税收对于本国消费者提高了本国被保护产品的价格,同时也降低了质量——提高价格是因为如果能使本国产品和外国产品一样便宜,用加税或其他方法来进行保护就是多余的;降低质量是因为它阻碍了外国产品在国内竞争上充分发挥作用。

第三、它对于本国的工业制造者不能提供外加的利润(歇业的危险等考虑在内),这些制造者本身之间的竞争不久就会使利润降低到和其他类似的生产业的利润水平相等——这些制造者所多得的只是从社会上其余的人那里非法取来的一笔补助以作为他们在新行业中愚昧的冒险等等的补偿。

第四、由于它把一部分国家资本从原来更有利的任何其他企业上引到新企业上来,而这个新企业如果不用加税以消除竞争来保护就不能得到足以维持自己的自然利润,所以它就影响了整个国家资本——个人资本的总和——减少了国家资本也减少了产品的总量。

第五、如果保护税过高,它将由于走私引起一切不幸、罪恶,对于法律和正义(这二者应该是同一个东西)的蔑视、财产的浪费等等,也将由于执行收税而造成大量的开支、惩罚和讨厌的限制。如果相反,税率过低,使人们认为冒险走私为不值,则按照那个比例所给的保护又是不够和无效的。

用金钱的鼓励或惩罚的限制来干涉自由劳动和自愿交换的制度,虽然时常受到责难,但仍在广泛地实行着。在我们对于这种制度已经做了详尽的考察之后,对于那些各城市里的小社团用许许多多方式来破坏自由生产原则的各种不同的次要的手段也就没有再加以论述的必要了。它们都在或大或小的程度上侵犯了神圣的保障原则(对于我们没有那种只对富人有利的伪善的原则,而只有对于保护穷人的劳动和对于保护富人所拥有的劳动产品同样是神圣的，对于一切人都是大公无私的原则）。这一类法律也侵犯了它的平等的姐妹原则——除了服从保障外，这平等原则是永远不能离开的——因为它们强迫取走了穷人的所有而给富人们增加积蓄和享受。至于其他从这些法律的特殊目的和条件产生的次要弊害应该留给读者自己去辨认。

现在已经证明无论是金钱的报酬或者使用压力，无论是奖励或者限制都不是所需要的，而且相反，对于用劳动来生产财富都是极端有害的，现在让我们进入下一个命题。

第十三节

只有一种财富分配上的不平等是应该被支持的，那就是从保障每个人自由使用他的劳动力和自由享用他的劳动产品上以及随之发生的自愿交换上所产生的不平等；因为如果没有这种程度的不平等就没有保障，没有保障就没有生产，没有生产就没有可以分配的财富

如果食物和一切其他财富品，能够像阳光、空气和在许多地方的水一样，大量而充分地供给一切人以至不需要人们作任何努力去生产这些东西；如果仍有人提议为了使这些东西产生更多的幸福，社会上大多数人应该限制它们的消费以使剩下的比他们消费的还多；谁能不为这种提议的可笑而表示惊讶呢？或者，如果这些东西仍然与人们的努力无关，但所有的数量只能对一切人作有限的供应，只是够用而并不富裕；在这种情形下，假设有人提议用任

何不平等的分配来增加社会的幸福的总和,从某些人那里取走仅仅够用的东西以使其他的人感到有余,谁能不认为这个人是没有理性的呢？前者的可笑和后者的可恼都到了极点;因为那些最好也不过是仅仅拥有必需品的人,将因为这些必需品的被剥夺和给有余的人增加上而比那些原来就有很多这些东西的人感到更大的痛苦。假设有第三种情况,一个社会每年每月每天得到一定数量的物品(不论它是怎样得到的但却并未用人力)以供所有的人享用;那么任何人,同时享用五百份、一千份或任何其他数量,他的享受,由于身体组织构造的法则,是不会比任何一个被拿走单独一份或者不发给他那一份的人的享受多一倍的。我们希望这已经在第八节和第九节里说清楚了,但当我们探讨财富的极端的不平等对于社会幸福的影响时,我们还要做进一步的证明。

在所有的情形下,不管供给的东西是多是少,只要在生产上与人们的劳动无关,平等的分配就是一个公平的原则。请读者略停一下并思索一番,看能不能于生产需要人们劳动这个理由之外,在构造相同、能享受同样程度幸福的人类当中,另指出一个分配可以离开平等原则的理由。不能有其他理由可以离开分配平等原则。这个原则的利益是超越一切的,可以无限地增加人们的愉快感觉,使他们和平相处,互相友爱;除了继续生产上的需要,永远没有理由离开这些福利。这些福利必须并且只能服从于对于这个较高的需要。它们必须受到这个需要的严格限制。

把作为享受资料的财富品和其他不被称为财富品的享受资料区别开来的条件是什么呢？就在于生产它们的时候是不是需要劳动。财富品所以不同于其他享受资料就在于它们是人们的劳动所创造出来的。没有劳动它们根本就不能存在;没有保障——意思是每一个人应该独自占有他的全部劳动所得——人们就不会从事劳动。所以在分配用劳动生产出来的产品,所谓财富品时,也只有在分配这种财富品时,平等才必须受保障的限制,因为在其他情形下,平等分配和生产是并不发生抵触的。在可以做到平等的地方而不要求平等,它的理由在哪里呢?是不是平等分配本身不是建立在公平的基础之上或者不能产生幸福呢?绝不是这样。真正的理由是,在分配某一类特殊的欲望对象,分配那些用劳动生产出来的叫作财富的物品时,如果应用平等分配的原则就会破坏这些物品的供给来源,否则就得不到平等的真正好处。如果能够保证那些平均消费的物品可以用劳动来再生产,那么从平等分配财富品就和从分配任何其他欲望的对象,或者无论什么其他获得幸福的资料一样,能够完全得到平等的一切利益。

一位在实际上和在理论上都很有名望的学者认为他已经用实验证明,就是把平等的原则应用到完全由劳动生产出来的财富品上,再生产和平等也并不是不相容的。他认为他已经证明,除了个人需要和特别富有的虚幻的快乐之外,还能找到其他动机,使之发挥有力的作用以确保丰富的财富品的经常再生产,供整个社会的平均享用。鉴于几乎一切虚伪、暴力和一切偷窃都是从不平等产生的,所以如果他能证明用取消它们的根本原因的方法来彻底消灭这些人类痛苦和罪恶中最常见的现象,是实际可行的,那他就对于人类是一个不坏的造福者。今后的社会只须特别注意从饮食无节、感情激动和欲望不当以及缺乏知识和失去文化素养的乐趣上所产生的害处就行了;把全部注意力集中在这些事情上边,未来的无限发展前途的确不能不使人为之神往。在另外一章里我们将研究这些观点,因为我们并没有把这些观点看作为空洞的幻想,而是把它们看作为曾经提交人类考虑的某些最重要的社会科学问题。

不过我们在这本书中的论述一直是在用个人竞争的方式来劳动这个假定上进行的,并且认为财富的再生产和有保障是与财富的平等不相容的。在人类的实践上还没有一种能够影响整个社会的方案或办法,使这些不调和的原则彼此协调起来。但随着人类道德智慧的进步,如果断言它们不能调和,那就是在道德上的一种出自愚昧的过于大胆的论断,如同在物理学上说在波涛汹涌的海洋上和奔腾激荡的河水中不能靠蒸汽航行一样(没有许多年以前,作者还听到一个有经验的海军军官这样说,但他现在却拥有一艘汽船在做着他以前认为不可能的航行)。保障和平等的原则,或者毋宁说再生产与平等的原则,到现在为止,一直是对抗的,我们的论述没有一个地方是建立在这两个原则实际可以调和的基础之上的。因为平等分配虽然能取消掠夺的动机,保证每一个人得到他和别人相等的一份,但在这种情况下,仍需要提供生产的动机。这是一个真正的困难。所以,在一方面承认平等有许多好处,另一方面就必须严防这种承认的害处和从这种承认中得出不正确的结论。如果为了显然必须有保障而不必要求不平等,平等就是我们所追求的,能从分配中获得最大幸福的手段;这里所说的保障并不是片面地用来安慰富人虚构的恐慌,仅仅保护他们不管怎样得到的财产,而对加在穷人仅足以维持生活的那些资料上的暴力置之不问的那种假保障,而是那种对一切人都一样的相等的和公平的保障。与这种主张恰好相反的是一种流行的理论,这种理论

是为了支持各处所进行的大规模活动，而且同样地破坏了保障和平等的原则。每一种对于保障原则的破坏都几乎是用维护那个原则来作借口。保障这个词，一旦被喜爱特权贪得无厌的人拿到手里，和对它只是做片面的了解或者故意作错误的解释，就一直被用来专为保护有财有势的人和他们的占有物；虽然这些东西不仅是在牺牲平等原则而且是在牺牲社会上其他人的保障之下得到的。它也被富人用来作为每一种压迫的掩护，不仅于此而且还作为他们最凶残的暴行和最大罪恶的辩护理由。奴隶买卖本身包括着从破坏保障原则所产生的一切复杂罪恶的总和，而为了替这个人类最大的凶行作辩护，这个同一的保障原则的名字竟被恬不知耻和可笑地亵渎了。即使暂时承认我们对于唯一固有的财产权是建立在自由劳动和自愿交换的基础之上的解释是错误的，即使承认社会成员如果用强力或者欺骗来取得财产能够增加社会的幸福，承认这些所得应该永远用强力或欺骗来保持下去，这里仍有保障这个简单的问题存在。这里有两个人，奴隶和奴隶主，同样都关心维护这个保障原则。如果这个奴隶是一匹马或一头牛，或者任何这一类的财产而不是一个像它的主人那样有思想感情的动物，保障的原则将只是用在这个主人身上，但如果有关系的是人和劳动，保障原则就应该同样适用于两方面。对于主人，保障原则说，“你的财产，那就是说，自由使用和处理你的劳动力和你的一切特权（不干涉别人的同样的权利）以及对你的劳动产品的自愿交换的权利；还有，作为你的这种财产的一项，你从使用这个活的机器（假定它是从自由劳动或自愿交换所得到的）上所能期待的那么多的幸福都将归你所有。”但对于奴隶，这个同一保障原则说，“你的财

产,那就是说,自由使用和处理你的劳动力和你的一切特权(不干涉别人的同样的权利)以及对你的劳动产品的自愿交换的权利都将归你所有。”在这种情形下,公平怎么能使保障与保障相调和呢?怎么能使奴隶主的保障和奴隶的保障相调和呢?那是不可能的。但在这个和与这个相类似的上千种情况之下,当两个道德上的义务碰在一起而不能两全的时候,我们必须怎样做才能与最大利益的原则相符合呢?那就是较小的义务应该在较大的义务面前被牺牲,在实际可行的情形下,永远使受害的一方得到补偿,以免带来其他更大的弊害。

既然从这样一个显著的例子里看到了在尊重保障原则的借口下所干出来的并且认为合理的彰明较著的罪恶,我们自然也就容易发现其他情况下的流弊。从分配的平等产生的享受上的平等永远不能被牺牲,除非一种真正的、不是虚构的保障认为这样做是再生产所必需。维持最小限度的不是生产所必需的不平等是为了什么目的呢?是为了维护那些从不平等中占便宜的人们的幸福么?这样做将使那些在不平等中受损失的人们的很大一部分幸福遭到破坏。除了必须提供生产动机外,没有其他理由来主张任何程度的分配不平等。

当对于自由劳动和自愿交换的充分发展的一切强迫和欺骗的障碍都已取消,当社会上的一切成员都同样有获得知识的机会时,究竟从平等中获得的福利能够到什么程度还是不能冒昧断言的。不过无疑地,它将很接近于一个共同劳动互助合作的制度。因为每一步向这种符合于最大生产的情况前进都是我们一直所向往的,所以那些寻求他们生活于其中的那个社会的最大幸福的人,就有特别的责任来反对于保障所要求的不平等所带来的不可避免的罪恶之外再加上新罪恶的任何制度、规章和企图。如果平等和保障,或者和生产,能够由于知识的推广而获得调和,换句话说,如果和从个人利得所产生的动机同样有效或者更为有效的动机能够起作用以确保同样规模的生产,无疑地社会的动机是应该比自私的动机为可取的。不过这种现象还需要有实际的表现和理论上的证明。因为它的一切活动都必须基本上是显然的自愿,一切强迫和欺骗都必须同样从这种现象的出现和它的继续上被排除,这里所拥护的自由劳动和自愿交换的制度将不声不响地导向于它本身中一切有益的东西的被采用。

也许有人说,当我们有时承认保障或生产与分配的平等有调和的可能时,我们在我们争论的基础上让步了。不错,就个人竞争的劳动制度而言,就到现在为止我们唯一谈到的人类平常的劳动制度而言,保障原则和分配的平等是不相调和的。我们在此以前一直是用个人竞争的自由劳动制度和强迫劳动或任何种类的限制劳动来做对比的。关于建立在个人保障基础之上的互助合作的生产,或者在分配和享受共同劳动产品上的自愿平等,下一章里将详加讨论。

第十四节

所有其他种分配上的不平等不仅是不必要的,而且对于刺激生产是有害的,所以必须加以制止;因为它们将不必要地减少平等所带来的福利,从而减少作为财富分配目标的幸福

的总和

许多支持上一个命题的人所采用的理由和我们所提出来的理由不同，而且据我们看来，他们的理由是错误的；这些人对于本节的命题必将整个提出反对。既然证明了不平等的利益，证明了就是相当大的不平等对于每一个社会的根本存在都有其必要；社会上的人靠个人努力来劳动，在这种不平等的分配中享受他们自己较大的一份报酬，他们自然会把不平等看作为一种绝对的幸福，而不是一个只是在必要时必须加以忍受的不可避免的灾害。所以人们就认为政治经济学是鼓励和支持几乎每一种平等权利的篡夺的，而由于政治经济学的错误应用它也确乎给了这种鼓励和支持。不平等一旦被证明为是一种幸福，于是这种幸福就越普及越好，少数有势力的人为他们自己所取得的这种幸福越大越好。剩下的就只有同样地滥用保障的原则，来永远支持从最大可能的不平等中产生的那些假定的幸福了；这样就使科学成为每一种现存的强迫和欺骗制度的维护者。无怪乎这样的理论家不仅主张对于生产所必需的那一种不平等是必要的，而且拥护每一种可能程度的不平等，肆无忌惮地在考虑怎样满足他们的私欲。有谁以财富不平等为理由，替任何社会的多数受害者的被剥夺了的权利说一句话呢？有人这样回答："这是从不懂政治经济学中产生的，这种诉苦将导致平等和掠夺；保障，富人保障所需要的就是愚人所控诉的那些弊害。"

这种谴责有道理么？是正确的么？它不会反过来落在那些进行谴责的人们的头上么？我们希望已经读过本书以前各部分的人

会看到，正确理解下的经济学在和人道紧密结合上，这超过于那些对权利或幸福的不平等予以支持的人所愿意承认的程度；我们希望，他们既然看清了容许不平等存在的理由——不平等对于保障和再生产是必要的——也就能看清不平等应该受到的限制；如果不平等越过这个限制就要和它在这个限制以内时增加生产和加强保障一样地减少生产和削弱保障；如果超越这个限制，它不但不维护保障的原则而且破坏了保障的原则——在很多重要利益上使大多数人没有保障，在轻微的或想象的利益上使少数人获得保障。我们将要问，应该驾于同样的保障和再生产所必需的不平等之上来加以维护的是一种什么样的不平等？我们已经看到了这种不平等怎样破坏幸福，在下一章论到财富的极端不平等的影响时将要对此作更充分的说明。如果不是为了幸福，为了整个社会的最大幸福，为什么要维护这种不平等呢？是为了一个社会不这样就不能拥有名贵豪华和富丽堂皇的作品吗？如果社会认为这种作品不能增加它的幸福，那根本就不应该生产或保有这种作品；如果社会认为这种作品能增加它的幸福，那么共同的劳动和努力就可以生产这种作品以供大家享受。那种建立在多数人沮丧少数人满足的基础之上的名贵豪华和富丽堂皇是应该被反对的；因为这种满足是罪恶的，是从少数人豪华和他们周围的人的贫乏的对比上产生的，是从它所造成的嫉妒和影响上产生的。如果能够得到华丽美好辉煌壮观的东西以供大家享用而不使生产成本受到重大损失，这些东西自然应该是被欢迎的，因为它们可以增加社会的幸福；但如果为了这个目的而强使社会上贫富不均，其结果必将减少社会幸福的总和。

关于第二个问题，富人是不是能从这些华丽的东西得到更多的幸福，除抵消强迫的不平等所造成的损失外还有余呢？我想绝对没有一个人作这种肯定。富人从这些东西上所得到的真正快乐，并不是对于精巧、匀称等等的欣赏上的快乐，因为这种快乐与所有权无关而且经过一再重复就消失了；他所得到的是一种虚荣的快乐，是这种豪华能使他影响别人的意见和行动的快乐。当这种快乐成为每天每时每刻的生活上的享受之后，它也就逐渐乏味并变质成为仅仅是一种欲望，而在他不再感到满足的时候，就会引起愤怒、轻蔑、怨恨和一切恶毒的感情。凡是一种虚构的凌驾一切、与众不同都不免有此流弊，其结果是一切幻想中的享受归于破灭。对于社会来说，个人豪华的表现只能引起极大的痛苦，人们认为那些东西可望而不可即，因之嫉妒和敬畏完全代替了一切同情的喜悦之感。

用来替比自由劳动和自愿交换（已经证明这是生产最大财富和从财富中得到最大幸福所必需）所要求的更大程度的财富不平等辩护的另一个错觉是：没有这个强迫的不平等，某些制度、某些具有特权的团体、某些信仰方式、某些科学的或道德的体系就不可能在社会上维持它们的存在。我们可以立即坦白承认，没有这种或相似的强迫手段，许多这样的制度和体系是不能够存在的；但随着这个承认，我们还有一个简短的回答，那就是考虑到那些直接有关的人们的感情和幸福，即使在这些制度和体系没有重大危害而有可能存在的情况下，它们也不应该再存在。

在一个有理性的动物组成的社会当中，制度和体系和社会秩序应该为了什么目的，或者毋宁说只应该为了什么目的而得到支持呢？是不是只应该为了它们自己的绝对的个别利益而忘掉或有意地牺牲社会上其余人们的幸福呢？公共道德否认这种荒谬的说法：一切制度和体系的支持者必须尽全力来表明他们所拥护的那些东西的效用和能够增进社会的幸福。为了增加一个国家的幸福，而必须使个人保障和从财富中得到的最大幸福遭到牺牲，这些东西又怎么能增加一个国家的幸福呢？享受上的保障和财富品遭到掠夺，这些个制度或秩序或体系还有什么其他有益的目的，还能帮助社会生产出什么幸福来呢？把我们的一切其他享受来源加在一起——如果它们能够被分开和能够单独存在和单独被享受——究竟能不能和从财富、从劳动中所得到的享受相比呢？让我们维护住从保障和财富中得到的快乐，不要管其他各种享受来源，那些东西将或者是不求自得或者产生于财富的公平分配。同情和爱的快乐，身体组织的健全活动的快乐，新鲜空气和知识的愉快获得，特殊嗜好的得到调节等等都属于这一类。为了什么其他假定的利益我们要牺牲从平等（只是受同等保障的限制）中得到的快乐呢？是不是为了得到上天的眷顾呢？是不是为了今后幸福的享受呢？没有了保障，把从一个人那里强迫取来的东西慷慨地给与了另一个人，这样就能得到上天的眷顾么？要支持这种毫无理由的荒唐之举，就必须有强权的统治和强迫的不平等。对于一个仁慈的人来说，最能增进幸福的那种分配财产的方式是最受欢迎的，所以上天永远不会赞成强迫造成的不平等，虽然那些为自己自私自利的目的而滥用上天名义的人也许对于这种不平等感到兴趣。

是不是为了支持一个特殊的政府组织或任何政府组织的一个任何部门而必须主张不是保障所要求的强迫的不平等呢？什么是

一个一切公平的政府的目的？除了用公平的法律（99%的法律都直接或间接与财富有关）来增进整个社会或（在这样做是不可能的情况下）整个社会的大多数人的最大幸福外，还有什么目的呢？只有这个才是我们分配的目的。任何违反这个公平分配的政府，或任何政府机构或部门，或任何阶级都不应该受到社会的支持；因为这样做，它就违反了它存在的唯一有益的因而也就是唯一公正的目的。任何一个机构如果背反这个目的，妨碍我们的公平分配，那它的存在越久，给人类带来的痛苦就越大，给幸福增加的障碍就越多，而它的消灭——在服从它的人已经认识到了它的有害倾向并且盼望它早被消灭的情况下——也就越快越好。

为了什么其他目的能够有必要于保障所要求的之外来维护强迫的不平等或任何程度的不平等呢？是不是为了拥护真理，为了把对于某种学说、道德和哲学理论的信仰永久维持下去呢？首先，看一看哲学和科学真理。在一切从科学知识得到的福利当中，最重要的是它终于给我们一种力量，使我们能把自然界的原料和能力以财富品的形式变为有用，并使人类的劳动在生产享受手段上更有效。知识的其他用途，如学理方面的探玄发微，迷信方面的祛疑解惑（这些是由于对自然法则自然规律的无知造成的）当然是丝毫不依靠财富的极端不平等的。相反，由于财富的极端的不平等而缩小和减少了从财富产生幸福的来源，把这些来源变成了少数人手里的追求他们自己任何偶然具有的独占的目的的手段。没有强迫的财富的不平等的帮助，没有保障所不要求的不平等的帮助就不能发现、说明和保持科学真理或真正的科学知识，这在现在几乎没有任何人做这样的主张，经验的整个趋势和每天的事实都

完全与这种观念相反。几乎一切有用的发明都是由经济状况平常或较差的人做出来的，而且迫切的需要往往是使天才获得成就的真正的动力。极端的富有几乎毁灭了一切努力的动机。小康生活可能是消灭分心的因素所需要的；而财富的影响则在这里是不起作用的；强迫的不平等却正是小康生活的最大敌人。我们由于任何畏惧或尊敬而承认或相信或伪作相信任何命题，根本缺少建立在适当的满意证据上边的充分确信，这种做法是完全有害于真理的发现和传播的，因而必须对它严加防范。证据，没有别的只有证据才应该影响我们的思想。

是不是强迫的财富的不平等有助于道德的发展因之应该支持它以求道德的进步呢？道德，那就是说把我们的自愿行动导向有益的，最有益的目的，是需要适当的动机来使它变为行动的。这个动机的性质和力量是善良的还是邪恶的，主要是要看社会上的财富的分配是否公平，是否明智，是强迫的还是自愿的，这比任何其他原因或者所有原因加在一起都更重要。最愚蠢和最不真诚的做法就是假作把道德和财富分开，而不去考虑那些造成善良行为或邪恶行为的真正有力的动机；这些动机是从财富所提供的谋求幸福的资料的拥有或缺少中产生的。在几乎每一种场合下，作为最后的目的，道德和不道德之争到底是为了什么呢？如果不是为了占有财富品又是为了什么呢？财富给善行和恶德同时提供动机，既是追求的目的，又是报偿的手段。强迫一经取消，人们就必须对于有资产的人进行说服以达到说理的目的，因之实践社会道德和个人道德的动机将多到最大限度。而这正是在受保障限制的平等的自然分配之下的情况，所以强迫的不平等只能破坏社会道德。

为了使我们的辩论更全面，为了免得我们的反对者认为我们保持缄默就是在我们的原则的普遍性上向他们屈服，所以我们还要问，"为了支持一种所谓的宗教学说，或者教义，为了信仰没有十分严格的证据可以引证来支持自己的某种东西，是不是可以主张任何程度的不是保障所要求的不平等呢?"用任何强迫，无论是关于财富或关于其他，来支持任何这样的宗教信仰，如回教、犹太教或基督教，其荒谬可笑的明显程度将比用强迫来支持自然科学的一般物质上的真理超过一千倍。一切知识或假定的知识都是人类所感兴趣的，应不应该得到别人的倾听是与它所应提供的利益的是否广泛，是否可靠和是否切身成比例的。这种宗教的研究或构想是人类认为重要的么？他们考虑到他们的利益，自然会倾听它的；它是人类认为不甚重要的么？他们就不会而且也不应该被强迫着去倾听它。

只有说服是容许用来向人们表明宗教学说的重要性的。我们必须做的只是向人类说明它们的真理。如果这些学说是真理，适当的证据必能使一切构造正常的人像同意其他科学的或道德的真理一样地同意这些学说。不过在宗教学说的情形下，超出于这个之上的还有神的力量，它的效力比人们普通的说服方法要超过十倍。如我们所表明的，容许财产不平等的强迫或者任何其他种强迫来帮助发现、维护或推广人类所不欢迎的知识将是极端的愚蠢；那么容许用任何这一类干涉来帮助那些假托为神的事情，其更为荒谬可笑必将达到使人难以相信的程度。历史所发出来的诚实的响亮的声音和每天的经验都告诉我们，宗教学说越是荒谬就越要求用强力来作为支持；强力不过是一种用来补救证据不足的手段，一切需要任何这种帮助来支持的宗教学说都表现了它们自己的软弱、无益和虚伪。这些学说是**软弱**的，因为真理的显著特性就是勇敢地甚至于是十二分自信地依靠说服的力量来取得别人的信仰，而它们却不具有这种特性；这些学说是**无益**的，因为它们如果能表明它们与人类的幸福有重大关系，人们自然愿意倾听它们，像倾听其他获致幸福的手段一样；这些学说是**虚伪**的，因为它们自己表明并且承认，如果不依靠出乎范围的用金钱来收买和用强力来威胁的手段就没有力量取得别人的信仰。如果准许地球表面上任何一个人或一群人用金钱和强力来发现、支持或宣传他们所谓的真理，那又有什么理由认为任何另外一个人或一群人，从西藏的喇嘛到非洲的拜物教徒，不应该使用同样的手段来支持和宣传他们的超自然的观念呢？科学的、道德的或宗教的真理所要求的和所承认的唯一的说服方法就是展示适当的证据和取消或者避免使用强力。

第 十 五 节

劳动生产者在生产时使用的物品叫作资本，这些物品的所有者叫作资本家，劳动生产者为了他们所使用的资本应该用他们的多大一部分劳动产品来偿付资本家

在第六节里我们曾经应许过要对一部分报偿加以研究，那就是资本家为了劳动生产者使用了他们的土地或其他物品，以地租或利润的名义从劳动生产者身上取走的那一部分报偿。

自由和自愿的交换原则初一看来似乎是对于一个除了劳动生产力之外一无所有的劳动生产者非常不利,因为作为原料或工具使他的劳动生产力成为有益的那些物质资料都在那些利益和他相反的人们的手里,这些人们的同意对于他这一方面的任何努力是一个必需的先决条件。那么,他是不是要听命于和必须永远听命于这些资本家,由资本家来决定把他自己的无论哪一部分劳动果实留给他处理以作为他的劳动的报偿呢?劳动生产者的这种处境是不是不可救药呢?是不是在自由劳动,完全享有劳动产品和自愿交换的保护之下也无能为力呢?对于加之于生产的这种负担,对于资本家的这种压榨是不是没有限制呢?这种榨取的数量是不是完全专断的,对于过分的榨取有没有任何自然的限制?

这个非常重要的问题可以从两方面来进行考查:第一、从劳动生产者身上这样抽取他的劳动产品是不是公平的?这种抽取是不是能够增加生产和增加从生产中得到的享受?

第二、不管这种榨取是有益还是无益,它们是不是能够在不产生重大流弊的情形下,在不使用足以破坏一切生产的强力的情形下得到避免呢?

对于劳动生产者的劳动产品的每一次抽取,不管是使用公开的强力,还是由于需要的间接压迫而使劳动者不得不自愿地承认,都会按比例地减少劳动生产者的生产动机,从而减少产量,这一点是十分明显的。它使生产情绪低落也是无可争论的。至于由什么人,富人或者穷人,或者用什么名义,抽取掉了任何一部分劳动产品或者阻碍了劳动生产者得到他的产品,是无关紧要的;再生产的情绪将随着扣除的产品的多少而降低,不管这个扣除部分叫作利润或者课税或者掠夺物或者任何其他方式的损失。生产者既然不能享用他的产品，成为劳动的动机的将只是维持生存的必要而不是兴致勃勃的增加幸福的欲望。情况既然是这样，现在让我们再看一看，单是资本家从劳动生产者手里拿走的劳动产品有多少；如果没有这种侵占，生产上还可以有什么其他更多的动机。

这些侵占的程度在不同的国家里和在一个国家里的不同时期，随着被榨取的劳动的种类而有所不同；不过，就是在资本充斥的地方，资本家之间的竞争——就这种竞争有利于劳动生产者的情况而言——极为活跃的地方，一般也是至少从劳动生产者的享用中抽取劳动产品的一半。劳动生产者，比如说一个羊毛或棉纱的纺织工人每天约赚 2 先令或一年约赚 30 镑，首先他为他的住房每年约付出 5 镑。他显然并没有别的存款可以付这笔房租而只能用他的劳动产品；这些产品或则由他为之劳动的资本家扣除，或则用劳动来付给另外一个人。下边接着提出要求的是这个工人的雇主，他拥有这个工人在其中劳动的厂房、他将要纺织的那些原材料、他必须使用的机器（工具），以及在制成的产品付诸交换以前预支给他的工资。对于每一个被雇用的劳动者来说，这笔固定的和流动的资本可以从 30 镑到 100 镑，它的平均利润可以定为 10 镑。除了技术工人在原材料上花费劳动给它增加了价值外，这个利润没有其他的来源。原料、厂房、机器、工资不能增加它们本身的价值，这个增加了的价值只是从劳动得来的。锄铲可能代替抡动它的劳动的手臂被人称为粮食之母就像任何这些构成资本的东西可能被人称为制造品之母一样。在这些东西到工人手里以前，给了这些东西以作为财富的价值的是劳动，而且只是由于工人的

进一步的劳动，它们的价值才进一步地有所增加。那么，在一般的情形下，劳动生产者的劳动产品至少却被资本家剥夺去了一半；他的劳动所得是30镑，他所付出的房租和据说使他有工可做的那笔资本的利润就是15镑。

劳动生产者不了解他的劳动果实被用这样的方式抽取掉了，他把这种抽取看作为不可避免的，他认为他所能争取到的是大自然所能给他的最多的东西。说这些没有什么用处，因为资本的所有者对于这些事情也常常并不比劳动着的工人知道得多。但劳动生产者的愚昧并不能增加在资本家的要求得到满足以后留给他们的报酬的绝对量。他们将按照这个报酬的多少——必须维持生活的部分除外——来做将来的努力。不管是由于大自然的吝啬还是由于人们的公平或不公平，劳动既然不能带来享受，它就必将减少人们的生产欲望和生产量。

也许有人坚持说，“没有机器原料等等形式的资本，只有劳动就不能有大量的生产，所以劳动生产者为了使用这些东西而付出代价是公平的，不管这些东西为谁所有，没有它们，单有劳动力是不够的。”

无疑，劳动生产者既然不幸不能自己拥有这些东西，就必须为使用这些东西而付出代价；问题是为了使用这些东西，他的劳动产品到底应该被抽取掉多少？

这里对于这种使用的价值有两个衡量标准：劳动生产者的衡量标准和资本家的衡量标准。劳动生产者的衡量标准是按照这些东西被消费的时间计算，用来补偿资本的耗损和价值的一笔款项，再加上给与资本的所有者和管理人的一笔酬劳，以使他和那些积极的劳动生产者有同等的享受。与此相反,资本家的衡量标准是由于使用机器或其他资本,同样多的劳动所生产出来的多余的价值;资本家认为这个全部的剩余价值应归他享受,因为他的超人的智慧和技巧积累了资本并且把这个资本提供给劳动生产者使用。

依据这两个不同的衡量标准,劳动生产者对于为了发挥它的生产能力而必须使用的资本所付出的代价有巨大的差别。它几乎是完全平等与极端富有和极端贫穷之间的差别。让我们用刚才计算的例子作一个说明。这个劳动生产者每年为他的住房付出 5 镑。这间房子值 50 镑,估计可以支持五十年或一百年。按照劳动生产者的衡量,他应该为使用这项资本而按照这间房子被消费的时间付出年租 1 镑或者 10 先令,并外加一点以作为房主人为此操心的报酬——比如说一百间房子的每一间是一年 5 先令或者是足以雇用一个人来管理这些房子的数目,那就是说每年 25 镑——以使他和任何一个积极的生产者有同等的享受。这样,劳动生产者在这一项上的支出将是年租 15 先令到 25 先令而不是 100 先令。为了使用他的雇主的资本,他可以按照同样的比例付出代价,或者由于所用资本的性质比较脆弱而略多一些——构成资本的机器就不像房屋那样耐久。如果这一部分资本为 50 镑,如果它的平均持续期间为 35 年,一年就必须付出 2 镑以偿付这个每年的耗损,而为这个资本家的麻烦——比房主的麻烦较大并且要求更多的技术和时间——将外加 10 先令而不是 5 先令。这样,为了其余的各项,劳动生产者所付出的将是一年 50 先令的利润而不是 200 先令。把房租和利润加在一起,劳动生产者为了使用 100 镑的资本,每年所付出的将是 65 先令到 75 先令而不是 300 先令或者 15

镑——他现在所付出的他的劳动产品的整个产量的一半。如果这个劳动生产者是被雇用在农业上,应该估计的将是使这个农业劳动者发挥生产力量所必需的土地和农业资本的价值而不是工业资本的价值,而使用这种资本的代价也将少一些。如果这个劳动生产者是自己资本的所有者,那么每年付给房主的 5 先令和付给资本家的 10 先令也都可以省下来,他为保存自己的资本而费点心思是一种快乐而不是一种痛苦,所以是不需要报酬的;真正的耗损就是他所必须负担的一切开销。如果这 100 镑资本是他自己的劳动产物,他所付出的代价将要更少,现在每年付给资本家的劳动的一半在劳动生产者手里就足可以在各项资本先后被消费掉时把它们补偿起来。

这就是劳动生产者对于必须用来提高他的劳动生产率的资本的使用价值的衡量标准;资本家对于这个价值的衡量标准是什么呢?在发明机器以前,在设立现在在其中劳动的那些作坊、工场和工厂以前,劳动生产者只靠他的劳动力曾经生产出多少东西来呢?不管它是多少吧,现在还是归他去享受,并且让他从工具的优越性和建筑物的保护上得到生产中的最大便利和舒适。让他所制造出来的东西的一切剩余价值归那些房屋的建筑者或机器的制造者,或者那些从自愿交换中得到这些东西的人所有,以作为他们建造或取得这些东西的过人的才智的报酬或者刺激。对于那些提供给劳动生产者用来生产的原料的那些人,让劳动生产者按照原料的价值和留用的时间以同样的比例来偿付,因为没有原料、房屋和机器都是没有用处的,而在占有和积累上原料却是和房屋机器同样需要聪明才智的。他所居住的良好的房屋可以保持他的健康和力气并且可以供他保存物品，因之和其他资本同样可以提高他的生产率或增加他的健康劳动时间；所以这一项费用也同样由其他资本的利润率所决定。劳动生产者为之付出租金和利润的整个资本，可以被看作为增加劳动者生产力的一个共同手段，让这整个资本的几个所有者按照资本的数量和脆弱性来分享从那个无知的生产者的劳动中得到的增值。让这个劳动生产者在生产时比以前多享受一些便利和舒适，但让一切对于聪明才智的报酬归那些具有聪明才智的人所有，归那些积累资本的人所有。

对于这两种对抗性的主张，究竟哪一种是公平合理的呢？哪一种的效用最大呢？按照平等分配的原则来说，是对劳动生产者有利的。从保障上来说，是中立的，禁止任何一方使用强迫。如果劳动生产者的衡量标准有效，它的后果怎么样呢？超过使每一个劳动生产者提高生产率所必需的资料的积累将不再具有像现在这样的强烈的动机；只要达到这种程度，进一步积累的欲望就会减弱，因为不管是在虚荣方面或者是在舒适方面，都没有多大希望得到超过一个积极劳动者的享受；而积累的主要报偿也不过是用脑力劳动和轻微的体力劳动来代替效率较大的，也许是更为健康的体力劳动而已。至于真正的舒适，积极的劳动者所得到的将更多，而积累者降低到劳动者的水平也不会像现在表面上看来损失那样大。最富有的资本家在财富上也不过降低到介乎他现在的处境和被贬低了的劳动生产者的处境之间的处境。在真正的幸福上，劳动生产者和资本家的处境或者将同样地得到改善。但随着超过于这种程度的动机——仅仅为了虚荣和显示的动机——的失去力量，为了增加劳动生产率而积累的动机将加强和增多。全部劳动

产品既然确保为生产者所有，他们在生产上一定会拿出最大的力量，而且在取得和保有提高劳动生产率所不可缺少的手段上也必定付出全力。每年生产和消费劳动产品以增加享受，既然成了自觉努力的真正目的，和这种生产力的规模比起来积累的多少就不算什么了；而且积累既然被看作是达到这个伟大目的的手段，人们普遍具有的享受欲望，作为取得这种享受的唯一手段的进行生产的欲望，将保证每一个人得到实现这些目的所需要的资本。随着人类劳动生产率由于使用机器或其他原因而得到的提高，每年对于劳动的报酬也必将增加；房屋、机器、衣服、食物将大为改善，不是为了少数积累者或资本家而是为了所有的人。资本将以十倍的比例增加——虽然各部分几乎都相等并且普遍地分散在许多人手里——因为每个人都愿意积累资本而且只要这种积累真正有用，那就是说只要值得一个有理性的人提供这种资本，这种资本就会积累起来。国家的财富总量也将比现在大大地增加，虽然任何人也不能拥有比他的邻居多十倍的资本积累。一切从平等的分配中产生的幸福都将增加；人们将为从财富中得到的绝对享受而生产，而不是为了相对的享受，不是为了要比那些不幸的同胞的处境优越而生产。

相反，如果资本家的衡量标准有效，后果是什么呢？由于贪得无厌的欲望获得满足的刺激，由于想把自己的优越处境建立在周围人的无穷痛苦之上，资本家们的为积累而积累的欲望代替了享受的欲望。财富的不平等没有了限制，它成为了一种支配一切的感情；它给与人们的显著地位，它所引起的嫉妒，使人们不惜用一切手段去得到它；才能和道德都将为它而牺牲。一切强迫和狡猾手段都可以用来侵占别人的劳动果实,并且为了使广大人类变成为愚昧而知足的苦工,竟把这些确立为风尚和法律。到处都存在着资本家们的普遍的、永远警惕着的,而且必然是最聪明的阴谋;因为这些阴谋是建立在一个普遍存在的利益之上的,其目的是使劳动生产者为最可能低的报酬而劳动并尽可能多地抢走他们的劳动产品以扩大资本家们的积累和开支。这些人是如此地渴望自己处于特殊地位,渴望获得能使自己特殊而不是能使自己直接得到享受的开支,以致千万人的劳动产品仅仅为了满足这种不实际的欲望而被吞没。在这样的一个社会里,积累起来的财富聚集在少数人手里,它的数量之大以及和周围的贫穷的对比同样引起人们的极大注意。劳动生产者既然被剥夺了一切能够提高他们劳动生产率的资本、工具、房屋和原料,就不能不由于需要和由于必须生存而苦干,而他们的报酬也将保持在与他们的吃苦耐劳习惯相适应的最低水平之上。虽然个人的财富也许比在接近于平等分配的情形下所得的大一千倍,但国家财富的总量却不能和它在另外的情况下所能达到的数量相比,那就是提高劳动生产率所必需的各小部分资本为劳动生产者所有,一切人所有。极端的奢侈和豪华风行一时。不平等的弊害达于极点。积累的欲望支配着一切:生产就主要靠生活需要的刺激了。

事实上,生产者的衡量标准和资本家的衡量标准都没有占优势,而有效的是一个介于二者之间的由他们的对抗利益的互相冲突所造成的衡量标准。这个标准在每一个社会里边又随着无数的偶然情况而有所不同。资本家对于他的资本的使用价值的衡量如果被推行到极端将由于热中于积累或把劳动产品占为己有而毁灭生产。劳动生产者的衡量标准，如果没有知识的普及，没有公平也不可能生效。随着财富发展道路上的强迫和欺骗被取消，趋势是向着劳动生产者的标准这一方面发展的；每一种用来阻碍这种趋势的手段，不论是合法的或非法的，都是从自私或无知产生的，并且将减少享受的总量。为了使用资本而付出多少代价，主要决定于资本的分配方式而不决定于积累起来的绝对量。不论积累了多少资本，或大或小，如果全都留在生产者手中，自然就没有多少人在需用这些资本上进行竞争，那些没有资本的少数人，偶然需要使用任何一部分资本，对他们要求的代价必将是最低的。无论资本绝对量积累了多少，或大或小，如果社会上的资本都在所谓资本家的手中，而生产者手里几乎一无所有，自然就有很多人竞争着使用资本，那么，广大群众，社会上绝大多数没有资本的人，为使用这些资本而付出的代价必将是很高的。如果缺乏资本的人数不变，竞争照旧，资本家中间的资本供给越多，使用资本的代价自然就越低。但是任何社会里的资本家手中的资本绝对量并不能保证有能力的财富生产者的劳动报酬得到增加，不能保证他们的大部分劳动产品将留在他们手里由他们自己处理。在没有保障的制度之下，资本家们将看到或者认为容许资本大量增加以至降低了资本的利润或使用资本的代价是不符合于他们的利益的。当资本积累到这种程度的时候，享受的欲望将表现在增加奢侈的开支上。政权机关将以借款的形式把资本用在国外战争上，在这种情形下，它是完全被消费掉了和被消灭了；作为回报，资本的所有者在政权的保障之下取得了占有生产社会的每年劳动产品的权利。与此相反，如果这个资本用在支持生产性的劳动上，而不是用在贷款上被

消费掉，以至从竞争市场被拿走；它将降低资本的利润而不是给生产性的劳动加上一个负担，因之劳动生产者就可以得到更多的劳动产品。生产社会一定会完全免于一个没有代价的负担和那笔借款的利息；此外资本家也必被迫对于社会的劳动付出合理的代价——如果没有发明出新办法以阻止事物的自然发展趋势。

我们的第二个问题是，资本家为了有人使用他们的构成资本的那些东西而从劳动产品中取走一部分究竟“是否有益，这种抽取是不是能够在不产生使用强力的那种重大流弊的情形下得到避免呢?”如果简单的取消限制和随之完成的知识的普及不足以取消这些抽取，它们也不应该用任何其他方法来除掉；因为除了强力之外，剩下的再也没有别的方法了，而使用这种手段必将破坏生产。所有那些违反这里所规定的分配法则的规章制度都取消了以后，准许生产者追求他们自己的真正利益，使一切人都有获得知识和扩大知识的方便，那些抽取不久就将降低到符合于再生产的最低限度。而劳动生产者也将逐渐恢复他们的劳动产品的完全享用，或者是所有生产者的最终的和广泛的利益所允许的最多的劳动产品的享用。劳动生产者，作为有理性的动物，在分配的自然法则所明确规定的同等保障原则的保护之下就有可能达到享受他们自己全部劳动生产品的目的。我们将在后边指出他们用来达到这个目的的各种生产和分配的方式。现在对于广大劳动生产者所蒙受的重大弊害略加说明已经很够了。这种弊害的造成就是由于劳动生产者用来提高他们劳动生产率所必需的资本被积累在任何其他人而不是在他们自己的手里。

第十六节

从上述前提得出来的一般结论。为了从财富中得到最大幸福所必须遵守的“分配的自然法则”或者一般规律或原则的说明

我们对于本章各节开头所提出来的命题已经热心而细致地进行了证明，其目的就是要建立几个简单、明了而又最重要的法则，以作为财富分配的首要原则。我们在此以前已经直接证明了它们的正确，那就是说，证明了它们符合于人类的天性和周围的客观情况和趋向于增进人类从财富中得到的最大的幸福；因此，我们将在以下各章里，坦率而毫不迟疑地，循着真理的道路，来发现从坚守这些简单的原则所得出来的其他一切对于人类有益的结论。这些就是我们所说的分配的自然法则。遵守这些规律或者法则可以使我们不必费力气就能享受到平等的绝大部分好处而不带来任何重大弊害，也就是说不必违犯保障的原则，使保障减少以至于最后毁灭了生产本身。每一个行使这些原则的人当然必须尊重社会上每一个其他成员的同样权利。要说明这个重大的秘密就是：在财富的分配上和在其他有关方面一样，用理智和自愿来代替强迫对于一切社会都是有利的；在财富的分配上和在其他道德问题上一样，个人的责任与个人的利益是和全国的利益相吻合、相结合而构成那个整体利益的一部分的。

在前边各节里，我们已经证明了些什么呢？首先，很显然的

是，如果我们想要从财富中抽取它能够给与它的生产者的最大幸福，我们的意见将是："一切劳动者在使用他的劳动力上和是否继续劳动上，都应该是自由自愿的。"

一切劳动者在使用他的劳动力上和是否继续劳动上都应该是"自由的"，不受外界的压迫。在未被占有的东西上边进行劳动是应该自由的，因为没人占有就没有对抗的权力，也就没有取得谁的同意的必要。在已被占有的东西上边进行劳动，在取得占有者的同意之后是可以自由的，可以不受一切外部的压迫。

一切劳动者在使用劳动力上和是否继续劳动上都应该是"自愿的"；那就是说，不仅应该没有外部的强迫来限制他在任何未被占有或者承认已被占有的东西上边进行劳动，而且就是在把劳动使用在这些东西上边时，除了通过能够改变人们**意愿**的理智的和感情的或者二者都有的动机外，不能有任何其他动机。人只能自愿地行动或者被迫地行动，没有第三条道路。被欺骗仍然是一种自愿，知识的增加是治疗它的特效药。关于这第一条分配原则或者法则的详细证明，读者应该参看本章的前五节。

以前提到的事实和推论所证明的第二个原则是什么呢？已经表明那就是"一切劳动生产品应该为产品的生产者所有。"

目的既然是增进幸福，自然就是要增进最大的幸福，这种幸福的大小在其他条件相等的情况下，就要看生产出来的增加这种幸福的财富品的多少、这些劳动产品的全部效用应该为劳动者所享受，这样才能促进最大的幸福和最大的生产。

在现在的制度之下，关于**幸福**，生产者所能获得的已经降低到仅仅能使他继续不断努力下去的最低限度。关于**生产**，由于没有保障,所以只有很少的人能够获得生产技术和能够利用资本(生产资料),而大多数的人则对于生产全无用处。如果所有的人都能享受到他们个人努力的全部成果,所有生产者都同样地有知识和精通技术,并积极发挥他们的能力,那么只要用现在从少数人身上榨取出来的劳动的一半(这种榨取造成了他们的贫困),就可以使整个的生产增加四倍或者十倍。把社会上的总的资本积聚在真正从事劳动的人们以外的那些人们的手里(在偶然少数例外和数量较小的情形下,不会造成明显的生产混乱),除了由于时间和条件仍能使资本的所有者获得资本的照例报酬的那些生产以外,必将使一切生产的进步陷于停顿。如果任何社会上的千百万生产者都有熟练的技巧,并以低于极少数的技术劳动者所不得不付给资本家的利润(为了付出这个利润,他们已经用直接的和间接的方法把他们的享受减低到等于零),比如说四分之一或者按其他比例来使用任何社会上的现存资本——土地、食粮、房屋、机器——,那他们的生活都将是非常幸福的。虽然是这样,可是,只要那个靠强力来支持的组织制度继续存在,因而使社会上分成两种人,一种人只有劳动力,另一种人却拥有使这些劳动力在生产上起作用的物质资料,后一种人,资本家,就会用他们所有的这些资料使劳动和一切劳动者的幸福服从于他们的最大利益;如果在资本家看来,有必要增加他们的利润的百分之二十五的话,全人类的幸福就都将被牺牲。劳动生产者处在资本家的地位也会这样做,因为同样都是他们周围的环境的产物。只要容忍两个利益相反的集团,一方面是劳动力的所有者,一方面是生产手段的所有者,在社会上存在;只要这种不自然的分配被用强力维持下去——因为如果不靠

愚昧来使用强力，它就不可能维持下去——人类可能完成的生产的十分之九也许就会永远不能实现，人类可能享受的幸福的百分之九十九就将被牺牲。要想从财富的分配中完全排除强力来避免这些弊害，就有必要遵守我们的第二个原则，"一切劳动生产品应该为产品的生产者所有。"

关于财产或财富的这个同等保障的第二个原则的详细解释和证明，可参阅第六、八、九和第十节。

这里还另有一条从前边各节里推论出来的原则，和以上所述的两个原则合在一起，构成"分配的自然法则"或者关于财产或财富的保障原则。那就是，"一切财富品的交换都应该是自由自愿的"。在第七、第十一节和下文里，这个命题得到了证明。

像在关于使用劳动力和是否继续劳动的第一个规则、原则或者法则里那样，在这个关于劳动产品的交换的原则里，也用了"自由"和"自愿"这两个词。对外部的限制来说，交换必须是自由的；从思想的动因来说，交换必须是自愿的。如果不用"自由"这个字，也许有人会说，"所有被允许的交换都应该是自愿的，但有许多的交换是不应该被允许的。"所以，为了避免对它的意义有误解的可能，也用了"自由"这个字，虽然单用"自愿"这个字，从它的正确的意义来看，已经很足以传达我们所要说的意思。在第十二节里，对这个交换原则已经做了详细的讨论。

可以看到，我们做这样详尽的讨论，唯一的目的就是要消除依靠强力对于劳动和劳动产品所进行的一切限制和干涉，并在一切与财富有关的事情上，用理解和说服的方法作为代替。这是可以从遵守简单而明确的首要原则或者行动的准则中实现的；遵守这些原则就可以使财产获得保障,并可以不费力地导向最大可能的,几乎近于完全的财富分配的平等,因之能从其中得到最大的幸福。

第　二　章

强迫的财富不平等实际造成的弊害

按照事物的自然发展道路，在人与人之间的公平正义的原则保护之下，借不断提高和普及知识的帮助来分配财富，必然会产生许多福利。说明这些福利单是一回事。与此相反的道路是企图用强力把财富集聚在某些人手里，用不公平的法律把财富保持在这些人手里——没有这种强迫的不公平的法律，财富就永远保持不住——指明从这些相反的道路产生的弊害，我们就必须把我们的主要论点引向我们所说的高度的道德论证。所有从极端的财富的不平等，从直接强迫或者不平等的法律所造成的财富不平等产生的弊害也许都可以恰当地归入下列各项中的这一项或那一项：

I. 道德方面的弊害：

1. 极端的财富不平等，也就是说，一切超出了维护分配自然法则——自由劳动、产品的全部享用和自愿交换——所必需的不平等，由于减少了大多数人的大量幸福，将减少人类享受的总合。

2. 从它的效果上来衡量，它并不增加拥有大量财富的那些少数人的幸福。

3. 它将使那些拥有大量财富的人在极端富有的情况下产生真正的恶德。

4. 它将引起羡慕和模仿，并以这种方式把富有者的罪行传播给社会上其余的人或者在他们当中造成其他罪恶，这些罪恶是从他们所处的地位与极端富有者不同中产生的。

II. 经济方面的弊害：

1. 每年收益为不生产的劳动者所消费，所以就造成了这个数目的全国生产业的生产上的全年损失。

2. 所得的收益，于消费之前，在交换上鼓励最不稳固的和报酬上最不均衡的技艺和行业，因而最无助于全国福利的增加。

Ⅲ. 政治方面的弊害：

它必然要导向一些人对于立法权、行政权和司法权的篡夺，这些人在教育上不具有正确行使这些权力的条件，而他们的利益也是与一般的或者全国的利益相反的。

第　一　节

强迫的财富不平等所造成的道德方面的弊害

就幸福是靠着拥有财富来取得快乐而言，谁能否认极端的不平等将由于减少了大多数人的大量幸福而必然减少人类享受的总和呢？如果任何数目的成批的物品摆在那里，并从每一批中取出一小部分来，那么就可以很清楚地看到，每一批都要减少一些。幸福也是如此；我们不能直接衡量构成幸福本身的感觉和其他感受，但我们能衡量那些物质资料,那些能够引起这些快乐感受的手段。这些资料的每一批减少了,唯一构成总的幸福的个人幸福的总和也就减少了。如果富人的财富不是社会上其余的人的每年的或者其他每一个时期的劳动产品——那么在这种假想的情况下,也许有这种情形,那就是,特别富有的人的财富可以存在而不是必须从社会其余的人的许多部分的财富中减少恰好同等的数量。但事实不是这样,所以,结论是:极端的不平等只能从社会其余全体的个人劳动产品的减少中来完成,因而也就必然减少从那个社会的财富中所能得到的享受的总和。要证明这种靠强迫手段或者不平等的法律造成的不平等是合理的,就必须证明,那些拥有过多财富的人所享受到的外加的幸福,除抵消那些生产财富的人的幸福的个别减少,一般社会的幸福的减少外,还有余。但如在上一章第八节和第九节里所已经证明的,事实远不是这样,所以我们就看到:

从财富的不平等(这里把它叫作极端不平等)——这种不平等只能用暴力或者不平等的法律来造成,并且它将使继续拥有财富的"努力"成为不必要的——中产生了第二个弊害,那就是,它并不增加那些即使拥有大量财富的少数人的幸福。这个结果是从几个事实以前因后果的方式,不断的一再发生中产生的。这是在我们身体组织的作用中所能看到的"自然规律"。用有效生产的自愿交换以外的方法取得的财富不平等或者这样从自由赠送得来的财富,大多都会有这种结果,因为它使"努力"成为不必要的,所以人们也就不肯去努力了。"努力"在取得它的最后成果以前,包含着某种程度的不舒服,因此它要求某种适当的动机作为刺激;极端富有者,作为一个人,没有"努力"的动机,必然流于懒惰和无精打采。他们不知道怎样度过他们的日子，或者怎样（说得更有力一些）消磨掉他们的时间，他们感觉到生活的空虚乏味，厌倦这个词是为他们造出来的，是用来表现他们长期缺乏肉体的和精神的刺激的那种痛苦的——

“那个不幸者的真正痛苦，
就是陷于极端的凄凉空虚之中，
心灵好比荒凉的沙漠，
浪费掉了无所寄托的感情。”

他们的前途没有什么光明；也不想用努力来实现什么愿望。为了逃避这种思想感情的空虚，他们必然被迫采取什么手段呢？无止境地重复那些感官的快乐吗？无止境地从事色、声、香、味、触和各种感情的奢侈的享受吗？啊！天性要出面来干涉和破坏这种从不断的刺激中得到满足（更不用说是幸福）的打算。这是一个不断一再出现的事实，也就是我们所说的一种自然规律，那就是，神经被刺激超过了一定时间或者一定程度，就失去了享受的能力，一直到经过休息和节制而得到恢复为止。不，我们天性上的这个规律，我们身体构造上的这一事实所起的作用还不止于此。不仅需要休息和节制来恢复官能重新感到快乐的能力，而且如果我们竟敢过度地享受这种快乐，如果我们超过了满足的限度，而强迫我们的天性做过多过久的享受，天性就会愤怒地在我们的内心里提出反抗，继之而来的一定是疲倦、厌恶和嫌弃，甚至于使我们将来享受感官快乐的能力遭到或多或少的破坏，还不必谈容易使我们的身体害病和减少寿命这些深远的影响。假设智慧和谨慎使我们避免了这些弊害，可是这些无所事事的富人们怎样度过他们可怕的空虚的

日子呢？在游荡、闲谈、聊天中度过，在一些无意义或者有害的事情上度过，像各个时代各个民族和我们的天性所曾经经验过的那样。他们中间有些人在喂养猎狗上或者揽辔在手挥鞭飞驰上和他们的仆人或车夫展开比赛，这些人对这些事情感到兴趣，是幸福的，即使他们在这些消遣上不能挥霍掉多少钱财，无论如何也消磨掉了他们的岁月，赶走了可怕的生命空虚之感。在这些游手好闲无事忙的人们之外，还有一些不干好事的忙人、公开的好色之徒、私通者、赌棍等等。那些需要强烈的刺激来使他们意识到自己是在活着的人都属于这一类。这样的人很多，而且也很可怜，从他们对于自己和别人所造成的痛苦来说，他们所干的事情可以说是名副其实的罪恶。

我们可以断言说，一个极端富有的人并不像平常富有的人那样幸福；因为在感官的快乐上，天性不容许他享受超过平常富有的人用来满足自己的那些东西，因为他在生活中没有平常富有的人和有职业的人所具有的维持自己地位或者提高自己地位的那种一贯努力的目标；因为他用长长的空闲时间做些无意义的或者有害的事情，而那些有正当职业的人却把工作之后的几小时的闲暇用在寻求乐趣上，虽然散步、空气、阳光、蓝天可能是他们唯一的助长精神快乐的手段。

我们已经说明，过多的财富不仅不能使极端富有的人比那些平常富有的人更快乐，而且“它将使那些拥有过多财富的人产生真正的恶德。”过多的财富在奢侈的名义之下造成的罪恶，几乎一直就是在许多国家中和许多时代里，引起道德家们非难的一个题目。窃盗、在日常生活琐事上说谎、至少对于地位相等的人表现出来的吝啬，极端富有者固然没有这些罪恶，但极端的官能享受、对于个人的谨慎的美德的轻视、由于过分重视自己而造成的不可救药的自私和对于他们自己的幸福估价过高、缺乏坚毅精神忍受生活中的平常灾害和意外事件——这些弊害，在大多数情形下，都是与拥有过多的财富不可分的。过分的感官享受和其他恶德一样是有害的，就是因为它会造成痛苦，我相信这是没有人争论的。那些不用努力就能得到在这些过分的享受中（如人们所说的）放纵自己的手段的人和那些不具有这种享受手段的人（或者从努力中得到这些手段，这就给了他从事于其他事业的习惯以为代替）比起来更容易屈服于这些享受，也是无可争论的。在穷人中间，由于生活的需要，在中等阶级中间，由于缺少足够的手段，他们过分的感官享受的可能性各自受到了限制；而在极端富有者中间，对于他们的欲望的随便满足，除了预见到将来的害处之外，就没有限制。一方面这种远大的预见性不是富人所专有，另一方面，富有的人的性情也最不容易为这种预见所影响。至于公众舆论的限制力量、宗教法律的影响，这些对于社会上其余的人不仅和对于富人同样起作用，而且比对于富人起有更多的作用。所以，富人们有更多的满足自己的手段，在其他条件至少是相等的情形下，他们就会更过度地无节制地享受感官上的快乐。

过多的财富会趋向于造成浪费，这是无可怀疑的。虽然任意挥霍对于大富并不像对于平常富有的人那样是一个很大的罪恶，因为它并不带来很大的害处（姑且不谈穷人，对于穷人来说那就等于灭亡），但它是过多的财富所必然产生的，而且就它会给他们自己或者间接地给别人带来痛苦说，也是有害的。由于极端的富有引起的感官的过分享受和浪费必将使人们在忍受生活中的意外变故上缺乏坚忍性。要在任何一件事情上高于一般人就需要训练和养成习惯。人类的全部机巧都用在了消除极端富有者的痛苦和不安上边,极端富有者一生所研究的就是怎样避免每一种痛苦或者不舒适的出现,而在教育他们的子女上也是完全遵循着避免身体上的直接危害的这个原则。这样将是一个什么结果呢?因为他们从来不被允许冒身体受危害的危险,他们就不能获得坚持忍受这种危害的习惯。坚忍性像一种特殊肌肉的力量一样,必须从锻炼和早期的习惯中养成。当一个极端富有的人受到一点身体的或精神的痛苦时,姑且不论他雇用的仆人和想从他身上得到一些好处的人,就是他周围的人也都对他表示同情或者似乎是表示同情;而当一个穷人受到痛苦时,同情就被看作为一种仁慈的举动而不是礼貌上所应有的。这种不平等的同情经常起作用必将不可避免地不仅在极端富有者本身而且在大多数人——他们的嫉妒者和羡慕者——的心目中产生一种对于富有者幸福的重要性(和他们其余的同胞相比)的过高的估计。

我们下一个命题是,“极端的富有将引起羡慕和模仿,并以这种方式把富有者的恶行传播给社会上其余的人或者在他们当中造成其他罪恶,这些罪恶是从他们所处的地位与极端富有者不同上产生的”。在这一点上,我们天性上的那个极普通的原则——观念联合的原则,将很明显地起有普遍的作用。所有的人都羡慕和嫉妒极端富有的人所拥有的那个作为谋求幸福手段的财富,与这些美好的东西的丰富有联系的极端富有者的行为和品质将永远打动与他们有关的人们的心,而由财富所引起的那种赞美也自然要遍及于一切从属于财富的东西。与这些个可爱的东西有连带关系的那些品质能够不也是可爱的吗？像荒淫、轻率、卑怯、自私这些品质竟被人通过一个荒谬的媒介来加以观察，不是对它们加以非难和避免，而是为它们辩护，对它们原谅和模仿，这样能够增加社会的幸福或者说组成社会的个人的幸福吗？确保社会上最有力量的成员这样立身行事，从而在公众的心目中抬高这样的品质，像这样分配财富——社会上的劳动产品——它能够增加社会的幸福吗？由于对于这些品质有这种错误的看法，所以有许多人甚至于把这些品质看作为一种可爱的缺点——仅仅是可原谅的过失，而不因为这些品质实质上是有害的就把它们看作为是一种更为危险的罪恶。

除了模仿富有者自己在实践中的这些有害的品质外，还有一种随着极端的富有而一起存在的特殊的不幸；它在社会其余的人当中造成其他罪恶，但却不是由于模仿，而且它的榜样也不一定是富有者本身所树立的。那就是每个人都有发财致富的渴望，并且成为了社会动力的源泉。这样的人不仅把财富看作为取得物质享受（它的比较恰当的目标）所必需的一种东西，而且把它看作为取得权力和名誉的一种手段，因而排除了一切其他手段如构成个人优点的大才、德行等等。“用诚实的手段发财致富，如果可能的话；但无论如何要发财致富”成为人们所公认的格言。由于渴望发财致富，极端的富有就在它存在的整个社会中引起了奴性和堕落。财富成为取得权力的唯一的手段，为了财富每一件东西都可以出卖。真理、荣誉、爱情、应该引起别人敬爱的宝贵的人格，具有重大然而遥远的利益的政治权利，没有一件生活中视为神圣的东西不可以在金钱上找到它的代价。所以只要能得到这个大家都喜爱的东西,大家就都带着不受惩罚的希望奔向每一条罪恶的道路。如果要没有过分的富有,人们就没有贿赂他们同胞的手段从而造成卑贱、残酷的罪恶;因为罪恶是如此地不得人心,它引起被害者的极大反抗和社会的极大责骂与反对,除非有极度的欲望、不能控制的激情或极端的富有作为代价,谁也不会去以身尝试。当社会上的大多数人的情况变得安定时,极端的财富所能发生的影响就要减少,它就不能不转而采取其他为害较小的支配方式。不过,那些大量的财富经常趋向于阻止或者延迟生活情况的安定,所以财富的影响能不因此而被消除而只是转向其他对象,和就整体来看危害较小一些,财富用贿买的方法,用财富的代价来完成在一个落后的社会中用一个奴性的佣人的力量所能完成的事情。在现在这个时代里,某一个大卫不能以一笔较小的贿赂来雇人谋杀他所喜欢的美人的丈夫,但他将不惜花费大量的金钱来收买她的丈夫,使他谦恭地承认或者彻底地不闻不见,而这样,在整个社会里,财富就将发生收买罪恶的作用。过分的富有的影响是如此地普遍,如此地臭名昭著,如此地不可避免,以至我们常常看到:那些高傲的道德败坏者本人竟伤害或者蔑视他们所雇用的或者所引诱的那些工具和可怜的人。他们还从一切道德品质的缺乏上来证明他们使用这种手段的正确,而这些道德品质却正是由于他们的雇用才被消灭的;或者毋宁说,在这样的社会情况之下,从来就不会产生这种道德品质。

第　二　节

强迫的财富不平等所造成的经济方面的弊害

这一类的弊害中,最明显的但最不为后人理解的或最被奇怪地歪曲了的弊害就是,过多的财富的每年收益为不生产的劳动者所消费,所以就造成了这个数目的全国生产业的生产上的全年损失。

为什么一种劳动叫作生产性的,而另一种劳动叫作非生产性的呢?这是因为一种劳动者所生产的是看得见的摸得着的财富一类的东西,以交换和代替他所收到的作为他的劳动的等价物的那一部分财富;而另一种劳动并不生产看得见摸得着的东西,以作为用之来交换的财富品。两个人各自为他们一天的劳动得到两先令,一个人一天生产出来一个摸得到的有用的篮子,一个未来的经济和舒适的来源,用它能够从交换中得到任何其他等价的欲望对象;另一个人为他的两先令所生产的是鞠躬行礼,扮鬼脸和不时的谄媚的回答,这些东西,当动作成为过去,一天结束时,如果拍卖,是不会找到一个买主的,因为它们除了留在记忆之中外,不能提出什么等价的东西来;这个两先令,或者它们所能买到的食物、饮料或者衣服,在后者的情况下,就被无代价地消费掉了,而社会也就损失了这些东西。但在制造篮子的那个人的情况下,生产和消费是同时进行的,社会上的财富并没有因为这个消费而减少,而是一般地增多了,因为一般是多生产出来一些东西以在资本的名义之

下把它积累起来。同样的道理,富人们自己和每一个依靠他们生活的人以及从富人分到一部分财富的那些人所消费掉的每一件东西都没有把他们在消费时的劳动所生产出来的财富品作为有形的等价,因此社会上的财富就每天以这样消费的总量而减少了。这样看来,是不是极端的富有的人养活了劳动生产者呢?如果没有这些富人,劳动生产者能不能生活、生产、消费和享受呢?他们照样能;所以是劳动生产者以食物和衣服养活了富有者。谁曾经听说过,极端富有者曾经把他的财富给与劳动生产者而不要求一个代价,一个在价值上和他提出来作为交换的那一部分财富完全相等的等价物呢?如果一个极端富有的人给一个生产谷物或草帽的劳动者五先令以换取一蒲式耳谷物或者一顶草帽;这个同一的谷物的或者草帽的生产者所得到的利益不是和与一个极端贫穷的人做同样的交换所得到的利益相等吗?是不是那个货币,那个交换的媒介物或者价值的代表或者用来作为交换的那个有价值的东西因为出自富人之手或者一个富人的佣人之手就比出自于穷人之手更有价值呢?是不是用来交换的金子或者粮食因为经过那些游手好闲者的手就更重一些或者更富于营养呢?无论在哪种情形下,出售东西的人在交换中,从极端富有者,或极端贫穷者得到的好处并不比他们从出售东西的人那里得到的好处更多一些。每一个自愿交换对于双方都意味着换入的东西比换出的东西更为可取。但从经济观点来看,每一件财富品,无论它是食物、衣服或者家具等等,如果在没有生产出来等价物或者相等的一批财富的情形下被消费掉了,对于社会就是那么大的一笔损失。劳动生产者的消费从来也不减少社会的财富,因为他只是在再生产的条件下才消费。

不生产的人就不是这样；他消费掉的每一滴财富都是从财富总量中减少了那么多。

显然可以看到，极端富有者的开支和非生产性的劳动者所消费掉的一切收入，每年对于社会都是一个损失，因为它不能以财富的形式提供代价。那些奢侈而又胆怯的人在这个问题上曾经用许多诡辩想要替极端富有者找出一种假想的不真实的优点，以使极端富有得到同情，从而可以对于上述的简单真理提出种种反对意见。今后任何特定财富分配办法或者任何其他人类制度都应该建立在真正效用这个唯一的基础之上。所以我们应该抓住并依靠那些正确而有道理的理论根据来反对一切错误的理论根据。就财富分配问题来说，我们的目的就是要指出并说明这些正确的理论根据。如果富有的人能随时提出这样的问题那就太好了："我怎样才能对于社会有利呢？我比劳动生产者多消费了很多的财富品而没有从事再生产，我对于这些财富品提出了什么等价物呢？如果我不能以再生产的方式来作为报偿，那就让我用其他方式对于公众福利有所贡献吧。"

如果任何人想知道在全国财富的广大范围内，他是一个劳动生产者或者仅仅是一个消费者，那就请他简单地自问一下，"在他每天、每月、每年的消费中，他是不是生产了至少与他所消费的数量完全相等的任何有交换价值的东西？"如果他自己并没有直接生产出什么东西来，他是不是制造了工具、机器以使劳动生产者从事于劳动呢？或者他想出了什么办法，在生产者与消费者之间做一个运送人或者代理人，或用任何其他方式使他们能专心生产，从而能比其他情况下生产出更多的东西来呢？如果他没有按照他所消费的有形的财富或者更多地来对于再生产做些直接的或间接的贡献，那么就全国财富的增加，不，就全国的财富的保存来说，他就不仅是无益的而且是有害的。至于那些极端富有者为了他们巨大的消费对于社会提供了什么道德上的等价物，我们已经看到了。

我们现在不能不指出："极端富有者所得的收益，在消费之前，在交换上鼓励最不稳固的报酬最不均衡的技艺和行业，因而最无助于全国福利的增加。"一个奢侈的人并没有能力使他的肚子加大，或者使他的四肢和身体加长，从而比穷人或者普通富有的人多吃一些东西或者多用一些衣料。那么，他怎么办呢？因为他不能在量上增加，他就将在质上争胜；无论如何，他要用一些与众不同的和价钱昂贵的东西，以使他自己在某种比道德的和知识的优越需要较少劳动的方式上，显得与别人不同。在那些没有工商业的国家里，社会上的人吃的食物很粗劣，穿的衣服也不整洁，那里不仅劳动生产者不能积累资本，而且也没有资本（有利于未来发展的劳动产品）的中等阶级，那里也没有文化，没有知识，投有公众舆论，像在所有东方国家和欧洲一直到最近的许多专制国家里那样，在那里，富人们就把他们的大部分财富花费在华美的衣服上，幼稚的饰物上和他们身体的修饰打扮上。但在那些社会上已经增加了资本和生活比较舒适的国家里（尽管有政府的巨大耗费和掠夺），当中等阶级有能力以平民身份来购买羽饰、宝石和便宜货在衣饰上和极端富有者争奇斗胜时，极端富有者就将不再热心于衣饰的豪华。为什么这样呢？因为不能再达到原来用这些东西时的目的，不能再显示穿戴者的特殊，不能再使那些平常的人把他看作为一个服饰华美与众不同的值得妒羡的人。奇怪的是，当富

人发现他们自己在服饰的华美上有被生产者阶级,那些勤劳的人胜过的危险时,他们竟会借法律的帮助,在提倡道德的掩盖之下,求助于卑劣而野蛮的手段。如果有人竟敢模仿他们服饰的华美,他们就常常借助于所谓"禁止奢侈的法令"对那些不属于他们自己,或者用一种习惯的说法,不属于他们那个等级或者那个阶级的那些人施加对于奢侈的处罚。这样他们就有力地独占了他们装饰上的优越。在那些没有这样做的地方,没有禁止竞尚奢侈的法令的地方,富人(像在这些国家里那样)干脆放弃了服饰特殊的竞争,而采取其他方法来表现他们在财富上的优越。各种马匹、马车,昂贵的装备,华丽的号衣,以及经常为他们自己更换考究的衣料成为富有者显示自己的手段。这些是不容易的,不能像戴一颗假钻石那样造出假车或者假马,一个平常而有理性的人也不能那样快地来更换时髦的装束。在食物方面,同样地,要用最贵的和最精美的,无论如何要不平常的——能够用来使他们和社会上其余的人区别开的,并且,在他们看来,能够使他们高出于社会上其余那些人的东西。他们的家具,周围的每一件东西,根据同一的原则,根据他们使财富成为显示手段的愿望,都要随着自己的嗜好而随意更换;如果希腊式样是普遍的,极端富有者一定要把它踢开。变化多端,即使是在任性的指导之下也一定会是他们所崇拜的,因为他们生活的主要目的就是用一些人为的手段来刺激和保持那些由于从过分财富中得到了满足而一般刺激对之不起作用的那些情绪。身外之物的更改和变化是他们所掌握的达到这一目的的最有效的手段。在他们所有的快乐当中,变化、新奇、稀少将是一个主要因素。富人们于他们消费之前以一部分收益和工匠们做交换,

这种情况对于这些工匠的行业和品格将造成些什么影响呢?

这种情况并不能凭空产生出一些否则就不会存在的劳动生产者来;不能制造出什么来。那么,怎么办呢?它只能使一定数目的生产者阶级的劳动投入到一个新的方向。将使他们从生产平常而实用的日用品转向于生产那些贵重的稀少的和常常变换式样的东西。如果没有或者很少有极端的富有者就不会有人需要那些按照当时流行的最正确的意见看来是没有真正效用或者不能永久引起人们美感的东西。人们不能因为只是沉溺于新奇和任性而就牺牲真正的享受。但当不经过个人的努力而一切真正的需要和享受都得到彻底满足时,就必然会引起非真正的需要,不然就找不到消耗这些多余财富的办法;财富一定会另外被闲搁在那里或者被用来从劳动生产者那里交换有益的劳动来增加公众的福利。很少有人采取后面这种办法来处理掉有余的财富,采取前面那种办法的人更少。所以它就被用在所谓漂亮、奢侈的东西上边而多少带有一些荒唐的奇想。社会上的平常需要和享受方式几乎多少年都没有什么变化,食物、衣服、住房的形式和建筑方式变得都非常慢;它们是以气候、自然产物、与外国往来的程度等物质条件为依据的,所有这些情况又都受着那个时代的知识的限制。所有这些条件都变化得很慢。从这些条件产生的生产的性质和方式自然也就具有一种稳定性。需要既然不变,要改变一件东西的式样,就需要一个时代,在这种需要的缓慢变化中,劳动生产者有时间使他们自己适应这个变化。

在极端的富有所引起的对于一切额外的奢侈品的那些要求里,按照自然之理,会经常有荒唐任性的成分存在。如果这些东西

是明显的享受所必需或者有助于人们的享受，自然规律或者说我们的天性必将指示我们去取得这些东西，而对于这些东西的需要也就一定会是经常性的。但当一切需要已经满足，甚至于连仅仅为了取得方便都没有什么需要时，单纯的偶然或者荒唐任性，也就是说，微不足道的动机一定会来指导我们的选择。它的影响是，这一年使生产所谓印度毛绸围巾的劳动生产者积极从事于生产，另一年使下海去捞珍珠的人积极生产，另一年或者另一个时期，又使挖掘和寻找钻石的人积极生产。如果引起积极要求的欲望非常强烈，对于生产者的报酬一定是很优厚的，因为这些异想天开的需求必须立即予以满足，不然，就容易把渴望转向于其他能够更快得到的声色狗马上去。这种荒唐任性的迫切要求提高了对于特种劳动的需要，提高了对于所寻求的物品的需要，这自然就会引诱许多人离开其他生产行业，从事于这个报酬较高的新部门的生产。可是，最后，这种病态的一时的热情减退了，对于美丽的玩具久而生厌了，而这个制造奢侈品的行业，最近是那样兴隆，现在就几乎要停业了。需要正在高潮的时候所投入的固定资本和流动资本在转向其他方面时必定要受到或多或少的损失。这种行业是一种摇彩——一个赌博公司。疯狂的要求带来了高价，生产者得到了优厚的报酬，由于收入的不正常和没有对这种优厚的报酬事前作出开支计划的习惯所以就做些无意义和无节制的享受。需要突然而来养成荒唐和浪费的习惯；需要突然而逝把许多人抛掷到绝对的贫乏之中，或者使一切人的工资降低到普通劳动代价或低于这个代价的水平。有时也会同时造成这两种结果，不过程度较轻一些。这些变化剥夺了照例的享受，造成较小或较大程度的贫困，而贫困

则永远在一些人身上造成罪恶。如果说报酬的突然增高会产生奢侈和无节制,那么工资的突然降低就会产生欺骗、窃盗和残忍。在工资高时并没有储存起来以供将来工资减少时使用;可是回忆起来却对目前真正的穷困感到更难过,因而产生一种不公平的感情。劳动愿望和劳动能力并没有变化;但工人们却并不由于他们自己的任何过错而被剥夺了就业的机会。他们怎么应该有这样的遭遇呢?为补救这个不公平,他们将侵吞别人的劳动成果。具有在任何方面工作的能力但却无事可干,他们必将屈服于他们自己的或别人的政治上的、疯狂的或任何其他性质的计划所引起的冲动。游手好闲,不管是自愿的或者被迫的,富人的或者穷人的,是许多不幸和罪恶的根源。

可以清楚地看到,不仅过多的财富的每年收入被最后消费掉,因而对于社会造成一部分劳动产品(这些产品可以用一个较好的分配办法把大部分转变成为永久的资本积累)的损失,而且就是它在消费以前的交换中所特剐鼓励的那一类生产,也是在一切行业和劳动中对于公众福利贡献最少的一种。

第 三 节

强迫的财富不平等所造成的政治方面的弊害

在这一个题目之下,我们将指出下边这个重大的弊害:

极端的富有必然要导向一些人对于立法权、行政权和司法权的篡夺。这些人在教育上不具有正确行使这些权力的能力,他们的利益也是与一般的或者全国的利益相背反的。

每一个政治规章和经济规章所应注意的立法目的应该是增进社会的最大幸福,也就是社会上大多数人的最大幸福。任何以此为目的而从事于制定政治和经济的规章制度的人都应该具有一个主要条件,没有这个条件,知识和活动能力都是没有用处的,而且反会成为作恶的工具。这一主要条件就是这些规章的制定者必须对于社会,也就是说,对于在这些规章管理之下的那些社会上大多数人,怀有同情、胞与为怀的感情和利益的一致。即使他们不可能有一致的利益或者无论如何不能有这个积极的同情,但是,那些人既然把利益交给他们来代表,那些人的劳动产品和一切权利既然交给他们来处理,那么他是不是应该真正在那些人的控制之下呢?或者,更正确点说,为了完成他们制定法律的任务——假定这些制定法律的人都有他们那个时代所应具有的知识——是不是为了社会的安全,应该向他们要求双重的保证呢?是不是应该向那些被委托来制定神圣的法律和所使司法权和行政权的人要求既有同情又有责任感呢?

如果情形确是这样,如果这些是政治上的明显真理,那么我们怎样把它们应用到极端富有者的身上呢?极端富有者是不是有同情心、朋友的感情和个性,或者在任何明显的一方面,和社会,和社会的大多数是不是有共同的利益呢?首先,他们的财富(这些财富永远不是从自由劳动或自愿交换得来的或者不需要积极的生产来保持而言)就是和社会上大多数人的贫穷直接对立的,甚至于和社会上拥有资本的那些过普通生活的有活动能力的成员也是对立的。他们那些财富大部分是从原始掠夺得来的而且是用有害的

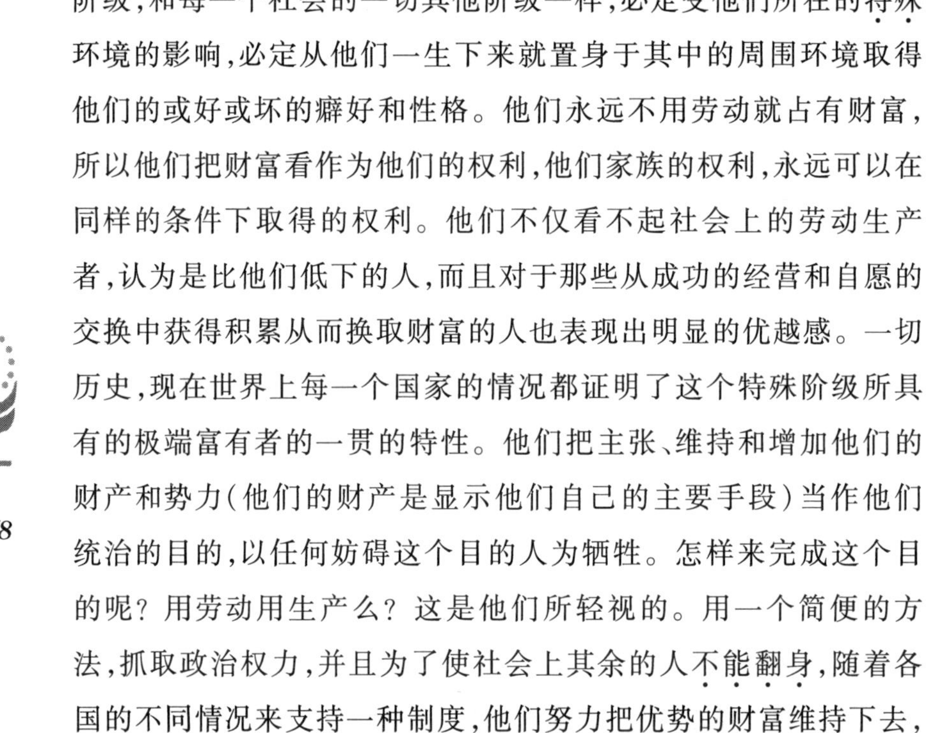

法律固定下来的，并不是从生产中，从自由竞争中和自愿交换中得到的，因之对于他们自己就永远是一个骄傲的来源，对于那些不具有这项财富的人就是一个嫉妒的来源。极端富有的人，作为一个阶级，和每一个社会的一切其他阶级一样，必定受他们所在的**特殊**环境的影响，必定从他们一生下来就置身于其中的周围环境取得他们的或好或坏的癖好和性格。他们永远不用劳动就占有财富，所以他们把财富看作为他们的权利，他们家族的权利，永远可以在同样的条件下取得的权利。他们不仅看不起社会上的劳动生产者，认为是比他们低下的人，而且对于那些从成功的经营和自愿的交换中获得积累从而换取财富的人也表现出明显的优越感。一切历史，现在世界上每一个国家的情况都证明了这个特殊阶级所具有的极端富有者的一贯的特性。他们把主张、维持和增加他们的财产和势力（他们的财产是显示他们自己的主要手段）当作他们统治的目的，以任何妨碍这个目的人为牺牲。怎样来完成这个目的呢？用劳动用生产么？这是他们所轻视的。用一个简便的方法，抓取政治权力，并且为了使社会上其余的人**不能翻身**，随着各国的不同情况来支持一种制度，他们努力把优势的财富**维持下去**，使他们周围不断嫉妒他们的人不能染指。

关于财富，在极端富有者和社会上其余的人们中间显然有感情上的和利益上的矛盾。但在与财富没有直接关系的双方其他性格特点上是什么情况呢？是不是极端富有者的习惯和嗜好和社会上其余人的习惯和嗜好非常协调，因而尽管他们的财富趋向于不平等，但他们能互相同情并尊重彼此的幸福呢？不是这样，它们将使这个不平等十倍地严重。看一看富人与穷人之间、极端富有者和勤劳的人民之间、生产者和脑满肠肥的非生产阶级者之间的道德上的和知识上的、习惯上的、动作上的、整个性格上的不同吧！在一切上边，在他们的德性上，在他们的恶习上，在他们的欢乐上，在他们的痛苦上，在他们的工作上，在他们的娱乐上，彼此都是不同的。极端富有者和穷人曾经联合到一起过吗？为了什么目的他们应该联合呢？如果穷人一旦模仿富人的嗜好和行为，穷人的一生将遭到破产，而对于富人不过是一天的消遣而已。吝啬和小气是富人所看不起的，但穷人却为了生活而必须如此。可是穷人彼此之间的极端慷慨大方，和他们的财力比起来却足以使多数富人为之汗颜；尽管实际拿出来的数目并不大，富人们对此假作看不起并认为自己更慷慨，因为他们拿出来的在数目上更大一些。极端富有者和穷人之间怎么能有思想感情上的沟通呢？即使穷人的性格上具有诗人们所说的一切智慧和仁慈，那对于富人又有什么吸引力呢？因为他们不具有极端富有者认为应该受到一切尊敬的那些大部分是形式上的礼貌。在极端富有者中间，礼貌的势力是压倒一切的，这个势力必然会继续维持下去，因为富人的生活中既然没有什么冒险的，费力的和粗心的事情，他们每天无所事事，就必须有一些轻松的消遣来填补空闲的时间，生活既然没有充实的内容，就必须有形式和礼貌来作为它们的代替。

同样的情况也存在于富人和中等阶级之间，不过程度较差一些罢了。极端富有者和积极生产者阶级之间是没有友谊的来往和联系的，除非新兴的阶级使用任何手段积聚了大量的财富使他们也能厕身于那个高等阶级之列。只要他们能模仿那些阔人的礼貌，能像他们那样挥霍无度，他们是容易取得承认的，至于道德和知识上的缺欠是不会妨碍他们的加入的。不过,积极生产者阶级没有时间和这些游手好闲的人来往。而无所事事的富人对于积极生产者专心致志所从事的事业又没有了解和兴趣。他们之间偶然也有商业上的交往,财富上的交换,在这种交往上,富人以施与者和恩人的身份自居,从来没有或很少有朋友之间的平等的交往。这两个阶级的心情彼此是不同的,一个是严肃的和积极的;另一个是快活的,或者带有快活的面孔,觉得是好玩的;一个是在积累财富,另一个是在花费或者消费。要在不同的个人和不同的阶级之间产生同情和互相尊重至少在某种程度上是需要嗜好上、性格上、举止上的相似之处的;因为在积极生产者和无所事事的富有者之间存在着嗜好上的、性格上的、举止上的鲜明的对比,所以他们之间就不可能有很多的同情。积极生产者阶级和穷人及工人阶级相比是有较多的知识和较好的礼貌的;但无所事事的富有者仍然认为积极生产者和他们仍有很大的距离。对于完全是穷人,他们不肯冒险讲话,怕从呼吸中受到传染;对于中等阶级,他们是可以下顾交谈的;但却抱着对下级的态度——他们的声音、举止、一切都表现他们在财富上的优越感。这些除了寻求快乐的感觉和欢愉的感情之外就无事可做的人,这些极端富有的人,从哪里去发现他们的同情心呢?这些长日无事因而把新的无穷无尽的温柔的享受当作特别有价值的东西的人是不是就根本没有同情心的表现呢?对于什么人他们给与这些同情呢?这些极端富有者的同情是发生并使用在那些他们认为是他们的平等的人们身上的,而且只是在这些人身上。他们过去和现在都不可能不是这样。我们不是在这里为富有者处境的这些倾向而责备他们;我们仅仅是在考察事实和

探索产生这种事实的条件。极端富有者对于极端富有者表同情；他们的嗜好，他们的享受，他们的德行，他们的恶习，他们的举止，他们用来替代有用的普遍道德的那些特殊的关于荣誉的一套规定，所有这些在他们中间产生了一种团体精神，使他们认为彼此是最重要的阶级，认为社会就是而且也应该是为了他们的特殊幸福组成的。他们对于彼此的快乐和嗜好是感兴趣的。这些就构成了他们的世界。

当过多的财富成为任何阶级的世袭财产时，这种财富的一个不可避免的趋势就是把人类的同情心限制在同一阶级或同一生活处境的比较少数人的范围之内。它的结果是什么呢？它与我们的论点有什么关系呢？是不是只对那些和自己环境相同的人所感到兴趣的东西抱有希望和恐惧是极端富有者所特有的呢？完全不是这样。对于社会上任何一个阶级或者社团都可以应用这个同一的法则。穷人、中等阶级、高等阶级、教士、律师都在他们自己的彼此之间互相同情而或多或少地排除社会上其余的人。这种排除程度的大小是随着他们和一般社会上的人接触的多少为转移的。那些能完全遗世独立的人和社会上其余的人接触得最少。

已经表明，财富分配的目的，一切关于财富分配的贤明的立法的目的应该是谋求大多数人的最大幸福。谁对于大多数人最表同情呢？当然是穷人，生产者阶级；因为他们自己的那种爱好、生活方式和快乐最能使他们受感动。所以，如果穷人有知识，关于他们那个时代的增进自己幸福的最好手段的知识，那么因为他们能对远为大多数的人表同情，所以他们就应该被委托为普遍的福利而制定法律。至于那些富有的人，因为他们只能对极少数的人表同情，所以应该最后受到委托。但除了利益的一致或彼此的同情外，这儿还有一个必要的、不可缺少的制定良好法律的条件，那就是知识。穷人，大多数生产者阶级很少有知识；如果他们之中少数人在此以前曾经取得知识，他们也几乎全都从他们的阶级上升而不是穷人了。所以，由于这个主要的缺点，一个穷人很少——在现在的社会情况之下——能够适合于担任制定法律这个重要任务。如果知识的缺乏排除了穷人，那么兴趣和同情心的缺乏就排除了极端富有者。在自然的安排之下，社会必须选择和应该选择什么人呢？必然是具有所要求的知识和能够对社会上大多数人表同情的人。和大多数人同样贫穷才能和大多数人有一致的利益。对大多数人表同情，所以贫穷将是一个最值得推荐的条件，假设它能够与适当的知识结合在一起的话。极端的富有者，因为最不能和社会上大多数人的利益相一致和对大多数人表同情，所以也就最不适合于被委托来制定全国的法律，虽然他们具有适当的知识；因为他们作为一个阶级的利益，将要把他们的知识引入歧途，他们懂得的越多，就越有办法来巧妙地制造一些独占性的法律制度。穷人因缺少知识而必然被排除，极端富有者因缺乏同情心和误用知识而被排除，那就只有那些处境既能使他们对于大多数人利益怀有朋友的感情，又能使他们具有和他们所生活的那个时代的最先进的人物相等的知识，并使他们把那个知识用在谋求大多数人的福利上的那些人了。这些人在社会的最穷的人们中间和最富的人们中间是找不到的，只能在二者当中的广大中间阶层中去选择。要永远记住，在其他条件（资格）相等的情形下，没有财产，没有高出于社会上大多数人所享受的财产，因为它能够产生广泛的同情，所以是一个可取的条件而不是一个不合格的条件。同情心越大，所需要的牵制力量就越小。

情况既然是这样，在每一个用强力或者不公平的因而是不明智的法律来专断地维持财富的不平等的社会里，极端富有者曾经而且必然会采取什么样的行动呢？各处的极端富有者，由于他们的本质，都将设法取得他们最不善于行使的那些非常重要的职权。为什么会产生这种现象呢？这不过是极端富有者所受的教育和他们一生所处的环境造成的。无所事事的富人并没有什么真正的职业，他们缺少生活的目的。用来满足他们的感官，甚至于他们的想象的那些手段，满足他们一切需要和荒唐任性的那些手段，他们是有的；但权力欲还有待于满足。那些从生下来就过惯放纵生活的人，讨厌受限制的人，遭到反对就感到不愉快的人，因而希望有权力来消除这些限制和反对的害处的人不可避免地具有这种最强烈的嗜好。他们怎样取得这个权力呢？首先，用他们的财富的直接影响和它所能引起的希望和恐惧；其次，当这些手段用尽了的时候，或者为了使这些手段更有效，他们就在各方面想办法来抓取和垄断政府的权力。在不是专制政体的国家里，他们就努力尽可能地把最大一部分立法权完全掌握在自己手里，或者与国家的元首或者其他团体联合起来，尽可能地抓取最大一部分立法权。在不是或者在被限制的专制政体的国家里，他们在他们自己中间分配一切政府所属的各部门，他们直接地或间接地垄断武装力量的指挥权，法官的职位、教士的职位和一切那些权力最大、麻烦最少、来钱最多的行政部门的职位。在专制政体的国家里，极端富有者阶级尽量和暴君妥协，分掌他的权力，无论是作为同伙、代理人或者

仅仅一个奴隶。如果他们处境使他们对于自己的力量有自信，他们就和暴君谈判，并坚持他们所谓的权利；如果他们软弱无力，他们就甘愿匍匐在暴君的脚下，以作他们的奴隶为光荣，为的是能有权代表暴君使社会上其余的人再做他们的奴隶。这就是一切国家的历史所证明了的极端富有者的倾向。

这就是富有者的处境迫切号召他们所从事的事业；一种掌握政权的事业，和生产、道德或者优越的文化事业相反的事业。他们的处境必然迫使他们把权力看得比一切其他都可取，用一切方法来保持他们所已经得到的东西，并用新的保障来维护自己以免于社会上大多数人的嫉妒和侵犯。这些极端富有者在权利或特权的名义之下篡取了高出于一切其他阶级的利益，有时甚至把租税的负担、维持行政管理（只有他们自己才能行使这种管理权和享受它的利益）的全部费用加在生产者阶级身上。他们永远借此为自己取得社会上其余的人所得不到的利益，完全不考虑个人有没有这种条件。

在社会组成上，必然会引起每一种其他弊害的严重缺点就是财富的极端不平等。只要允许这一严重缺点存在，就不能建立任何自由的制度和公正的法律；即使建立起来也不能长期维持下去。如果没有财富不平等的影响绝没有人敢把制定法律以支配劳动产品、支配有理性的人类的行动和生命的权力放在自己手里；如果他要这样做，他就必须是得到了人们的授权并在这个重大权力的行使上对人们负责。

在单纯的财富不再作为被追求的主要目标以前，人类是不会在有用的知识和德行上有重大的进步的。如果社会上的公众舆论在将来能够像现在积极鼓励追求财富一样地来鼓励获得知识和德行(这是可以做得到的),那么知识和德行就将构成个人的优点,并且将是而且也应该是人们所追求的主要目标和人类幸福的稳固基础。

第 三 章

分配的自然法则即“自由劳动、完全享用劳动产品和自愿交换”，也就是为同样有保障所限制的平等所带来的利益

遵循分配的自然法则可以得到一个良好的效果；这个效果高出于一切其他效果，是一切幸福的来源，并且将遍及于全社会。这些自然法则排除了强力，随着强力也排除了欺诈。唯一替代强力的是理智，理智用说服的方法，通过公众舆论的表现来判断公众事务和私人生活之间的交往。现在让我们从政治、经济和道德观点来指出它的效果。首先谈一谈它的政治效果。

第 一 节

从分配的自然法则产生的政治方面的利益

有人将这样说：“如果统治者抽取财富，或者征收租税而没有对付出这些东西的人提供认为满意的等价物就是破坏保障原则，

那么政府怎样维持下去呢？是不是他们必须征求每一个纳税人的同意呢？这样将使那些统治者以及有秩序的统治者所带来的福利不再存在，否则，就必须放弃这种在不受限制的意义上实际保障并随着放弃分配的自然法则。”

人类幸运得很，保障的原则是与立法、征税和彻底执行一切有益的法律并不违背的。不止于此，如果不能彻底维护保障原则，不能无保留地尊重分配的自然法则，就不会有公正的法律，不会有对于人类财富或者人类活动的公平处理。尊重保障原则是一切公正的政府的基础。

怎样来完成这件事呢？怎样来解决这个问题呢？

简单得很，就是由代议制政府来完成和解决。能够尽可能促进最大程度平等和幸福的保障原则是与任何其他形式的政府绝对不相容的。代议制政府是公正立法的试金石，能够真正代表每一个拥有财富和生产财富的人，代表每一个能够进行合理的自愿交换的成年人，自然也代表受到它所制定的法律的影响的人。这个有保障的权利并不是一个建立在抽象的原则上边的空想的权利，而是必须能够同时实现最大的生产和作为取得人类幸福的主要手段的财富的有益分配。是不是说，就是在代议制政府之下，我们也牺牲了我们的保障原则的普遍性呢？是不是说，根据我们的原则，每一个人必须对于干涉到任何个人的劳动或者劳动产品的法令予以同意才能构成一个公平的政府呢？是不是因此而必须有个别的立法（这在庞大的社会里边是不可能的）呢？我们的回答是：就是个别立法和直接的自我征税，在一切多数人和少数人的愿望不一致的情形下，其中也含有全体服从多数决定的事前的谅解。没有

这种谅解,从来就不会有共同的活动和合作制度。这是一切结合的必要条件。任何人如果不同意这个条件就不能隶属于这个社会;而这样的个人所能提出的一切要求只能是准许他自由退出这个社会和加入任何其他社会。得到这种准许将是一种非常明显的和有用的个人权利,因而每一个社会都应该予以批准。所以,和别人一致投票表决这种行为必然意味着承认把多数人的行动当作全体的行动这一原则。在最广泛的代议制度之下,千百万人在一起合作,唯一要求的就是这种承认以使每一个社会的代表们的行动成为那个社会里边每一个人的自愿行动。联合起来的多数代表们就代表着他们各自的选民的多数的声音,而这个多数人的行动就成为了那个社会的一切个人的行动。在少数人的意志和利益与多数人的意志和利益并不冲突的情形下,它们自然应该与多数人的意志和利益同样地得到实现和增进;只有在它们彼此发生冲突的情形下,其中的一方面(如果是一方面也自然是较少的一方面)才应该被牺牲。所以,如果一个庞大社会的大多数通过他们的代表为了任何有益的或无益的目的,认为应该占用他们的任何一部分劳动产品,无论这种占用是愚蠢的或是贤明的,都永远不能说他们因此就破坏了保障原则。这就是保障原则与立法,与一切法律的彻底而有意的执行,甚至于与干涉到劳动产品的法律的执行。不发生冲突的唯一秘密,而不是用一个武装部队(它本身就是靠破坏社会的安全来维持的)的恐怖手段来执行这些法律。在这里列举代议制政府的优点是不适当的。指明没有其他形式的政府能够与保障的原则相符合就很够了。由一个人或者多数人掌握他自己认为应有的权力来统治别人而没有被统治者的代表参加,不管是以什么名义,只要它意图干涉劳动产品或者劳动力的使用,它就是与保障的原则相敌对的,与财富分配的自然法则相敌对的。只有代议制和选举制与保障的原则是一致的。

除代议制之外我们还想不出任何其他方案能够防止没有保障的弊害。如果能设计出来任何其他方案,那就有必要把它的好效果和坏效果和代议制的做一个比较,从而选择出最好的制度。由自愿合作产生的一个公社里边的财产彻底平等制度,为了使公众摊派与保障的原则相符合也仍然有实行代议制的必要;因为,姑不论这些必然是很小的公社(不比普通的村庄大),必须有它的内部规定,它也必须在交换上,和邻近公社或者个人发生关系,而且也必定和它生活于其中的广大的全国社会的任何其他部分同样地对于全国性的活动和制度十分关心。为了这些目的,代议制就是不可缺少的。一个大的公社必须以它自己的直接行动,或者以其他人为媒介来实现共同的目的。如果以其他人为媒介而那个公社又没有给以这样的权力,那就是破坏了保障的原则;如果由于那个公社给了这样的权力,那就是实行了代议制。自愿与非自愿之间是没有中间道路的。在政府的理论说明中,是找不到自动意向这一说法的。

从完全服从分配的自然法则所能得到的第一个巨大政治利益(从这里几乎可以产生其他一切利益)就是它们使代议制政府这种普遍的制度在一切社会中间成为必要的,这些社会能够看到它的效用,自然也就支持它的活动。

让我们再看一看实行保障原则的另一个政治方面的利益。

一个尊重分配自然法则的社会,每个人都能从与保障原则相一致的财富平等中得到可能有的最大幸福，这样的社会既不愿用战争来扰乱它的邻邦也不愿意它的财产、它的劳动成果被别人不公平地拿走。一个人在勤劳的生产中长大，习惯于尊重别人的所得和权利像重视自己的一样，深刻地认识到野蛮强迫之危害和在智慧指导之下的劳动所能得到的丰富而可靠的成果；什么样的动机能引导这样的人像土匪一样冲向没有干犯他们的邻人呢？他们知道得很清楚，抢来的东西必然是长不了的，生产才是一个社会的唯一持久的财富之源，而且他们远出抢劫必然会带来生产事业上的荒废。这样的社会不会维持一个常备军队，而且也不会想到它，因为它不是必需的。在外部事务上，“让其他社会管理他们自己”，至于其他，他们希望理智和礼尚往来是唯一的支配力量。在内部事务上，哪一个社会成员会没有足够的健康和体力，会不懂得自卫的技术，会不感到他所享受到的幸福，会不考虑那些权利，由于维护了这些权利才产生这些幸福和保持住这些幸福呢？哪一个社会成员能够不认识自己所处的地位从而积极合作，进一步投身于危难之中，以抵抗外来的暴力侵略呢？这样一个社会，只是依靠劳动过着富裕的生活，没有因为强迫的不平等或者懒惰而堕落，对于外来的掠夺者必将坚如铜墙铁壁，而在国内因为生活非常幸福，自己更不会变成掠夺者。

这些就是保障原则在政府的体制上和在社会的力量上所产生的有益效果；它在刑法上和司法审判上有什么影响呢？既然财富分配不受限制，而为此趋向于平等，极端富有和极端贫穷都已被消灭，那么现在促使人们犯罪的一切诱惑和一切动机也必然将几乎全部消灭。这种犯罪动机的减少将会有什么效果呢？不仅一切血腥的、一切残酷的、教育人们要具有铁石心肠的那些惩罚将被完全放弃，而最温和的惩罚就足可以防止其余那些轻微动机的犯罪。那些羞辱性的惩罚将一天比一天更起作用，并在其他各种有害的惩罚中占更大的成分。这种温和的刑法也必将对于人们的行为发生作用，理智和有益的同情将经常压倒野蛮无知的暴力倾向而占优势。刑法越温和，就越容易准确地执行，而且并不需要使用任何警察力量。

严格遵守分配的自然法则所产生的下一个政治方面的利益就是——政府整个机构的一切开支将减到最低限度；每年这样从不生产的消费中节省下来的一切财富将用来作为生产者努力的报酬和增加他们的享受，或者用之于普遍的公用和福利事业。很显然，如果社会上的全体成员由他们自己直接或者通过他们的代表，提供他们认为政府所需要的一切，他们一定要尽可能地以最小的代价获得最大的效果。像在一切其他交易上一样，他们一定以一个真正市场上的内行所能提出的最低的价格得到他们所需要的最好的物品。像现在这种政府的巨大开支上的浪费，理由是很明显的。那些直接或间接下达命令和征收款项的人，他们自己是消费者或者给别人一些好处使别人和他们一起消费这些款项。这样就产生了双重错误或者弊害。不仅那些负担用款的人（他们的劳动产品被别人强迫取走）没有决定款项数目的权利，而且在一切人当中应该最后被容许行使这个权力的人们，这些款项的消费者或分派者却成了这个数目的规定者。它的结果自然是——只要人类的天性仍是像现在这样不变，它就必然是——精明的统治者将尽可能地从社会每年的劳动产品中取走社会的财力能够允许他们和能够

容忍他们取走的最大数目;而这个数目可能有的最大一部分的使用,将不仅不是生产性的,能够收回任何形式的财富的,不仅不能使社会得到任何其他可能的等价物,而且将尽可能直接破坏一切优良的道德品质,同时带来极端的富有和极端的贫穷这些罪恶,外加上政治上的腐化堕落。这笔强迫取来的巨大款项的大部分将主要用在维持一个庞大的武装力量以镇压这种做法所引起的不满和供统治者偶尔作战争的消遣。这是不需要证明的,如果负担用款的人自己来规定他们的款项用途,他们一定尽可能地少给多得。他们为什么会是这样呢?难道价廉物美不是人人所欢迎的吗?廉价的脑力和体力劳动和廉价财富品不都是人人所欢迎的吗?自然这些物品的质量必须不变。那些索价低廉的承办人没有什么势力,而且是在担负用款的人们的控制之下,他们除了靠把工作做好这个优点以取得欢迎外,别无他途,所以他们就不能不把工作做得最好。

能够诱致富人或者与他们有关系的人从事活动,做任何努力,必须有一个相当强烈的刺激——这个刺激力量的大小是随着那些富人的平均开支数目和养成的习惯为转移的。按照私生活中的职务报酬率付给富人以职务报酬是不能诱使他们从事工作的,所以报酬就必须提高到值得他们接受的数目。提名权完全掌握在他们自己的手里,所以排除了一切竞争。结果,一般是他们用他们所得的极高的报酬的极小一部分雇佣有适当才能的人来执行真正的职务,——如果有任何真正职务可以执行的话——而他们自己却永远是不生产地和几乎永远是有害地来消费他们从勤劳的社会掠夺来的金钱。说报酬高可以免于贪污舞弊这种藉口已经普遍而可悲地被证明为是一种神话。在每一个国家里,从我们所知道的人类天性的原理来看,只有按照互相竞争的标准付以代价才能得到最好的物品或者服务。在没有适当的保证廉洁办法的国家里,报酬过高的唯一结果是必然造成更高的贿赂,或者更多可能有的腐化堕落形式。如果动机的极端堕落和对于社会幸福的可怕的影响还没有唤起一种有效的限制,社会或私人故意对于任何物质的或者精神的东西,付以高出于真正的市场价格的代价,就只能被认为是一种疯狂。

我们所能看到的服从分配的自然法则必然带来次一个和最后一个政治上的良好效果是,所有宗教信仰都将是自愿的。欧洲任何已经建立起来的现在靠着国家的力量来支持的宗教组织,如果把这个支持的力量撤销,如果它所收取的款项都必须得到那些人(为了维持它从这些人拿走了他们的劳动产品)的自愿同意,谁敢大胆地说它的现在开支情况能够继续维持下去呢?

如果有人说,宗教——回教、孔教或者耶稣教——不破坏保障的原则,不强迫地抽取财富以供养它的教士就不能维持下去,那我们的回答是:没有任何一种宗教应该在这样的条件下存在,任何宗教给人们带来的利益最后也不能与有保障这种利益相比。没有保障,最好的宗教、最温和的宗教、最崇高的道德都不过是空话;有了保障,宗教的那些可爱的真理将成为每一个愉快而开明的人士的自由信仰和实践。经验证明,宗教如果不破坏保障来干涉分配的自然法则,不仅能够存在,而且能够更发展更兴旺;在爱尔兰和希腊,很多世纪中间就是这样,尽管它从它自己的教友那里强迫抽取供应,使敌对的可恨的教士们致富,或者说供养那些使这一宗教遭到桎梏的人。英国的政策并没有用强迫捐款来支持东方的印度教教士,或者支持西印度群岛的黑人的拜物教,但是从来也没有人担心因为没有这种支持,这两种宗教组织就要立刻消灭。它们是不会消灭的,就是反对它们的知识和力量,它们也不会消灭的。每一种世俗的迷信,尽管被掠夺,但还能支持下去,难道从上帝那里来的并受上帝支持的宗教,在人类最高的才能帮助之下,没有掠夺就不能存在吗?

第　二　节

从分配的自然法则产生的经济方面的利益

现在,让我们从经济观点上来看一看,在分配的自然法则的支配下,坚持同样的保障会产生哪些最明显的良好效果。

主要的经济利益是:生产将以前所未有的速度和在前所未有的范围内增加了资本,将以前所未有的速度和在前所未有的范围内被积累起来。有保障可以增加生产,增加享受资料,并且由于公平的分配和增加整个生产社会对于这些增加了的享受资料的消费,也可以增加幸福;保障的这种影响是我们已经表明了的,现在要说明的是:这样一个社会的积累也将随着它的消费比率的增加而增加。很清楚的是,如果一年劳动生产所得在这一年内都消费掉了,那就不会有积累。资本并不是什么神秘的东西,它不过是没有被立刻消费掉了的那一部分劳动产品。一切没有被立即消费掉的物品,无论它是什么,都是为了最终的消费——在这种情形下也可以叫做使用——而生产的。有理性的动物除非为了消费或者享受——目前的或永久的或将来的——是不会去生产的。熟了的水果是在结出来成熟的当天被消费了的；鞋子和其他衣服之类是在他们生产出来之后几个月内被消费了的；一年的粮食收成是在下一年内被消费了的，直到勤劳把大自然沉睡力量重新用在新的供给的生产上；一柄铲子，一柄鹤嘴锄，一张椅子，一张桌子，一架织布机是按照它们的使用和使用时候的尽心的程度在几年之内被消费——在这种情形下也可以说被用坏——了的。一所建筑得很好的房子在五十年之内是不会被消费掉或者被住坏了的。一张有名的绘画可以经历许多世纪；巨大的公共建筑物，如桥梁、国会建筑、走廊、礼拜堂可以供几千年的消费或使用；而最美好的艺术品，雕像是永远不坏的，它们的寿命可以超过它们所代表的不朽的人物，是那些可爱的人类品质的具体表现。任何没有用处的东西都是白费力气：埃及的金字塔就是在暴君专政和没有保障的情况之下造成的这一类无用的巨大劳动的纪念品！古代希腊建筑的美丽遗址经历多少野蛮和迷信的时代仍然存在，似乎在等待着再度唤起人们的自由和安全之感，以重新成为一切公民，一切社会成员从事于爱国活动和科学研究的场所，在那里对于知识和道德的热爱将与周围的大自然和艺术的壮丽景色结合在一起。一分钟就消费掉了的苹果和可以延长到几千年的雕像同样都是劳动的产品，都只是为了靠它们的用途来得到享受而生产出来的。无疑地，任何物品，寿命越长，所花费的劳动力比较越少，能从它得到享受的人数和人类的将来后代越多——不管它是一个遮蔽风雨建筑物还是一座通行的桥梁，或者是一个仅仅引起人们深思和联想的雕像——它就

越有用。如果吃一个苹果的快乐和营养能延续五十天，它的价值将是五十倍，虽然它的可交换价值将要减少。它的有利的后果将是：很多的人类劳动力将被解放出来以从事于生产其他欲望对象。

那么，什么是资本呢？它和其他每年、每月或者每天的劳动产品有什么区别呢？有时候这个区别仅仅在于劳动产品的用途上，在它是放在了什么人的手里边；但最普通的区别是在这个生产出来的物品的耐久性上。一切建筑物、桥梁、船坞、城市、围场、建筑用地和开垦用地、轮船、机器、绘画、雕像和其他人们所希求的艺术作品，虽然和苹果一样都是劳动产品，但却只是因为它们的耐久性而被看作是资本，尽管在每天的使用中，也是或多或少地被逐渐地消费着。面粉、牛奶、鞋、帽子、肉类、上衣、女人的长上衣、家庭日用品都不是资本而只是消费品；但这些东西在面粉商、牛奶商、牛奶贩、鞋匠、制帽子的人，屠夫、成衣匠、女成衣匠手里，就各自成为了他们的行业的本钱或资本。在一种情形下，用途是直接的消费，没有任何进一步做交换的目的。在另一种情形下，所有者并不消费它而交换是占有的唯一目的，或者无论如何是唯一的用途。有时候，部分用途并不损坏或者伤害那个物品，如同银器的使用，那就使那个物品既是使用的物品或消费品，又是资本或者本钱，或者有时叫作股本。那么，资本的最准确的概念到底是什么呢？它就是那一部分能够作为谋利手段的劳动产品，不管它是不是具有耐久性。这就是把劳动产品一部分划分出来作为资本的真正条件。但劳动生产者——在知识指导之下的，一切财富的真正生产者——的没有保障和被压迫以及资本家或者地主对于他们的同胞的生产力的巨大侵犯就建立在这些区别之上。这些资本家或者地

主占有了这些积累起来的产品——社会上的每年的或者永久的储存。这样就产生了资本家和劳动者的要求上的对立。资本家凭借着没有保障和强力来统治，把许多劳动者来年的消费资料、生产所必须使用的工具和机器和他们必须居住的房屋掌握在自己手里，并且最好地利用它们，用它们尽可能便宜地来购买劳动者们的劳动力和未来的劳动产品。资本的利润越大，或者说，资本家使劳动者为他所借用的食粮、所使用的工具和机器和所占用的房屋所付出的越多，劳动者所剩下的，取得其他欲望对象的东西就越少。

真正能使财富品增多的条件是：用来制造产品的充足的原料，用来劳动的富裕的工具或机器，聪明的头脑和灵巧的手；从这些东西上边精心制造出欲望的对象。按照自然的道理，似乎每一个劳动生产者都应该有他自己的原料，在劳动时能自己供应食粮，有他自己的工具，自己的住房，并有适当的技巧和知识以支配这些生产要素。

现在，在分配的自然法则的保护之下，工业和农业生产在将一开始的时候会怎样向前发展呢？对于未被占有的土地用开垦来占有，是取得土地权利的自然手段，任何具有生产手段、并把土地产品当作欲望对象的人一定尽量占有他所需要的土地。为了将来拥有大量的土地，把他的劳动只是花费在圈占比他所能耕种的更大面积的土地上将是可笑的；因为只是在圈占上花费劳动，他必将挨饿，为了生活，他必须使土地能够生产食粮。别人的竞争，从仅仅圈占所能得到的利益过于遥远，将阻止他这样做，即使耕种时候所需要的粮食不成问题。如果他仍然圈占超过他所需要的土地，那么这些土地的价格怎样呢？它将恰好等于圈占所花费的劳动力，或者这个劳动力的价值，一个完全的等价，再也不会多，因为人们能用圈占的劳动获得新土地，为什么要花费比那个劳动更高的代价来取得已经圈占的土地呢？这就是圈占土地的自然价值，所以没有人会想圈占超过他所必须使用的土地。土地的圈占或者圈占者们必须拥有生活资料，如食物、衣服、住房和需要的工具、种子等等，不然，他们就永远不能生产。他们必须生产出多少东西来呢？应该是对于全年需要的供给，食粮的供给就是这个全年的供给，这些食粮不仅足够他们全年的食用，而且还要能使他们从交换中得到那些衣服、器具或者其他欲望的对象。这些东西是他们自己不能制造的，或者是他们认为从交换中取得更方便些（花费较少的劳动或者说更便宜些）。土地，或者说用在土地上的劳动，将和任何其他商品一样地被分成许多方便的部分来交换。全部劳动产品将归生产者所有作为他的报酬。对于他所提供的一切，都必须提出一个满意的等价物。

但是，另外有些人由于懒惰、缺少技术，或者意外事故，可能缺少食粮、工具等等，并且由于缺少在其他生产方面制造出来的等价物，可能被迫向那些从耕种中获得食粮的人求借。他们必须为他们所需要的东西付出劳动。不过，应该注意的是，在体力和意外变故对于一切人都是平等的这个普遍规律之下，这些终究是一些例外。况且，这些少数的例外，可以由两种条件得到克服：在意外变故的情形下，他们的多数人的朋友和家族将自动地给与支援和供应，另外是独立耕作的工具之类的生产手段的方便。

关于资本，如果这些是食粮生产者、农业者的发展情况，在工业制造者中间的不平等的趋向将会更多地减少。制造一件工业品很少像农业那样需要一年的继续不断的劳动——一般地是只用一个月、一周、一天。所以一个工业制造者，当意外变故或者愚蠢使他在工作时缺少应有的生活资料时，他所依靠于资本所有者的就更少。他以他的在制造上的劳动力从交换中得来的一些物品，节省着使用，不久就可以补足他所损失掉的那点东西，而他不久就可以重新以一身而兼做资本家和工人。这并不是说，在分配的自然法则自由起作用的情形下，就不再有固定的工人阶级；但完全是工人，一点资本也没有的工人将是极少数，而且他们也一定会得到很好的报酬。他们的劳动产品，除了一小部分用来偿还借款或偿还预支他们的东西外，将完全归他们自己所有。在这样的社会里边，是不是没有像我们现在所看到的掠夺千万人所积累起来的劳动产品的资本家了呢？他们也将是极少数的。但，在这样的社会里是不是也没有了资本的积累呢？它的积累将是很大的，比在任何强迫的或欺骗的分配之下都大，这个社会将有丰富的资本而没有资本家。为什么能有这种情况呢？因为广大的劳动生产者自己就是资本家，就是耕种他们自己的小块土地所必需的资本（改进费用、食粮、工具、种子）的所有者，这些土地当然更是完全为他们所有。广大的工业制造者将是资本家而兼工人，每个人都有他自己的小部分资本使他能够从事生产。虽然这些为自己利益而生产的人将尽力来增加他们的享受——他们只能用增加生产的办法来达到这一目的，而所增加的生产，为了他们自己的方便，一部分必将固定下来和积累起来，就是所谓的资本；——虽然他们将比不平等的分配积累更多的资本，可是不能因此就说，他们的资本的绝对积累必将是很大的。这要看自然所提供的原料的多寡，社会的生产知识

的高低，工具和机器的发展程度和利用这些东西的技巧如何了。无论这些是一种什么情况，或者是不足或者是丰富的，但当几乎整个社会的享受和技巧都注意到资本的积累时，资本的增加，在一切不同情况下，都比在只有少数资本家的情况下要大得多。那些资本家为了更多地显示他们的豪华使社会上其余的人的舒适遭到牺牲，结果必使干劲趋于低落。无论人们的生产知识等等是一种什么情况，当资本被广泛地分配在许多人手里，当劳动生产者同时也是资本家时，资本的积累就将比资本集中在少数人手里时要大得多。没有生产知识和原料，像在冰岛或者格陵兰的山上那样，就是有保障和有公平的分配也不能起多大作用，可是无保障将使人为的荒芜和自然的荒芜相等。在原料、技术、知识等等都有利的情况之下，在彻底实行分配的自然法则以维护保障原则的保护之下，美国的资本的积累有如此巨大的发展，以至在一世纪中，沿着俄亥俄和密西西比河的两岸，由劳动创造了围场、村庄、工厂、城市、整个的两个州。这些构成了一个国家的财产，不管它是放在了少数人或多数人的手里；至于能获得多少幸福，那就看怎么分配了。同样的土地在西班牙的无保障的制度之下和大地主大资本家的经营之下就一直酣睡着，多少年不能生产。诚然，这是实行这两个不同原则的极端的例子，但我们应该记住，无论在幸福的获得上或在资本的积累上，其结果是恰好与我们遵循这一个或那一个原则的程度成正比例的。

也许有人问，“没有大资本家怎么能经营大工业和大商业呢？”少数大企业所需要的是大资本，而不是大资本家。只要有资本，它是从一个人手里拿出来的或者是从五十个人手里拿出来的，那是无关紧要的。资本既然由于有保障而分散在许多人手里，任何有益的事业都可以由那些积极而能干的人凑足一百股或者一千股而兴办起来；而那些最为他们信任的人将在被信任期间来管理这些事业。这些管理者对于他们的同事和同僚在他们身上所表示的信任和重视将是满足的；于这个满足之外，再给以相等于或者略高于他们的同事的报酬，他们就会认为已经得到了足够的酬劳。如果所兴办的事业是一个制造业，合起来的股份可以购买机器和建筑厂房，或者从制造机器和建造房子的人那里租用这些东西。平常只需要普通资本的制造业可以像现在这样由个人经营。那些认为购股份的人每年从这个事业中取得的利益是以工资的形式还是以利润的形式对于社会没有重大影响。在所有的认股人都是这个制造业的雇佣人员的情形之下，他们只能以增加工资的形式取得利益。这样的事业将是大资本家——由于有见识的拥有较少资本的人们的长期竞争，这样的资本家很少能够存在——试图有害地压低工人工资的一个有效的牵制力量。如果每一个制造业是属于这种性质，那就是每一个劳动生产者能够在家里完成制造品的一部分，他就将购买已经配制到任何程度的原料，于制成后出售；如果市场较小就卖给消费者，如果市场较远就卖给中间商人，选择这些东西是需要技巧的。

在所经营的事业是一种商业，特别是一种对外商业的情形下，一个较大的资本是需要的。这种事业常常是由个人或少数人来经营的，因为他们具有这种商业所需要的关于远方国家的需要和生产情况的特别知识，而这种知识是一般勤劳的生产者所不容易取得的。在对外贸易上——这是很少有的——如果没有比商业企业中的少数个人联合起来的资本更大的资本就不能经营时，可以像制造业那样，采取合股的办法。一切那些发达的生产者剩余下来的资本自然都要用在这一方面，因为它能够比把同样的资本用在国内发展上——采矿、修运河、建筑桥梁等一类事业——提供获得更高利润的机会，不管这种国内发展是为了有利于普遍生产和互相交换，还是为了促进某一特殊部门的生产。至于那些谨慎的，眼光敏锐的勤劳生产者的储蓄是不会在国外投机事业上大胆冒险的，除非国内周围各方面已经达到了十分美好和有充分享受的地步。这样一个社会的成员的真正内部幸福依赖于生产的增加、消费、自由和互相交换的活动；它是不会因为一个不自然的国外贸易的炫目的诱惑而遭到牺牲的。在这个问题上并不需要法律。勤劳生产者的利益和知识就会产生极有益的结果。一个勤劳的有头脑的民族不会被空中楼阁引入迷途，而是能做出深思的判断的。另一方面，当一个美好的成功希望摆在面前时，他们一定会高兴地去从事于那个事业，渴望用他们的社会的剩余产品来交换其他国家用较少的有益的劳动的代价生产出来的任何有用物品。这些小资本家们的自愿的联合是不依靠任何奖励的，也不要求垄断和独占的保护；这个国家的最平凡的个人都可以积极地和他们竞争，这就使他们不能不顾及到自己的利益和有效地去经营，即使他们没有更高的考虑。

在工业上或者在商业上的许多少量资本的联合将产生一个良好的效果。它们将是一个保险公司，保证那些首先在未开辟的道路上探险的繁荣生产事业的勇敢的先驱者免于遭到全部损失和可能有的不幸。即使他们全部失败了（这是很少见的）每一个出资者的损失也是较少和容易恢复的。而今天的一个百万巨富的大资本家也不至于不仅自己会遭到突然毁灭，而且还会使许多和他有关系的人也于明天遭到毁灭。

这样，由于许多这些条件所起的作用，社会的资本将很快地大批积累起来而大有利于享受，而一切有害的不平等，也仅仅由于不强加以限制，或者换句话说，由于遵循分配的自然法则而得到了防止。

现在的无保障制度产生了生产者的不景气的竞争，在这种竞争之下，雇主们是自食其果的。他们的打算是从劳动者身上节省下来的一切东西都能使他们致富。如果一个人是一架不受精神影响的机器，像纺织机一样，只是靠机械的力量来生产，这也许是可能的。因为它的生产有一定的数量，不管雇主取走多少，生产品的总量是不会减少的。但人的情形并不是这样，人和一架纯粹的机器相比是受更多的和更微妙的东西的影响的。假设他生产得很多，如果用限制，用合法的或非法的掠夺，用严厉的规定剥夺了他的劳动产品的一半，他生产的总量就立刻开始减少。促使他改善他的技术和发展他的能力的那些享受和过独立生活的动机不再存在了；他感到不满意，变得漫不经心而且没有希望了；他不像往常那样敏捷工作了，因为是在为别人生产；他嫉妒和怨恨那个人；他把他的雇主看作敌人，勉强地对他提供被迫的劳动；他看到完成了的东西并没有喜悦之感，因为对他没有利益；像雇主的目的是从他身上压榨尽可能多的劳动一样，他打定了主意是生产尽可能地少，尽可能地坏和尽可能地懒惰下去。这样，生产出来的总量就随着雇主的目光短浅的贪欲的每一次增加而永远在减少。雇主过于愚

蠢和自私因而看不见生产下降的真正原因(各方面的没有保障);他们把它归之于劳动者们的笨拙、愚蠢和堕落——归之于他们自己造成的那种笨拙、愚蠢和堕落。生产继续下降,工资越低,生产品的价值就越低,甚至于低于工资的价值。劳动生产者的生活是悲惨的,而雇主也受到了惩罚。他们不去寻找祸害的真正原因而责怪工人们的懒惰、不诚实和邪恶;于是强力(永远是愚昧无知者的现成手段)就被用来制服恶行和降低这些人们所要求的不应得的较高工资。因为雇主有制定法律的力量而工人没有,于是就公布了比以前更野蛮更荒谬的许多新的限制、新的刑法;于是雇主们在利润减少的情形之下,就不得不以实行了使工人们感到气愤的专制来安慰自己。同时,劳动生产者就采取措施来击败这些不公正的法律;他们要用一种反对的力量来抵抗施加到他们身上的暴力;他们也从事于暴力的计划和联合,用来击败暴力的强权。这种强权以法律的名义压迫他们的精神并随着压迫精神而永远压制他们的生产。工人要用一种不公平的暴力来对待他们的同伴并用一种愠怒的威胁来对待他们的雇主,借此压服降低工资的不景气的竞争。他们学习他们的雇主们为他们树立的那种卑鄙的榜样,用自己制定的片面的法律来发布命令,强行规定劳动的工资。国家和社团的法律要降低劳动力的价格而他们的小团体的法律则要提高劳动力的价格。他们实行最讨厌的规定和最野蛮的即刻处罚以保持他们的工资。国家和社团的法律惩罚那些不肯在规定的工资之下做工的劳动生产者;他们自己团体的法律则惩罚那个敢于在低于工人们自己所规定的工资标准之下做工的工人。这样,社会就变成了一个战场,到处都形成了雇主们和工人们之间的对立壁

垒；在同等的保障影响之下，用来取得知识、提高技术、研究应用，从而增加生产的那些聪明才智，现在都被用来谋划如何彼此之间进行合法的或者非法的斗争和迫害；在双方的激怒之下，不仅资本而且生命也遭到了牺牲；作为再生产和享受手段的资本被荒唐地消费在疯狂的愚昧无知之中；双方甚至于为了所谓的不公正而互相报复无视法律或者凭借法律来进行凶杀。这就是使人沮丧的降低工资的不景气的竞争所造成的社会情况。当劳动生产者不采取这种反抗的暴力措施以对抗那些自私的目光短浅的雇主的合法掠夺和暴力时，社会上的工人们就堕入了无精打采的贫困之中，生产与繁荣随着他们发展所必需的自由劳动和自由竞争的消逝而被排斥净尽。

所以，很显然，不景气的工人们为低工资而竞争，不论它的结果是一切希望与努力的毁灭，或者是在工人与雇主之间引起对抗的组织，以及互相仇视和使用暴力，对于资本积累的希望都几乎同样是一个致命伤。工人们对资本家的积累抱着敌视，资本家对于穷人们的储蓄怀着嫉妒。为低工资而竞争，或者说降低报酬对于资本积累的不利正如同用优质高产为提高报酬而高兴地展开竞争对它有利一样。只有同等地和始终如一地重视分配的自然法则，“自由劳动、劳动产品的全部享用和自愿交换”才能普遍地引起使人高兴的为高工资而竞争，消灭使人沮丧的为低工资而竞争，从而保证最多的资本积累和最大的财富生产。由于大批财富具有更炫人眼目的效果——虽然拥有这种财富的人并不是很多的——和由于一切希望得到财富的人同情于这些被羡慕的大批财富的拥有者，所以人们赞同趋向于极端富有的想法，赞同积累资本到超过分配的自然法则所能积累的程度的想法是如此地自然,因而我们不论怎样注意用暴露的方法来反对这个极为普遍而又极为有害的错误,也并不为过。

第　三　节

从分配的自然法则产生的道德方面的利益

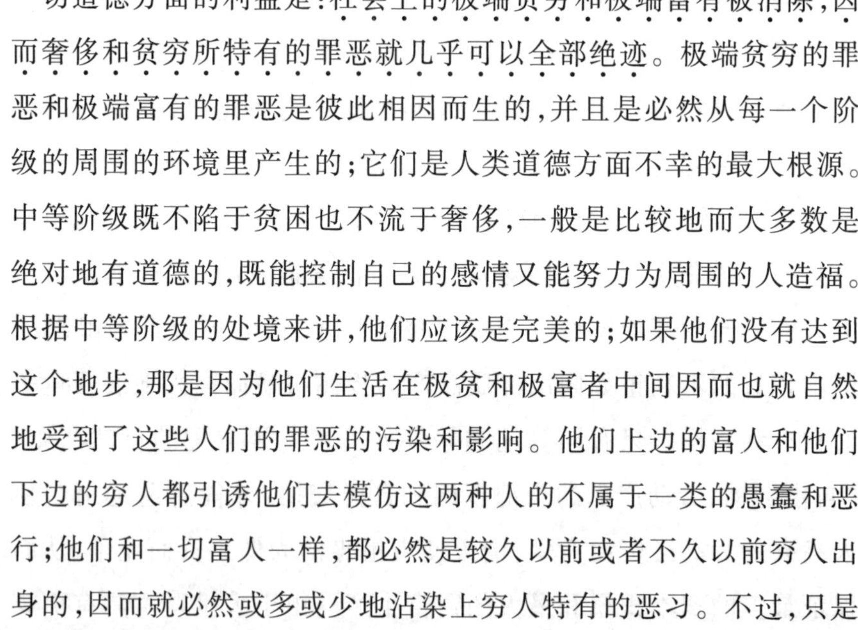

分配的自然法则,由于有同等的保障,所产生的巨大的高出于一切道德方面的利益是:**社会上的极端贫穷和极端富有被消除,因而奢侈和贫穷所特有的罪恶就几乎可以全部绝迹**。极端贫穷的罪恶和极端富有的罪恶是彼此相因而生的,并且是必然从每一个阶级的周围的环境里产生的;它们是人类道德方面不幸的最大根源。中等阶级既不陷于贫困也不流于奢侈,一般是比较地而大多数是绝对地有道德的,既能控制自己的感情又能努力为周围的人造福。根据中等阶级的处境来讲,他们应该是完美的;如果他们没有达到这个地步,那是因为他们生活在极贫和极富者中间因而也就自然地受到了这些人们的罪恶的污染和影响。他们上边的富人和他们下边的穷人都引诱他们去模仿这两种人的不属于一类的愚蠢和恶行;他们和一切富人一样,都必然是较久以前或者不久以前穷人出身的,因而就必然或多或少地沾染上穷人特有的恶习。不过,只是由于他们的生活处境,接近于平等——这种平等是他们靠不断的努力来取得和保持住的——,我们可以说他们是对有用的知识、优美的德性和不断的活动提供了物质基础的那一个阶级;而这些都是社会所藉以夸耀自己的东西。

前文所说的关于犯罪的那些话，可以在此处用到善行和恶德上边来。像大部分妨害社会的那些犯罪起源于财富的极端不平等，大部分是从长期的或者突然的贫穷和不幸的压迫中产生的一样，人们的大部分善行和恶德也是从同一个来源产生的。一切犯罪都是不道德的行为，那就是说，所有那些在法律公布以前并不是不道德的，也没有给社会造成重大损害的一切行为都不应该被法律宣布为犯罪并规定应该受处罚。进一步说，只有那种对社会造成最大危害的恶德而同时对于这种恶德的惩罚又不至带来比恶德所造成的危害还严重的后果，这种恶德才应该被认为是犯罪。这样加以限制之后，我们立即就看到，仅仅靠法律的限制来造成一个有道德的社会是多么软弱无力。它能够支配的行动是非常有限的。在此以前，由于干涉过多，由于规定了无穷无尽的禁令，它在人类中把贫穷、恶德和不幸固定了下来而没有带来什么好处。今后的法律在时代和民族的最大智慧指导之下，像其他用在谋求普遍幸福上的科学一样，不断地进步和不断地修改，在代议制度之下，它将成为每一种幸福的仁慈的保卫者，而不是一种犯罪的严酷的复仇者，——一个具有独占特权和侵夺权的狱吏。

为什么那些不幸的穷人应该是有道德的呢？谁管过他们？他们有什么可以丧失的品质呢？公众舆论对于他们的行动有什么支配力量呢？一群为赤贫所折磨的无衣无食的人，他们还想以声誉名望来沾沾自喜吗？当他们自己没有财产或者权利足以使他们对于别人缺乏这些东西抱有同情时，他们怎么能尊重别人的财产和权利呢？当他们自己过着真正悲惨的生活时，他们怎么能体会到别人的悲哀和暂时的轻微苦恼呢？只是谈到别人的轻微的不便不但不能唤起我们愉快的同情而且对他们是一种侮辱，将引起他们的愤怒。他们不知道什么叫做礼节，什么叫做舒适，缺少生活所必需，就从贫乏中产生了残忍。如果他们看看周围，他们就会看到许多人和他们是在同一的处境，具有同样远离开幸福的人们所具有的那种仁慈的同情的感觉。他们自成一个社会，一个受苦的、不能得到满足的、愚昧无知的社会；他们形成了他们自己的公众舆论，蔑视富人的公众舆论，认为富人以及他们的法律只是凭借暴力的结果。那些不幸的人向谁学习那些道德的原则、尊重别人的保障原则呢？（他们从来没有看见过这些原则被实行过）向站在他们头上的人们学习吗？向法律学习吗？那些高高在上的人们的行为和那些法律的作用对于他们自己已经成了实际的教训，那是一种压迫，一种限制，不得到他们的同意，也没有任何等价物就把他们的劳动果实抢走了。当语言或者理论或者命令与实际行为不一致因而落了空时，它们有什么用呢？这些永远不能给道德的行为提供动机。动机是从事物产生的，从周围的环境产生的，不是从空洞无聊的语言中产生的。语言之所以有用是因为它能够传达并给人以关于这些事物和环境的知识。如果这些东西根本不存在，语言就仅仅是一种欺骗。

社会上的勤劳生产者的道德，一切都与此相反。他们从童年时代起由于他们自己的安全得到了法律和周围的人们的尊重而被教导着——不是用空话而是用事实——他们完全享用他们自己的劳动产品，没有一件东西被拿走而不给一个公平的等价物，所以他们就必定尊重别人的所得。他们的需要已经得到了满足，所以当别人在痛苦中时，他们就认为那是一种不公平，而且感到救助这些人对于自己被伤害的感情是一种安慰。对于窃盗、欺骗和说谎的诱惑既然被消除了，这些不道德的行为就没有必要因而也就不会再发生。这里将不会有受苦受难的人们的公众舆论和脑满肠肥炙手可热的人们的公众舆论之间的冲突。不道德的行为不会得到别人的同情；因为保护这种行为对于每一个人都没有好处。宽仁厚爱的感情和博施济众的行为将大为发展。人们由于周围的幸福而心情愉快，面带微笑，彼此互相感应，如处于和煦的阳光下，享受的范围将增加千百倍。德行包含着施恩与受惠；一切故意的无聊的怨恨将被当作为疯狂而加以驱除。但因为自制是真正的永久幸福所不可缺少的，人们渴望得到这种幸福，所以一定会深切地考虑到他们的行动所带来的最遥远的后果；他们一定会研究他们可能形成的每一个习惯对于幸福的影响；一定会养成坚忍不拔的精神，自我克制的习惯和普遍的同情，以使他们自己能够因而也就应该在任何可能有的生活情况下得到幸福。同等的保障所带来的生产将获得劳动的支持，将因为有知识而提高，将受到普遍的重视。不劳动，不能对于人类整个的福利有所贡献将是一件羞耻的事情，一件被人责备的事情。如果不能从事于有益的脑力劳动或者体力劳动以为自己的生活生产出满意的等价物将被看作是一件不名誉的事情——虽然在有些情形下，财富的积累可能使这种劳动成为不是生存所必需——正像今天人们过着一种无聊的有害的游手好闲的生活被人看作是时髦的一样。每一种真正有用的才能，每一种研究和每一种有益的理想都将得到成长和发展。人们要求高度的聪明智慧和熟练的手工技巧以及一切其他有用的才能。由于生活的

富裕人人都将有力量通过教育取得知识。知识将不再被垄断来支持少数人的权势和财富,而将像廉价的棉布一样普及到所有的人,成为获得幸福的一种手段。

同等的保障既然不容许极端富有的存在,脑力和体力劳动既然受到人们的尊重,随着富有而产生的一切不道德的行为也必将几乎归于消灭。残忍无情、荒淫无度都将失去它们的物质基础。有节制将被公认为是(根据最普通的数学计算)能够成百倍地增加我们的一切快乐,甚至于和身体快乐同样的道德上的和知识上的快乐的一种手段,使这些快乐更深刻更持久。没有人再去愚蠢地羡慕那光辉耀眼浮夸无用的财富;效用将是每一件东西的试金石。贪婪无度地过多地追求财富,只是为了炫人眼目夸示于人而不是为了特殊的享受,将被人认为是一种可笑的病态;因为不具有相当的道德或者精神品质,单靠财富来影响人是没有力量的。在积极的、有知识的、独立的人群社会中,骄傲、狂妄、压迫找不到它们适合于生根的土壤。那些富有的人虽然不能从高尚的动机出发做些有益的事业,但也一定会学着在某些方面做积极的努力。他们的闲暇时间将用来提高自己准备担负议员、法官、教师等较高职务或者从事于发展科学艺术事业;或者由于他们能够担任这些只需要知识活动的名誉职务而不需要较高的报酬,他们将把政府和教育事业的用费减到最低限度。

在这样一种社会里,一个喜好权势和爱慕虚荣的人能够为他的野心找到养料吗?那想要投身于政治生活的人必须以得到他的勤劳而独立的同胞的赞许和敬佩为生活目的,因为是不是被提名来担负公众职务将直接地或间接地决定于这些同胞的投票赞同。

这样的社会能够为那些华而不实的有害之物，为那些无用的戏剧性的美丽的装饰，那些发光的宝石和耀眼的绸缎所诱惑吗？这样的人能够让他们自己做具有野心的阴谋家的工具吗？什么样的动机能够提出来引诱这样的人呢？他们并不饥饿；他们绝不愿意为了一点报酬或掠夺一些东西的希望而去冒受到惩罚或者甚至遭到耻辱的危险。当他们的劳动产品和自食其力受到法律的保障时，他们绝不受别人的压迫。社会赖以建立的唯一基础，生产的基础，他们的道德的首要原则，就是自觉自愿和对每一种东西提出满意的等价物。在这样的人们中间，强力能够是一个压制人的手段吗？只要有冒使用强力之名就是如此地讨厌，无异于标明这些人是傻子或是疯子，因为他梦想要使用强力来对抗整个社会的压倒一切的力量。

或多或少地直接从坚守分配的自然法则所产生的经济的、政治的和道德的效果，如果详细讨论起来将占很长的篇幅，因为这些法则的实行将包括影响到人类的全部活动和一切制度。这里只指出它的最显著的效果或者已经很够了。我们并不是认为这些法则一定会消灭恶行、消灭犯罪，消灭道德上的不幸，从而把人类社会变成诗人的天堂，更不是说能够比消除一个组织的偶然的畸形的生产更多地消灭一切物质方面的弊害。但它们一定会使这些弊害减少到最低限度，一定会使那些为现在的图谋不正当利益的人所支持的不道德的行为变为不常见的和不名誉的事情，能够为永久的不断的进步和改良打下基础，能够使社会上的广大群众成为勤劳的、有知识的、道德高尚的快乐的人。这些法则的实行将使人类的优秀的德行和才能有难于想象的更多的施展机会，使自然界的新的物质和新的力量对人类的享受有所贡献，从而使人类的处境上升到比他现在高一千倍的处境，比他现在的文明生活所能超过于新荷兰的海岸上吃生鱼的野人或新西兰的互相吞食的野人的高一千倍的处境。

公平的或者我们所说的自然的财富分配是与强迫的或者不自然的分配相对立的。这种分配所带来的人事改进具有一种超出于一切的使人鼓舞的条件。无论做出什么改进一定是永久的而不会再后退，回到贫穷、罪恶和堕落中去。这种改革是建立在社会上各个成员的利益上边的而不是建立在一时的热情、强迫、或者恐怖手段上边的，分配的自然法则一经付诸实现并保证本身能维持下去，已得利益就不会有再失掉的危险。在此以前，由于轻视了这种社会制度的永久性的基础，所以比较良好的建树都不过是暂时的。没有财富的自然分配，没有与保障原则相符合的可能有的财富的最大平等，代议制度是不可能长久继续下去的。古代的立法者，认识到了这一点，但不知道怎样用自然的方式（不用强力而用同等的保障）导致他们所希望的平等的基础，于是采取了奇怪的极端错误的办法：建立强迫的平等、在奴隶制度上建立自由、在永远没有保障的情形下生产、在一切非公民的被征服或者被贬低上来谋求公民的幸福。这些种类不同的因素必然要引起永久的冲突。他们不懂得代议制，不懂得那个建立了同等的保障之后所必然有的结果。这两大优点——同等的保障和代议制或自治政府——是如此紧密地互相联系和互相依存，因而这一个的建立必然包括着那一个的建立，不采用这一个也就必然牺牲那一个。没有同等的保障，代议制政府不能继续下去；没有代议制政府，保障不能继续存

在。无保障、非自愿和掠夺的原则是君主专制、寡头政治和它们的任何混合物所不可缺少的；只有纯粹的代议制政府是与保障原则相符合的。

现在可以注意到一个将对自由劳动和自愿交换的法则提出的反对意见，但是我们将看到，这个反对的意见却成为了运用这些法则将更为有利的另一个证明。

有人说："如果自由劳动和自愿交换是取得财富权利或财产权利的唯一有效的因而是唯一公正的和道德的手段，怎样来保护那些实际拥有财富的人，特别是那些拥有大批继承土地和享受土地收入的那些人呢？这些原则会不会打乱财产权呢？"

由于实行这些分配的自然法则而完全取消那些靠强力或者欺骗（用自由劳动或者自愿交换以外的任何方法）取得的原有的财产权或者权利，取消这些占有者或者他们的后代所拥有的土地、货币或者其他商品，这是我们所完全承认的。这个原则是一切未来取得财富的基础，因而也应该是一切过去取得财富的基础。但承认这种原有权利的应该被取消并不决定支持或者干涉现在的实际分配制度是有利的。要想支持那些不是用强力或者欺骗取得的财产，只要看看这种取得方式的效用就够了。如所证明的，靠坚持简单的自然分配法则，对于这样取得的财富进行保护是会给社会带来好处的，没有另外的好处能够和这种好处相比。

但是，要想支持那些在或大或小的规模上用强力或欺骗，用掠夺方式取得的财产，用劳动、技术、满意的等价交换，或者自由赠送以外的任何其他方式取得的财产，就需要一个较长的和较复杂的过程。在这种情形下，必须证明现在的分配方式不具有原来的取得方式或产权所具有的那种利益，必须证明，从原来获得的不公平所产生的一切无保障的弊害已经不再存在，必须证明在这种财产的现在的占有者中间已经有了某种自愿的转移，已经形成了某种习惯，已经引起了某种希望，所有这些足以抵消原来的不公平所造成的已经消灭了的弊害和这种占有可能给社会带来的任何其他现存损害而有余。我们并不是在这里谈律师们所要遵循的那些法条，我们是在谈立法者所必须遵循的那些最高的道德原则。如果原来的不公平所造成的弊害已经不再存在，如果这些成批的财产对于社会组织和社会结构或者社会制度，不再比其他部分财产造成更多的特殊的损害，那么享受这些财产的权利就应该同样得到社会的支持。但是，如果没有法律的帮助，没有根据法律或习俗而产生和固定下来的有害的社会制度的帮助，来支持强力或者欺骗，个人是不可能积聚和保持大量财富的，所以连根拔掉（不管这样做会有什么有害倾向）破坏分配的自然法则的那些法律和制度就成了每一个社会的迫切任务。由于简单地撤销对强力或欺骗的保护而产生的任何损失是不应该给予任何补偿的，正如取消少数人对多数人进行攻击的权利一样。因为社会如果予以补偿就必然造成重大损害，就必增加极端的富有和它的有害的影响，就必以另外一种名义对社会继续进行以前的掠夺；因为这种补偿只能来自于社会的未来劳动。如果严格地遵守平等的公平的法则，补偿倒是应该给予那些过去被虐待的受害者；但是鉴于受害者人数过多，因而这是不可能的，并且这种要求将引起无穷的恶感，所以比较有益的因而也就是比较公平的办法是忘掉过去，除非用过去来指导将来。

第 四 章

知识的获得和传播是提高生产和增加享受以及使分配的自然法则获得巩固的一种手段

第 一 节

知识与劳动和财富的关系

在前此谈到劳动时，我们一直是把指导劳动所必需的一定数量的知识包括在劳动这一名词之内。没有这种知识，劳动将不过是一种蛮力不能用在有益的目的上。为了使劳动成为生产性的，某些人必须具有知识，无论所具有的知识是多少，是全部或者是一部分，是为劳动生产者自己所有，或者是为指导他的劳动的那个人所有。在职业的和劳动本身的细密分工的情形之下，有时候在一个复杂的社会里，知识和劳动是如此地被分开，因而我们就必须单独地讨论它，来研究它和财富生产以及幸福的关系并防止这个可贵的手段被滥用以至于产生有害的影响。

人类如果没有一定的知识是不能生存下去的，至少不能以比有限的产品所能供给的更多的人数生存下去，这些产品就是和下等动物来互相争夺的散布在广大土地上的渔猎产品和野生的植物果实。就是这样，要想继续生存下去，也要求和下等动物具有同样多的知识或者更多的知识以弥补人类的体力的不足。要想使人类的多数，整个社会生存下去，他们就必须或者饲养家畜（如果他们的身旁有这种适合于被饲养的动物），或者学习怎样用圈地或其他方法来栽培和保护土地产品。为了这些目的的任何一个，他们都需要知识来指导他们的劳动以从事于生产。由于人最早地取得了这种知识，所以他才保全了他的种族以免于不幸或者灭亡，才能以较少的劳动和痛苦较小的劳动来过一种较幸福的生活。衣、食、住是人类享受的，同样也是生存的手段。衣是指随身穿用的衣服，住是固定的，如窝棚或房舍。当人从他周围的各种环境和意外事件中受到痛苦时，他自然就要消灭它们或者排除它们的影响；当他有取得新的享受手段的经验时，他就要把这些手段保持和固定下来，或者加以扩大。所以他就要从事于研究和发明的活动，以设计出供给他的衣、食、住的最持久的和最合意的方式。这就引导他取得更多的知识，了解各种东西的性质和用途，这些东西如果在更大范围内应用和具有更大的效果时，就是我们所说的自然力量和自然规律。有知识的人和劳动生产者于是被远远地分开；知识不但不是劳动者手里所掌握的一个劳动工具，不但不能提高他的生产力，不能指导他如何使用劳动力以使劳动发挥它给予人们享受的最大效能，而且几乎到处都在反对劳动，不仅把它的宝藏从劳动生产者那里隐藏起来，而且有计划地欺骗他们把他们引入迷途，以使

他们完全成为机械的驯服的体力劳动者。在人类获得了这些五花八门的各部门的知识，从完全是无助的愚昧的地位分开的同时，我们不能期待他一定会立刻起来对于所有这些谋求幸福的手段，对于他周围的和他一样的人的癖好做冷静而可贵的研究，以把它们用在为所有的人生产可能有的最大幸福上。

在社会的早期，劳动和知识是很自然地互相伴随着的。最有知识的人也就是使他的知识成为有用的最勤劳的人。文明发展到完美的地步，劳动将重新与知识结合。在社会从落后向文明发展的过程中，劳动与知识的远被分开是不可避免的，是很自然的；因为劳动的过程变化越来越多，越来越复杂，也就越要求精巧的技术，而知识的进步所包括的对象越来越广，也就越要求更多的时间和专心致志来取得这些知识。在社会的早期，知识伴随着劳动是因为二者都简单而容易理解。在发展了的文明社会里，在彻底有保障的影响下，它们都是发展了的和成熟了的，所以将重新结合起来，永不分离；因为每一个人的幸福都有这种要求，因为社会技艺的进步和发展提供了这种可能。

当我们想到同等的保障，由于它所导致的丰盈的财富和财富的平等而直接地和间接地趋向于产生大量幸福时，知识与劳动或者生产的紧密结合就更是不可缺少的。也许当建立彻底的和同等的保障时，就预想到了文明和社会科学有很大的进步，预想到了人们能从过去结合的效果中取得丰富的经验，所以建立分配自然法则那个同一智慧，也必然能够排除影响这些法则继续下去的一切原因。

无疑地，一个社会由于相信分配的自然法则的效用而能很聪明地建立这些法则，也就必然能够有足够的聪明在成员中间推广和传授支持这个社会所必需的那种知识。让我们看一看这可以用什么手段来完成和知识对于财富的生产与分配以及从而产生的幸福有什么可能的影响。关于知识的影响，或者知识一定会以什么方式起作用，我们可以看到它是在下列三方面与我们的问题紧密联系着的。

知识能够经常地发明出改善技术的方法，使劳动能够在产量上或者在质量上或者在双方面有所提高，从而无限地增加作为享受手段的财富；

知识能够告诉我们食物、空气、热等等对于我们身体的影响和我们自己的和别人的行动和激情的相互的和对我们自己的影响，保证做到谨慎，包括自制、坚忍和仁慈，从而无限地增加从物质财富中得到的享受；

知识使社会的成员经常考虑从分配的自然法则产生的同等有保障的利益，从而使任何趋向于无保障、不幸、不道德的倒退运动成为不可能。

这就是知识在与财富有关问题上的某些影响。或者没有人会认为：在生活于分配的自然法则之下的社会成员中间传播知识会于这些影响之外产生其他影响，或者不产生这些影响。那么，现在就让我们看一看这种人们所希望的和财富分配一样的知识的传播应该用什么手段来完成。按照现在社会组成的情况，虽然有三种传播知识的方式：

第一，是用社会制度的方式；这些制度构成围绕在个人周围的一些事物和活动的情况，养成他们的习惯和给以与他们有关的知识。

第二，用文章或者讲演的方式，私人的或者公开的，以成年人或者它的任何一部分为对象。

第三，用教育的方式，完全以青年人为对象。

第　二　节

作为传播知识或者压制知识的手段之一的社会制度

在传播有用知识的一切手段里边，用教化的、政治的或者其他社会制度来达到这一目的是最能起作用和最持久的一种方法，假定这些制度是建立在合理的和真理的基础之上。制度能够靠自己的作用把自己保存下来，所以就其本身来说，它是一种最完善的手段；但在此以前，它在传授知识上所起的作用却是非常有限的，实际说来，它常常被用来败坏和消灭知识，或者把社会上能够生产的有用成员关闭在知识的大门以外。在制度这个项目之下，一切教化的、宗教的、政治组织的作用和活动，一切从这些组织中产生的包围在人们周围的，和人们在其中成长和生活的环境和事物状态都包括在内；至于读书，写字一般人所说的狭义的教育当然不在此限。把一个一岁大的英国孩子送到土耳其去和把同样人的孩子从埃及或者小亚细亚送到英国来。这个小穆斯林在一个英国家庭中定居下来之后，就和它的一切日常家务搅在一起。他模仿那些行动，取得了那些感情，慢慢地他就加入了他周围的人所从事的活动。他具有了教给他的实际应用某些技艺所必需的知识，而这种

每天学习和应用并与许多联想结合在一起的知识就成为了固定的和难忘的。一切习惯,如活泼、勤劳、清洁、真诚、节制、冷静、诚实、互相关心——或者与所有这一切相反的东西——都从模仿中,从周围的人们起好作用或坏作用的意见的影响中被养成了。那些周围的人们的行为和意见又主要是由他们生活的舒适或痛苦造成的,而舒适或痛苦又是从财富分配的适当和不适当中产生的。他的保护人所常去礼拜的那些地方,他也去;他时常看到的一个宗教的、法律的或者社会性质的礼节或者仪式将在他和他的同伴们心理上同样起作用。奖赏与惩罚,私人的或法律上的,将分别在他的心里引起温和或者野蛮感觉的存在。而且,按照他在其中成长起来的生活地位的不同,他将由于特殊的处境和特殊的环境而具有特殊的性格。当他长大时,如果他是一个男人,他将在社会的专断的规定之下参加他的地位所能容许的一切政治团体。这样一个移植过来的回教徒孩子,在年轻时不必从书本中受到教育,在成年时不必听或读什么讲演报告,只是由于周围社会制度的影响,他就取得了一个英国基督教公民的感情、习惯和知识。

那个送到土耳其去的基督教孩子将以同样的过程变为最后的和最伟大的先知的忠诚的信徒,正如同那个回教徒孩子变为耶稣基督和基督教教义的信徒一样。只有一个神,在各方面都将发出这样的回响,因之对于那些侍奉三个神的或者分裂神性或者把神性混合起来的怪物们就怀着说不出来的恐怖。那个移植过来的年轻基督徒从会说话的时候起就被这样教导着,他分领圣餐,参加宗教仪式,和他生活在其中的那个家庭一起从事于日常活动。他的意见是从他周围的成年人那里形成的。他看见别人做什么,他就模仿;别人认为应该做的事情,他这个最无助的和最无知的人,也认为应该做。他参加他的同伴们的工作,分享他们的快乐,具有他的同伴们所具有的感情。那个年轻的回教徒看到所谓的法律被专断地实行着并且常常看到人们送礼给法官以为自己赎罪;他从来没有怀疑过这种送礼是否适当或者探究过它的效果,正如同一个没受过教育的不列颠人从来没有探究过英国的法律税和诉讼费有同样的效果一样。他看不到那些被委托掌权的人有什么责任;他所形成的观念是,有权的人对于无权的人行使权力而不必负什么责任是权力本身所必有的属性。他不久就认为强权即公理。他既然不知道什么叫作责任和什么叫作公平合理。所以那个年轻的回教徒随着年龄和欲念的增长将毫无顾忌地任性而为。他在这一方面模仿他的同伴,因而他就随着弯刀和头巾而取得了愚昧、凶狠和土耳其人的整个性格。

我们可以设想第三种情况,假设一个孩子,不管他是一个基督徒,一个土耳其人或者从小就是一个大喇嘛的信徒,被送到一个内有理性的人组成的社会里边去,在同等保障的影响之下来生活;他看到每一个人都在享受着他的劳动产品,他看到没有一件东西从任何人那里被拿走而不给以一个满意的等价物。随着他年事的增长,他就这样为公平合埋的首要原则所感染。他被教以一种生产技能;他尊重生产,尊重和平的劳动,因为他看到生产和劳动能够给人们造福因而被人们实践着并受到人们的尊重。他周围的每一个人都是诚实而坚持真理的,因为勤勤恳恳的劳动很容易满足需要,所以就消灭了不诚实和欺骗的原因;欺骗不过是为了有助于不公平的取得而产生的一种附带的罪恶。他看到了周围人们的整洁、有秩序和高度的技巧，他就模仿他们。他分有和他生活在一起的家人和同伴们的一切感情。但是因为一切强力已被排除和关于财富的每一种交换都必须是自愿的，所以，这个同一原则自然而且必然地将影响到他的每一种心理活动。因此他虽然分有别人的感情，但他也会逐渐地学会自己来对这些感情做出判断，那就是说，判断它们是否适当和放任这些感情会有什么后果。他在长大时，他将被邀参加社会上的政治的、司法的和行政的组织；这些要求他使用他的才能；这些才能所给他的力量和他使用这些才能的方式将使他成为他自己和别人所尊敬的对象。他认识到公众舆论的力量并且参加公众舆论的决定。公众舆论成为了从事生产和每一件被认为荣誉的事情的新的动力。无论他的偶然的环境或者他的特殊的资质把他引导到什么积极努力的方向上去，或者是属于知识方面的工作，或者是美术的或者是更为实用的工艺，他都将高兴地专心致志地从事于积极的活动、懒惰的被认为不名誉、从事有益活动的幸福和一个有知识有道德的社会的使人鼓舞的赞扬。在这样的社会里，由于财产的平等，所以单纯财富的影响被减少到最低限度，公众舆论代替了财富的影响，才能和德行是得到公众赞扬的主要手段。生活在这样的社会里的人，在这种教养下和政治环境中长大的人，无论他从事于什么事业，谁能限制他的卓越的成就呢？在这样的一个社会里，他的生活必将是有意义的和幸福的。

这就是既不需要任何正规的教师，也不需要任何有系统的讲授，而只用社会制度来传授知识和形式性格的方式。在成年以前这样形成了的错误的判断、反感和不道德的行为，尽管与最清醒的理智及最明显的利益不相容，然而大部分仍将是毕生难忘的；习惯

既然一经养成，就成为本人的一部分，所以我们应该看到，单是保障原则的建立在形成品格上和一个社会的思想和道德习惯上就有极大的功效。但是，如果一旦分配的自然法则建立起来，并在一切立法的和执行的各部门中得到那个社会的尊重，这样是不是就够了呢？就足以使这些法则本身维持下去呢？是不是这个社会除了提供在这种情况下所必有的取得知识的便利和动机以外就不必再做任何事情来传播知识了呢？

一个社会，即使已经实行了保障的原则，但除非社会的组成有直接的要求，社会的管理部门就不应该做任何更多的事情；社会的有才智的成员自己应该在对成年人传播知识和对青年人进行训练和教育上做出远为更多的事情来，而且在现在的知识情况之下也一定能够做出一些事情来。理由是这样的：从保障原则中产生的自由研究的风气，如果不受到政府的任何干涉，一定会永远使社会上的任何成员贡献出他所具有的关于任何有趣题目的有用知识。他们所以能这样做是由于他们想要造福于人，或者是为了名誉，或者是为了博得公众的赞许，或者是为了热爱真理，也有许多情形是为了金钱上的利益。单纯用权力来干涉是永远与真理的利益不相合的，因为真理应该立足于它自己的优点之上。当政府假作要用威权来支持真理时，权力的行使就会产生一种偏见，一种心理上的不安，因而也就必然是有害的，因为它不是从任何更多的关于那个问题的恰当证据中产生的。一个政府能支持同等保障的原则，支持同等的思想自由、言论自由和行动自由就是对于扩大知识领域或在成年人中间传播知识，做了它一切所能做的有益的事情。

人类知识的两大部门，自然科学和伦理科学，其中的伦理科学

这一部门已经由于政府的干涉而完全停止了发展。在指导人类行动的伦理科学这个部门上,每一个政府都认为它自己是尽善尽美的,如在法律上、宗教上、道德上、政治经济学上等等。它们不仅常常对那些想要进行改革的人而且对那些和它们已经建立起来的一套东西有不同想法的人,用直接给以损害的方式或者间接取消福利的方式,加以迫害和惩罚。它们在这个部门上的利益是反对一切改革的,它们的干涉也就必然永远而且在最大程度上是有害的。至于在自然科学方面,它们的利益(是在他们清醒到能够看得见的时候):那些在它们支配之下的人应该尽可能地有知识、有技术和生产出更多的享受资料以供它们使用。可是,尽管这些东西对政府有利,和尽管政府也喜爱光荣,但自然科学知识仍然到处受政府的压迫。人们必须教和学某种理论体系。效用不是它们所传播的那些东西的检验标准。领有高薪无所事事的教师们忌恨那些干涉他们的研究的非教师,他们永远憎恶革新。结果是,在欧洲各地几乎一切进步,即使是在自然科学方面的进步,几乎一切用各种各样的刊物来传播知识的努力,都是由自告奋勇的劳动者们做出来的。如果我们于政府所能做到的和所能允许的之外,没有发现什么也没有传播什么,恐怕我们现在的处境不会比中世纪的黑暗时期好多少。这些政府是很勉强地被近代进步精神推向前进的。

让我们对于单纯社会制度在形成人类性格上的重大影响做片刻的回忆(以前我们对此过于轻视了)。它完全不必靠对青年人或老年人进行书本上的教育,就能随着它所带来的不同的活动或者不同的环境而把人变成为积极或者懒惰,凶狠或者温和,文雅或者野蛮。如果说我们对于这些制造人类性格的机器现在所每天正在造成的和过去所已经造成的影响还没有按照它们的重要性予以足够的注意，那么我们对于社会制度所产生的重大利益就想得更少了。社会制度依据保障的原则今后必然在一切自愿受这些社会制度有利影响的人们身上产生这种利益。

这里必须防止一种反对的意见，虽然这种意见来自一切人当中最没有权利提出这种意见的人。旧制度的拥护者（所有这些制度都是建立在强迫的原则之上的——强迫征收它们的维持费用——强迫别人必须对于某种意见同意）反对用社会制度来提高人们的品格，认为它把人训练成为机器。

人人都会承认，如果这种道德上的反对有理由的话，那么单纯财富品的增加和平等的分配将不会产生什么利益，并且能够被证明为是一个与利益相抵触的东西。当人们要对一切问题，要对要求他们接受的某种意见，特别是那种必然将引起行动的意见，做出决定时，对所有的人说来，自由行使这种判断的利益和在行动上完全出于自愿的利益，显然是极为重要的和对于财富、知识和仁爱的继续存在也是不可缺少的；因而很显然，对于任何制度的支持，如果含有对于这种利益的破坏，都将付出很高的代价。任何制度，无论新的或旧的，如果要求这种牺牲，它们就显然是为本书所提出的原则所谴责的。这里所拥护的只是通过聪明人的理解而为他们所愿意接受的制度。

一切旧制度，政治的、社会的、或者教化的，都是建立在与此相反的原则之上的，那就是说建立在压制人们行使他们的判断力之上的。这些人或者被教会或者被迫去服从制定法律的人所制定的法令，这样就用曲解或者用绝对的压迫来指导着他们的意志。所以,这些旧制度的拥护者在把这些原则和新制度联系起来时,如果能看到他们自己的这些原则的缺陷而提出抗议,那简直是一件奇怪的事情。

人类的活动是从欲望对意志起作用上产生的。什么东西产生这些欲望,引起这些欲望呢?人们周围的环境。这些环境指着什么说呢?人们所处的关于生活舒适品和便利品的富裕或者贫乏状态,他们依靠别人的意志而觉得快乐或者痛苦的程度。这些遭遇,富有或者贫穷,自由或者被奴役,在与人们有意识的行动有关方面,又决定于什么呢?就是决定于制度,决定于那些握有实力的统治者所设计和支持的各种手段。他们想出这些手段就是为了维持财富和权力的分配以求最符合于他们的特殊观点。人们的活动就被这些手段这些制度限制着和支配着:对于某些人,给以超过于别人的权力;从另外一些人,拿走一切权力——除卑贱的屈服之外,什么也没剩下,而伴随卑贱屈服的就是卑贱的贫穷。

那些掌握实力的人所曾经采取的制度和手段是多种多样的。他们用这些制度和办法来引起动机以指导他们的同胞从事于为他们的愿望服务的活动。首先就是人们所说的政治制度。事实上这种制度中,常常包括着其余的制度。在这些政治制度里边,最重要的就是决定谁来行使管理社会的权力,谁来制定永久的或者临时的法律,应用并执行这些法律。这些法律以各种可能的方式影响着组成那个社会的许多个人的生产和活动。什么东西使那些法律制定者,那些指导人类社会公众事物的人,什么东西使那些政治家们,(人们这样称呼他们)具有比别人更广泛的观点,更高的智力呢(别人被排除于他们取得知识的那些手段之外)?除了他们习惯于行使这些权力，习惯于对这些措施做出判断之外，还有什么呢？他们不过是从经常制定法律和从事公众活动中学习——（像他们现在那样）到了不准别人——学习的东西。我们是不是愿意全人类在这种普遍感到兴趣的学问上都能像这些少数人一样地聪明智慧呢？给他们以同样的机会，让他们在实践中来学习，在制定和执行与他们自己的幸福有关的法律上也让他们有一份；那么同样的环境就会产生同样的效果。但我们是不是愿意社会上一般人比现在的那一群政治家们更诚实、更有道德呢？那就还是在制定法律的学校中来培养他们吧，因为在为公众谋福利的倾向上，这种学习环境对于他们所起的作用一定是与对于少数政治家们所起的作用完全不同的（现在这些环境只是对于少数政治家起作用）；这一点也用不着假定多数人本来比少数人更倾向于有道德。让我们假定这些多数人像少数人一样地盲目追求他们自己的优先利益；那么，如果他们的手段很高明并能用最有效的方法来追求他们的利益，其结果是什么呢？这我们就要问，什么是多数人的利益？多数人的利益正是聪明智慧而又仁爱为怀的人所一定愿意增进的利益。多数人由于他们所具有的感情，所增进的（就他们懂得怎样增进而言）是他们自己的唯一的正当利益。少数人也追求他们自己的利益；但这种利益，因为是与多数人的利益相反的，所以是不正当的利益，是有害的，是应该被抑制的。在保障原则的影响之下，每个部门的每个人所具有的知识越多越好，因为他一定会更清楚地看到：那个实际的方案能比任何其他所能提出的方案更多地为一切有关的人造福；或者，如果为了一切人的幸福他能提出来任何更好的方案，他就一定会有被采用的自信。他的知识一定能增

加他努力的动机而不是减少这种动机,因为他一定会看到要想获得幸福就必须生产,要想生产就必须勤劳;而遵守公共法令就是遵守他帮助建立起来的法令。这些法令是他和别人一起授权为了大家的福利而制定的,如果这些法律被滥用,他可以随时和别人一起对之加以纠正;这些法律也最能增进公众福利,也就是说,最能增进大批的个人福利。所以,那些用代议制和选举方法建立在自治基础之上的政治制度是传播知识的最有力量的工具。它首先能够传播人们最愿意知道的知识,他们和他们的同胞之间的道德关系,其次它能够从激发人们的好奇心和活动中,增加关于自然界的知识,科学和技术的知识。这两种知识都是为这些政治制度的双重作用所唤起的,那就是制定最好的法令的作用和作为一个发展成年人的道德和才能的学校的作用。

这里有一种可能(仅仅是一种可能,所以说,不能说它被忽略了),那就是在最好的宪法(它规定谁来参加制定、应用和执行公众法令)之下也可以制定出最坏的或者至少是很有害的法令出来。为社会制定一种良好的宪法也许比制定任何次要的法令需要更聪明的头脑和更丰富的智慧。但制定这两种法律都需要把同样的知识用在同样的事物上。那么,为什么一个社会有足够的聪明能够制定出最好的宪法来——最困难的工作——却缺少智慧制定出有益的次要的法令——不太困难的工作——呢?这是很难使人相信的!

尽管法律是从宪法产生的,但是,假设有害的法令已经在一个社会中存在,例如田间的或家庭中的奴隶制度,巨大的捐税和一堆支持它的租税法、商业限制制度、长子继承的法律,或者其他干涉财产的分割和自由交换的法律、排斥妇女的公民权因而也就必然排斥她们同样的政治权利的法律，以及其他可以叫得上名字来的上百种的恶劣法令等等，那我们就不能不研究一下，这些次要的法律对于传播知识和发展生产究竟有什么影响。

在土耳其的专制制度之下，黑人和白人，男人和女人，在某种偶然情形之下是同样以奴隶的名义被变成为财富品的。在美国的自由制度之下，自认是建立在理性和一切人权利平等的基础之上，都对于人类一大支派建立了奴隶制度；这是因为这些人在一些身体条件上，主要是在皮肤颜色上，和那些把他们当作马或者狗一样的财富品的人有所不同。这种为暴君和自认为的自由人所同样支持的制度对于真正知识的普及和传播有些什么影响呢？有些知识能帮助增加生产力，帮助改善人们的身体或者精神的构造从而使生产出来的东西更能增进人们的幸福，或者能帮助把同等的保障和分配的自然法则维持下去，对于这些知识的普及和传播有些什么影响呢？一件奇怪的事情是，在专制主义下的奴隶制度往往不像自由国家里边那么凶暴。自己获得自由的人和专制主义下的奴隶主比起来，对于他们的奴隶是更凶恶的暴君。可是他们也为这种卑劣的制度而受到了应有的惩罚。在其他情况下，所有那些一定会用来扩大知识领域，或者用来以前边提到的三种方式来传播知识的精神力量，现在却必须用来筹划和维持一些办法来把奴隶保持在奴隶状态。奴隶们所有的一点观察力和判断力也用在怎样减轻他们的劳动和怎样打碎他们的枷锁等反抗办法上边。奴隶主的政策自然是尽可能地使奴隶停留在愚昧中。在科学和艺术知识的发展上不可能找出比这个制度再有害的制度。它在社会的物质

和精神状态的改善上有什么效果呢？一方面拥有一切权力和享受，一方面完全是被迫的屈服和贫困，在奴隶主和奴隶之间，除了互相敌视和互相仇恨之外还有什么呢？奴隶们不能有任何财产，他们的劳动也不能使他们取得任何东西，他们能够诚实吗？只有他们所咒骂（这种咒骂是应该的）的主人才能从说真话中得到好处，为什么他们要说真话呢？他们被折磨或者时时刻刻在被折磨的恐惧中，除了伪善和复仇之外还能有什么感情呢？在主人那一方面，由于没有必要使用同情和慈爱，所以他也就不能从这些上边得到快乐，他寻求其他取乐方法，沉迷在官能的享乐中，在残酷的游戏和兽欲的放纵中。主人在不幸和不道德上，在缺少智虑和人道上以及在智力的受限制上，不过比奴隶略逊一筹而已。

一切支持奴隶制或者有这种倾向的法律不仅不能有助于增长知识和促进生产而且是那些最终消灭知识、消灭生产和幸福的最有效的手段。

假冒为善的好色者把人类半数的妇女称为最可爱的、最天真的和最善良的一部分；但关于这半数妇女的社会制度，如果把它们归到田间或者家庭中的奴隶制度的项下，恐怕再合适也没有了。这种制度无论在专制国家里或者在共和国家里都几乎是普遍存在的。男人对于女人是世界上最可爱和最讨人欢喜的动物，女人对于男人也是一样的；所以关于可爱等这一类的无聊的说法，是两两相抵的。妇女在天赋上体力较弱，因此她就身体上的巨大不便和痛苦，而男人是没有这些的。是不是男人因此就有理由于女人那些天然不可避免的缺陷之外再加上一些可以避免的人为的限制呢？或者他是不是更应该努力去平衡它们，用人为的有利条件来补偿那些天然的不可避免的缺陷，以使大家最后都能得到同样的幸福呢？但是，让我们看一看，在传播知识这个问题上，妇女在被保持在家庭的、社会的、政治的奴隶地位都有哪些绝对的影响。首先，由于妇女不能和男人同等享有取得知识的手段，一半知识和一半应该从这些知识中得到的可以被一切成年人享受的幸福被随便地牺牲了。不管这种知识以什么方式起作用，或者在当前的文化教养和文化活动上给人一种快乐，或者作为唯一的一种有用的力量和对于心灵的影响的来源，或者作为一种从新的财富品上获得满足的一种手段，这个影响都是一样的；这个牺牲是毫无意义的；如同每年把社会财富的一半有意识地投入到大海中一样。其次，由于不给妇女和男人以所具有的同样的知识，整个社会的一般知识——男人的和女人的——从孩提时期起就被阻碍或者被引入歧途，而通常是二者都有。童年时代的最初几年无论在什么地方，由于身体的方便，一定都是掌握在妇女手里的，虚妄而不是事实的东西，荒诞的推理，有害的习惯必将随着家庭教师的愚昧程度而灌注给儿童。在这种情形下，虽然以后的全部教育都进行得很正确，也常常不足以纠正他从早期错误联想中受的毒害，因为这种教育再不能自由地用它的全部力量，通过儿童的认识和判断力，把有用的知识、真理和习惯播种在他们至少是未被引入歧途的心灵中去以增加他们的幸福。第三，男人在智力方面的发展和在知识方面的（艺术和科学）每一种可能的进步都由于必须绝对从男女之间的交往中取得相互的幸福而遭到了压抑和阻碍。这是人类天性所能容许的最密切和最亲近的一种交往。由于妇女被保持在愚昧状态，人类半数和另外在知识上占优势的一半在利益上是对立的，而

且她们永远在企图反抗那一半。女人必然用她们所具有的最好的条件来控制男人并从男人那里得到幸福;男人对女人也是一样,他们是彼此相互的。这种人类天性的普遍法则的结果是什么呢?女人既然不能从事于知识的追求,她们必然把她们一切努力用到身体方面去——美丽的容貌、漂亮的装束、风流的体态、迷人的手段以及与此有关的一切。她们所能分享和分担的一切属于物欲和当前的家庭琐事的东西必被她们放在最前列,并把它们看得比取得知识和与公众利益及国家利益有关的事情还重要,因为在这些事情上,她们是没份的。她们既然具有引起人类的最强烈的癖好的手段,所以她们就将把整个力量用在使激情和私欲,直接的享受和眼前的自私的快乐(最多也不过是限制在家庭范围以内)战胜博施济众和具有广泛知识的快乐上。女人的愚昧无知和本位的自私自利的观点永远是一种起作用的牵制力量,把男人的宽广的同情心和求知的抱负降低她们的水平上去。男人把心放在上边的东西只要不是她们,她们就把这些东西看作为敌人,就用每一种恶意的无知手段(因为知识不会是恶意的)来贬低这些东西的价值。这个致命的家庭机器的不断运转是一定能够达到它的目的的。男人中间的愚蠢的目光短浅的好色之徒,为了取得女人的欢心,也帮着说那些东西对他们无利。这样,人类较强的半数因为他们剥夺了另外较弱的一半取得知识的机会而在自己的美德和知识的减少上很公平地受到了惩罚。

这种人类半数的家庭奴隶制度几乎是普遍的,要纠正它所产生的弊害,唯一简单的办法就是彻底取消这种制度。给男人和女人以平等的公民权和政治权利;把保障的原则公平地应用到一切有理性的成年人身上；让财产在父母死后平均分配给所有的孩子，男的和女的。然后我们将看到在知识上的，因而也就是在道德上的加倍竞争。男女两性在学校里和在以后生活中的竞争以及妇女方面在公众舆论的嘉奖上和在知识条件的鼓励上增加她们的影响的竞争，而不是在一般的贬低知识上展开竞争。男女双方两性生活的快乐不但不会减少而是一定会成百倍地增加，因为他们都去掉了一切粗俗鄙陋之气而具有知识方面的广泛同情之乐。由于消灭了这个社会上半数人成为家庭奴隶的罪恶制度并代之以权利和义务的完全平等，在取得和传播知识上一定会有超过一倍以上的进展。

无论什么时候，只要我们着眼于这个社会机器，这些社会制度——或者说人们发现他们自己被安置于其中的与彼此有关的既影响知识又影响生产的那种状态和环境——的不可抗拒的影响就立刻抓住了我们的注意。我们已经讨论过了几种制度；要不是离题过远的话，用这个观点来检查一切社会制度也许不是无益的。

一个民族的性格，包括道德习惯在内，和一个民族的知识水平一定会从一切这些主要的和次要的制度对于一个社会所起的联合作用中被形成，——假设对于成年人没有口头的或书面的报告，对于青年没有学校教育的话。人们的生活当中的一切活动、一切欲望，每时每刻都要受到社会制度的影响。没有一种给与儿童或成年人的外部知识能与制度的影响相对抗；给与人们的知识必须能够消灭这种制度，否则制度就要消灭知识，如果一个明智的人认为应该在人类社会中普遍地形成勤劳、真诚、坚忍、节制、谨慎、仁爱和有教养等等习惯，以作为获得最大生产和从财富中获得最大享受的基础，他将首先注意到在人民中间直接妨碍形成这些习惯和养成与此恰好相反的习惯的现存社会制度。社会制度及其蕴含着的利益所起的作用和仅仅是知识的作用相比，就像事情本身所起的作用和代表那些事情的语言的作用相比一样，也就像一只桃子的味道或者一只黄蜂的蜇人所起的作用和对于这种味道或刺蜇的描写所起的作用相比一样。为了廓清障碍，为了在社会中给有用的知识的开始传播和道德习惯的开始养成开辟道路，一切反动的制度必须取消，一切阻碍与保障全原则相符合的最大的财富分配的平等的东西必须被除掉，换句话说，一切与分配的自然法则不相容的东西都应该被除掉。然后，我们就可以看到，以教育的方式给与成年人和青年人的真正知识，在帮助和增加生产以及形成作为幸福因素的道德习惯上，一定会产生难以估计的良好效果。然后，开始的将不是人类品性和社会状况的趋于完美，而是它们飞跃地向前发展。现在用来互相竞争和互相敌对的技术和活动那时一定会被用来为共同福利而互相合作。

几乎一切在此以前的有用知识的传播和已经取得的改进都是在不顾现存制度的情形下完成的。在人类存在和联合的早期，在发明书写的技术以前，甚至于在以后的各时代，在用印刷术把书籍传播到社会的进一步发展之前，人们性格的形成必然完全靠着现存制度。在所有国家里，这些制度都是必然在偶然的情况下产生的；并几乎全都是由愚昧的暴力或者是欺骗或者是二者联合起来造成的。它们的目的就是牺牲社会上的广大群众以使成功的人享有权力和一切享受手段。它不可能不是这样的：人类在最近的时代以前对于自然界的知识是很有限的，对于广泛的道德结合的知识就更少。他们很少像在古代希腊、意大利和其他各处那样，由整个社会根据不完全的知识对于自治的制度做过什么微弱的努力；即使做过这样的努力，那些制度也不久就由于缺乏知识和某一群野心家的篡取社会上其余的人们权利而遭到破坏。就是在理论上承认这个社会公平的首要原则也是最近的事情，那就是："一切制度和法律的唯一目的应该是增进社会全体的幸福；而在发生矛盾时，多数人的幸福应该优先于少数人的幸福。"所以，那些使社会广大群众的幸福，由于愚昧或者由于制度本身，在少数偶然握有政权人的假定的利益面前遭到牺牲的制度就几乎是普遍占优势的制度。如果这些由强力、欺骗、愚昧的结果杂糅而成的社会制度，除了偶然的情形外，能够对社会的全体或者大多数成员的利益起好作用，那倒真是一件使人惊奇的事情。尽管这些制度起有害的作用，但只要屈服于其下的人们一旦都有了知识，这些制度就必得到全部改造以谋求普遍的幸福。

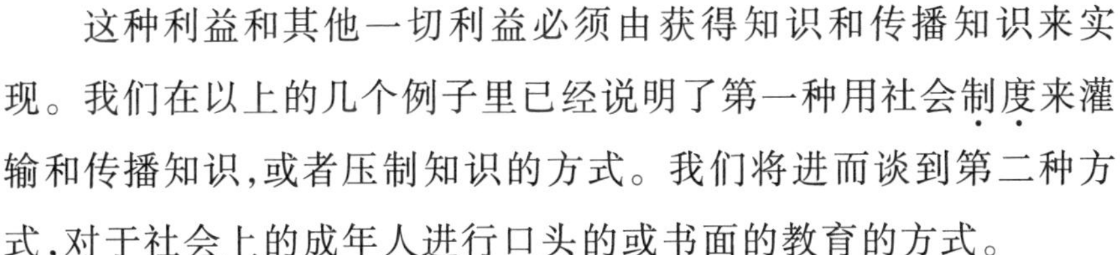

这种利益和其他一切利益必须由获得知识和传播知识来实现。我们在以上的几个例子里已经说明了第一种用社会制度来灌输和传播知识，或者压制知识的方式。我们将进而谈到第二种方式，对于社会上的成年人进行口头的或书面的教育的方式。

第　三　节

传播或压制知识的第二种手段，以成年人为对象的口头的或书面的教育；发展上的障碍

在此以前,人类是由社会制度所形成的一种没有反射的习惯支配着的,为了补救这种习惯力量的不足,永远需要有一种强力来限制人们的越轨行动。今后,对于有理性的动物必须用理智来管理。自印刷术发明以来,一种新的对于人类起作用的完全不可估计的力量在不声不响地插进来了。不同社会中的碰巧掌权的人物把这个力量当作一种新的支持或满足自己或者困扰敌人的一种手段,因而或多或少地帮助了它的发展。这就是日益增加的知识的力量,人类理智的发展;在与普遍利益有关的问题上,这种知识一经传播开和表现出来,就成为一种道德的力量,一种公众舆论的力量,在它面前一切其他力量都注定要投降。在以前的时代里,由于有害的社会制度的存在,由于没有印刷物来普及和迅速传播知识,这个道德手段,即使少数人认识到它的力量,也不能发挥它的作用。现在,它几乎统治着一切文明社会。它正在同样变成为公共道德和私人道德的公断人,成为一切制度的塑造者。当它正式被表明以后,将成为一个管理自己事务的合理社会的明确而合法的意志。

那些握有社会统治权力的人,由于他们的愚昧和忌妒,对于任何一种知识的取得和传播都是反对的。理由是:在他们开始取得对于他们同胞的统治权的时候,他们的权力必须建立在当时人们对于自然和道德现象与推理的愚昧无知上,或者是与这种愚昧无知有着联系。他们对于按照人类的利益来管理人类的办法懂得的越少,他们就越不能不用假定的优越的知识和各种各样的欺骗来维持他们的权力,而最终是永远用野蛮的暴力来作为支持。这些办法里边,一个最普通的就是假托和想象的神有亲近的关系或者是受神的委托。在这种神和人的合作之下，这些人就常常为了增加和巩固他们的势力而颁布一些物质方面和精神方面的法令，或者精神方面的法令而或多或少地含有物质的成分，以作为他们所制定的法律和制度的一种支持，或者有时作为这些法律和制度的一个构成部分。因此，那些继承这些最初的积极的创业者的人（他们由于缺少努力的动机必然是愚昧或懒惰的），如果可能的话，一定对于怀疑或不敬他们那个安排得最坏的机器的任何一部分的人实行报复，因为他们的权力就建立在那个机器之上。所以，几乎一切物理学、天文学、地球的形状和构造，人体的构造等等伟大发现都遭到了迫害，而那些发现者则被斥为是不信上帝的人和煽动者。

在地球上每一个地方，制度和权力就以这种方式与知识展开了斗争，一直到印刷术发明保证了知识的胜利。从那时起，知识逐渐战胜了野蛮的暴力和敌视保障的制度。在最后这五十年内，主要由于合理的政治制度抱有单纯的希望的推动，人们拿出了极大的热诚从事于研究和活动，科学和技术在使外界物质和自然力量的性能为人类服务上对它们作了征服，因之，在某些方面双倍地，在其他一些方面成百倍地，甚至于在另外一些方面成千倍地增加了给人们提供物质幸福的劳动生产力，同时也完成了过去认为人力不可能完成的目的。近年来，在自然科学方面实现的这些重大进展是因为那些在社会上拥有政治权力的人（当一般的福利和他们的明显的特殊利益发生冲突时，他们丝毫不愿意多增进一般的福利）很聪明地看到：科学和技术越发达，社会上的生产者阶级所生产的就越多，而剩下来供他们以各种方法来勒索掠夺的东西也就越多。因此，在英国和其他国家里，许多对于保障的古老的限制被取消了；许多野蛮的法律和公开施加的压迫在不同的时间和不同的地点被逐渐地放松了；在这样做的许多动机里，希望用征税的办法来进行更广泛的掠夺至少是其中起作用的一个。但是，劳动生产者阶级，文明社会里边的大多数，到现在为止，如果说从劳动生产力的增加中得到了好处，即使在物质享受方面也是很少的。增加了的劳动产品被以利润的形式，以冷酷的税收形式，从劳动生产者那里取走，给与了某些懒惰的、常常是有害的，一般是和掌握政权的人结成联盟的非生产者阶级。生产者阶级被保持在愚昧无知的状态中，使他们不知道什么是自己的利益和怎样自尊自重；繁荣工商业必须实行低工资这种有害的经济学说被普遍地支持着；一个国家的富强依靠它的人口众多这种同样愚蠢的学说也在流行着，这样就使生产者阶级不能有深谋远虑来限制子女的生育以便有可能过一种较好的生活。在普及道德的特别是法律的知识以前，这将是关于自然科学技术最有可能发展和劳动生产力最有可能提高的一个可悲的问题——大多数非生产者骄奢淫逸，恣情纵欲，享受过度，而生产者却在他们自己的贫穷和他们为非生产者所制造的华美的奢侈品的对照中而更被人鄙视。所以，对于根深蒂固，源远流长的社会罪恶的真正补救方法就是增进和普及政治的和其他的道德知识。对于这一点有两个无可争辩的理由：第一，自然科学知识比较很少地遭到敌视和阻碍；第二，一切自然科学知识的增进，如果没有相应的道德科学或道德知识的发展是没有用处的。

人们或者这样问："以后怎么办呢？是不是只应该由那些自

认为具有尚未传播给别人的政治和其他道德知识的人来努力普及这些知识呢？是不是以往用来普及自然科学知识的方法，写文章，做报告，也可以同样用来普及道德知识呢？是不是有同样的动机，像金钱的利益、喜欢影响别人、喜欢名誉、喜欢从事于学术活动和有时候也有仁慈的动机（或者与这些动机杂在一起）存在呢？”

毫无疑问，一切人类进步和幸福的希望必须寄托在由个人努力来普及道德知识上。所期待于现存制度的最多也只能是它们少加敌视而已。知识所要求于任何社会制度的或者说应该从它接受的不过是一条自由的不受阻碍的道路。从当局进行干涉，假做要以命令来阐明真理的时候起，从那个时候起，就给人们的判断带来了一种不正当的偏见，其结果是随着用权威来代替自由判断而恰好造成同样程度的成见。几乎每一个现存社会对于道德真理在它的成年人成员中间的传播都仍然有所阻碍，把这些最重大的阻碍归纳到一起来说一说也许不是无益的。

第一个阻碍来自愚昧、成见，特别是贫穷，这些都从现存的社会制度所造成的没有保障中产生的。

因为现在的社会制度的关系，一切社会上的大多数人，对于在成年以前给他们的那些代替知识的要不得的东西完全不能行使他们的判断力；至于真正有用的知识，如自然科学知识，道德伦理知识，就是在这个死记死背的教育制度下，也是什么也没有学到。所有他们取得的一点真正有用的知识是从他们所遇到的由于周围制度的作用而发生的一些事情当中和从不在这些制度控制之下的其他情况当中学到的。人类大部分的极端愚昧是一个无可怀疑的事实，因为直到最近，用知识来代替愚昧的努力还被看作是愚蠢和犯罪的;而且还有人公开地赞成维持这种愚昧并有许多人秘密地为保持这种愚昧而努力。

现在人们对于从这种愚昧中产生的障碍还没有足够的注意。它是既影响人们的智力或者说脑力又影响体力的。如果在年轻的时候,脑力和体力没有经过训练,不能接受任何刺激,它们就或者习于僵化,往往不能活动,或者向不利的方向活动。实在说来,虽然成年人在体力方面所受的影响较少,但它的害处主要是在智力方面。如果能唤起心灵的活动,如果成功的愿望和随之产生的注意能够活跃起来,体力的不灵活或错误的活动自然就会被克服,力量将随着训练和希望而灌注全身,在各方面感到的轻便和易于成功将使本人感到惊讶。所以,一个人的智力,判断的能力,如果没有积极活动起来和被经过训练,那就没有一件事情能对他的身体构造的任何一部分起作用,更不能对他的智力起作用。这种智力的训练是一种努力,是一个新的东西。从来没有经验过受训练的愉快,所以不相信它会有愉快;从来没有从其中得到什么益处,所以不相信能从其中得到什么益处。诉诸感官和激情,是的,这是可以的,但理智的力量并没有动起来。这就是唤醒愚昧的困难,因为必须有一系列费点力气的思维以使他们认识到什么是他们自己的利益。如果于愚昧之外再把某些属于判断范围之内的主张强迫地印入他们的脑子里并随着在他们的心里种下一种恐怖和厌恶的想法,并有时候给这些主张加上一种任何新知识的名义,特别是属于新的道德知识的名义,那就将更为困难了。在世界上的每一个地方,愚昧的人都被教导着认为:那些当权的人认为适合于灌输给他们的政治的和其他的道德观念是不会有错误的。他们从来没有被

教导过怀疑，他们看不到对于一个问题有形成多于一种意见的可能，因而那个唯一的意见自然就成了正确的意见，自然就是他们的意见。那些当权的人越愚昧无知，他们所要灌输的那些荒谬的观念越有害，自然也就越有必要用恐怖、厌恶和没有错误等等附带的手段来防范着他们所教导的那些人。那些愚昧和糊涂的人除了在运用他们的理智上遭到这些障碍之外，还有另外一种从每一个社会里的大多数人的贫困中产生的障碍（假设用写文章和做报告来对他们传播知识的门还是敞开着的话）。这种贫困剥夺了他们取得任何可以传授给他们的知识——口头的或者书面的——可能。在这种情况之下，一个拥护"简单明显的真理的人"会不会非常失望呢？在中等和高等阶级之间，这种贫穷的障碍自然是不存在的。但从他们的阶级的和职业的利益和交往中产生的成见和障碍却同样是积重难返的。贵族、法律家、僧侣各自屈从于和生活在压迫一切研究自由的制度下，受着盲目尊敬和支持某些教条、法令和成规的训练。他们一致同意的主要的想法是：那些不同意他们的观念的人应该——如果可能的话——受到折磨直到他们不再争论为止。这是必然从他们自己的不加深究就接受意见中产生的；因为他们如果懂得任何道理，就一定会由于虚荣、对智力活动的喜爱，或者为人民服务的愿望，而从对别人表明他们的意见和所为的正确与有益中得到快乐。这里，所剩下的能够在他们身上发生作用并有相当成功希望的就是从事生产的中等阶级了；他们所从事的职业不一定产生特殊的利益或者反对公正研究的成见。就是在那些有特殊利益和成见的阶级当中，也仍然可以找到一些人，对于群众利益比对于他们自己那个团体所特有的利益更为关心。

另外一些阻碍传播道德知识的障碍是从这样的情况产生的，那就是，在道德知识的领域内，和在自然科学的领域内不同，每一部分都已经为这样的一群人所占领，他们取得财富，拥有权力和主张自己的正确性是他们在这些问题上抱有某种观念和惯于传播这种观念的结果。试到关于道德知识的一个最重要的部门里，立法部门里看一看，看看这个部门的最重要的一个支派，宪法（它决定谁来制定、应用和执行法律），你就会发现，到处都有江湖术士的药包。这些术士们是不许别人追问的，他们唯一的理由和永不改变的回答是，“这是确定了的；这是宪法；我们有权利，像任何其他掠夺者一样，我们将尽可能长远地保持住我们的所有。”他们所行使的权力的效用如何，这些人是不容许讨论的。有时候，他们用命令或者法律的形式来宣布他们的意志，对那些指出他们统治制度所造成的弊害的人施加迫害，常常折磨至死。在多数情形下，执行他们的专断的意志是不需要什么正式法令的。有时候像在英国那样，他们对一切对他们或者他们的行事两次表示不敬的人宣告放逐。在人们能够像讨论铜壶是否适用于厨房一样地来自由讨论一个陪审员、一个国王、一个总统、一个贵族、一个人民代表在政治上存在的效用以前，是不能得出人类最应该知道的道德真理来的。那些追求真理的自然困难已经很够了，何况再加上这些人为的困难。假设有人试图用各种方法，口头的或者书面的，尽量向许多人证明，在厨房用铜制品有害健康，减少寿命，结果影响幸福，而因此就可以把他们投之监狱，在寒冷、潮湿和饥饿中把他们折磨至死，夺去他们的生产所得，假设这些用具的制造者握有这种惩罚权，那么在这种迫害制度继续存在的情形下，这些厨房的用具是不是有

改善的希望呢？可是那些握有政权的人就正是如此。如果他们的制度是有益的真理，是事理之所当然，不管它是昨天建立的还是一万年以前建立的，它就应该被肯定下来；如果是无益的，那么在多数受它的影响的人们认识到它的不便时，它就不应该再存在下去。尊重任何有害的东西，已经建立起来或者是还没有建立起来的——如果尊重它的人认识到它是有害的——是一种罪恶，不尊重是一种道德。

如果我们从道德科学的政治部门进而考察司法，或者伦理（私人道德）部门，我们将同样发现，几乎在各处，那些自认为正确的人都采取同样的立场。制度已经建立起来，这些制度的拥护者分享国家财富，行使国家权力并被这些权力支持着。中国和尚、回教法官和欧洲的僧侣与法律家对于他们的任何一部分制度竟会引起争论都同样表示愤怒。只要这些制度能给他们带来享受手段，他们还管什么其他效果呢？他们为什么要为这些制度能不能给整个社会带来幸福而分神呢？他们从自己的经验中发现这些制度能为他们自己造福，所以这些制度就一定是好的。他们为什么要向那些好追问的人和无事可做的人说明它们的效果呢？——这些制度存在，所以这些制度就是好的，那些说它们不好的人就是怀有恶意的。所有这些人的一生都用来从心里拥护他们各自的制度——大多数是荒谬的或者比荒谬还要坏——。他们的制度的效用，与社会上多数人的幸福有关的效用，从来没有被他们或者这些制度的创立者考虑过，即使有效用，也从来没有准备对这种效用做正确的估价。

但是，研究道德科学对于人类幸福是非常必要的，也是非常富

有吸引力的,财富的公平分配和人们在私生活和社会生活上的简单而崇高的自我支配权(像一切其他权利和义务一样应该建立在功利的原则之上)也是每一个人所关心的;所以,像粗犷的理性在过去的时代里产生于千年迷信的冷酷包围中一样,现在这种理性已经由于经验而比较地臻于成熟和更为聪明,因而无论在什么地方,人们都准备忍受政治的、法律的或宗教的迫害,所造成的流血牺牲,一直到道德科学能够像自然科学一样地不受阻碍,一直到没有一件东西可以被看作为非常神圣而不必受理智的严格检验,和一直到从一切新旧制度那里撤销一切支持,除非这些制度具有明显的效用。

这里还有不少其他障碍,影响着道德知识的发现或普及。在自然科学知识方面,几乎每一种有益的发现都非常有希望得到一种适当的或者有时候更多的金钱上的奖励。这是从它立即被应用(如果愿意的话,可以受到专利权的保护,不过要付出一笔完全是多余的花费)到某些技术上边,或者从本人声誉鹊起因而增加了被雇用的机会上边,或者是从作为一个公开的教师而吸引来许多学生上边得到的。与此相反,道德科学的发现没有任何能应用到有益的实用技术上边的可能,因而也就不能得到金钱上的利益。一个用新方法(因为如果用旧方法,它将仅仅是一种优越的行政管理)办理得很好的教育机关,一个学校,和少数其他组织,看起来也许是例外;不过,即使在学校里,真正的进步也会遭到现存制度的有力的,虽然是间接的压迫。或者唯一的对于自然科学和伦理科学都有好处的办法是用印刷来出版书籍,小册子和报纸等等。过去所取得的一切效果都可以说是用这种方法实现的,也就是借传播知识来消灭多年的错误成规——这种利益是可以从这种传播知识上得到的。把道德科学应用到时事上边已经使报纸的势力变得如此强大，因而由于它的优异的成绩而取得了公共舆论的称号。道德科学的一支，政治经济学，给统治者和与他们有关的人们的广泛的物质享受带来的，是希望多于恐惧，并且把它自己限制在几乎是财富的机械的考虑上。这门学问也经过了相当自由的讨论，不过，它给那些从事研究的人带来的仍是名誉多于物质利益。在英国或者任何其他国家里，最渊博和最有名的法律作家曾经把他一生的时间和充足的财力用在他所喜欢的研究上。这就是对于道德真理的发现和传播以金钱利益给以帮助的来源：一切研究讨论最终都会导向真理。

另外一种对于自然科学知识比对于道德科学知识更有利的特点是：一个自然科学上的秘密为了对于社会有用并不一定需要广泛地传播。任何工厂里的一项关于特别制造过程的知识，虽然只为少数制造者所掌握并为他们所保密，但仍然可以改进质量或者降低生活享受品的生产成本，从而使这些产品的一切消费者和制造者同样地获得福利。但道德上的利益大部分是从社会制度的改良中得到的，而一切制度的改良都几乎需要那些支持这些制度和为这些制度所支持的牺牲他们的财富、权力，或者他们永远不会有错误的声誉。所以这些制度的改变只能由公众舆论经过长期斗争来影响那些当权的人使他们肯于从事或者允许这种改良来实现。如果反对使用蒸汽力量的人要求在大多数能够对这一问题做出判断的人相信蒸汽的效果并要求使用蒸汽以前，不要使用蒸汽，他们将被人怀疑为别有用心。如果同时他们有使用其他方法的工厂并极力阻止对于蒸汽效果的任何讨论,他们就会更被人怀疑。尽管如此,我们向反对道德改良的人所要求的仍然是应该有自由讨论,应该并且只有在有利害关系的大多数人认为所提出来的任何改革是一种进步时,再付诸实行。就是在自由制度之下,制度的改善也只能在或者应该在有利害关系的多数人有这种要求时实现,虽然在这种制度之下,那些社会上负责的人一定会渴望引起讨论或者实行改善。或者,如果他们反对社会上公认为良好的制度,那他们就一定会立即被撤换而代之以更忠实的负责者。虽然在以保障原则和自由讨论为基础的社会制度之下,用印刷品可以大大加速传播和说服的过程,但道德真理本身产生实际利益的作用仍然是比较缓慢的。

对于道德科学的另外一个障碍产生于它的研究上的特殊困难。物理学所涉及的是一些能够看得见和摸得到的东西和成为感官的对象的东西并且可以对它们做各种试验。在道德科学方面,几乎还没有做过任何合理的试验。一切都是感情和兴趣的偶然冲动的结果。因之要把道德效果和它们的真正原因联系起来就必须有最细致的辨识力。物理学上的无机物是没有感觉的,因之我们可以随意对之加以分解以证明整个原因的每一个组成部分的特别效果,而在道德科学方面,一切都是以整体来起作用的,我们既不能把那个交替充当作用者和被作用者的人简单化,也不能把那些无数的对于他共同起作用的条件简单化。即使我们能肯定原因在什么**方向**上起作用,我们也只能对它的效果的**大小**做一个大概的估计。我们没有称量道德数量的准确标准,可是这一种最难的因而必然是最新的学问却正是那些厚颜无耻刚愎自信的统治者自认为最擅长的一门学问——在一切其他需要用道德知识来纠正的事情上,他们可以说随着时代愚昧的程度而最擅长！今后,在有保障的制度之下,由于消灭了阻碍改进的一切特殊利益,进行任何合理的试验(人类社会是不会进行任何他们认为不合理的试验的。因为这与他们自身的幸福有密切关系)将不会比个人在自然科学方面所做的关系着他们私人利益的试验更难。除了这些较大的试验之外,在各种现存的障碍被消灭以后,将进行小规模的道德方面的试验,它的目的是:如果试验成功就可以大规模地应用到全省或者全国。

好像这些对于获得和传播道德知识的障碍还不够似的,奸猾的统治者还建立了另外一层障碍:租税使书籍,特别是政治书籍增价一倍或者两倍,因而大大影响了知识的传播。

既然在成年人中间的道德知识的发现和传播上有这些障碍,还有什么希望能把这种知识有益地应用到财富分配上或者应用到产生一些习惯,以从一个社会每年所生产的财富的绝对量中得到更多的享受呢？自然科学知识与财富的分配问题关系很小而只是无限地增加财富的生产,道德知识必须支配财富的分配。但是,这一种知识由于从已经取得的东西里得到了动力,尽管有一切障碍,一定会不断增加,直到它能够消灭人事上的一切强迫而代之以说服为止。人类切身的利益将最终保证道德问题的自由讨论,特别是把这些道德知识应用到财富的生产和分配问题上。成年人每年都将更清楚地认清道理和他们自己的利益,直到他们能看到并承认在许多其他成见之中有一种极端的不公平,那就是强迫儿童不加研究地同意他们的意见,或者同意关于任何问题的任何一种不是出自于公正人士根据事实的意见。当人类开始被教导以只是根据事实接受真理而不具有任何先入的偏见时，从这时起对于成年人的教育将以我们现在所想象不到的速度和力量向前发展。道德真理和科学真理将携手前进；而它们的功效将完全靠它们彼此的紧密结合来决定。

在财富的生产和分配上如此有影响的第三种普及知识的方式，成年人以前的教育，尚有待于做进一步的研究。

第　四　节

传播知识的第三种手段，成年以前在严格的意义上对人们进行的教育

社会制度对于社会上的所有成员都有渗透一切的力量。对于社会上的成年人进行的教育或者教导，在此以前，其影响虽然是片面的，但却不断增加。这些已经都讨论过了；现在就要看一看，在对人们进行成年以前的教育上，我们能做些什么或应该做些什么以达到传播有用知识，特别是道德知识的目的。这种道德知识，由于导向普遍实行同等保障的原则和与同等保障相符合的最大程度的享受上的平等，将使自然科学知识产生最大的幸福。

近年来关于早期教育这一个题目提出了许多问题。很久以来，那些不问效果如何而对社会事业感到兴趣和由于成见而喜欢社会事业的人都把教育当作一个严重的弊害而提出彻底的反对。最近公开的反对虽然已经停止，但那些从事教育事业的朋友们就是在他们取得兰开斯特①和贝尔②的新教育制度的帮助之下也并没有做出什么事情来。失败的理由是很明显的;教育的提倡者过于乐观了,把它当作一个唯一有用的工具而对它抱了过多的期待。他们之中许多人和他们的反对者一样恶意地决定利用这个新工具以传播他们对于道德问题的特殊观点,特别是神学观点,而不许人提出疑问。因此,大家所争论的是:谁应该用新的方式把人当作机器来进行训练;不管它们将仍然被同样地训练成正确的或者还是错误的,他们的目的也不是使人们为自己而得到知识,而是给某些无关紧要的教条增加拥护者。另外一个失败的原因是由这个教育工具本身的性质所造成的,人们发现青年人在高级神学校里,受到了关于那个制度很好的训练之后,由于他们缺少广泛的观点和关于人类心灵的一般知识,却不能管理他们曾经在其中受教育的那一类学校;所以当任何意外的事情发生后,他们就找不到指导他们的一般原则。此外,贝尔和兰开斯特制度有一个严重的缺点,他们重视死记硬背,完全牺牲了理解。这个缺点本来是容易纠正的,但无论贝尔或者兰开斯特对于他们的学生的独立思考的能力都没有深刻的了解,他们也没有培养这种能力的真诚意图,甚至于他们根本就没有想发现这种能力。

尽管早期教育的绝对拥护者过于热心或者缺乏知识,但教育,即使从它的最严格的意义上来看,仍是可以并且能够成为传播知

① 兰开斯特(Lancaster,1778—1838年)是英国的教育家曾办理过日校和提倡过互教制度。——译者

② 贝尔(Bell,1753—1832年),英国的教育家,互教制度的创始人,写有《教育的实验》一书,但直到兰开斯特时,他的理想才为人所注意。——译者

识的一个极为重要的共同起作用的工具的。在广泛意义上的教育,包括一切对于形成思想和习惯起作用的外部环境的影响的教育,是不在现在的考虑之内的;我们的注意必须被限制在成年以前在学校里用书本——正式的教学而不是偶然的学习——,用有形的符号进行的读、写、听、看的教育。在此以前,这种制度,在受限制的情形下,对于社会上大多数人所产生的一点效果就是和现存制度合作以形成人们消极的习惯和盲目的服从。

学校教育包括两方面的文化教养,知识的和道德的,狭义地说,就是知识的取得和道德习惯的形成。这二者都完全是靠着对于思想或者大脑起作用而完成的。习惯和性格的形成正如知识的取得一样,只是靠着对于思想或者大脑起作用。我们叫作知识的那种大脑状态的效果常常表现在说话和写作上,而用性格或者习惯字样来表明的那种大脑状态的效果则常常表现在身体的动作和活动上。说心脏和思想或者大脑在产生我们的有意识的活动上有同样的作用,或者说它比我们的肺和胃与我们的思想或者感情更有关系,那是一种谎言,是既奇怪而又有害的。感受和判断同样都是大脑的作用。判断力和其他心理过程一样仅仅是感受的变形。结论是什么呢?所以我们必须放弃那种把“心”当作第二个观念动因的那种美丽而可笑的说法,而只是从思想教育中来形成良好的习惯、同样也形成正确的判断力和深入的理解力。

在思想教育的两种方式中,学校教育能够在哪一方面取得更大更有益的效果呢?无可比拟地,它在传授知识方面能取得最大的效果。但在此以前,就它对于社会上的大多数人的影响来说,它的力量几乎主要是用在了这两方面的哪一方面呢?用在了道德方

面、习惯的形成这一方面。但习惯产生于社会制度所造成的环境，而学校对于这些制度是无能为力的，它们必须服从和承认这些制度。它们所进行的苦口婆心的教训，因为和来自外界的真正利益相反，所以听者是置若罔闻的。

这里，我们对于教育的收效不大就有了一个满意的解释。因为在道德习惯的形成这一方面几乎完全是用直接手段，再不然就是用极不正当的手段——强制、压迫、恐怖等等——来进行的，而教育的有益的影响却只能是间接的。的确，当教育和万恶的社会制度合作，证实这种制度所引起的恐怖和厌恶时，教育的力量有时候也是大的，但它的危害程度也是与之成正比例的。

至于学校教育为什么在传授知识上收效很小，也是有一个理由的，而且并不是一个使人不满意的理由。那就是，一直到最近，人们所知道的真正的自然科学和道德科学知识以及传授这些知识的方法是很少的。因此在学校里所教的或者声言要教的——必须教一些东西以占用时间——东西必然都是些空话，或者无聊的幻想，或者空洞的教条，就是能帮助为善也是软弱无力的。

不过，实际的情况是：任何社会为它的大多数成员的教育所已经做的或者企图要做的一点事情，不论抱有什么邪恶的目的和采取什么愚蠢的手段，从它的效用上看必将等于零。它在成年以前的正式教育方面所做的真正的努力完全是为了特权阶级或者无论如何是为了少数富有者的利益，因为只有他们能够有力量使自己受教育。试看一看那些一般学校、学院、大学、四法学协会等等，它们全都是直接地或间接地由生产者阶级的劳动所得中维持，专为少数人的利益，独占的利益而设立的。它们必然是独占的，因为到这些学校里受教育的花费很大,所以百分之九十九的人被关闭在学校的大门之外。这些学校的目的和所进行的教育几乎都是为了支持某种预先规定好了的教条和制度,而不是为了研究和推广在道德科学或自然科学上可能认为正确的东西。如果有人对于这些教条和制度的效用怀疑和想加以考察就都被认为是罪恶而应该遭到恐怖和惩罚。这些学校就是用生产者阶级的钱来训练那些非生产者,使他们成为对他们从之产生的那些有害的社会制度的特别关心和热烈的拥护者,以把这些制度固定下来。这样,他们就可以垄断当时的一点真正有用的或者假定的知识,从而使社会上的大多数人永远不能得到知识,因而也就永远不能得到幸福。

从效用的原则上来看,这些为教育社会上少数人和最富有的人而设立的学校怎么样呢?这些学校是不是办理得很好,对于那些少数人非常有益和能够扩大知识领域呢?从效用的原则上来看,这些学校怎么样呢?这一原则要求追求幸福,因而也就追求知识,把知识看作为至少是多数人获得幸福的一种手段——即使不是最重要的手段——因而也就是社会全体获得最大幸福的一种手段。

效用原则要求这些学校的管理应该改变,它们不应该为少数人的利益服务,而应该致力于整个社会的进步。

赞成独享教育权利的人说:"使所有的人都变得聪明,或者使多数人变得聪明是不可能的,这是白费力气,是一种无代价的损失。最好是把力量集中用在少数人身上,通过这些受良好教育的人把知识传播到所有的人当中去,这样会比劳而无功地把知识直接传授给所有的人,传授得更多。无论如何,少数人聪明总比所有的人都愚昧好。”

曾经有人以同样的自信提出完全同样的理由，证明可尊敬的法律永远想要降低生产者阶级的工资和享受是正确的。“不能所有的人都富有，所以，无论如何，要注意多多地增加少数人的财富；因为财富被分散开就是丢掉了，也就是全都变成穷人和不幸者了。少数人富有和幸福总比全都变成贫民强。”

对于这两种辩解，我们可以这样回答：在无保障的制度之下，无论是财富或者知识，任何独占利益的一贯的趋向，是促使那个利益的占有者用它来取得更大的优势而不是借普及或者其他方法，用它来减低自己的相对重要性。关于财富，我们已经指出了它的强迫的不平等对于生产和分配的有害影响。普及知识的不平等比财富分配的不平等似乎更没有理由，因为一个人多得了知识并不能因而减少别人的知识；不过事实上是，人们多获得知识的唯一目的几乎都是为了多取得财富。

让我们看一看，任何文明社会的多数人是不是可以通过教育——在不受其他手段的牵制下——就可以和任何社会里的最智慧和最有道德的阶级一样的有智慧和有道德，因而也一样地幸福呢？我们可以看到每一个社会都有办法使它的多数成员比现在的任何史富有的阶级更聪明更道德——当然必须有从代议制或者自治政府产生的制度与之合作。

这并不是暗示说，学校教育，在和社会制度和现存的知识界状况相对抗的情形下，在一伙富有的狂热者（如果有这样的人的话）管理之下，能够做到这一点。不是的；它必须在社会上的多数人有意识地相信那是一件“应该做的事件”的情形下才能有办法。如果社会上少数人的利益和在数目上占绝对多数的人们的利益发生抵触时，就如所应该做的那样，只是照顾多数人的利益，那些多数人就会立刻看到他们的利益而主张用教育的方法把知识的可靠的好处公平地带给一切人。我们也不是在暗示说，在无保障的原则支持之下任何旧制度能够耐心地始终合作以建立一种普遍的教育制度。为了有益，这种教育制度的显著特点，应该是只教导人们以真理，那就是说，不是这个制度的创立者所认为的真理，而是经过研究之后，有学问的人所认为的真理。这种教育制度不应该用任何恐怖、压迫、诱惑、欺骗、反感等手段来影响人们的判断力，也不要求对于任何旧的或新的制度或者教条表示尊敬，只是让这些制度和教条的明显的效用或者真理来引起人们的必然的或自愿的尊敬。

和上述教育完全不同的是对于社会上富有阶级的教育，或者是用国家经费来办理的教育。这种教育的目的不是教给人们以真正存在的在性质上和在事实上都正确的东西，也不是教给人们以在行动和制度的后果和影响上都有益或者能够带来最大幸福的东西。不幸的是，几乎所有拥护教育事业的人，无论是为了富人或者是为了穷人，无论是同情旧教育制度或者是想要采用新教育制度，似乎都染上了他们用来谴责一切人而不谴责他们自己的那种毛病，那就是以他们没有适当根据的主张对别人进行教育，过早地对于没有判断力的人实行灌输，不许别人对他们所提出来的证据有同意或者不同意的完全自由。他们认为学生对于他们任何主张的不同意，都应该蒙受愚鲁的污名，这是一种简单的自然，相当严酷而又有效的责骂，就好像施之于一个班或一千个人里边的一个人的责骂一样，因为，他于经过适当解释之后仍不能理解“三角形的三个角之和等于两直角”。在这种教育上的基本错误和罪恶，——想以主张代替真理来进行教育，把主张及其理由强加之于学生而不是提供研究——消灭之前，每一个社会的多数人都将在某种程度上变成机器，那些训练他们的江湖术士可以为了自己利益而随意开动的机器。每一个由有知觉的、有理性的动物组成的社会的成员（自然是那些成员的多数）都应该为他们自己，为他们自己的幸福而受教育，而不应该是为了增加一些主张的盲从者，不管这些主张是科学的或者是哲学的，是神学的或者是反神学的，也不应该成为任何阶级或者许多阶级的工具；他们只应该为他们自己而受教育。每一个社会为了做出正确的判断，它的利益显然是认清事物的真相，认清自然界物质的真正性质和关系，认清行动的真正根据和真正后果，因之它的成员们的利益是只被教导以真理；真理的意义不过如此。

首先，每一个文明社会对它的全体成员所能进行的教育，在这方面是可以而且自然会比前此在压力和恐怖的保护之下向富人或穷人心里灌输或多或少的欺骗和反感的那种教育为优越的。真理（自然科学的和道德上的），一定会是知识追求的唯一的真诚的目的，因为任何社会的利益只能建立在真理的获得上边。较小的团体、集团、特权阶级、党派，如果它们主张他们特殊的独占利益，就都把它们的利益建立在支持它们的教义、活动和制度上，虽然这些东西在影响整个社会上与真理和效用是不相容的。但在一般社会里，情形就不可能是这样。真理永远不能与整个社会的利益为敌；如果次要的利益与真理不相容，它们就应该放弃。

这里就可以很清楚地说明，为什么一个真正有益的全国性的教育计划只能建立在社会大多数人的广泛基础上，因为只有大多数人的利益是与追求科学的和道德真理并行不悖的，而追求这种真理就是教育的伟大而正确的目标。

我们不仅需要把道德的和科学的真理普及到社会的大多数人当中去，用它来替代前此教导给少数人的学说和教条，而且要使所教的东西在数量上和在用途上都远远超过前此对于特权阶级所教的那一点真正有用的知识，以使之感到羞愧。我们要用什么手段什么办法来达到这一目的呢？怎样才能把这个有用的科学的和道德的真理显示给他们呢？第一，要立即废弃那些现在教给或想要教给富有者阶级的约占十分之九的完全无用的东西；第二，保留那些十分之一的有用的东西；第三，用完全适合于青年人心理的，从最近研究出来的实验科学和实用科学得出来的高度有用的和有趣的东西来代替现在所学的那种鹦鹉学舌式的文法学和外国字。

“什么！使社会上的每一个成员受到比过去以教育的方式曾经给过的任何东西，甚至比最好的东西都优越的教育吗？即使这个教育是所希望的并且能够增加社会的幸福，可是用什么手段来实现呢？哪儿有如此广泛的科学教育的材料呢？更重要的是，哪儿有实现如此广泛的计划所需要的经费呢？”

据一般人看来，整个社会的教育事业所遇到的一切困难中的一个最大困难也许是经费问题；那些习惯于看着社会上的劳动产品被浪费在最无用和最有害的目的上而表示满意的人就正是那些大声反对把他们自己的一小部分劳动成果用之于真正福利事业的人。他们宁肯为了少数人的利益把这些钱浪费掉。但为了教育的目的究竟要用多少钱呢?

假设,像英格兰、爱尔兰和苏格兰这样的社会有各种年龄的人口两千万,对于他们之中的年轻一代要进行教育,假设每个人要受五年教育,那么我们就必须每年供给二百万个学生受教育。一个教师或者女教师,在改善了的(避免缺点,保留优点)互教和自修制度的帮助之下实行授课(还有待于规定),可以负责一个五百名儿童的学校,比如说三百到五百,平均四百。一个学生一年付出或者预付一镑,除了供教材教具和修缮校舍每年所需要的一百镑到一百五十镑之外,其余的足可以作为一个学识丰富的教师的报酬而与他所做的教育工作完全相称。因此对于两千万人口的人类社会这样进行教育,每年的所需总数将为二百万镑,仅仅是二百万镑!

这种教育费的一半,或者说每年十先令应该由学生的父母负担,如果他们认为适当的话,也可以付出全数,整个的一镑;不过不应该有任何学生因为贫穷而被拒绝。

几乎没有必要来说明这对于一个两千万人口的社会是一个多么轻的负担。如果学生的父母完全不出钱,每人每年的负担将是二先令。但半数以上的经费有可能由学生父母担负——因为许多现在每年为了培养他们子女的智力而花费十镑二十镑的人一定是愿意付出这些学校的合理教育的全部费用,甚至于可以帮助许多别人付出全部费用——,在这种情况下,这项教育费的国家负担将进一步减低到社会上的每个人只须付出一先令。

我们所说的这个两千万人口的社会现在从他们每年劳动产品中付出的中央的和地方的各种税款、什一款、济贫税和一切临时税每年约为一亿镑。他们所付出的——不,他们被强迫取走的这个巨大数目都用来干了什么呢?除了很小一部分外,全都用在继续保持他们现在的愚昧和维持他们真正的或比较的不幸遭遇上;在爱尔兰是真正的不幸,在英格兰是和他们过去的生活和现在可能有的生活相比的不幸,和他们的工业所能维持的生活相比的不幸。这个数目的百分之一,如果用在教育事业上,就可以使这两千万人成为有理性的、勤劳的、有道德的和幸福的人。看看你们的陆军;看看你们的海军;看看你们的殖民地;看看你们从有根据的和没有根据的来源为那一个世袭的兼有立法和行政智慧的人[①]所准备的有害的奢侈;看看用在新教派上边的钱;看看那些胜利的屠杀者所净得的年金;看看那些根本没有担任过屠杀或者其他工作的人所拿的年金和干薪;看看你每年为你的债务所付出的利息。请问从哪一项上不可以很好地节省出全国人民教育事业所必需的钱呢?或者不如说,那一项或者这些项加在一起,从它们的效用上看,能够与教育这个伟大目的相比呢?这些人轻视他们所统治的那个社会十分之九的人们的代表权和意愿来征收这些钱(他们每年从每一个男人、女人、儿童身上征收的钱平均约为五镑);谁能够昏头昏脑地相信他们会把这些强迫征收来的钱的任何一部分用在教育事业上呢?不会的,这些蝗虫们坐食山空正在吃掉土地上所生产出来的一切绿色的东西;在这个社会,通过它的代表,把它自己从这些蝗虫中解放出来以前,它一定是停留在愚昧和不幸之中的。只有社会舆论才能够把这种福利带给一切人,甚至于带给那些现

① 指英王。——译者

在提倡独占教育制度的那些人的后代(他们那时将比他们的父母更幸福)。只有社会舆论能够使知识得到传播,因为平等地传播知识是与整个社会上的一部分人的利益不相符合的。

但我们所主张的计划将由于它的广泛性和十全十美而遭到反对。

“会读会写,是的,如果他们只知道这些,也许我们仍然可以管理他们;但是让他们和我们一样地聪明,那么由谁来管理这些人呢?”由谁或者谁应该管理他们吗?我们的目的正是要使一个社会管理它自己的事情,使人们在私生活和社会生活双方面都能够有自治的能力;取消与社会整体福利不相容的每一种部分的利益;给社会上大多数人以需要的知识,以使他们像已经发现他们的利益那样地发现追求和获得他们自己可能有的最大幸福的手段。那个反对者会发现:在这样一个社会里和大家合作,比参加管理一群愚昧的、不幸的和不满意的人相比,自己将是一个更聪明、更道德,因而更幸福的人。如果有一点知识是好的,给他们以最多的知识就更好。

有人说:“是的,但给人们以过多的知识有一个极大的害处;因为它耗费时间,需要很多年,这样就减少了有益的生产时间,减少了他们给他们的家庭增加从财富品中得到的物质享受。”现在我们看到,社会上的多数人在或大或小的程度上或者是勤劳富足,或者是相反。如果是富足的,他们对于一个成员的时间上的损失就负担得起;如果是相反,就谈不上损失,因为这个时间是不能用来做什么其他事情的。至于那些中等生活情况的人,情形也是如此,他们家庭里边其余人从事生产的所得和他们所损失的时间的所值恰好成正比例。但真正时间上的损失到底是多少呢？它不会多于三年或者四年的每天的一半时间；因为青年人是需要积极的身体锻炼来恢复他们的精神疲劳的，而他们正可以每天用一部分时间来从事生产，从而得到这个锻炼。假设一个学生在四年中间每天损失一半时间，整个时间的损失就是两年；但在他这个年龄从事生产，所得的不会多于一个成年人生产所得的三分之一。假设我们说，他能得到成年人的一半，那就是说为了这个有益的教育付出了一个成年人两年所得的一半，也就是一年的全部工资。这个数目当然是超过和高于父母们所付给学校的学费那个微小数目的。从这笔牺牲中所得到的是什么呢？假如这个学生于受教育之后活了三十年，他在受教育期间得到的知识和勤劳的习惯能不能使他三十年的生产增加三十分之一呢？会不会常常增加四分之一或一半呢？这种教育会不会给他以有效地从事于较高级的生产劳动的机会从而无限地增加他未来生活中的勤劳的生产呢？是不是他在受教育期间所获得的道德习惯，对于家庭经济和健康的注意，比如只是以有节制这一种德性来说，除了可以避免疾病延长寿命外，还能使他从未来收入中节省下来的多于三十分之一和有时候达到四分之一或一半呢？是不是在受教育的过程中所得到的那些使人愉快的知识能够为他们在劳动和闲暇的时候的思维和谈话提供有益而又有趣的资料和排除那些有害的思想和闲谈呢？这就会使他们在生活的每一小时当中得到的快乐加倍或者无限制地增加下去。是不是这种教育对他们一定会提供的真正知识和对于普通的起作用的规律——所谓自然法则——的认识，能够使它的学生永远不为欺骗者或者愚人们对无知轻信造成的欺骗和精神恐怖所

侵袭呢？是不是这种教育一定会给他们的关于权利和义务的知识，关于社会制度的作用和趋向的知识，能够在他们身上产生自尊心使他们有理性地依附于有益的制度而不怕再回到强迫的不平等和无保障的罪恶和痛苦中去呢？分配的自然法则会不会永久地稳固下去呢？是不是这种教育能够使他们对这样一个社会的地方的或者全国的立法措施的讨论、制定和是否适当感到道德的和政治的兴趣，使他们每个人都感到自己是这二者的一个参加制定的人员，从而产生一种新的高尚的同情心和得到一种最纯洁的和最便宜的每年每日在变化和更新中的精神享受呢？对于一般社会来说，普及知识的效果也不是不显著和无益的。一个社会范围内的一切物质资源可以很快地被发现和利用；没有一种矿物、植物、动物或者有用的东西能够长久逃过各处有知识的农民和工人的精细的目光。全社会的一切才能都将得到发展和被挖掘出来为社会服务；人们将以他们的优秀品质和技术为立法、司法和行政的职务而展开普遍的最热烈的竞争。一切科学和艺术将以比它们的研究者的人数增加和比从之产生的愉快的竞争活动的增加快一倍的速度向前进步和发展。

难道这些效果不是真实的吗？如果不受其他相反的环境的影响，难道这些不是可以从这种教育中得到的自然结果么？如果是这样，一个愚昧无知的农民或者工人的一年工资的牺牲是不是从这些利益中得到了丰富的补偿呢？权衡利弊的结果是什么呢？从这种真正的教育中产生的究竟是巨大的害处呢？还是巨大的利益呢？——学习读写仅仅是取得了打开知识宝库的钥匙，仅仅是走向真正幸福的一个初步。

用教育方法在较贫苦阶级的儿童中间，在每一个社会的大多数人的儿童中间传播有用的知识，有一种情况我们还注意得不够。贫苦的儿童和富有家庭的儿童到了年龄都被送进学校，可是在智力教育上前者的天资总是比后者颖悟一些；正如贫苦的成年人和富有阶级相比总是差一些一样，而它们的原因都是一个。在儿童时期穷人没有人伺候，也没有人提携，没有人预先为他们的需要做安排，没有守卫、保姆和仆从保护他们以免于被欺负；因此他们就不能不用他们自己的耳朵、眼睛和四肢并很快地使用他们的判断力来趋吉避凶。在所有这些方面，富人儿童的处境都是与此相反的。他们由于受到过度的照料，自己的官能得不到训练，而穷人的孩子却经常很谨慎地用他们正在发展中的感官、膂力和感情来做一些小的试验：因此富人的孩子和穷人的孩子相比就容易遭到更多的意外和危害。还有，围绕在贫苦阶级儿童周围的人和富有儿童周围的人相比，他们是与这些儿童更接近和更容易成为伴侣的，因此他们就对这些儿童更感兴趣，更多地和他们交流和交换思想，而这些都是关于简单的感官对象的东西，恰好适合于儿童的能力。而那些富有的成年人或者是有他们的真正知识或者仅仅是一些他们叫作知识的照例的标语口号，或者是他们认为高尚的繁文缛节，而这些因为是他们的孩子所不理解的东西，所以也是他们所不感兴趣的东西。当那些有知识的富人们对孩子说话时，他们或者是由于虚荣，或者是由于不懂得传授知识的方式，一般地都是对孩子们提出一些复杂的、抽象的或者是真正可笑的观念。这些东西虽然是从学校或者学院里学来的，然而却只能使孩子们感到迷惑。贫苦儿童的父母和朋友不会以这种过早的填鸭办法引起儿童们理智上的厌恶；所以，在儿童们达到他们的教师的知识水平以前，简单而质朴的人和有学问的人相比是他们更好的伴侣，如果这些有学问的人并没有学会逐渐传授知识的艺术。不过，从真正的智力的或者学校的教育开始的时候起，贫苦的儿童，最好的教育对象，前此都完全被忽视了；一切力量都完全用来培养富有者的儿童。所以富有的成年人比贫苦的成年人又重新获得了他们的优越性——自然也从广泛的生活接触和所经历的事情当中得到了帮助。还有，一个贫苦的儿童被送进学校受教育，他所得到的鼓舞比一个富人的儿童要大一些。对于一个穷人的孩子，这是一种前进，一种希望的源泉，一件新奇的事情，是和比他们高的人发生接触；对于一个富人的孩子，这是失掉自由，是一件可怕的受限制的事情，除了比在家里更不舒服外，没有什么新奇的东西，而和穷人的孩子们或者一个可怕的教师接触也不感到光荣，更没有获得未来利益的无限希望。

这就是诚心愿意用教育方法把真正的知识普及到社会上的真正有用而又能干的生产者阶级中间去的许多特殊的便利。但只有社会本身能够给它自己以这种利益。

所以，在这一章里，我们曾经试图表明知识实际上是怎样被传播和被压制的；它怎样可以用最简单而完全可行的办法被无限地普及到全社会当中去，怎样把分配的自然法则浅显真理像应用在一切其他劳动上一样应用到求知上，——“自由劳动的含义是不受限制的竞争、完全享用劳动产品和自愿交换。”

传播知识和形成道德习惯的三种方式——社会制度、对于成年人的教化和成年以前的教育——我们已经讨论过了。传播知识和形成道德习惯的目的是使人们更懂得享受以无限地增加从财富品中得到的快乐，和永久实行最好的分配办法和扩大再生产。我们讨论这些问题的目的是要改善这些手段的实施方式，以免得它们被滥用到脱离它们的真正目的——，谋求整个社会的最大幸福，并使劳动与知识重新结合，从此可以相辅相成，以免虚掷我们的劳动生产力。但这三种手段的任何一种如果受到其他两种手段的阻碍就不能产生真正有益的效果。教育、制度和社会教化必须和谐地合作以产生它们所能够产生的一切微小的利益。如果教育遇到了其他二者的反对，比较起来，它所能做的就很少了。不过，它们密切合作以追求作为人类幸福的必要基础的真理的时代很快就要到来，而财富和从财富中得到的享受也必将大量地增加。

第五章

现在从无保障的法律制度中产生的财富分配的情况和怎样把现存的造成不平等分配的强迫手段变成为自愿的在保障原则限制之下的平等方式

在上边的标题下，写了约一百页的一章。这一章现在撤销了，理由有两个：第一，于已经注意到的少数性质比较突出的法律制度之外，再来详述某些特定的法律制度的影响，恐怕会引起某些人的不必要的和可以避免的不快，这就是那些现在机械地在这些法律制度之下工作着并为这些法律制度所陶冶出来的人，也怕引起有害于一般福利的，有害于普遍利益的行动方式；第二，为的是能在一卷书的篇幅里把这个问题讨论完和尽可能迅速地和经济地把本书提供给公众来研究。

我们在这一章里的手段所起的共同作用，并且从它们所产生的弊害和假设的利益的比较上来说明它们是与在保障原则限制之下的平等相违反的，因而也就是与最大的幸福相违反的。这里试把它们排列一下，目的不是为了完全合乎逻辑而只是为了研究的方便。这一内容可以分为以下五个题目来讨论：

第一节　用政治权力抽取劳动产品而没有得到生产者或所有者的同意所造成的一般弊害；这里把这种抽取叫做公开掠夺，并表明它比私人掠夺的范围更广泛，更难于纠正，因而也就更有害。

第二节　显然会造成强迫的财富不平等，或者不是同等保障所要求的不平等的那些特定的法律制度或手段。

1. 一切干涉关于未被占有物的每个人都应该有的平等权利的法律或者规定。如：

狩猎法；

许多关于航行和捕鱼的法律和习惯法；

一切管理用劳动来占有前此未被占有的空气、水、矿产物等等每个人都应该有的平等权利的法律和习惯法。

2. 一切限制劳动者在前此占有的或者得到占有者同意的物品上边自由使用劳动的法律或者规定。如：

特殊行业须采取学徒制的规定。在特殊地点经营商业须有行会特权的规定；

限制劳动者在境内移动或者出境的规定；

建立专利和分配奖励金的规定；

以外部或内部防卫、收入等等为目的或借口的妨碍自由使用劳动力的规定。

3. 一切管理劳动工资率使工资离开分配的自然法则一定会达到标准的法律和规定。如：

完全破坏保障原则的，所谓奴隶法的规定；

强迫劳动不给任何报酬的规定；

强迫劳动者获得少于他所愿意接受的报酬的规定；

提高或降低劳动工资的规定；

防止工人为保持或提高工资而成立和平组织的规定；

帮助资本家或者其他组织压低劳动工资的规定；

以细则或者地方法的名义限制和制止在特殊区域劳动的规定；

禁止在特殊日子里劳动的规定。

第三节　显然会把强迫的财富不平等固定下来的那些特殊制度或手段。

建立世袭权力的规定。目的在于使特殊人物的后代不劳动而永久享受财产权的规定。

第四节　显然会既造成强迫的财富的不平等又把它永久化了的那些特殊制度或手段。如：

1. 一切用政治权力抽取劳动产品供自己直接使用而没有得到生产者同意的法律和规定。如：

以实物征税的规定——什一税等；

以货币征税的规定；

控制通货商品价值的规定。

2. 一切掠夺每年劳动产品，以赔偿资本家或者资本家的代表提供给政府而由政府浪费掉了的。如：

以所谓公债利息的名义征税的规定。

3. 一切造成少数人知识独占从而使社会上广大群众陷于愚昧和迷惑的法律和规定。如：

只为富有者提供教育场所和手段，同时忽视穷人教育的法律和规定；

使富人从神学知识的独占上获得财势的法律和规定；

使富人从法学知识的独占上获得财势的法律和规定；

使富人从医学知识和一切其他需要知识的职业的独占上获得财势的法律和规定。

第五节　怎样把现存的强迫造成不平等分配的手段变成为合于分配的自然法则的自愿方式，以导致只为同等保障所限制的平等。

1. 根据社会的实际知识所能提供的最好方案，普遍建立代议制度；给公共道德奠定一个良好的基础，这种公共道德可以通过社会制度产生私人道德。

2. 在新制度之下，逐渐消灭上述的破坏同等保障原则和牺牲普遍幸福的法律制度。只须撤消保护这些制度的力量就可以达到这一目的。

3. 在整个社会中，普及每一种关于科学真理和道德真理（不是宣传者的那些观念）的知识；特别注意社会上那些最缺乏知识和最需要知识的人。

几乎一切过去和现在的社会制度(虽然有各种各样的变化)的目的或者效果(有时候在一方面,有时候在两方面),都是增加不平等的这个不可避免的弊害;任何程度的这种不平等只能在同等保障的更高要求之下是合理的。我们所说的在财富问题上的同等保障的意思,是指着“自由劳动、全部享用劳动产品和自愿交换”的权力说的。关于财富的一切成文法的规定和关于不受法律限制的人类行为的规定都应该建立在所谓分配的自然法则的这些原则之上。

第 六 章

个人竞争原则和互助合作原则在财富生产与幸福方面的利弊的比较

在此以前,本书的目的一直是把一切能感知的成年人都获得同等保障的制度(到目前为止,任何社会都还没有完全建立起来这种制度)和古往今来一切在或大或小的程度内破坏同等保障的财富制度作一对比。也可以说是要把有保障和无保障、劳动自由和暴力与欺诈的统治、求助于说服与知识和求助于愚昧与欺骗作一对比。

直到现在为止,人们所实行的劳动方式或者制度只有两种,一种是强制劳动,另一种是个人竞争的劳动。有些规定不是建立在它们支配其行动的那些人的被说服和自愿接受上,完全自由的个人竞争和这些规定比起来,具有巨大的优越性,我们希望这已经得到了证明。关于同等保障的作用,我们希望也已经同样得到了证明。

假设同等保障的原则已经确立,每一个有理性的男人和女人都有了自由劳动、完全享用劳动产品和进行自愿交换的权利;这时还会出现一个新问题。也就是说：人类劳动方式中，除开个人竞争的方式以外，是不是还有其他方式可以与保障原则（已经证明，保障原则的重要性甚至对生产说来也是压倒一切的）相符合呢？我们能不能找到一种劳动方式，一方面符合保障原则、同时又比个人竞争的方式产生更多的幸福呢？是不是除了个人竞争所能实现的以外，同等保障就不容许更接近于平等、因而更接近于美德与幸福呢？我们已经看到，个人竞争的制度比起强制与非自愿的制度来，具有许多优越性。无限制的个人竞争制度能产生大量的财富，并发展一切才能。问题是，有没有一种方法既能取得这些利益，又能避免最好的个人竞争也无法避免的流弊呢？更进一步说，我们能不能找到一种符合保障原则的劳动方式，不但能避免个人竞争制度的流弊，而且能提供比安排得最好的个人竞争制度所能提供的还多得多的特有的利益——丰富的生产和一切才能的发展——呢？

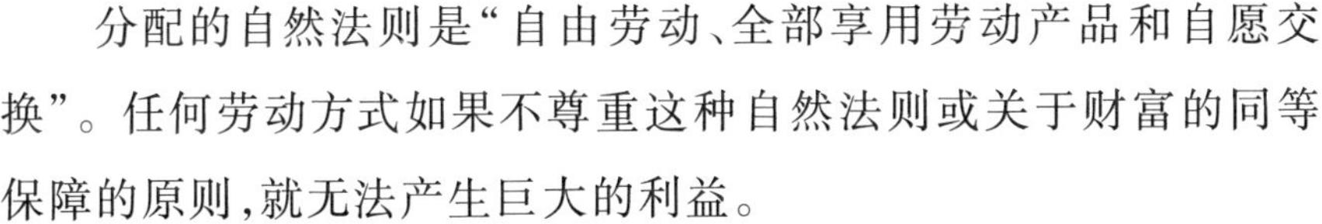

分配的自然法则是“自由劳动、全部享用劳动产品和自愿交换”。任何劳动方式如果不尊重这种自然法则或关于财富的同等保障的原则，就无法产生巨大的利益。

如果能找到任何劳动方式，既尊重这些法则、又在其他方面比个人竞争的劳动方式产生更大的利益，那么这种方式在满足了上述要求之后，就应当优先采用。

其实已经有人提出了这种劳动方式，人们称之为互助合作的劳动制度。它的目标与效果，就是使共同劳动的一切成果在享受方面能完全做到自愿平等。某些地方已经部分地采用了，这种制度其采用程度足以证明这是实际可行的。但它的功用和优于个人竞争制度之处尚有待于探讨。

这样说来，人类的劳动就有三种制度：即暴力与欺诈并用的强迫劳动制度，个人自由竞争的劳动制度（即本书前头提出来的劳动方式），和互助合作的劳动制度。

互助合作的劳动制度将在下一章中加以探讨。在没有讨论以前，指出个人竞争原则和互助合作原则的相互利弊也许是有好处的。

应当说明的是，社会上现在所有的任何福利都是从以下两方面产生的：

（1）身心两方面的追求财富的积极活动；

（2）现有程度下的知识和仁爱心理；

这些都是由于个人自由竞争制度努力反对愚昧的人不断企图以暴力或欺诈方式来限制同等保障和个人自由竞争的结果。个人竞争的一切好处都可以归为这一点，也可以说是全都包括在这一点之中。个人竞争产生了现有程度下的积极性、知识和仁爱心理，这一切和野蛮生活、专制主义以及迷信思想下的粗鄙愚昧的荒凉景象比起来，是令人赞佩的。

但是这种现存的积极性、知识和仁爱心理同人类社会幸福要求它们应该有的比起来，究竟达到了什么程度呢？首先让我们谈谈积极性。在绝对的积极性方面，我们还没有达到可能有的一半，在用之得当的积极性方面，还没有达到十分之一。其次，关于知识：近年来有许多社会都在孜孜不倦地培育知识，但只限于极少数人，而且只被用来当作取得财富和权力的工具。在人民大众中，传播知识的问题可以说还是一种空谈。关于仁爱心理，不幸的是具有这种心理的人比具有知识的人更少。其原因是古往今来的一切社会制度都在势不可当地为人们造成一种环境，使人们惯于产生一种行为动机，驱使自己走向自私而排斥仁爱。

在同等保障之下，坚持不渝地遵守自由竞争的原则诚然能大大地增加有益的积极性，并且几乎可以完全消除有害的积极性。这样还可以推广和传播真正的知识，并随之而使仁爱心理得到发扬光大。但在个人竞争这一原则的本身性质中，就存在有对于这种有益的积极性、知识和仁爱心理的增加就存在有限制。这些限制必然会引起某些流弊。我们最好是充分认识这些流弊，以便经常想办法消灭或补救这些流弊，或者在这些流弊被消除或补救之前，把它当成不可避免的来接受，不使其成为烦恼的根源，徒然感到遗憾。

最不受限制和最好的自由竞争所产生的最显著的流弊，大致可以归为以下几项：

（1）它保持自私的原则，因而在一切日常生活事务中必然会作为行动的主要动机而和仁爱的原则相冲突。

（2）它由于在个人家庭事务中造成浪费和其他流弊，所以使人类半数，——妇女——生产财富的能力陷于瘫痪。即使它没有使两性间的权利与义务的平等成为不可能，至少也使之遭到了困难。这种平等对全人类的同等享受和最大幸福说来，是不可缺少的。

（3）它由于使个人的见识狭隘，所以有时就会导致不利的或不明智的个人努力方式。

（4）对疾病，老年、残废和其他人生常有的意外事件说来，这种方式不能提供充分的无可指摘的补救办法。

(5) 它由于个人支配财产,使继续不断的家长控制所产生的偏见和专制作风不可向迩,因而妨碍了身心两方面有益教育的发展。同时,它又由于必须保密,以使科学和技术的提高为个人利益服务,所以便妨碍了一般知识的进步。

这一原则和暴力与欺诈的强制原则相比较时,虽然看来具有无限优越性。但上面那些流弊似乎是个人竞争这一原则中所固有的。我们已经指出个人自由竞争的劳动方式可以为人类幸福作出什么贡献,所以也应当指出它所不能做的事情。如果要消除这些流弊,我们就必须找出另一种原则。如果无法找到这种原则时,就必须努力使这种不可避免的流弊减少到最低限度。尽量耐心地忍受这些减少了的流弊。

最完善的个人竞争的劳动原则所遭受的第一种和最大的一种反对就是:“它在一切日常生活事务中,保持自私的原则作为行动的主要动机。”

在追求财富的个人竞争中,一切努力的目标都是为了取得供直接享受或积累的个人财产。每一个人在冒贫困或死亡的最后危险而为自己努力挣扎时,永远会有一种动机起作用使他认为自己的利益和旁人的利益是对立的。因此,他就会不断受到引诱,在有可能时就牺牲别人的利益来满足自己。只要是达到这一目的有必要时,他将不惜采取一切手段。因此就必须有法律加以干涉,并且要运用严酷的惩罚来遏止这种自私的倾向。同时,也就有许多行为受到法律的制裁,被定为罪行,并指明要加以惩罚,直到人最后变成了专断的法律所操纵的机器。如果有人提出反对意见说，所有的美德，甚至包括仁爱在内，在一切可能的社会制度下都必须建立在自利原则的基础之上，那也并没有什么用处。这种意见诚然是正确的。但根据最广泛的经验所获得的全面知识证明，唯有把自己的利益当作一切可能受到任何个人行为影响的那些人的一般幸福的结果来追求，才能得到最有效的推进。在旁人的幸福并不因为个人追求利益而减少的那些情况下，仁爱的人才会对个人努力表同情。自私是首先追求自我利益和一切可能受到我的行为影响的人的幸福结合起来，并把自我利益当成一般幸福的结果来追求。在这种情形下，整体的幸福是主要的，个人利益则是次要的，并且和整体幸福结合在一起。

在个人竞争原则下的一切人生事业中都可以发现这种与仁爱心理发生冲突的不幸倾向。每一个劳动者、工匠与商人都把身旁的其他劳动者、工匠与商人当成自己的竞争者和仇敌。问题还不止此，他们还会认为本行业全体和整个社会之间存在着另一种竞争和另一种敌对关系。拿医药界来说，医生的利益是要去治病，但只要其他医生的竞争条件允许，他就将尽量慢慢地治，并尽量赚钱。为一切医生的利益着想，疾病便应当存在和蔓延，否则他们的生意就将受到严重影响。因此，由于医生利益的助长，人们就普遍不注意摄生之道，不注意借饮食、空气、湿度、清洁和其他一切影响健康的条件，来保持健康。为全人类的利益着想，健康状况决不应遭受损害：但为疗伤和治病的医生的利益着想，这些需要他们治疗并使他们获利的意外事件却是愈频繁愈好。因此，个人报酬在每一步骤上都和仁爱的原则相冲突。这种制度所能允许的对于这种社会流弊的唯一补救因素便是同行之间的个人竞争，也就是在较小范围内发展自私来减少在较大范围内发展自私的流弊。对人类的幸福说来，这两种原则间当然最好没有冲突，而且在可能情形下还应携手前进，奔赴同一目标——增进最大量的普遍幸福。从取得个人财富的追求自私自利上几乎产生了所有弊害与罪恶。这些流弊与罪恶在自己利益与别人利益停止对立以前，就必然会在某种程度上继续存在。

个人竞争原则在追求财富时固有的另一个流弊是："由于在个人家庭事务中造成浪费和其他流弊，所以使人类半数——妇女——生产财富的能力陷于瘫痪。即使它没有两性间的权利与义务的平等成为不可能，至少使之遭到了困难。这种平等对全人类的同等享受和最大幸福说来，却是不可缺少的。"

个人家庭事务是追求个人财富的必然结果。它使妇女的精力都限制在自身和全家的琐事中。其实她每天可做的真正有益的工作至多也不到三个钟头，烧火煮饭都必须做准备，家庭劳动琐事都必须在一定的时间内去做。为了挽救这种惊人的时间浪费和不事生产的操持家务，有人提出邻近的一些家庭应当积聚一批共同的基金来准备伙食和教育子女。这样就可以使妇女解除一大部分无益生产的家务劳动，当然也就能使他们的许多时间用之于有用的事业。这种计划是再好不过了，但却绝不能停留在这一点上。将来，或者是从这种计划下产生互助友爱的原则并盛行一时，从而导致全面的互助合作和平均享用共同劳动产品；或者是自私的原则占优势，个人追求财富的习惯，使个人开支与个人享受的倾向在每一件事情上重新出现，即使是个人努力取得最多财富的人为了显示自己而不惜付出很高代价也会造成这种结果。因此妇女的时间的消费，有一大部分可以说是个人竞争的制度中所固有的现象。这种损失是非常惊人的，如果它只占妇女时间的一半，便也构成了全人类力量的四分之一；因为现在机器在所有较细致和较有价值的人类生产劳动上都十分彻底地代替了单纯的体力，所以妇女要受到同样训练的话，就可以和男子一样从事生产劳动。

当妇女继续被禁锢并做着半闲散的奴隶劳动时，她们的一切行动就会受到男人专断的控制。她们的精力和义务也只能限于照顾家主和子女们的所谓家庭幸福上。在这种情形下，她们的社会地位是根本无法提高的。如果想要得到更大的尊重，她们就必须起更大的作用。但在个人追求财富的竞争中，男人由于体力优越和事业不因生育而中断，所以便大大胜过女人。这样，在通过个人努力取得财富的事业中，男人就一定会保持领导地位。其他条件如果相等而财富较少，就必然会引起享受的不平等。纵使两性无分轩轾地受同等的教育，彼此的政治与社会权利也相等，而且在父母死后还可以均分财产；但由于在个人追求财富的竞争中彼此能力不相等，就必然仍会不断有一种趋势使妇女所取得的平均财富量少于男人，因之也就必然减少她们的平均享受量。上天既然使男人在生理与身体等方面获得了有利条件，那么当个人竞争存在的时候，男人难道不会继续运用他们在生产或获取财富方面的更为有利的条件来阻碍妇女在教育、社会与政治等方面享受平等权利吗？

这里所说的个人竞争原则的第三个弊害是：“它由于使个人的见识狭隘，所以有时就会导致无利的或不明智的个人努力

方式。”

在目前实行不幸的个人竞争原则的情况之下，劳动制度在每一个地方都没有保障的权宜手段的控制和打击。它只有当食物、工具和其他一切使劳动能生产财富的物资的所有者能从劳动中获得利润时，才能存在。如果没有满足资本家获得利润这一条件，劳动虽然具有使千百万人获得幸福的无限能力，也只能完全弃置不用。由于这一原因以及劳工彼此之间的凄惨的竞争，就使一半以上的人成为毫无技术，毫无用处，并且完全闲置而不能从事于有益的生产。这情形甚至在劳动力运用得最充分或最经济的国家中也会出现。在同等保障之下，每个人都会具有提高自己劳动生产率所必需的物质和精神条件，每一个劳动者既然都是一个资本家，以上那些流弊无疑地大部分都会消失。不过当个人竞争的制度存在时，每个人对于自己所从事的职业中获得成功的可能性仍然必须自行判断。那么，他又用什么方法来判断呢？每一个人在本行中干得顺遂时，为了本身的利益，都要把自己的成就掩藏起来。否则就将引起竞争，从而减少自己的利益。一般的市场离生产者都很远，有时还在另一个半球上；一个人又怎样能得知他想要制造的货物在这种市场上是不是已经充斥了或将有充斥之虞呢？显然，他只能根据最一般和最模糊的可能性来行动。他如果由于过分谨慎，过分自信或受到有用的独创性见解的引导，在判断上发生了错误，使他从事一种因没有需求而无利可得的行业，其后果又将怎样呢？在判断上发生错误以后，虽然在行动上极为努力，用心也极为仁慈，但是结果纵使不是完全毁灭，也可能遭受严重的损失。就是在个人竞争的最佳方式下，这种情形似乎也是无法避免的。如果

有任何其他劳动制度可以避免这些流弊，而不产生其他更重大的流弊，那么我们自然希望尽先采用。只要是实行被称为美德的有益的行为方式，不能一无例外地使实行的人获得幸福，只要是劳动制度使判断发生模糊，或者使人不能判断行为的后果时，道德就只能听凭机会的摆布，而不能获得人类福利所要求的尊重、爱护和身体力行。因此，在个人竞争的原则中就有时存在着产生不幸的根源，并且会使人们在估计仁爱精神所指导的活动、生产和最有益的德行时发生错误。

个人竞争的原则还有一个缺点是："对疾病、老年、残废和许多其他人生常有的意外事件……不能提供充分的无可指摘的补救办法。"

显然，任何个人竞争的制度，不论怎样不具有强制性和欺骗性；任何互助合作或其他想得到的劳动方式，以及任何被忽视的保持健康技术的改进，也都无法完全避免上述的不幸。在所有可能的结合方式下，这些不幸总不免有时给人类带来痛苦。我们所能做的一切，只是当这种不幸到来时，在事物性质所能容许的范围内给以最大的补救，以减轻其痛苦。名传遐迩的孔多塞对于个人自由竞争的制度下所发生的这类不幸提出了一个补救办法。他主张推广"保险"政策，以适应各种可能发生的灾难。即使这种计划和安排是无可反对的，这些权宜办法也有一系列的流弊：不可避免地要支出管理费用；基金有匮乏的危险（虽然这种危险并不大）；未保险的人有遭遇意外的可能。在过去和现在的没有保障的制度之下，劳动生产者的生产率虽日益提高而生活却日益悲惨；游手好闲的消费者愈来愈多；而这些日益增多的人却日益贪图只能显示自己而无补于实际享受的豪华。在这种情形下，这种保险计划如何地完全没有希望产生任何普遍的利益，是不言而喻的。在一切现有的无保障制度之下，知识的进步只是被少数人用来发明一些新的更为巧妙的手段以进行新的榨取，或者怎样使旧的榨取手段更为有效。纵使代议制存在，纵使在自然分配法则之下，不偏不倚地为社会上一切有感觉有理性的人谋求幸福；这里所讨论的那些不幸仍将有时由于偶然情况而存在，不论其程度是如何地轻微。当这种不幸发生时，如果能普遍得到补救或减轻，而又没有保险制度的那些危险，人类的幸福无疑地一定会得到增进。我们在下一章讨论互助合作的新劳动制度时将看到这一点能实行到什么程度。

现在我们要讨论的是个人竞争原则所具有的最后一个弊害："它由于个人支配财产，使继续不断的家长控制所产生的偏见和专制作风变得不可向迩，因而妨碍了身心两方面有益教育的发展。同时，它又由于必须保密，以使科学和技术的提高为个人利益服务，所以便妨碍了一般知识的进步。"

为了在每一件事情上都对个人自由竞争原则做出公平的论断，我们就必须假定：向成年人和青年人传播真正知识的一切现有的限制都已不存在；同时还采取了一种普遍的教育制度，其安排像第四章中所说的那样全面，或者至少也会像那样有益。这种改进与个人竞争原则显然是不相抵触的。那么这一原则本身还会存在着什么障碍，使青年人无法求得真理呢？所有做父母的人，对精神与物质两方面的一切问题都多少带有自幼存在而自己又无法认识的偏见。这些偏见中，对人类的进步危害最深的是这样一个共同的看法，即自己既然身为父母，于是关于儿女心智的培育就应当由自己随意摆布。当个人为财富而竞争的制度存在时，把这些幼弱的心灵培养成为智、愚、贤、不肖的权力，就必须完全掌握在父母手中；如果把这种权力交给旁人而不保留在父母手中，就将产生更大的害处，这些都是不能争论的。但权利是一回事，正当地或最有益地使用这些权利是另外一回事。白种男人有权利使黑种男人或白种妇女成为自己的奴隶，但这并不等于说，他们这样很公正，能增进人类的幸福，所以他们应该行使这种权力。以强制的权力来约束儿童的身心活动也正是这样。中国现在，以及我们这些国家在不久之前，还把婴儿的脚，躯干或头部加以扭曲，强使其离开自然的发展。这些国家已经有一种野蛮的作风，对身体方面非常明显的发展加以约束，以致产生畸形、虚弱或疾病。现在这些国家有理性的人由于注意到这些恶果，所以都已经放弃了这种野蛮的风俗。但心灵的发展是看不见的，约束的恶果因而也就更难证明。因此，用强力限制心灵活动所产生的更为有害的恶果竟被忽视了。心灵任其自然发展时，最有益的精神食粮就是真理，也就是认识事物的实际存在状况与自然存在状况。如果父母由于具有权力，于是就有权利把有毒的食物给儿童吃，那么他们也就有权利给儿童以谎言这种有毒的精神食粮。世界各国的法律除开最野蛮的国家以外，对于前一种行为都是要惩治的；而后一种行为虽然同样罪恶滔天，但一般的道德却都还没有加以谴责。任何人如果认为自己的全部想法都是正确的，或者任何一种想法是正确的，然后就不可能公正，甚至还不免犯极大错误。心灵的病态，造成错误行为的错误判断，以及消灭仁爱光辉并引起普遍报复的仇恨心理所产生的灾难，难道能比身体上的病态与畸形所产生的灾难更小吗？身心两

方面的自由对其完美的发展说来，都是必不可缺的。教育的唯一正确目标和人生的目标一样，是使个人在整个生活中能获得最后和最大的幸福。

当用个人竞争来生产财富和取得财富的方式继继存在时；当所有为父母的都具有个人的一份积累以作为子女的生存与安适的依靠时，父母就必然拥有控制他们后代的身心两方面的极大的专制力量。这不但是在童年与青年时为然，只要在父母还活着的时候，这种权力总是存在着，只是程度不同而已。这种权力完全不受理性与公道的拘束，它只会受到舆论的遏制，然而舆论又主要是由握有这种权力的人形成的。每一个父母手中，至少是每一个父亲手中，不论智、愚、贤、不肖，都握有这种大权，这就必然会发生极大的流弊。这种权力的存在，以及它造成流弊的可能性，看来都是和个人竞争的制度分不开的，同时由于人类天性中有避免麻烦和操心的倾向，所以只要有权力，就必然会普遍用权力来代替仁爱和说服的方式方法。如果我们能拟定出任何劳动制度，使这种可以用来为恶的家长权力全部消除，同时保留可以正确地用之来达到说服和仁爱的一切权力，我们难道会不希望这种变革实现吗？在家庭教育中以及生活的其他方面，如果能推翻横蛮的强暴力量与恐怖的作法，难道是不好的吗？

此外，个人竞争的原则“由于必须隐秘，以使科学和技术的提高为个人利益服务，所以便妨碍了一般知识的进步”。在一切情形下，我们必须公平看待个人竞争的原则，认定它有一种功绩，也就是可以消除同等保障或自然分配法则所要消除的一切流弊。然而当个人竞争存在时，每一个人（纵使大家都是工人而兼资本家）

都必定尽身心两方面的一切能力来增加自己的财富。如果努力使这种增加财富的能力为一切人所共有,那就等于是亲手剥夺了自己获得幸福的有利条件。因此,虽然有同等保障这个原则的保护,人们也必随着个人竞争而把新的或好的东西隐瞒起来,不让竞争的对方知道。因为在这种制度下,最强烈的个人利益和仁爱的原则总是对立的。我们是不是能设计出一种办法,使这两种原则完全沿着同一方向发展呢?在那种状态下是不是个人利益可以不把知识或任何有益的东西保留起来,而把它广为传布,使之成为公共的财产呢?那时,每一种有益活动的动机是不是不仅能充分发挥作用,而且还能得到加强,同时一切有害活动的动机,以他人为牺牲的动机,又能得到消灭呢?当个人竞争存在的时候,个人利益必然是大家所追求的主要目标,整体利益必然要服从个人利益,而且只有在能导致这个主要利益时,才会有人追求整体利益。知识与其他便利条件必然会或多或少地被人们独占或严密地防范起来。这种流弊看来在某种程度内和个人竞争的原则是分不开的。如果个人利益可以和旁人的利益并存,而且可以混合起来组成一个一致而不可分割的整体,那么对于个人竞争的原则说来,就必然是一种改进。个人利益如果和整体利益脱离时,不必说二者一定要对立,而且一定会使人们把知识严密防范起来,并且像其他财产一样,把它当获取个人利益的一种有效手段。

以上所说的一切,就是个人竞争的劳动制度(不论怎样修改或提高),自然也就是私有财产制度所固有的全部或最严重的弊害。任何财产公有的制度,都不可能和个人竞争的生产制度并存,这两种原则是无法调和的。个人竞争必然会引起私人占有和私人享用的制度。本书的一个主要目标就是要说明这种个人竞争的制度在分配的自然法则的保护下自由发挥作用时，同过去和现在一切只是靠暴力与欺诈来支持的无保障的制度比起来，究竟有哪些优点。

但如果能在不破坏保障原则的情况下获得平等，其利益是无穷的；所以任何人类劳动制度，如果其基础建立在以上两个原则的调和上、并使之同等地和一致地发挥作用，便都会成为人类成就中最令人向往的目标。这种制度可以包括个人竞争与私有财产的一切利益，而不具有二者的任何弊害。这种制度已经提出，现在必须进而加以研究。

第 七 章

财富分配的自愿平等。互助合作的劳动和个人竞争的劳动的对比

第一章中已经说明，在任何数目的个人中间把生活享受品作完全平等的分配，是所有可能采取的分配方式中产生幸福量最大的一种，但是每一份生活享受品不能过少，以免使人们认为得到这一份东西是无所谓的。同时，这种平等也并不妨碍同等保障的原则。

由于模模糊糊地感觉到这一真理，所以以往各时代受屈辱的多数人到处对强迫的财富分配不平等制度怒目相视（他们都被迫生活在这种制度下），从而引起许多纠纷和分裂。他们在不平等的弊害下大吃苦头（这些弊害在各种手段以各种各样的方式推动下，日趋严重，其中有许多我们已经讨论过了），于是就常常企图用笨拙的强力手段来纠正他们所抱怨的弊害。运用强力，虽然能暂时纠正不平等的弊害，但随之带来的却是更可怕的弊害。我们也已经表明，生产与再生产跟强迫的财富平等是不相容的。在劳动产品的享用和自由交换上有保障是保证再生产所必不可少的，但运用强力就破坏了这种保障。不生产的危害比分配不平等的危

害更大。所以人们就要冒一切危险使用一切卑鄙手段来维持所谓的有保障。在支持一切人都应该有保障的借口之下，政权机关到处建立真正的极端没有保障的制度。他们对自身和少数特权阶级的既得利益，不问来源如何都加以保护，同时又任意破坏社会上其他人的保障。因此，他们于不平等制度下必然产生的和不可避免的弊害之外，又任意地加上了无保障制度的可以避免和并非必要的人为的弊害。

我们曾经在无保障制度（或体系）和同等保障制度的名义之下，指出并比较了这两种处理方式对社会的财富、智慧、倾向和幸福的影响。

我们的结论是：必须维持同等的保障或分配的自然法则，以便保证再生产，特别是为了保证最大限度和最有用的再生产。但同等保障包括着自愿交换或转让的权力，同时也包含着与任何数目的人合作或单独劳动的选择自由，以及与旁人共享或单独享用劳动产品的选择自由。因此，人们就有办法靠着对认识起作用，来影响人们的感情与意愿，使之采取许多种不同的全都与同等保障相符合的生产和分配方式。个人劳动产品可以在组合起来的任何数目的个人中间平等而自愿地分配，虽然每人的产量可能相差很远。这种平等分配和共同享用个人劳动产品的方式已经一再被试验过，特别是在彼得和其他使徒主持之下，在耶路撒冷和其他地方的初期基督教公社中曾经做过试验。但却从来没能继续实行下去。唯一值得考虑的平均分配的办法，就是以互助合作（如果不是平等合作的话）为基础的生产方式。平等分配和平等享受似乎和个人独立生产是不相容的。

因此，我们就遇到了一个重要问题。前面已经证明，如果用强迫的方式使人们把劳动所得转让，那样的平等分配会产生很大的弊害。那么，"如果不破坏同等的保障，不使用强力，而只是通过劳动产品的自愿交换，是不是能在社会中间达到平等分配和平等享受那种令人向往的境界呢？"如果不破坏保障、不使用强力、不让勤劳的生产者把劳动产品送交游手好闲的人，而能完全平等地分配人类劳动产品或财富品，那么实现这种状况便显然是符合社会利益的。

仁爱和明智的人们曾提出过许多不同的办法来实现这种令人向往的平均分配财富的境界。但所有这些办法的基础不是建立在使用暴力和从而破坏保障上，就是建立在被管辖者或自愿被管辖的那些人的理智的迷惑上。过去，由于人们不知道有更恰当的办法，所以一直使用暴力或欺骗或二者并用来实现最仁慈的或最值得称许的目的，平等计划以及其他等等。

本书做了以上许多叙述之后，如果再讨论靠暴力和靠经常破坏同等保障的原则来维持的那些平等制度，就是浪费时间了。用欺骗办法来维持平等制度也同样是不值一谈的；不论是提出者还是受影响的人，抑或是双方同时故意或无意地歪曲了利益的观点，都是一样。提出自愿平等分配的人，首先必须对事实作真实的叙述，而这些事实又必须真正和被邀在平等分配财富上合作的人的利益相符合；只有这样，他们的意见才值得为主张同等保障所听取。如果平等分配由于和同等保障相符合而变得实际可行，如果它的实现方式是根据对真正利益的冷静看法，使理智对于有理性的人的意志起作用，那么这种计划就非但不应当不加研究就抛弃，而且由于它是在新颖而合理的条件下被提出来，对于人类的幸福又能产生全面的影响，所以便值得每一个热爱人类幸福的人以最关心的态度作公正的研究。把同等的彻底的保障和财富分配的平等调和起来，是一个有重大意义的问题。许多哲学家、立法家和少数诚心希求最大幸福的人都曾企图解决这一问题，但没有获得结果。他们几乎全都失望地放弃了或者是避开了这个问题的解决。谁要是能解决这个问题，并向人类表明怎样调和平等的财富分配所带来的一切利益与同等保障及其再生产所产生的丰富利益，并同时表明怎样享受这些利益，这个人就将受到全人类广泛的爱戴和拥护。

我们已经发现有一个人以十分勇敢的精神，根据合理的原则对于"如何使平等的分配与完全有保障相调和"这一重大问题作出了解答，这就是苏格兰新拉纳克的欧文[①]先生。他所实行的办

① 欧文(Owen,1771—1858年)是十九世纪伟大的空想社会主义者之一。他的社会学观点接近十八世纪的法国唯物主义者。他断言：人是环境的产物，人的性格是离开人的意志并不以人为转移而独立形成的；人们的一切恶习和缺点并非人们自己的罪过，而是人们所处的那个社会制度的罪恶；人们的罪行"是社会本身的罪行，而不是某些个别人的罪行，这些个别的人由于社会环境的愚昧和黑暗而受了极不公道的惩罚"。只要改变社会生活条件，改善社会制度，人们的风尚也就会改变的。欧文认为只有社会主义社会才是完美的社会，他力图消灭阶级矛盾并确立人与人之间的平等并尖锐地批判了资本主义制度的基本特征：私有制、社会的阶级结构、分工、竞争支配一切等等。但是，欧文和所有的空想社会主义者一样，并不认为社会涡害的根本原因就是资本主义的生产方式，而认为是人们的无知和人们不懂得自己的本性。因此他认为：社会矛盾可以通过传播知识和灌输真理的方法来消除；合理的社会主义社会不是从斗争中产生的，而是认识真理的结果。他幻想一种新的社会主义制度，这个制度的基层组织应该是不大的公社，但他却坚决反对无产阶级的革命斗争，而把希望寄托在统治阶级和政府的主动性上面。欧文的社会主义的主要缺点，正如恩格斯所指出的，就是它对资产阶级的宽容，它的原则的空洞，和对历史发展规律的无知。本书的作者汤普逊的主张和观点基本上都是和欧文的观点相同的。——译者

法就是互助合作和平等的分配。不管他采取什么说法来表达他的思想，我认为这就是那些宏伟组织的真正而可称道的目标，并且也一定会产生这样的效果。这是深刻的思想和无与伦比的实际知识相结合，他要求一切有意于追求幸福的人们注意从这个罕见的结合中产生的效果。根据这儿所提出的原则来估计这一计划的现实性与功用，乃是说明最幸福的财富分配时必然要做的事情。以下的探讨方式，并不是一个拥护者或反对者的探讨方式，这不是探讨某一个人的计划，而是探讨这个新组织的一些所谓最美好的原则。我们不想注意对于计划本身可能是缺点或者次要的东西，因为我们的目的是肯定真理，而不是支持或谴责某一个人。

首先，我们在第一章中曾证明在不损及同等保障的原则下实现平等分配能生产更多的幸福，这种推理和欧文的原则是完全相符合的，他在每一个地方都假定财富的平等分配最能产生幸福，并把这一点当成首要的推理原则。奠定这一重要原则，对他所主张的以互助合作求得社会保障的原则，和我们在此所主张的以平等的竞争求得个人同等保障的原则，都更提供了共同的和同等的支持。这两种制度都同样要依靠分配的自然法则。从表面上来看平等的利益时，社会保障（互助合作）和个人保障（竞争）这两种制度是彼此相符合的。但个人保障制度必须限制平等才能保证再生产。而社会保障制度，则不需要限制平等分配的充分享受。

其次，社会保障与个人保障两种制度同样都反对一切过去的社会制度，认为它建立在限制、排斥、垄断、有害的竞争的基础上，并用各种手段造成强迫的财富不平等，因而随之带来人类社会有史以来蔓延各处的一切弊害。这两种制度的目标都是要消除这些弊害，同时也都是要表明可以通过和平的方式用更简单的制度来代替这些有害的制度，并轻而易举地把有害制度消除掉，以增进全体人类的真正幸福。但是依靠互助合作的社会（或共同）保障制度，主张完全消除无保障和不平等的弊害；而依靠最完美的竞争方式的个人保障制度所主张的不过是把仍然不可避免的部分不平等的弊害减到最低限度而已。

第　一　节

财富的自愿平等制度的基本特征

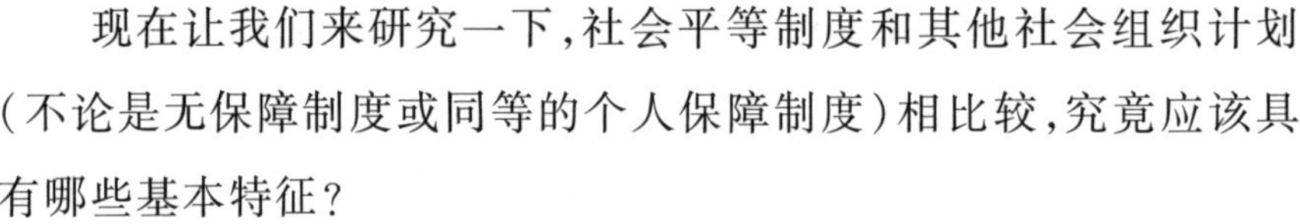

现在让我们来研究一下，社会平等制度和其他社会组织计划（不论是无保障制度或同等的个人保障制度）相比较，究竟应该具有哪些基本特征？

为了公平地论断这一制度，并特别尊重真理起见，必须当作一个先决条件明确提出的是：社会平等的新制度只能以真理为基础，建立在参加者的真正和明显的利益以及每一个成员自觉的同意之上。在它最初创立和以后的管理上，都必须排斥一切暴力、一切欺诈或任何性质的欺骗。这样使社会平等制度和我们彻底的同等保障原则相符合之后，我们就可以进一步提出它的各项基本特征。

我们要提出的是：任何数目的个人（根据情况，可定为五百到一千人或更多些），通过互助合作能生产大量的有益人类幸福的财富品，供大家共同享用时，都应该自愿地联合起来，用共同劳动，靠一切科学和技艺的帮助，生产出大量的生活享受资料。这样就可以使供应和需求永远趋于平衡。

我们要提出的是:这些公社在任何情形下,都应该至少耕种足以维持自身健康而快乐的生活的优良土地(每人半英亩至一英亩半)。在用锹耕这一类的方式下,人类劳动可以比低等动物能生产更多的东西,同时在其他各方面也比低等动物更为有用,所以应该优先采取这种方式。剩余劳动力应该用来制造最有用的衣服和家具等等,最后用来制造人们最欢迎的次要享受品或便利品或可以换取这些东西的其他物品以及偿付公社债务和公社与社会上其他部分必须共同负担的政府税款所必需的物品。剩余劳动力究竟用于工业还是农业,应根据当地条件来决定,如土壤、自然产品、市场、已学得的技术、资财数量等等。

我们要提出的是:这些联合起来谋求共同幸福的个人如果具有资财,例如每人有四十镑,每一家人有这个数目的四倍人,他们就应该在自己同意的地点,根据旁人提出并经他们同意的计划,拿出足够数量的金钱来建立自己的住宅,并购置农业和其他方面的必需用具与机器等。这儿所说的计划是要把健康、方便和生产的最大便利条件结合起来。如果他们的钱更多的话,就应该每人再多贡献四十镑,以便购置建筑住宅的土地并在其上进行农业与工业生产。

我们要提出的是:这些协作组织如果没有足够的钱购买土地,就应该租佃土地。如果不能建成自己的住宅和其他房屋并购置自己的用具时,就应该借得这两项或其中一项所需要的数目。他们自己的劳动成果以及土地与房屋等,就是租金和借款的担保。任何人不论是否打算在公社中居住,都可以投入任何数目的金钱来举办这些事情。利息从公社每年的劳动产品中支付,借得的本金最后也将从同一笔基金中支付。任何建设基金的投资者如果希望住在公社中分享其利益,而不愿在劳动中合作,便可以每年付一定数目的金钱(如四十镑)。这笔钱可以从他的投资中扣除。不然的话,将投资捐献给公社,他也可以成为一个不劳动的成员。建设股份的所有者可以组成一个委员会,而劳动的协作者可以组成另一个委员会,以便安排和建立整个生产机构,并购买农业和工业所必需的机器等。

我们要提出的是:每一个人都应该由公共储备供应食物与衣着,儿童与青年将依性别与年龄的不同而分别住在公共宿舍中。单身的成年人每人都有自己一间住房,已婚夫妇、两个男人或两个女人住在一起时,就可以共用两间房间。此外还可以在公共的房间中吃饭、读书、听讲或娱乐。私用房间的数目,当然可以根据基金数目、各公社对于方便的看法、或投入的资金数量等而增加。

我们提出的是:为了使合作劳动者更健康、更快乐、工作更有效率,他们应该交替着从事农业与工业劳动。因此,合作者中最好是能有精通各种实用技术的人,以使他们在适当的安排下能互相传授这种有益的交替劳动所必需的知识与技术。如果合作者中没有任何人精通该公社认为应该有的特殊生产技术,那么就可以用慈善或金钱招致公社外边具有这种技术的人把所需要的技术教给合作者。

我们提出的是:为了使公社中有用的劳动产品进一步增加,应该使妇女解除照管两岁以上儿童和家庭烹调的劳动。儿童应该由适当数目的保育员进行集体教育,但应经常处在父母的监督之下。

整个公社的伙食将由一个公共厨房来准备，至于在公共食堂中用餐，还是合作者私人住房中用餐，可以听合作者自便。妇女所担任的农业、工业和其他方面的劳动，应当最适合于她们的体力与智力条件。

我们提出的是：公社中的一切儿童，在身心两方面都将享受目前的知识程度和公社条件所能提供的最好的教育。这比社会上现在教育程度最高的人所受的最好教育还要优越得多。这种教育将使儿童对于自身的感官以及日益发展的判断力所感受到的一切真正知识具有一个概念，这些都应该适应于他们未来生活的实际需要，包括科学在实用技艺方面的应用。有时还应该让他们做一些实习，并从他们在其中受教育的组织中取得例证，当他们长大成人之后，就将成为这些组织的共同经营者。这种教育的费用应该由一定数目的社员的劳动来支付。在开始时，如果没有人能胜任教学工作，就必须从外界取得援助。教育计划应该在公社中公开提出，并由社员通过。

我们要提出的是：宗教以及其他方面的思想与信仰的完全自由，应该成为公社的一项规定。某些社员可以作为神职人员，根据纯正的动机（这里不可能有其他动机存在）执行牧师职务，为此可以建造一幢房屋，供各不同教派应用。公社的成员可以到这个组织以外他们认为合适的任何教堂或礼拜堂去。不论是创立社会合作制度的创始人，或者股东委员会或者任何其他人，对于公社或公社任何一部分的宗教事务都不能以任何方式强加干预。

我们要提出的是：公社的管理权应该为公社本身所有，为男女成年社员所有。他们可以通过选举产生委员会，也可以采取轮流方式,还可以推举年长者,或采取任何其他经提出后同意的方式来管理公社。但是,由于这一协作组织的基础是互助合作和平等地共同享受社会上的共同劳动产品,由于这个组织的目标是使个人和社会的感情与享受得到统一,由于一切个人竞争已被排除,所以这种公社中就显然不能存在有任何人为的奖励或惩罚。奖惩必须根据社员提出来的好的和坏的意见,如果一个人的行为已经危害到公共福利,确认这种意见的办法就是把他在公有财产中的股份退还,请他迁移出去。奖励与惩罚只能从行动本身,从人类的天性与周围的环境中自然产生。公社中的规章、绝大部分是对于成员的指导与建议,对于其他人则是一种意见交换。社会的一般法律一定不会与各公社中绝大部分人为的惩罚相符合。至于人为的奖励又从哪里开支呢?个人从公共的物资中已经取得他所需求的东西,而公社除了公共物资以外,如果不利用公共物资进行交易,来支付这笔特殊的奖励,就没有其他的资金来支付。诚心诚意为着共同享受而联合起来的人决不会愿意取得人为的个人奖励。自愿是这种协作组织中的生存原则,而强制则是它的死敌。至于其余的事情,管理的方案将提交公社全体社员讨论。社员将根据自己的知识在照顾自身利益方面所能提供的最佳观点把公社权力付托给自己认为最适当的人选。

我们要提出的是:体力或脑力劳动方面或兼具两方面性质的任何技术与科学,如果能为公社产生真正巨大的幸福,并且是公社的经济能力所能办到的,同时又不受燃料缺乏或土壤特殊等自然条件的限制,就应该由公社的某些社员进行研究,以为大家谋利益。技师、医师、文学工作者的剩余时间,可以用来为公社中其他

人做些健康而有益的工作,也可以用来帮助教育青年人,或为成年人作实验报告及其他活动,以传播他们的专门知识。

我们提出的是:任何社员之间的一切误解(这个社会组织本身已经消除了一切关于私有财产的深仇宿怨)都应该通过公社认为最能培养和巩固友爱感情的内部调解或仲裁等办法来加以解决。

我们要提出的是:协作组织中的每一个成员,在自己认为适当时完全有脱离的自由,并可要求公社付与退社社员有权领取的公共财产或出借资本中的任何份额。公社中出现任何缺额时,组织可以通过自己认为最好的入社方式接受新成员。

第　二　节

财富的自愿平等制度的利益

追求真理和追求自身幸福的人,不妨停下来好好考虑一下上述的那些安排的效果。这是提请为了彼此利益而在一起合作的有理性的人们制定和实行的一些安排。一方面,他们应当考虑一下,这儿所提出的自愿平等的计划如果普遍实现,并就其已经实现者而言将产生什么效果;它将消除哪些对于平等和保障的限制,因之也就是消除了对道德和幸福的限制。另一方面,他们也应当考虑,对于真正平等和保障的障碍(如果存在的话),有哪些是这一计划所不能消除的。同时,在建立这种制度而又没有一般社会的合作安排时,这一计划将使哪些障碍(如果有的话),变得更严重。接着还要讨论一下这一计划是否实际可行。

上面提出来的那些安排看来有以下这些利益：

(1) 至少在协作组织的范围内,可以防止完全是非生产性消费上的浪费。

(2) 目前纯然由于无知或没有市场,使许多劳动力和技术未能使用,或用在了无益的或有害的事情上;这些安排可以防止这种劳动力和技术上的浪费。

(3) 这些安排可以防止目前批发商与零售商以利润的名义进行消费所造成的浪费;每一个合作者都是一个共同经管者和资本家;一切人都同样分担生产和分享消费。

(4) 这些办法通过物质生活的安排和知识的传播,可以防止生命、健康和享受方面的浪费。这一切现在都是由于贫困、无知和忽视而引起的。

(5) 这种制度将防止难以估计的幸福的浪费;这种浪费是由无保障制度中所产生的争端、敌视和残暴行为造成的,并在某种程度上和人们用尽心机来追求个人利益不可分。这儿所提出的社会组织,将消灭犯罪与恶行的原因,并通过对于人们理解力的教育,永久建立起与此相反的倾向和习惯。

(6) 这种制度将使供应与需求永远平衡,并可以把供需关系、人口问题以及其他道德、立法与政治经济学方面争论不休的问题归纳成为明确而易于肯定的数据和建立在这些数据上边的原理与原则。

关于以上每一种利益,我们还必须进行一些解释并提供详细资料。上述的利益都是最重要的利益，只要人这类理性动物能被引导着在生产方面自愿地进行互助合作，就可以通过社会合作来取得这一切，这是毫无疑义的。防止游手好闲、不事生产的消费者夺取劳动者的劳动果实；把技术教给失业的人，使他们的劳动最有利于生产；把现在少数人牺牲多数人所垄断的利益拿出来在全体合作者中间均分；增进健康和一切享受能力，从而延长寿命；把一切邪恶的引诱消灭净尽，从而使美德得到难以估计的增加；使供需关系永远平衡，从而防止这些作法的利益受到任何损失——肯定地说，如果人类有任何值得追求的目标，这些就必在其列。

上面首先提出的社会合作的利益是："至少在协作组织的范围内，可以防止完全是非生产性消费上的浪费。"所有的协作者必须是从事生产的劳动者；这儿不会有游手好闲的资本家或地主；所有从事生产劳动者都将直接或最终成为地主与资本家；这种地主和资本家共同拥有用之于慈善上的财产。其目的是为社会谋求普遍幸福而不是自私自利地从自己与周围、贫穷与痛苦的对比上享受个人的荣耀。即使日常劳动偏于脑力而不偏于体力方面的那些人，如果用一部分时间来从事一般的农业与机械操作，也会发现这是有益于健康和可以避免单调的。现在的劳动被荒谬地和耻辱联系在一起——由于劳动和污秽、疲乏、愚昧、贫困以及强迫忍受的痛苦不可分，这种联系是很自然的——但在新情况之下，感到耻辱的将是那些懒惰者，因为人们将看到劳动是与舒适、智慧和幸福结合在一起的。舆论将发挥前所未见和意想不到的力量，理由很简单，因为公众中每一个人都是关心的，生活中必需品、舒适品以及便利品的供给都将依靠公社每一个成员的有益劳动以及彼此之间

的有益合作来取得。现在舆论也反对说谎和酗酒,但如果表示反对的那个公社的每一个成员曾由于谎言和酗酒的影响而身受其害,或者因而失去了享受,而不像现在那样仅仅因同情其他人而受到影响的人;这样一个受害的社会所表示出来的公共舆论将产生何等不可抵抗的道德影响呢?谁能估计它的力量,谁能限量它所产生的奇迹呢?协作组织的实际情况恰好就是这样。它们的每一个成员的幸福都个别依靠其他成员在社会上做积极的努力。这样就会使舆论获得像家人父子之间的那样同情、爱护和责备的力量。纵使在现在,谁又能忍受一个朋友的白眼相加和态度改变呢?但在这儿所提出的安排之下,每一个合作者都是一个朋友,而且永远是一个忙碌着的朋友,永远为不事生产的以及其他合作者谋利益。在这样一个由朋友组成的公社中,每一个人都必然要受到朋友们的明敏而关切的注视,必然要受到他们的道德上的监督和控制,试问在这样一个公社里的疏远感情中谁能生活得下去呢?肯定地说,没有一个天性正常的人能生活得下去。纵使能找到这样一个人,不为其他人的一般利益与感情所动;那么这种人也一定会被当成是一个不幸的白痴,他这种半疯狂状是不足为害的,因为谁也不会去模仿他。或者这个人有可能造成危害,那么公社也一定会依据它认为最有效的规章制度,行使自我保存的权力,拒绝给他以合作的利益,并把这个停止合作的人排出社外。一旦共同具有财产后,每一个人便都是土地、房屋、机器和其他财产等活动基础的所有人。一个人如果不通过自己的劳动对公共福利做出贡献,他怎么能被接受为社员呢?除非他具有特殊的才能,整个公社认为让这种特殊人物发挥特殊才能比在其他方式下使用他更能增进全体

的幸福。

从这里提出的互助合作办法上看到的第二种节约，是关于"目前纯然由于无知或没有市场，使许多劳动力和技术未能使用，或用在了无益的或有害的事情上"这一方面的节约。对于这些公社的一切基本的必需品与生活享受品说来，其本身的消费就会永远为它们自己形成一个市场，偶尔有一些非主要物资供应过多或过少，并不会对它们的福利有多大增减。当一个人的劳动有人需要时，他就不会变得愚昧。同时也不会由于寻找工作、逾越境界而以游荡罪受惩。任何人虽然没有技术和不知道怎样使用他的劳动力，也绝不会由于周围人的嫉妒或永远算计别人的自私性竞争，而被故意地保持在无知的和笨拙的状态中。在我们所提出的互助合作的制度下，协作组织中每一个成员根据自身的利益，都希望别人的技术与知识能达到最高限度，甚至尽可能地超过自己，因为他的利益依靠其他成员的技术合作的地方，比依靠自己努力的地方要大得不可估量。在这种新环境之下，每个人都会关心使协作者消除愚昧与笨拙，增加知识与技术，从而使之增加公共生产，正像他目前由于怕给自己的利益造成竞争者因而保持愚昧与笨拙和妨碍知识与技术一样。在上述的安排下，任何人都不可能从旁人的愚昧与笨拙中获得利益。同时任何人提高知识与技术都不可能不对全体产生利益。因此，愚昧与笨拙就将逐渐转化为知识与技术。任何人都不会害怕旁人的竞争将减低他自己的劳动报酬（工资）。

在这种安排之下为了生产财富与共同享受而结合起来的公社，对于矫揉造作的社会中存在着的一切人为的和真正的欲望，都将重新给以合理的估价，以使他们的劳动力首先用来满足产生最

大量优势利益(把目前的快乐和长远的后果都考虑在内)的欲望上。有些东西虽然能暂时满足嗜好,但习用成瘾,从长远过程看来将是有害的,并将缩短寿命,引起疾病,或为将来种下病根,如烟酒就是这样。这一切都将立刻被抛弃,纵使可以不费劳力取得,也不会有人再用,更不用说要付出可以很好地用在其他方面的劳动力作为代价了。现在人们由于身心两方面的不幸,对于后果的无知、劳累过度、风吹雨打、营养不足,同时又没有其他的办法可以得到实际满足,于是就导致了对这些有害的东西的临时放纵。在新型公社中,由于用有益于健康的食物供给他们的需要,由于产生其他一切恶习的原因已经取消,所以纵使是上了瘾的人,也会很快地戒掉。他们更不会花费很大的劳动力把田园中有益健康的产品制成有毒的消费品。也不会用有用的劳动产品来交换这些有害的东西。当然,这里除了他们自己的意志发挥作用外,不会有任何限制。但是这种意志,由于一切欺骗的动机已被消除,一定会在短期内受到他们对自身利益的正确看法的指导。单是从这上边节省的劳动力就会相当于整个公社劳动力的三分之一到十分之一,更不用说健康和道德方面的收获了。人们愈是贫穷而愚昧,用在有害物品方面的金钱在全部收益中所占的比例就愈大。这话说来虽然有些奇怪,但却是真实的。在这种公社中,根本就不会有大量制造毒品的工厂,也不会有贮存的仓库。通过适宜的衣、食、住,所获得的健康身体可以成为一切幸福的基础,这将成为大家首先追求的目标。生皮、羊毛、亚麻等最有用的家庭制品的原料,将由自己土地上的产品供应。水果、蜜糖、牛奶和一切有益的蔬菜,将由本公社的劳动生产出足够的数量。因此,交换将是十分有限的,除开土

地所不能生产的铁器等工艺制品以外,只限于几样非必需品。

由于物品是在当地生产和在当地销售,所以在这一项之下还能节省水陆运输的费用和运输方面的劳动。一般社会,用于运输的劳动往往达到生产成本的十分之一,并根据距离与体积的不同而从十分之一到生产成本的一半,——有少数物品还要高一些。协作公社实行这里提出的办法后,单是用在运输上的劳动至少可以节省四分之三。像这样节省下来的劳动力从两方面说来都是有益生产的:第一,运输中所用的人、马、机器等,不会再从有益于生产和享受的总劳动量中吸取一部分来维持自己。其次,这些人、马和运输机器本身的劳动力,可以用来增加有用物资的共同积存,以增加享受。因为我们不要忘记,在新制度下对劳动生产者和供应品的额外增加是不会有人抱怨的。因为整个公社和其中的每一个人,连同新加入的成员在内都永远互相成为消费者与生产者。对于有益的生产与享受的唯一限制,只是在遥远的将来可能缺乏用来进行劳动的土地与原料。

在这一项下还有另外一种节约。人类现在浪费了许多劳动力来生产或寻求没有内在价值的东西。这些东西只能用来使某些人显得与众不同,而没有任何其他好处。一切珠宝首饰,总之,一切只能显耀个人而没有内在价值的东西,都是这类的东西。如果闪闪发光的宝石能像花朵一样容易取得,而且人们只因为它们可爱,不因为它们有用而去寻求,那么这些东西就将成为无害的装饰品。然而,现在这些东西都是花费大量的有益的劳动生产力取得的,但又不能产生真正有价值的享受——单只炫人耳目是不值一笑的——所以这些东西就是在不断地破坏人类幸福,这不仅是因为获取这些东西时浪费了许多劳动，同时也因为它们产生了反社会的欲念和观点。在互助合作制度所假定或产生的这种合理社会中，绝不会浪费劳动力来生产只供夸耀的东西。他们的劳动只能根据效用的多寡来支配，也就是根据获取所费的劳动跟现在和将所获得的巨大的优势幸福的多寡来决定。由于所有的人在财富方面都是平等的，所以就必须首先满足大家的真正需要与享受，然后才能谈到其他人为的需要。不以有用的个人品质为基础的人为的高贵，不但很快就不会为人所追求，而且还会被认为是愚人才追求的东西。只有一切可能的物质需要与方便，一切知识和道德方面的享受都得到充分满足时（不是在此以前），这种公社才会同样无害地把劳动余暇用来收集和琢磨玲珑的宝石和用来培植收集装饰用的石竹与玫瑰花。如果珍珠像玫瑰花一样容易取得并给人以同样多的真正享受，珍珠也就会是同样无害的。但就是在那时珍珠也不应用来做装饰品，而应该用在有益的目的上。这些合作公社绝不会羡慕一般社会上那些浮夸无用之物。他们绝不会用自己有用的劳动产品来交换这些东西。他们一定会用完全不同的标准来衡量他们给与本公社成员以及社会上其他人的嘉许。

由于公社作了重要的安排，使每一个成员都能受到工农业两方面的操作训练，所以就能进一步节省大量的时间和劳动力。有学习这一种操作的智慧，就有学习另一种操作的智慧。大陆和英格兰的无数工厂、济贫院和监狱都已经证实在几个月之内可以很容易地教会一般的技艺。风霜雨露，冬季天短，以及某些国家在假日的强迫休息使农业劳动者的生产率减少六分之一到三分之一。当这些人只能从事农业劳动时，必然是这种情况。但要是学习了其他有用的劳动，并在当地设有作坊，这些被浪费的时间就可以用来增进生产因而成为增进享受的手段。同时，有许多农业操作需要把平常的劳动力立即增加一两倍；在这种场合下，整个公社的人力便可以听从调配，并可以学会所需要的操作。这样把工作做必要的和有益的变更，工厂的生产虽然暂时推迟，但却不会受到损失。另一方面，许多工厂如果整年、整日或在某一特殊季节里占用某些愿意以工业技术为主要职业的人可能没有多大利益，改而从事农业既能有益于健康，同时也可以利用这些浪费掉的时间。还有一些户外行业如石匠等，现在在气候不良的时候是没有工作的，制造家具、日用品和衣服以及交换物品的工厂，都可以使这些宝贵的时间变成有用。现在这些时间都被浪费掉，使各行业的人受到了损失和痛苦。单是用多种多样的工作来代替固定不变的工作这种安排，所节省下来的人类劳动生产力，也许就会等于它的现有总量的六分之一。

在劳动这个项目之下，另外一种更重要的节省劳力的办法是从安排妇女工作和那一部分被称为训练的机械的儿童教育工作中产生的。妇女占人类社会的半数，而在现在的机器帮助之下，有用的人类劳动有一半并不要求比她们具有的更多的体力，如果对她们加以适当的训练，她们是能以她们有益的生产性的劳动对人类享受作出她们那一半贡献的。当然，那一部分必须用来生育和哺养婴儿的时间必须除掉，因为这种工作不但对于人类生存和幸福比任何其他工作都更为必要，而且也更为有益。但为了所有的人们的幸福，这一部分的时间显然应该尽量缩短。在现在的个人单干和孤立生产的制度之下，已婚妇女的全部时间都用在照顾少数孩子，为他们准备食物和其他所谓家政的琐碎事情上。我们所提出的一些安排办法能把已婚妇女从多于六分之五的这种劳动中解放出来，并使她们能够以她们的生产性的劳动在对于共同幸福的贡献上几乎和男子一样有效地合作。公共厨房和由少数管理供多数人使用的电暖设备，可以使她们从购买和准备各种干粮和饮料，升火照明以及一切附带的活动和零星购买等等事情中解放出来。公共宿舍和在她们身边的有益的训练场所可以使她们从对于二三岁以上的孩子们的照顾中解放出来。就幸福是从财富品产生的而论，我们很可以把这种重要安排的价值定为给谋求人类幸福的手段增加三分之一。我们不久还可以看到其他效果，在其他方面产生的真正利益。

从所有这些方面节省下来的劳动力，在互助合作以寻求共同利益的人们的手中，将成为一笔很大的生产资金，在现在的科学和技术的帮助之下，这笔基金一定会把人们的匮乏和不幸变成为富裕和享受。在现存的无保障制度的限制之下，所有这些浪费必将继续下去，因为把劳动生产力用在有益的活动上边即使能增进千百万人的利益，但如果少数优越的人的利益并没有同样地增进而他们又仍然维持着他们的比较优越的地位，这种增进也就不为少数人所重视。作为一个资本家，对他来说，他的同胞的劳动力的有益使用问题，甚至于生存问题，不会使他比对于下等动物或机器的使用问题有更多的注意，更不用说健康、道德和幸福问题了。劳动者在用他们自己的劳动维持自己生活和使自己幸福之外，能不能给资本家产生平均利润呢？如果能，就让他们干下去吧！如果不能给他产生平均利润，那就随便他们的死活吧！他们的幸福是与他无关的。虽然他们可以通过共同劳动为自己增加千万倍幸福，作为一个资本家是与之完全无关的；使别人和他自己一样幸福，他没受过这种教育，他只是要使自己比别人更富有。只有通过互助合作，一个没有资本或者资本很少的人才能够立刻投入生产获得幸福，让那些少数有大量资本的人去享用他们已经得到的那些东西去吧。

在节省劳动方面和所提出来的那些安排的上述效果同样重要的是下边所指出来的一项，防止“批发商和零售商在利润方面的浪费；每一个合作者自己既是一个共同经营者又是一个资本家；一切人都同样分担生产和分享消费。”

这种安排对于由互助合作来达到自愿的平等制度是非常重要的；它在这里被认为是一个优点，关于它的证明可以参考第一章第十一节。如果自愿的财富平等是可取的——它的实际可行将在以后加以讨论——意味着财富不平等的个人利润就一定是不可取。我们所提出来的办法并不干涉一般社会已经积累起来的和已经形成为资本的利润，这些办法仅仅防止任何这种不应该有的东西将来在合作公社里再发展。这样，有人就会问：“怎样来执行分配业务呢？没有利润，谁愿意担负这种操心的信托职务呢？”不过我们更应该这样问：“在这样一个公社里边，谁能够不愿意在平等的报酬之下出来担任这么轻的和受到这么多公众信任的职务呢？”由那些具有最高业务能力的人来对于整个公社的事务进行一般的管理就没有必要再由大资本家把整个公社当作一个大联合工厂来管理。至于在少数特殊部门里的细致分配工作，个人将提供这样一个公社所需要的一切属于零售性质的劳动。事实上，这种零售性

质的劳动将减少到几乎等于零。

在现在这样组成的社会里，有两种情况在每个地方触目皆是的数不清零售店里造成了劳动的巨大浪费和对于别人的劳动产品的消费。这两种情况就是消费者距离生产者过远和许多个人自己的和家庭的需要必须得到供应。在我们所提出来的办法之下，消费者和生产者之间的距离——在一切必需品上——问题将被消灭，因为他们将住在一起；而一两千人的需要也将当作一个家庭或者一个个人的需要来供应。需要既然是集体地被供应，自然就不必再有零售。现在，五百个消费面包和肉类的家庭在他们中间维持着十个或者十二个屠宰店主人和面包店主人以及这两个行业的职工，职工们负责具体业务，主人们按照每一个雇主所需要的数量来管理和分配产品。这种零售制度在主人所得的利润和必须维持这些职工们的生活上（虽然所根据的常常是很不经济的标准）所造成的浪费大约为所消费的面包和肉类的价值的四分之一到五分之一。在新制度之下，这些零售店主人和他们的利润将消灭；他们的劳动将和那些运送人的劳动一样，加入进行生产的共同股本里以增加共同享受。作为新企业的共同生产者和共同消费者，他们将得到很多的物质享受和便利并得到超过于他们以前在竞争和不安中经营业务所能得到的幸福。制造业将和公社所用的任何物品的零售或分配一样，不再要求什么利润，因为机器、工具、工人、原料和储存这些产品的厂房都得到了供应，自然就没有要求利润的必要。食品用具的零售（还有电暖设备和一切数不清的与之有关的器具）既然为公共厨房和集体供应所代替（无论是在公共食堂里或者是在私人房间里消费），所剩下的就只有家具、衣服和便利

品的分配了。为了这些,根据方便的原则设置一个管理一般消费的仓库和一个管理员,把对整个公社成员的供应登记下来就足够了,因为再也用不着讲价钱来耗费时间。这里也不会有任何引诱使他们用这些东西来交换外来的便利品;因为如果所希望的东西是一件化学或者心理仪器,一本有用的书或者任何真正能产生巨大利益的东西,那么,在图书馆里,试验室里、厂房里,在合作公社的阅览室和阅报室里都一定会找得到这些东西。在这样的一个公社里,个人占有这些供大家参考而不是常用的东西,不但不被看作是一个合理的欲望而且毋宁被看作是一个负担。现在人们所以要得到这些东西,首先不过是当作愚蠢的夸耀手段,其次是因为没有公家供应的规定,所以即使为了偶然一用也必须占有它们。各个合作公社出于远虑也许认为应该首先对那些新加入的成员早期形成的癖好加以种种限制,这些限制一定足以阻止这些癖好的有害发展。

我们看到的从这些安排中产生的下一个利益(在次序上是第四)是,“它们一定会通过物质生活的安排和知识的传播,防止健康享受和生命方面的浪费。这一切现在都是由贫困、无知和忽视而引起的。”不仅当前的舒适,而且一切享受和工作能力,知识的和道德的以及身体的,都靠着彻底保持身体的健康;是否容易患病,生命的消耗和平均寿命的长短自然也都依靠着对于健康的不懈的保持。但在从偶然或者愚昧中产生的无保障的制度之下,并没有对于社会上的全体或者任何一部分人采取适当的预防措施来维护这个一切幸福的基础。碰运气和无知指挥着一切;甚至于健康的价值也不为人所知。我们所提议的新制度在这些主要特点上是如何地不同呢？即使社会的唯一目的是保持健康而不是尽可能生产最多的有助于享受的那些东西，它们也一定会完成得最出色。每一种主要安排都有助于健康的保持，是真正的而不是表面上的保持。对于每一个人都供给以知识和最有利的条件以使他能得到这个不可缺少的幸福。在住宅、衣服和食物、休息和劳动、各种活动、选择社内建筑的地点等等各方面，对于健康的每一种妨碍都得到了消除；合作公社的周围到处都是对于保持健康有利的条件。

现在，什么东西决定劳动生产者阶级的居住和劳动的地点呢？要看这个地点是不是最能增进资本家的利润。最单纯的偶然性、接近于产业主的任何一种真正的或者假定的便利、任性而为，这些因素决定人类的居住地址。不利于健康的害处既然是在遥远的将来，便指望有幸免的可能；满足要求和用工资来维持生活是当前的迫切需要，所以命运把劳动工人安置在哪里，或者说哪里有工作，他就在哪里生活和工作下去。既然被夺去了资本，他即使为了维持仅仅几天的生活，也必须在他能得到工作的地方工作，否则就要挨饿。污浊的空气、潮湿、腐败的含矿物质的恶臭，引起疾病的气体常常需要很多年才能破坏人的躯体；而在它们逐渐发生作用期间，一般都是同一些刺激性的东西来继续保持体温的增高以进行抵抗。最后终于病了；他们本来可以再幸福地多活上十年或二十年，但却在比较年轻的时候就死在了不幸和痛苦之中。这对于资本家有什么关系呢？他们死了；马也是要这样死的，而且比他们寿命更短，况且优良的马和勤劳的人是永远可以继续找得到的，只要资本家允许他们得到食物和工作，只要他们能工作。

关于环境对于健康的影响，还另有一个人们没有认识清楚的

问题。对于肺部的有害影响，特别是缺少含有氧气的新鲜空气的影响，对于成年人无论如何不像对于青年人，特别是对于婴儿那么严重。儿童们的脉搏和血液循环快，因此比成年人要求加倍的氧气来补足他们迅速生长中的损失。在成年人可以健康地生活于其中的空气里，儿童们一定会死亡；成年人的健康似乎比儿童更需要热量，而儿童则较成年人更需要新鲜空气。所以，在拥挤的城市和工业区里，很多人都夭折：所以给那些父母们带来不幸的是：这些父母认为他们能比较健康地生活下去的地方，他们的孩子也能健康地生活下去。

在我们所提出的制度之下，整个公社的住宅和工厂的地址不是由个人的愚昧无知，目光短浅的贪心或轻率任性来决定的，而是由成员们自己通过他们所认为适当的机构，充分考虑到是否适合于健康来选择的。他们既然具有知识，所以轻率任性和暂时的利益以及需要都不能使他们放弃选择最健康的环境这个利益。最好的地点，由于建筑物拥挤，缺少通风和不洁也能够成为有害的；在某些不可缺少的建筑物和运动场的周围留下一些露天的、方形的、四边形的空地可以保持环境卫生，这样，社内外，在花园里，在场地上，在工厂里和在住宅里就永远有最迅速流通和最迅速发生的新鲜空气包围和渗透着整个公社。在冬天的保暖方式上，也是把温暖的空气平均地散布到全室而不是用火炉生热，以至于使靠近火炉的一部身体或者一部分人过热而其余的部分过冷，这样就既健康而又经济。烧煤取暖所带来的污秽、臭气和热力不平均将被清洁、新鲜空气和平均的温度所代替，这和任何特定的温度相比是一个保持健康的更必需的条件。不但人们身体周围的温度平均的，

而在不同的时候它也是平均的。

在新制度下，对于儿童健康所必需的特殊条件也和成年人所必需的那些条件一样地做了有效的衣物的准备。那就在儿童的体力发展到能够受训练的时候，就立刻把他们从成年人分开。在专为教育儿童而设的公共的宽阔的宿舍、运动场和活动室里，他们可以得到新鲜的空气、暖气和身体活动的自由。这些东西在他们父母的房子里也许不是他们的父母们所喜欢的或者对于他们的健康有益的。这样分开对于双方的健康和幸福都是有利的。像现在这样，在普通社会把老的小的强迫放在一个狭窄的地方，他们的健康和舒适自然是彼此不相容的。这一方或者那一方必然遭到牺牲。新制度照顾到了双方，使他们都能得到发展。

全部建筑物的一般地位和与之有关的一切个人房间的特殊位置都安置得能够按照不同的年龄得到最有益的新鲜空气、干燥、暖气和照明。这些房间自然是清洁的，并且于这些东西之外，还尽量布置一些可能得到的能够引起人们快感的东西，如田园景色和其他等等。整个公社的食物供给的质量和方式也同样是对于居民的健康有益的。食物的一切功用——满足口味，解决饥饿，增加力气，使人们丰满而美丽，有助于智力和精神的发挥，促进某一特殊感官的享受——设有一项不应该完全服从于永久健康的保持；那就是说，完全免于痛苦和不适，一切内脏和动物官能的自由活动和一切身体的和精神力量的彻底发挥。它的简单的理由是这样的：增进健康；你就可以从上述这些幸福的真正来源，或者任何其他来源得到最大的享受；如果牺牲健康来满足食物的任何这些次要的目的，你就不仅为了其中的一项而牺牲了其他一切快乐，而且将会发现由于缺少一般的健康而甚至于丧失了对于你所追求的那一项快乐的享受能力，并且同时养成了一种败坏了的食欲，消灭了一切自制力，和更新身体组织的力量。由于对于与人类幸福有关的任何有益的追求缺乏早期的训练和教育以及其他无保障制度所起的作用，现在人们想用食物来达到的可怜的唯一的目的，在穷人这一方面就是在任何悲惨的情况下延长生命，在富人那一方面就是口腹之欲的放纵和必然引起的过分刺激。结果就是一切人由于身体作用失常而产生的习惯性的不适（有时对于穷人是这样一种疾病，对于富人是另外一种疾病）和普遍的寿命缩短，因为除了保持永久的健康之外没有其他方法能够延长寿命。时而健康时而患病就医对于医业是最有利的，但一切其他人都应当以长期的健康为目的。现在，在新制度之下，永久的健康既然是要食物所要达到的最高目的，次要的败坏了的富人的或者穷人的口腹之欲等目的就必须同样被放弃，公社所准备（如果可能的话就直接准备，如果不可能，就通过交换）的食物应该是经验告诉我们最有助于永久健康的那一类食物。

所有的人根据他们的利益都将对整个合作公社的衣料和纺织加以注意，这也是因为考虑到了永久健康的问题。在这个问题上像在食物问题上一样，在一切其他发生影响的条件完全相同的情形下，贯串一生不同时期的精确试验还有待于完成。

在安排多种多样的业务和一切成员的劳动和休息上，也应该经常着眼于健康这个同样的首要原则。健康既然是幸福的首要条件，所以不能拿任何财富的增加也来和它相竞争。为了获得全世界的财富而少过一年幸福生活都是不合算的；一个公社已经拥有简单的但足够的在自然物资方面、知识方面和精神方面取得快乐的手段，即使把这个公社的人叫作世界财富的拥有者，也不能在它原有的幸福之外，再多增加一天的幸福——除非这种财富不是为了他们自用而是为了使别人和他们同样幸福。为了这个健康的目的，同样也为了其他在重要性上仅占第二位的目的，这个社会的所有成员都要精通农业生产和工业生产的几种业务，既能坐着从事劳动，又能从事积极劳动，既能于阴湿寒冷天气里在室内劳动，也能于美好晴朗的天气里在室外劳动，既能在冬天的漫长枯寂的夜晚劳动也能在夏日一天的晚凉中劳动。现在，一个农业劳动者不可避免地要暴露在阴湿寒冷的经常侵袭之下。因为季节并不等人，因为他不得不或者是完全闲散着，或者是在坏天气里尽量来工作，因为他不能要求别人来和他合作，帮助他补足被耽误了的工作，所以一个农民就必须不顾自己的健康和季节奋战。现在，一个工业劳动者，也是从早到晚被限制在或多或少地不卫生的房子里，被剥夺了适当的空气、运动和温暖的享受，因而他也是身体衰弱，或者食欲不振和患有特殊疾病。他在饥饿的威胁之下，要想在恢复他的健康所必需的时期内离开他的劳动，以逃脱这些灾难，那是不可能的。对于能够达到这一目的的农业劳动，他是不熟悉的，所以农家既不会雇用他，他也不会被允许插足到农业劳动者中间去。所以，他常常一生在疾病中挣扎而最后死去。

但是，节省非生产性的消费，防止无处使用生产力或者滥用生产力上的浪费，防止批发商和零售商的利润上的浪费，是不是认为它的目的就是为了以积累起来的货物，或者所谓的资本的形式，增加最大的财富品呢？它的最终的目的不是为了积累，不是为了资本，而是为了当前的或者将来的享受。纯粹的政治经济学家和道德经济学家在这里是不同的。财富或者资本的积累，特别是大量的积累是纯粹政治经济学家的目的。幸福、健康，特别是多数生产者的幸福和健康对于他来说是次要的。对于道德经济学家，这些是主要的，而财富，特别是积累仅仅是次要的。诚然，在很多或者在多数的情形下，从劳动中积累起来大量资本，即使受无保障制度的限制，也曾经比没有这种积累产生了更多的幸福。因此人们概括出了这样一个命题并从这个最片面的经验得出这样的结论：要想增进社会的幸福——就与财富有关来说——唯一的办法就是必须增加生产、增加积累和增加资本——显然资本必须是大批的和集中在少数人手里。但另一方面，道德经济学家却从来都不失掉他们的伟大目标，那就是从一切来源所能得到的最大多数人的最大幸福。在取得财富以前，作为从一切来源产生幸福的基础，他认为必须保持健康。在这二者不相容的时候，必须毫不迟疑地牺牲财富。

所以，无论什么时候，只要业务有害于健康，并且不能以机械的或者化学的方法加上劳动（不超过所得的产品价值）以求得缓和时，这种业务连同它们的假设的利益就必须为一个由有理性的人组成的公社所放弃。由于从各种可能的来源防止了浪费，大批的生产力可以集中起来为这个合作公社谋共同的福利。从这笔基金中可以节省出来足够的钱使一切业务都是健康的，如果这一点办不到也可以用其他能够产生巨大福利的业务来代替。从这笔基金中也可以节省出来足够的钱以避免有害的疲劳，以使劳动永远成为一种有益的，因之也就是一种有趣味的消遣性的工作，并提供休息时间、精神娱乐的时间和享受人们在智虑原则指导之下所能享受的每一种感官上和社交上的快乐的时间。为什么要这样彻底地检查浪费人类能力的种种原因呢？是为了生产而要把人类变成为永不休息的生产者吗？不是的，是要节省时间以用之于合理的工作上，以使整个公社中人能够按照他们的才能、智慧、道德的发展和各种身体组织上的不同，从财富之外的一切其他幸福来源中得到享受。这里边，健康既然是首要的并且是一切其他来源的基础，所以任何时间和力气都不会用在与健康不相容的工作上；对于最能增进健康的身体活动的方式和活动量将随时加以研究，并很高兴地迅速予以补充，不管它是需要二十四小时中的三小时或者是十五小时。

除了这些保持健康的手段——主要是物质方面的和从公社的组织中产生的——以外，公社的一切青年人，男的和女的都应该把人体的构造和功能当作对于一切人最有用的一门人类知识来学习，都应该学习他们周围那些安排的运用方式和一切能够扰乱或者帮助他们的重要机能发挥正常作用的那些细微条件。

这样，我们所提议的制度就为健康提供了足够的保证。这种新的安排还会消除从无保障制度中产生的另一类对于人类幸福的障碍。只要这些障碍存在，社会的成员就不可能获得社会的和个人的道德习惯。我们所提议的制度将“防止难以估计的幸福上的浪费；这种浪费是由无保障制度中产生的争端、敌视和残暴行为造成的，并在某种程度上和人们用尽心机来追求个人利益不可分。这里所提出来的社会组织消灭了犯罪与恶行的原因，并通过对于人们理解力的教育，永久建立起与此相反的倾向和习惯”。

看看周围的社会，注意一下那些使生活充满痛苦的争端，那些行动（有时候不过是说了这样的话或者被认为有这样的意图），这些都曾经被刑法规定为犯罪，并在人道主义的名义下以一切残酷的折磨人的惩罚来进行干涉。看看那些使人类生活陷于悲惨的暴力和欺诈行为。这些东西的十分之九，不，百分之九十九，都是直接或者间接从哪里产生的呢？难道不是从追求个人利益产生的吗？难道不是从追求个人财富产生的吗？或者仅仅是为了增加势力或显示自己，或者是为了可以从所追求的财富中直接得到一些幻想的直接的私人利益。为了满足与财富无关的任何激情或者欲望是很少引起争端的——自然更没有危害性的争端——因为不是满足这类欲望的手段很多而且谁都可以使用，就是强迫或欺诈不能帮助得到这类欲望的对象——个人的才能和良好品质。两性间的情欲问题是唯一的例外；虽然事实上两性关系的所谓脱离正轨几乎常常和财富有关，不过也有少数情形是与财富完全无涉的。

现在，因为一切不道德的行为和罪恶都只是从为了追求个人利益而进行的个人与个人或者个人与许多其他人之间的竞争中产生的，所以很明显的是，在一个不知道有个人利益或者个人占有这一类东西的社会里，就不会再有这种不道德的行为和罪恶。虽然衣服和私人住房在某种程度上，至少在被占用和使用期间，可以叫作个人占有，可是，因为每一个其他社员都有房子和衣服，同样的宽敞，同样的美好，符合于每一个人的合理要求，有什么理由再为占有这些东西而发生任何争端呢？为什么还要像现在这样用伪证、伪造和欺诈来帮助取得某些个人财富呢？在这些自愿的财富平等的合作公社里，使用这些伪证、伪造或其他种欺骗的手段是得不到任何东西的。谎言和窃盗的动机一定会被消灭，因之不必假定人类天性有什么改变，他自然就不会再说谎或者偷盗；这就是因为他看到，在他的改变了的环境里，用谎言和窃盗得不到任何东西，也不会给他增加任何幸福。

所以，由于新制度的简单作用，与财产有关的欺骗和暴力的罪恶和不道德行为都将在这样的公社里消灭，就像撤销了一盏灯所用的煤油或煤气，这盏灯就会熄灭一样。

羡慕、嫉妒、怨恨、骄傲、虚荣等等激情以及这些东西有时候造成的对于人身或财产的犯罪几乎是永远与财产有关的，所以随着环境的改变为社会共同占有和共同享受，这些东西都将消灭。所剩下的只是那些少数的与财富无关的激情的发展了。

在私人的或者仅仅是个人的恶习——这一类恶习很少，而且也永远不应该被认为是犯罪，和受到法律的惩罚——当中，首先是饮食的无节制。现在，那些不幸的穷人甚至于在比较丰盛的一餐中，也许一定会由于享受上的变化和准知道不会再有这样的机会而吃得过多，但在新制度下，这些刺激被消除了，因为有益于健康的一餐就是普通的一餐，而且一定会再得到它。每一种食欲的有益于健康的满足，每一种能够产生巨大利益的满足不但是公社的仁慈的集体智慧所允许的而且也是所努力以求的——只有傻子才会暴饮暴食来伤害自己，而这种傻子的数目一定会日渐减少。

单纯个人在两性情欲满足上的过度放纵（没有受到一切其他影响的）也一定会在同样的原则上得到纠正。就是在部分有保障的制度下，那些与追求财富无关的从失去节制的性欲中产生的诱拐、强奸等罪恶和不道德行为在数量上或者在程度上也都是微不足道的。它们与最片面的文明进步都是不相容的。现在，这种少数的犯罪是由什么造成的呢？由于特殊的兽性或者是和所爱的对象处境不平等。在新制度之下，一切从经济处境上的不平等中产生的那类事件都将立即消灭，因为每一个男人和每一个女人在这种制度下关于财富都是平等的，都是一切财富和一切社会有利条件的共有者，私人没有任何东西。所以，只有个人品质，身心两方面的良好条件才能决定恋爱关系。由于教育的进步和对于幸福的正确看法，思想品质一定会继续战胜单纯的兽欲。在合作公社里边，人们既然不用强迫或者欺骗的方法来影响别人的行为（自然也不懂得这种方法）；个人的优秀品质和说服就一定是社员们用来唤起对方爱慕的唯一手段。事实上在新制度之下，两性间互相爱慕一定会是要求培养个人优良（有益的）品质的许多动机当中的一个新的动机；而且是一个非常有力的动机。在现在这种人们疯狂地以不自然的手段仅仅为财富和优越地位而苦干的情形之下，谁能重视这种动机的力量呢？现在，女性几乎被剥夺了一切公民权利和政治权利，已经堕落成为供男性消遣的玩物，她们对于心智的开扩和德行的增益永远作为一个抵消的力量而起作用。恋爱等于盖上了精神愚蠢和懒惰的印记；正像诗人所说，造物主帮助对男人的专制主义进行了复仇，因为他把男人和一个他所造成的不顾一切的荒淫卑贱的生物结合在一起。但在新制度之下，女人既然在各方面和男人同等享受一切教育的恩赐，和同样得到社会的共同努力所能支配的一切其他福利；两性就一定会以一种新的互利的方式，作为朋友和彼此平等的人而互相起作用。富有才智和高尚的同情心的人将不再与愚昧的和堕落的人来往；财富的障碍

和地位的悬殊既然在这样的公社里不再存在，所以除了优良的和可尊重的品质外就没有别的取人的标准。一切人们选择对象的范围将扩大并且人人都有选择的自由，一切人为的对于真诚的恋爱的限制都将被消除。娼妓——这是无保障社会制度下的最悲惨的行业，它比疯狂的战争摧残男人年轻的生命更多地摧残了女人的青春的生命——在这样的公社里是不能存在的。男人既然没有他所掌握的个人财富，也就没有钱来购买女人的贞操以污辱女人；当贞操能够用钱来购买时，它也就失去了它的真正价值。女人既然和男人一样能够完全拥有整个公社从互相合作中所能得到的一切享受，她就不会——即使不谈教育问题——为需要或者虚荣所迫而屈从于这样的堕落。无论是痛苦或者欺骗或者压迫都不能把男女之间的永生不息的亲切爱慕之情变成为怨恨，这是发育成熟了的两性根据身体构造的自然规律互相散布到对方身体中的一种感情。

那些与财富无关的，从激情中产生的不道德的行为和罪恶，例如对于较高才能的羡慕或者嫉妒和对于这些人们的怨恨等，仍有待于肃清。对于少数能够产生这种激情的情况，一般的教育和新环境的不断起作用是可以有效的。效用既然被承认是判断一切才能的标准，仅仅与众不同不久就会不再是一个追求或者羡慕的对象。如果对于拥有者或者别人都没什么用处——现在的或将来的——为什么一个具有任何才能的人要被羡慕呢？更不用说被怨恨了。在这样一个合作公社里，这样一种才能能够给它的拥有者带来什么利益呢？它能够为他获得什么好感呢？如果这种才能是有用的，它将被羡慕和被尊敬，是的。一种有用才能之所以为这样的公社所尊敬，是因为它能够增加它的拥有者或者这个公社的一些其他成员的幸福。人们分有这种尊敬、羡慕的感情是因为每一个人都愿意从公社的每一个其他成员的优秀才能上获得福利，这里边并没有什么不自然的报酬；那么，剩下的还有什么值得羡慕，还有什么值得怨恨的呢？这种激情的全无用处，和对于怀抱这种激情的人是一种无理由的自寻苦恼，在一个积极的和从事于有益生产的公社里是非常明显的；这种激情在任何人心目中都不会引起同情，因而就必然消灭。动物机体由于健康的关系有时会发生错乱状态，所以这种感情上的偶然的乖谬和自觉的行动的失常也会发生，但它们一定是如此地稀少和轻微，公众舆论就足可以把它们限制在不至于为害的范围以内。

几乎一切产生不道德行为和罪恶的动机都已经从一个互助合作的公社中取消，从它作为这样的一个公社的地位中取消，如果我们想知道，关于正面道德和积极的善行，公社中人会有些什么行动，那我们就只须问一问什么是他们的真正利益和他们是不是将被放在一个一定会看到这个真正利益的环境中。在不可能从欺瞒、掠夺和互相折磨中得到利益的情况下，很显然，他们的利益将是要试一试看，能不能通过尽可能多地培养一种社会的感情来增加他们的幸福。没有什么东西比幸福之感再富于传染性的了；除非光线，因为光有这么多的反射和如此地依靠着反射的数目和变化而取得它的一般的效果。由于我们天性上的一种免不掉的联想作用，一部分靠着身体组织，一部分靠着早期的不可避免的习惯，我们周围的那些人们的表现在脸上或者其他方面的幸福的表示都会在我们自己身上引起一种同类的或多或少的活泼喜悦的感情，除非某些真正的或者假想的相反的利益破坏了它的效果。被包围在一群不幸的人们中间,任何人也不会感到幸福。从幸福反映的联想中所能得到的个人幸福的增加是没有止境的。这种幸福虽然是细微的,但却是温柔的和取之不尽的,它们常常有足够的力量来驱除个人的不快。什么样的快乐能够这样的便宜呢?不需要购买而只要顺从它们的冲动就可以得到它。把这种快乐增加到最高限度,用每一种可能的互相友爱的行为来增进它,那是多么大的智慧呢?在一切人的一切基本需要已经得到了满足,任何痛苦的个人的贫穷就不能对它做扫兴的否决。如果事情真是这样,那么在一个它的所有需要都已经得到满足,对于恶行的一切引诱都已经消除了的公社里,什么东西能够阻止它清楚地看到它在这一方面的利益呢?不正当的利益和愚昧无知是使人们不去追求真正利益的原因。这些障碍既经消除,他们既能得到一切知识,追求一切人的最大幸福既然成为了他们的唯一公认的目的,那么,如果说联合起来的成员看不到当初引导他们在主要事情上互相合作的动机,要求他们在一些次要的事情上应该彼此关心互相友善以谋求全体的幸福,难道这能是合理可能的事情吗?这是一个道德倾向问题,我们可以看到它已经被包括在合作公社的基础之中。人们的感官的快乐已经得到了充分的满足,他们一定会从培养最大的同情心上来寻求更多的快乐。

从新制度所能得到的一个最后利益——不是一个排斥其他利益的,而是一个最重要最直接和与我们的问题最有密切关系的一种利益——就是,“它一定会使供应与需求永远平衡,并可以把供需关系、人口问题以及其他道德、立法与政治经济学方面争论不休的问题归纳成为明确而易于肯定的数据。”

一切无保障制度的重大危害——不管是用什么各种不同的从属手段造成的——是:它们把整个社会的住房,必须用来劳动的原料,必须使用的机器和工具,人们生活于其上和必须从其中取得食物的土地都集中在少数人手里;这些少数人联合起来抓取政治权力或者与当权者勾结在一起,把知识保留给他们自己和把社会上大多数人保持在愚昧状态中,对于社会上的一切劳动生产者的报酬取得了绝对支配权;无论什么时候,或由于什么原因,这个社会的从事生产在这些同样的无保障的手段之下,如果不能于生产出劳动者维持自己平常生活所必需的之外,再以资本的利润的名义给这些少数人生产出他们由于无论什么原因一贯认为是他们所应得的那么多的劳动产品来的话,这些少数人就有权力强迫那个社会或者那个社会的任何一部分人挨饿。现在,虽然政治上的当权者并不夺取劳动产品,但却把全部交给资本的所有者来自由处理,土地也包括在内,因此这些资本家仍有全权由于他们的贪心和愚昧的支配来妨碍生产的发展,自然也就妨碍了人们的生命和享受的延续。作为资本家的真正利益它永远而且必然是与劳动生产者的利益相抵触的;资本家将使用他所有的一切手段来取得他的利益。唯一能够阻止他的就是他自己对于他的强迫的限制在生产者精神上因之也就是在劳动者的生产力上所能产生的后果的估计,而这种估计却永远受到他的利益的蒙蔽。

但是,事实是,虽然资本家为了增加他们的利润所强加在劳动者身上的无保障的限制,或者任何这种限制的两项或三项,就足以减少劳动生产者的幸福;虽然掌握政权的人对于劳动产品的公开

掠夺本身就很足以产生同样的效果；可是这两种造成人类不幸的精神手段却总是并行的，有时候这一种是主要的有时候那一种是主要的。无论什么时候——或者是这两种原因的一个单独起作用，或者是两个原因以无论什么比例共同起作用——当努力劳动所得，于减去被掠夺的或者利润的部分或者二者之后，不能维持一个小康的生活时，人们就说，“对于劳动没有需要了”，大自然的富源已告枯竭。这种弊害被说成是无法救治的；那些找不到工作的人能活多久就算多久吧。

在同等保障的理论之下，在分配的自然法则的理论和与这些法则相符合的简单制度之下，很显然——假设社会的成员，都像他们能做到的那样有了技术和知识——每一个劳动生产者都一定会成为一个资本家，政治掠夺将不再存在，而所有成员都将互为生产者和消费者。整个公社共同劳动的首要目的是提供丰富而有益身体的食物，以至少满足自己的需要。根据人们的经验，为歉收时储存下多少个月或者多少年的必要的食粮也将构成他们的经济的一个主要部分。公社共同劳动的次一个目的是为全体提供同样丰富的最有益的衣服（但不要有任何浪费）和很好地保存公用的房屋和住宅。其余剩下来的劳动可以用来取得（用直接或者交换的方式）其他舒适品或者便利品。在这种情形下，消费者，也就是雇主是永远不会缺少的，因为全公社的人都是消费者，都是雇主。劳动生产者也是不会缺少的，因为全公社的人也都是劳动生产者。所以对于健康所必需的一切物品的需求和供给一定是平衡的；从其物品的多或少也不会感到什么不便；因为这样的公社对于怎样使用它的剩余劳动力一定是很谨慎的，它不会去生产那些只能产生当前的炫人眼目的利益而一般社会对它的真正的正常需要并不能保证接近于一种永久的平均需要的东西。无论什么时候，只要公社发现它的任何一部分的剩余劳动使用得不正当，它能够由于它的成员的具有多种多样的技术和由于拥有机械的力量，以最少可能的麻烦把这种劳动转入一个新的方向。或者万一发生一种不可能的情形，外界对于剩余劳动所能生产的任何物品在交换上完全不需要——它的唯一的结果就是在高度技术指导之下，用这个剩余劳动来制造本国产品以替代不浪费很大的有用的劳动力就不再能得到的外来的便利品。这样，失业的巨大不幸和它的悲惨的后果将完全从这样的合作公社里消灭；这样，供给与需求将永远严格地保持平衡；这样，穷人常有的可耻的失业问题将很容易地得到解决；在这样的公社里人们再也不知道什么叫作可耻的贫穷。

人口问题和就业问题是建立在同一基础之上的。失业、一种不幸的人口过剩或者任何数量人口过着悲惨的生活、生活过低或者是仅仅靠着马铃薯或者靠他营养不够的食粮来维持的生活：所有这些和其他常常被当作社会上多数人的不幸的原因而提出来的都无非是无保障制度在不同的情况下，按照现有的知识程度所采取的某些或者其他各种各样的手段所造成的结果。让这些手段或者无保障制度继续存在，不用说全部，只是其中少数特别有影响的几种，就可以使这些不幸如洪水泛滥于平原而无可遏止。取消造成这些不幸的有力源泉、就业问题、人口问题、粮食问题自然就会调节它们自己从而得到解决。不要用露骨的谎言来侮辱人类大多数的受苦大众，硬说他们可以用限制人口或者不吃马铃薯方法把命运掌握在他们自己手里，同时却容许不幸的原因发挥它们的全部作用。这些原因使人们在精神上和身体上不可能不靠马铃薯生活，也不可能节制生育。所有被苦心提出来当作从人口的原因产生的——目的是为了替无保障制度的重大危害辩解并掩盖人们的眼目（无疑地有时那些说教者自己就是瞎子）使他们看不到这些危害——对于人类进步的障碍都是建立在这样一个虚伪的命题之上的，那就是："生活的提高必然会引起无节制的生育。"一切历史事实和一切对于人类动机的研究都证明这一命题的完全错误。即使在人类刚刚脱离最单纯的野蛮生活状态时，他们的生育要求和欲望也并没有超出他们的生活所能绝对供给的范围，不管他们所过的是什么样的生活。随着生活的提高，知识也提高了，无节制的生育的趋势将随着这种提高而普遍地减少。从历史上，或者从消灭了一切无保障制度的任何现存社会的行为中，找不到任何一个只是由于生活提高而发生生育过多的现象的例证。看看北美洲合众国的最接近于同等保障制度的不实行奴隶制的各州就可以从那里得到说明。是不是这些旧日的各州由于生活提高而就无节制地生育了呢？相反地，难道他们生活的提高和人口的增长不是在并肩前进么？难道不是每一个新的一代由于早期形成的习惯比他们的先人要求更多的而不是更少的生活的舒适么？随着生活的提高，人口无疑地有增加的倾向，但无节制生育的倾向同样无疑地是减少了。无论在旧的各州和在新的各州里，人口虽然以不同的比率在增加，但却始终保持或接近于和生活水平平衡而没有超过这个水平，虽然合众国（对于这个名字当之无愧）并没有对整个社会进行过什么教育和传播什么知识。进行了这种教育和传播了这种知识之后，并把一切无保障制度的恶劣残余消除，无论什么时候，

只要这个合众国或者它的任何一部分的人口达到了这样的程度；那就是人们认为再要增加就将降低实际生活水平和随之带来的巨大幸福，人口就将停止增长；出生率与死亡率将恰好相抵。

我们马上就将看到我们所提议的办法对于人口问题有什么影响。同时，很显然在这样的公社里关于这种有影响的问题的每一件事情都是可以而且将会有记录可查的。在道德问题上，立法问题上，和政治经济学（包括农村经济在内）问题上都可以进行实验，并且能以从前此未能达到的可靠性和准确性中得出结论。整个的安排是一个巨大的道德的经济的实验。它差不多是一个消灭危害的同样也是一个把物质幸福增加到最高度的实验。

对于一个进步的道德家，这些合作公社提供了一个多么广阔的天地！他将在这里看到人类动机的美好发展，这些动机的存在是他幼稚的科学知识所没有料想得到的。这些动机好像朝露一样温柔地浸润着一切，最初人们是看不见的，直到绿叶成荫子满枝时，才证明了它们的普遍作用。社会动机的效力从来没有被试验过，在此以前组成的那样人类社会并没有给这些动机提供发展的机会；进行实验的道德家对于这些动机的成立应该庆贺，不管它是否能成功；人们在自然科学知识和伦理科学知识方面所曾经取得和能够取得的唯一的确实的进展必须建立在经验和试验以及从之得出的结论之上；其他一切如果不是荒谬的欺骗也是无聊的幻想。

教育构成我们所提议的制度的一个非常重要的部分，人们会奇怪为什么这里不把它突出地提出来作为互助合作制度的一个优点。

从互助合作制度中所能期待的道德方面的重要进步将是从公

社的改变了的环境中产生的，而不是靠着高谈权利、义务和发生空洞的威胁，教导他们要向某一个方向走，同时却容许实际利益的动机存在，强迫他们走向相反方向。这种做法特别适用于成年人；而且适用于一切已经在以前形成了习惯的初次加入合作公社的人。我们所说的知识教育包括普及真正知识，传播自然科学和道德科学真理使人们获得理解，并且要永远注意不要在没有认识或确信的情形下给以伪善的同意以减少费力气的麻烦。这种教育应该主要施之于社会的青年成员身上，所以这种教育的利益和其他利益相比，即使对于青年人来说，也是在于将来。其他利益是眼前就能获得的，看来是包括在社会机器的活动中的，并与财富和分配问题有更直接的关系。在我们的制度中，普及真正的知识自然是一件最重要的事情，所普及的知识当中应有十分之九是无可争论的，另外十分之一则包括还没有经过充分讨论的，自然也就是未经公认的一些发现。但是并不需要制定特别的教育计划，实在说这种计划对于这些合作公社也不是重要的。它们进行教学的地点和所用的教材是总计划的一部分；儿童和现场的一切艺术和科学教材，以及真正的农业、工业和科学的作业都永远在运动中，并且都是看得见的例证；创立者完全有权支配环境以消灭一切虚假和错误判断的根源，只给青年人以真正的事实供他们得出结论。什么地方有过或者曾经想到过具有这么多的利益的青年教育环境呢？而这些利益在以前都认为是不能同时获得的。这种情况对于各种智力的发展和建筑在真理之上能够为人造福的道德品质的养成有不可估计的效果。单是对于这种合理希望的描绘就会使人进入一种美好的梦想。

另一个因为与我们的主要研究——财富的分配——没有直接关系而在这里没有提到的互助合作制度的利益就是它能够在两性间建立起权利、义务和享受的真正平等。这一项可以说已经包括在公社一切成员的广范围的平等之中。这在我们所提议的安排里是如此；但不一定在人们的一切关于平等的安排（不论是关于财产的或者是关于政治权利的）里都是如此。虽然男人彼此之间的平等可能被提出来，但一切女人对于男人所处的相对的低劣地位却一直被坚持着；到处都存在着旧式结合和优势体力的野蛮权力，较弱的女性像较弱的男人一样都普遍是强者的牺牲品。此外，这些公社都是在它们建立于其中的一般社会的习惯法管辖之下，它们不能用它们自己的私定的法令来改变这些法律，也不能把社中的女人从法律所给她们规定的卑微地位拖开。不过，即使公社不能阻止一个疯狂的丈夫像命令一匹马一样地命令他的妻子遵照他的命令离开她过着幸福生活的公社，然而它们至少却能根据一切合作成员的事前同意，消除一切引起做丈夫的行使那个野蛮而无意识的特权（几乎一切法律都给他们这种特权）的一切机会。关于财产的争吵，关于家务事的争吵，关于儿童的争吵都将成为不可能的事情，几乎一切关于这类事情的安排都是共同的。在使用公社的一切财产上，女人和男人有同样充分的自由；留给私人家庭经济来处理的非常有限。在全家都加入合作公社的情形下，脾气正常的男人在思想上也找不到合适的理由可以引诱他们行使任何使人讨厌的权力。事实上，在这种情况下，因为他们行使这种专断的支配权所能得到的只是一种触怒人的快乐，因为行使丈夫的合法的优越权力的一切常见的理由都已被取消，所以，这种优越不久就

会被忘却,夫妻之间将像公社里边每一个人和另外每一个人之间一样,只是根据同情和理智来处理一切问题。此外,在这样的公社里是可以实现完全平等和自愿的男女关系的,未婚的女人有完全的自由来拒绝此外的任何关系。对于子女的抚养教育,关于个人财产继承的争议,怀孕的母亲对于无人照顾的恐惧等等都不能再作为动机来强迫妇女屈从于一般社会的结婚义务对于她们的奴役。在这样的公社里,她们的结婚可以是简单的并在社内举行,像教友会教徒那样;但却不像他们那样是为了个人利益;她们没有必要把法律的枷锁加在她们自己的简单、自愿和完全平等的结合之上。

这种社会合作的公社在办理几年之后必然在它们自己的幸福方面或从它们给一般社会树立良好的榜样方面产生很多附带的道德利益。如果在这里把所有这些利益扩大地加以研究,它将占用很多的篇幅。因此我们必须在谈完了和我们所要研究的问题有密切关系的几种利益之后就停下来,进而探讨是不是有一些对于人类幸福的障碍,任何无保障的限制,是我们所提出来的制度所消灭不了的;这种制度是不是使有些障碍甚至更为严重了。

第 三 节

自愿平等的制度所不能消除的或者似乎将使之变得更为严重的对于人类进步的障碍

新制度的一个最奇怪和最不平常的特点是,除了保护它们共有的财产外，它们不要求对任何现存的无保障制度作什么变更。不过在公社那一方面，它们的直接利益就只能为参加合作的社员所有。我们在以前各章里所主张的同等保障和个人劳动的制度在这一点上是与互助合作制度不同的。在同等保障和伴随着个人劳动的制度之下，个人如果没有立法机关的帮助是寸步难行的，只是在有了这种帮助之后，整个社会才能同时受惠，这并不是真正的政治力量的积极援助，只是停止压迫，对于平等的个人劳动取消限制而已。与此相反，在互助合作制度之下，并不要求立法者的帮助，也不要求取消无保障对于个人劳动所加的任何限制：资本家的榨取和政治力量的掠夺以及一切无保障的制度和办法都听其存在，不要求改变它们，公社中，生活于其中的那个一般社会上的其余的人，在专制的或者特权阶级的制度之下所忍受的任何压迫，他们也同样地忍受，只要这些制度容许他们有权根据自觉自愿的同意不互相施加某些部分无保障的迫害就够了。即使政治力量不在任何方面帮助这些公社，也不能设想它们就一定会受到不平等的课税的迫害。它们使用劳动力的经济和开支上的重视效用，使它们比一般社会上同样多的人（从一切现存阶级中无区别地以公平的比例选择出来的），能够更有效地，完成对于一切人都是平等的和公平的纳税义务。

不过，必须永远记住，参加公社的个人如果认为继续合作并不符合他的个人利益，他就应该立刻被准许退社，不管他的看法正确或不正确。这些公社并没有强迫的权力。个人利益与社会利益相符合的进步观点和公众舆论的影响是它们达到每一个正确目的的非常有效的武器。它们不要求法律的帮助。

但不要攻击我们的新制度，认为它把国家的或者地方的利益排除于个人社员的考虑之外。作合作公社的社员并不等于就不再是他们生于其中整个普通大社会的成员。他们并没有发下自愿与世隔绝的出家誓言。他们并不因为参加了许多人合作的大家庭而不在较小的范围内来满足他们的物质需要和改善他们的习惯就不再是人和没有国家。

这种公社的同情心将随着它们的理解力的提高而逐渐扩大而不是缩小。由于理智由于仁爱，它们将永远去促进公众的幸福。不同的社员对于公众事务以及一切与人事有关的其他事情自然有不同的看法；但是只要他们留在公社里边，不去追求一般社会的任何有害的金钱利益，他们的动机必然是纯正的，而他们对于处理公众问题的意见也就必然更有分量。他们和普通社会上其余的人一样，同样受一切法律的支配和同样缴纳租税，即使为了个人利益，为什么他们不应该就这些事情所涉及到的来关心一般社会的事务呢？在什么地方能够像在这些人中间那样以冷静而仁慈的关心来讨论道德问题、立法问题、教育问题、政治经济学问题以及其他一切自然科学问题呢？这些问题对于什么人能比对于他们更有吸引力呢？谁能比他们掌握更多的资料来对于这些问题做出判断呢？新制度并不想比干涉人们的宗教态度更多地来干涉人们的政治态度，它们的目的仅仅是把这些意见纳入符合一切人利益的达到互相同情和真理的正轨。

这一互助合作制度不与任何特别教派或者党派发生关系，这一点也许是许多人所反对的。它的目的是使所有的人都同样幸福，所以它不能与任何党派的主张完全一致，但它也为一切党派的

主张提供了完全的自由。另有一些人也许认为这正证明了这个制度的明智和博爱精神,因为它基本上对于一切可能有的政治的和宗教的团体都保持中立,而只是保障一切人的意见有共同的和平等的自由。

我们将简单地谈一谈新制度似乎将使之变得更为严重的那些对于人类进步的障碍以作为本节的结束。

如我们已经看到的,无保障制度的一个主要支柱,一种普遍使用的手段,是在没有生产者同意之下,以公开掠夺的形式,用直接的或者间接的方法来抽取劳动产品。公开掠夺,在现在人们已经普遍有了知识的情形下,是一切无保障制度的真正的支持力量。合作社如果有几个试验获得成功,必将被很快地推广,直到劳动力的节省、生产上的合作和分配的平等(无论什么时候,只要能获得这些利益)逐渐代替现在的劳动和幸福的浪费。结果必然是财富生产每年无限地增加下去。这种增加可以说是增加了生产者的幸福,但掌握政权的人对于这个增加也并不是看不见的。这种增加也不会引起他们的贪欲使他们想从丰产的蜂箱中夺走蜂蜜。如果金银仍然是交换的有效媒介而从探矿中所得到的数量仍然是仅足以供应每年的浪费和在货币与商品之间保持现在的相对的比例;那就不仅当政者的现在一切需求每年要从这样增加了财富中来付出,而且一切无保障制度的那些最巨大的罪恶支出,所谓的公债,也可以逐渐用这笔财富来还清。

什么事情能比这个使掌握政权的人感到更高兴呢?他们看到了社会上勤劳的组织起来了,用互助合作的办法代替了孤立的个人竞争,因而每年所生产的财富比以前增加了四倍或者一百倍。

劳动者把它们自己拴在了一列新的奇怪的生产列车上,不规定也不问谁来做司机就在生产的道路上飞驰。掌握政权的人继续掠夺;劳动者感不到这种勒索。得之甚易和占有与享受的快乐刺激了当权者的贪欲。他们实行新的压榨,无保障所造成的旧日债务减少了;合作生产者还是微笑着,因为他们即使在满足了这些增加了的需求之后还能过着富裕的健康的幸福的生活。政治上的当权者也微笑着,带着满意的微笑,笑那些合作生产者的诚实和单纯。他不再减少他的希望要在国内维持着富丽堂皇的场面,在国外则为了鼓动情绪仍然进行好大喜功的战争,照旧以抢劫杀人为乐事。一个新的竞赛开始了,用开支上的竞赛来对抗新的生产的竞赛。政权的旧债在十元十元地减少,新债在百元百元地增加。那些由于合作劳动而增加了的生产财富的能力和那些政治当权者以及千百万和他们勾结在一起并在周围保护他们的那些游手好闲贪得无厌的人们的挥霍无度的能力的增加比起来又算得了什么呢?一方面生产的尽管多但另一方面花掉的还要多,因为用消费来满足欲望总是比生产容易些。

如果所提出来的互助合作安排中有这样一项:无论整个合作公社作为一个团体或者公社的任何个人成员都不许过问它们和他们生活于其中的整个地方公社或全国公社的政权掌握和行使问题,如果把这种安排作为他们的合作组织的一个不可缺少的条件,那我们就看不出能从他们身上期待的增加生产和提高道德品质的利益终于会抵消他们一定会这样受到的无保障制度的危害。

如果这样的规定——如此彰明较著地破坏人性和人权——被提出来,谁肯在这样的条件之下来参加这样的合作公社呢?如果在这些增加了的产品的共同享受上不能得到可靠的保障——不仅从偶然的、衣衫褴褛的、饥饿不堪的盗贼手中得到保障而且从永远存在的、衣冠楚楚的、不可抵抗的政治当权者的光滑的手臂中得到保障——谁肯从引起人们希望和恐惧的争权夺利和能够侥幸获得成功的热烈角逐中退出，用他的全部智力和体力冷静地和他的同伴们互助合作以增加他们共同劳动的生产品呢？这种屈从的办法如果被提出来，必将使政治上无保障的弊害大为增加，也必将很容易地发明出一些新手段以束缚那些从事合作劳动的人们的生产（正像以前它们很容易地被发明出来以束缚那些靠个人竞争来劳动的人们的生产一样），因而在这种情况下的一切合作都将成为徒劳无益。

不过，这种恐惧是没有根据的；新制度中是不会规定这种条件的。这样的条件将与另外一个必要的条件完全不相容——所有社员在一切问题上都有他们自己意见的完全自由。

这些合作公社屈服于任何这种专制掠夺，其结果将抵消新环境在不事生产的消费者的思想上应起的作用。他们将认为新制度并没有引起什么变化，不过是生产得越多，被掠夺的就越多而已。他们将得到更多的不事生产的消费者的增援而形成他们的社会和他们的公众舆论并用更多的办法来造成浪费。新的战争、更大的浪费、苛捐杂税不能不引起忠告和反抗，不然，互助合作公社的生产和它们所增加的一切生产品将和保障一起被埋葬掉。为什么这些公社的合作者不应该有意识地对那些政治当权者提出警告，指明他们将不再费尽心力地来从事劳动和增加生产，以供政治当权者在没有得到生产者同意的情形下把劳动果实拿走来满足他们的非真正的需要。他们当然也不愿那些因为比较愚昧而远为善良的人们,那些可怜的私人掠夺者为了真正的需要而拿走他们的劳动产品。为什么不防止这种争端的明显的根源和不幸的反复出现呢?为什么要鼓励当权者进行更多掠夺的那种错误和有害的观点呢?如果握有政权的人所说的仁政不是言不由衷,他们一定会自愿地取消对于这些公社的现存捐税而不是抱着掠夺它们的劳动果实的目的来看待他们进行更多的劳动。如果无保障制度的危害应该停止,为什么不用每一种可能的说明真理的方法,来说服每一个社会的多数人尽快地结束他们的有害事业呢?

事情必然是这样的。蜜蜂辛勤地采蜜供人们消费;因为蜜蜂既没有知识也没有远见;但是,那些由“人蜂”组成的合作公社,其知识和远见是我们无法控制的。它们能唤起广大人类从事于追求幸福的活动。这对于他们比对于一般社会上眼光短浅只想靠个人竞争来获得幸福的人们更为必要。这些短见的人们所看到的大部分不过是生存一天或者一周的必要而已。这些从事于互助合作的人们的整个生活计划是建立在比较长远的和比较广泛的打算之上的,他们能够不注意研究和要求同等保障这种对于他们生存是必要的明显利益吗?不会的;这些合作公社的繁荣不是也不可能建立在离开他们同胞利益的基础之上。无保障制度,无论是由一个人或者是由一万个人合作来维持着的,对于一切人的劳动都同样是仇敌。不断地阐明真理,每一个社会的大多数必能认识到无保障制度的危害,因而使它永远绝迹。

第　四　节

财富的自愿平等制度是否实际可行

这样，我们就看到与这些合作公社有关的流弊只是少数的和过渡性的。尤其重要的是，这些流弊都是完全可以避免的，并且，不管有人认为它们对于这些公社是主要的或者不是主要的。事实上，这些流弊随着这些社内外的人们的思想的进步都一定最后或者很快地被消除。另一方面，自愿平等的利益却是数不胜数的，永久有同等保障如果没有互助合作和共同享受的帮助甚至也不能产生这样的利益。

唯一有待于解决的简单问题——看到了这种合作公社的可取——是，它是不是实际可行？人们的天性，他的身体和精神组织是不是有什么东西使他不适合于这样的合作呢？是不是他周围的物质环境，他必须劳动于其上的原料的性质，他必须用来劳动的工具，他必须劳动于其中的气候中有什么东西与互助合作制度不调合，使他不能生产和同等享受一切有用的东西呢？自愿平等制度一定要排斥的，在此以前一直是人类行为主要动机的那些动机是不是就是唯一能够使人们做坚持不懈的努力的动机呢？是不是有别的同样有效的动机可以在人们的理智上起作用，引导他们作同样的坚持不懈的努力呢？

甚至于严肃而有学问的人们中间也常常流行着一种人们所喜欢的幼稚的想法，那就是，“只有某种高于一切的神圣的动机，某种一般的不自然的关系的纽带，过去曾经，并且现在能够，用互助合作或者其他方式把平等的社会联系在一起。”对于这个诡辩的最简单和最有力的揭露就是，这个高于一切的动机，这个靠着迷信或其他方法来提供的纽带只能在人们领会了它的现在就将得到满足或者今后将得到满足的利益的时候才能产生效果。如果这个利益是经得起研究并且是真正的利益，它就不再需要其他动机，普遍地应用这个动机，它就能在其他更有益的目的上产生它在比较无益的目的上所曾经产生过的联合的作用。把真正的、物质的或者世俗的利益和神圣的利益结合起来加以解释将使利益扩大和具有不可抵抗的力量。相反地，如果这个高于一切的动机，这个一般的纽带归根结底是一个幻想——它是怎样起作用的呢？显然是从一个假想的利益观点出发的。如果一个假想的利益观点曾经引导过人们去合作，为什么确实看到了真正的利益却不能产生同样的效果呢？难道幻想比真理还具有任何更神奇的力量吗？认为一个假想的虚构的利益观点比真实的具体的利益观点能够使一群有用的人从事于更积极的活动是可笑的。它无异于认为人的影子能够思维和活动而不是那个遮住光线的有理性的人。

在此以前所提出来的一切平等的计划，根据研究的结果和经验，都是会产生重大流弊的。但这些计划全都是建立在强迫或者欺骗（宗教的或其他的）的基础之上的。把这两种平等丢掉，从来没有发现过这里还有第三种平等制度。从互助合作增加个人幸福这个广泛效用的观点上来考虑的自愿平等制度，还从来没有试验过，它的是否实际可行也从来没有证明过。前此所提议的一切制度都不过是能够对于合作生产者平常生产出来的产品作一个比较公正而平等的分派，没有一种制度（因为它们不知道那个方法也不认为有这样做的可能）能够最终把那些产品增加到无限并在目前把它增加到平常的个人劳动所能得到的平均享受的三倍或四倍。

自愿平等的制度在所得到的产品的数量上是优于以前各种制度的；它在组织方法上也同样是优于以前各种制度的。前此专门用来达到一切目的的卑劣强迫和欺骗的手段，在新制度中完全被排除了。它是建筑在每一个合作成员的理解力所能看到的和所承认的个人利益的基础之上的。它慎重地维持着每一个人的独立、判断的权力和获得保障的权利。以前各种平等制度的性质使强力和欺骗的使用成为必要。这些制度创立者的真正目的永远不同于增进合作者幸福这个明显的目的；创立者永远把某些东西隐藏起来，例如他们自己认定的某些美妙的目标，某些政府的计划、迷信、征服等等，为了促进这些他们才开动平等的机器。在新制度下，只有一个简单的目的，制度的创造者不值一提，最初和最终的目的都是增进合作者的幸福。抱有这样唯一的诚实的目的，所用的手段必然是说服和给以保障，而为了制度永远有益必然是建立在真理之上的。

如果不加以研究就把这样一个在目的和手段上和以前一切平等制度不同的制度丢在一边，就认为它与人类的动机或者与人们被大自然安置于其中的环境不相合而不肯去费点力气了解一下所提出来的各种办法，难道这是明智的吗？何况这个提议的人已经在实践中在相当大的程度上实现了他所允许的某些利益，而他所热望的无非是人们对于他的原则和实践加以研究而已呢？

因此,我们要研究的是:

第一、从已知的影响人类行为的动机来看,自愿平等的制度是不是实际可行?

其次,从围绕在人们的任何自然环境来看,自愿平等的制度是不是实际可行?

“哪一种行为方式能够增进人们的幸福,哪一种方式实行起来符合他们的利益(如果这种方式在其他方面是实际可行的)那么不必用强迫或者欺骗,他们就会采用这种方式,只要他们真正认识到采用这种方式对于他们有利。只要这种真正的确信继续存在,随着就必然产生行动,而且是与确信的深度成正比例的。”我们认为一切有理性的曾经研究过这个命题的人都会同意这一命题的正确,承认它是一个论辩的基础。

承认这个真理,自愿平等制度在能够被实行之前就必须符合两个条件:第一、它必须能够真正帮助产生巨大的幸福——这一点已经做了说明;第二、对于要他们参加这种制度的人,必须有办法说明这种参加对于他们是有利的。

关于上边所提出来的第一个问题,从人类的行为动机来看,自愿平等制度是不是实际可行这个问题,反对平等的人常常提出一个最靠不住的假设,而有时候赞成平等的人也不加深思地予以承认。他们这样说:“自利曾经一直而且一定会永远支配着一切有知觉的动物;任何制度,虽然在应用到细节上的时候有所不同,但如果要求牺牲这个自利的主要原则,这种制度不值得考虑的;因为尽管这样的制度对于我们有很大的利益,但自利的动机被取消,也就无法再得到这些利益。这一原则不存在,能够支持平等制度的就只有强迫或欺骗，平等不能提供任何东西以抵消强迫和欺骗的弊害。”

把这个反对的理由用到我们所提出的自愿平等的制度上是完全不正确的，因为这个制度完全是建立在人们认为与之不相容的那个同一的自利的基础之上的。这个错误似乎是发生在这里。自利的含意是指增进我们自己个人幸福的普遍愿望，而不涉及到任何特殊的手段；自私的含意是指用我们所有的一切当前的和直接的手段来增进我们幸福的那种欲望，而不考虑自己的行为对于可能受它的影响的那些人的感情和行为会发生什么作用，自然也不考虑这种行为对于自己会有什么反作用。自私是对于个人利益的一种目光短浅的愚昧的追求，那些感情受到它的忽视的人必然对它痛恨。这两个名词，自利和自私常常被混淆起来并互相代用。赞成自愿平等的人憎恨必然是短见的自私（它是最能破坏这个制度的敌人）因而往往把自利也附带放弃了，这样就显得是在没有任何合理的动机之下来行动而遭到了反对者的嘲笑。自利和愚昧结合在一起可能而且自然会发展成为自私；但自利如果与智慧结合在一起，可能而且必然会发展成为对于体力和智力的培养以及同情和仁爱。自私的人是被自利指引着的；一个最无私的人也同样是被自利指引着的。所追求的目的是一个——幸福，快乐；——可能有的最大幸福和快乐。所不同的是用来达到这一目的的手段。一个是用直接的、短见的、愚蠢的手段，完全不顾周围其他有知觉的人的利益；另一个是在广泛的考虑上来寻求幸福，估计到在它的影响范围以内的一切人的利益。换句话说，一般的追求自利就是一般的追求幸福。虽然说一个人的思想的力量能够向前看并

认识到将来的享受和把这些享受与眼前的利益相比,并且可能估计到受到他的影响的那些人的利益,但不能说他就会永远这样做。尽管眼光远大,如果不这样做,他就仍是自私的和比较愚昧的。但是那个为了共同享受通过互助合作和别人联合在一起的人就不能自私。对于他在他和他协作的人们的幸福中间有一种必然的联系。把开明的自利和自私截然分开的两个必要条件在他身上表现得非常明显。他一方面要估计到长远的利益,一切幸福的来源,另一方面要估计到他的一切行动对于他周围的感觉的人们的影响和他们的反作用。没有这两方面的广泛的考虑,他一步也不能前进。他在他的事业一开始的时候就必须放弃自私并永远不再犯这个毛病。他将永远为开明和仁爱的自利所支配,因为只有这样的自利才能增进他的幸福。

这样就说明了一般的原则,并明确地提出了既没有虚饰也没有伪装的人类行动的普遍动机。可是人们说,要想使人类努力就必须对于这一普遍原则作特别的修正,并且说自愿平等制度并没有考虑到这些修正;现在就让我们看一看,究竟是什么修正。

如果我们观察一下人类的行动,重要的和不重要的,刚刚开始自觉活动的儿童的行动和有理性的成年人的行动,我们不能不发现有两大类动机,而每一个行动都必然永远有这一类或者那一类或者两类动机作为它的先已存在的原因。首先,如果一个儿童的身体悬空到离开中心过远以至于肌肉的力量不能抵抗地心引力时,他就要摔倒并且很可能要受到一些痛苦。如果一个成年人在某一次说了谎或者辜负了什么人的信任,几乎可以肯定的是:将失去这个同一的人对他的信任,并且很可能在以后的场合也不为别人所信任。在这个儿童和这个成年人的两种情形之下，由于他们自己的身体的和周围的有知觉的或无知觉的东西的自然构造；不必经过他们自己或者别人的努力，就必然从他们的行为中产生了某种后果，那就是摔倒和失去信任。这些后果是按照我们所说的物质的和精神的自然法则，作为原因和结果而产生的。对于这些自然后果的可能性的考虑分别在这个儿童和这个成年人的心理上起作用，并影响他们不再重复这样的行动，因为他们怕从这样的行动中得到同样不愉快的自然后果。这种有影响的考虑就形成了**动机**，当所考虑的是从他们自己的行为直接产生的自然后果而并没有任何外来干涉时，我们就把它叫作行为的**自然**动机。

在另一方面，假设任何人，父母或者不是父母，看到一个儿童摔倒了，并且按照其无知的程度打这个儿童或者打了这个儿童摔于其上的东西一顿，这样就会把儿童的注意从与摔倒有关的有教育意义的自然环境引到这些专断的打击上来，因而表现出或者造成残忍、怯懦、报复和轻率。同样的情形，假设某人无意中听到了谎言或者背信的事情，结果由于愤怒（他可以把愤怒叫作神圣的或者道德的以自慰）而把违犯者的手指砍掉或者把脸割破，这也是一种由于说谎或者背信产生的自然发展趋势以外的后果。再有，一个人也许从这个谎言或者背信中得到了利益，可能对犯任何一种错误的人给与任何一种奖赏——这是另一种从这件事情中产生的意外的后果，而且并不比砍掉手指和这件事情有更多的必然的关系。可是儿童对于自己挨打的恐惧或者他对于同情（表现在对于他摔倒在上边的东西进行了复仇的打击）的满足，成年人对于砍掉手指的恐惧或对于奖赏的满足，虽然不过是意外的情形，都可能分别在这个儿童或者这个成年人的心理上起作用,引起所说的那些行动的重复或者停止,这样就作为他们未来的行为的动机而起了作用。现在,对于一切这一类的动机,对于一切不是必然从行为身体产生的,而是从外边强加上的任何动机,我们都把它们叫作人为的动机。

这里,我们就有两大类人类行为的动机,自然的动机和人为的动机。它们二者全都有时由于痛苦,有时由于快乐,有时以奖赏的形式,有时以惩罚的形式而起作用。这两大类动机都同样依存于痛苦和快乐的每一个变化;它们的作用都可以是目前的或者遥远的。我们将看到它们还有许多其他的共同性质。

为什么一个行动是有益的而另一个是有害的或者坏的?因为一个能产生巨大的利益,直接的或者间接的,那就是说,对于受它影响的那些人很明显是快乐多于痛苦。另一个叫作有害的,就因为它产生巨大的害处,直接的或者间接的,或者对于它影响那些人很明显地是痛苦多于快乐。为什么要用惩罚的方法于自然(身体组织和周围环境),已经加给有害行动的害处或者痛苦之上再加上一些害处呢?为什么要用奖赏的办法于自然已经加给有益行动的利益或者快乐之上再加上一些人为的利益呢?一种情形是于我们伪作惋惜的弊害之上再加上一些无理由的弊害,这难道不是多余的吗?另一种情形是人为地加上一些快乐,作为采取那个特殊行动的不合理的诱因(经验证明这种诱因是无效的),这难道不是多余的吗?这些人为的奖赏和惩罚能产生什么其他效果呢?它只能引导当事人不考虑他的行动的自然后果——对于行动价值的真正检验——而去考虑任意决定的那些快乐和痛苦,这种快乐和痛苦可以由人们来任意地加给这些行动,也可以由人们随意地予以改变。

从这个重要的说明中可以看到:如果所追求的目的只是行动者的幸福,那么于自然所给行为加上的那些后果之外,再加上人为的奖赏和惩罚就完全是多余的。在行为者认识不到这些后果,这些自然的奖赏和惩罚时,真正仁爱的人的唯一责任就是提出这些后果供他们考虑,以作为指导他们未来行动的动机。

但事实上是,在此以前,道德家和法律家——更不用说政治经济学家——所追求的目的并不是行为者的利益或者幸福,而只是为了支持他们认为应该或者便于支持的任何聪明或者愚蠢的一种或者一套制度。把支持这些制度当作主要目的,那就不可避免地发现有必要随着个人利益的常常妨碍这种制度而牺牲掉个人利益。但个人利益不会自动地被放弃,所以人们将按照从这些行动中所能期待的巨大的自然利益或者弊害,按照这个深思熟虑的行为者所具有的知识的程度而继续采取或者避免异常有害于这些制度的行动。那么,怎样做才能替代这些自然动机的诱因,并引导人们放弃他们真正的自然利益来赞同这个想要增进的新的利益呢?对于一个已经认清自己行动后果的人,自然动机一定会指示他,在一切场合下说出真理是他的最明显的利益;但是,如我们所看到的,政治制度却用各种手段在不得到他的同意之下来截夺他的劳动产品,或者限制他自由而有效地使用的体力和脑力,这样就破坏这种自然利益的进程,并对他提出了有力的动机——保存他的财产免于被暴力夺取和用说谎或者其他方法来保护别人想要从他那里抢走的财产。因此就产生了采用人为的动机的明显的必要。说

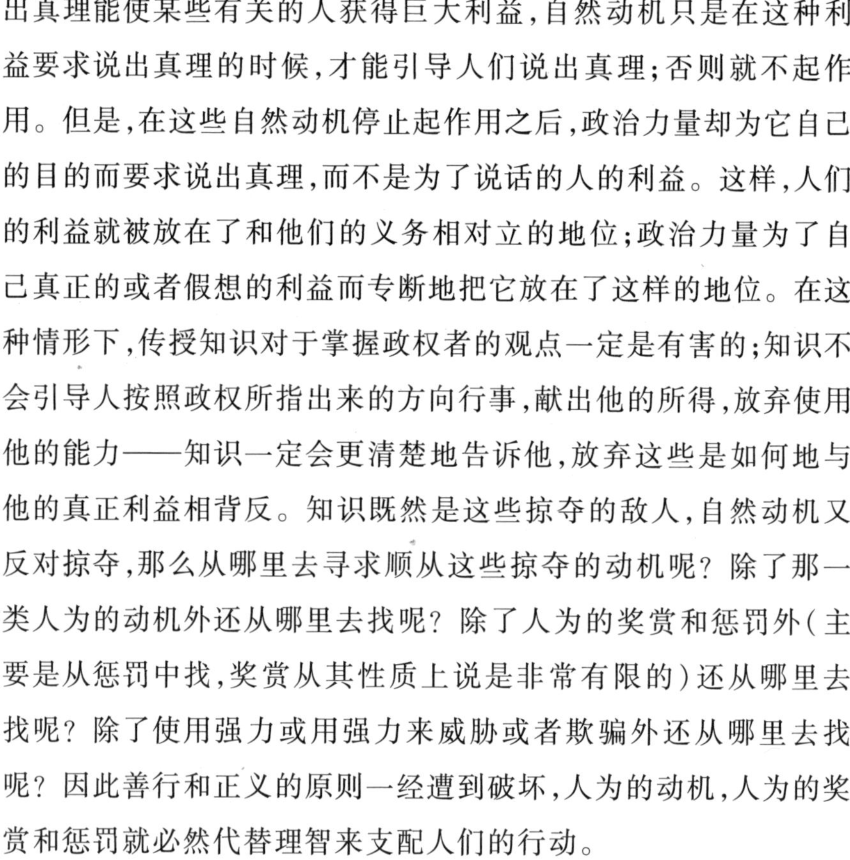

出真理能使某些有关的人获得巨大利益，自然动机只是在这种利益要求说出真理的时候，才能引导人们说出真理；否则就不起作用。但是，在这些自然动机停止起作用之后，政治力量却为它自己的目的而要求说出真理，而不是为了说话的人的利益。这样，人们的利益就被放在了和他们的义务相对立的地位；政治力量为了自己真正的或者假想的利益而专断地把它放在了这样的地位。在这种情形下，传授知识对于掌握政权者的观点一定是有害的；知识不会引导人按照政权所指出来的方向行事，献出他的所得，放弃使用他的能力——知识一定会更清楚地告诉他，放弃这些是如何地与他的真正利益相背反。知识既然是这些掠夺的敌人，自然动机又反对掠夺，那么从哪里去寻求顺从这些掠夺的动机呢？除了那一类人为的动机外还从哪里去找呢？除了人为的奖赏和惩罚外（主要是从惩罚中找，奖赏从其性质上说是非常有限的）还从哪里去找呢？除了使用强力或用强力来威胁或者欺骗外还从哪里去找呢？因此善行和正义的原则一经遭到破坏，人为的动机，人为的奖赏和惩罚就必然代替理智来支配人们的行动。

当我们说，没有必要用奖赏或者惩罚来影响儿童或者成年人使他们普遍采取道德行为或者那种能够给他们自己和他们的同伴带来最大幸福的行为时，我们只是指着与自然的奖赏和惩罚相对立的人为的奖赏和惩罚说。我们不但不拒绝自然奖赏和惩罚的帮助，而且还要依靠它们的帮助，因为它们是完全与我们的目的相符合的。因此，为了使自然奖赏和惩罚发生作用，我们要根据自愿的同意从公社中消除一切那些彼此之间的攻击和限制——政治力量的掠夺除外——因为这些东西在日常生活中会抵消自然动机的作用。我们要告诉人怎样把自己安置在这样的环境里，以使他们的利益和他们的义务永远是一致的，如果他们做错了就必定是由于无知，他们周围的人都将乐于对这种无知进行启迪和教育。

在现在普遍使用人为的奖赏和惩罚而提出来的借口是行动的许多自然后果过于遥远，人类大多数对于任何这种后果的存在完全无知，以及由于人们没有取得自制的习惯，因而即使看到了遥远的后果，然而却不能为了这些后果而拒绝眼前快乐的诱惑。

现在人类大多数的糊里糊涂的愚昧和他们可悲的缺乏自制力，形成了他们的性格的一大部分。这完全是从他们被安置于其中的环境里产生的，也就是说，从他们所受的无保障制度的或多或少的各种影响中产生的。如果这种环境——无保障制度的人为的产品——得到改变，知识和自制将代替愚昧和激情，而行动的将来的和眼前的后果将同样被估计到。当然，将来后果的价值是随着它们遥远的程度而减少的，因为遥远之中就包含着最后实现的不可靠性。

自然动机一经发生作用就和我们身体组织的作用一样持久。它们的力量是恰好与所要逃避或者避免的自觉的行动所能产生的利益或危害的大小成正比例的。这些动机将按照每一个人所具有的知识的程度和自制力的大小而促使他向善，或者说追求他自己真正的最大幸福。自制力是对于行动的真正后果的坚定相信的必然结果，虽然这种后果是遥远的。这种对于后果的认识，这种为了将来更大的利益而牺牲眼前利益的习惯将和现在养成懒惰和放纵的习惯一样，由于包括教育和早期的训练在内的新环境的作用而得到养成。新社会将看到把它们自己安置在这样一种环境中是有利的。

有人怀疑取消人为的奖赏和惩罚的可能性,甚至于怀疑在自愿组织起来的合作公社的内部事务上取消这些东西的可能性;不过,这些人应该记住,这些公社正像社会上的任何一个普通成员一样,仍然受它们所在国家的法律的支配。在公社的任何一个成员或者社外的任何个人请求之下,任何时候都可以诉诸这个国家的法律来制裁一个依法他的行为应该受到人为的惩罚的人。这些合作组织使那些导向聪明善良的自然动机积极发生作用,并没有从有益行为的总的动机里边取消了什么,而是给它们增加了一种前此被忽视或者被反对的巨大力量。

有一件事情是肯定的。在以前的一切时代里,在教育上对于青年人,在法律上对于成年人,都曾经使用过人为的奖赏,特别是使用过每一种可怕的形式的惩罚,但在这些奖赏和惩罚支配之下,不道德的行为和犯罪似乎更为盛行。它们显然是在产生道德行为上失败了。自愿平等的结合几乎消除了在万恶的无保障制度下产生的对于不道德行为和犯罪的一切诱惑,因而我们可以看到,在这种新情况下,人为的动机将是多余的。无论如何,这些动机既然在以往已经失败。难道另外一条道路不值得试验一下吗?那么,对于青年人和成年人能够起作用,能够在新情况下的公社的一切成员中间产生道德行为的自然动机,自然奖赏和自然惩罚究竟是什么呢?自然惩罚是:

第一,行为本身对于行为者或其他人所造成的并不带来任何后果直接的危害或痛苦。

第二,行为所造成的能引起其他危害的严重危害,或对于行为者或其他人能产生一部分利益或快乐的重大危害。

同样地，那些叫做自然奖赏的自然快乐的动机不是当前的利益或快乐就是从一个行动中所能得到的以后的利益和快乐。

在我们所提出的互助合作，共同占有，共同享受的制度下，每一种道德的实践或每一种恶行的避免，都有它的动机，而构成这些动机的东西——当前的或以后的自然痛苦或者自然快乐——看来是非常简单的！

大多数儿童必须由眼前的快乐或痛苦的动机，来引导他们行动；青年人和成年人，考虑到他们的一切行动对于自己或其他人带来的直接的或未来的后果，必须按照他们理解力的发展程度，由他们的行为的巨大利益或弊害来引导他们行动。所有第一类的动机，都导向于引起直接痛苦或快乐的行动而并不给行为者和其他人带来任何好的或坏的后果，都按照所引起的痛苦或者快乐的大小而被人们服从着；而当最终的后果和*当前的*结果（无论是好的或坏的）属于同一性质时，要求服从的理由就更有力量。如果后果对于行为者和其他人有利也有害，那就要求用智慧来决定行为者应采取什么样的行动才于自己最有利。

行动所能引起的当前的或以后的快乐和痛苦——自然的奖赏和自然的惩罚——有下边四类：

一切内部的和外部的感官的和嗜好的快乐和痛苦；

一切从体力的积极使用或忽视中产生的快乐和痛苦；

一切从智力的积极使用或忽视中产生的快乐或痛苦；

一切从我们与我们的同胞——善良而富有同情心的和邪恶而冷酷的——交往中产生的纯属社交性的快乐和痛苦。

这些痛苦和快乐没有一项不是必然与我们的某些自觉行动有关的,有的是当时立刻发生的,有的是在以后产生的。同一行动也可以产生许多种不同的快乐或痛苦,甚至于同一个行动可以同时产生许多种快乐和痛苦。在这些情形下,道德估计是非常必要的,也是非常困难的。因为首先,必须找出行动的真正后果来,虽然它们是遥远的和复杂的。其次,必须权衡快乐和痛苦的不同分量,用巨大的利益或者危害来估量行动的价值。

一个道德行为完美的个人将这样来支配他的自觉行动以在他的整个一生中从所有这些来源得到最大量的幸福,或者大大超过于痛苦的快乐。要做到这一点,他就有必要在他生活于社会中时,在要求幸福上把他自己看作不过是与他有关的人们(不管他们是多少人)当中的一分子。

第一类的快乐和痛苦,那些属于感觉、味觉、视觉等等的快乐和痛苦,属于饥渴,属于性欲和属于一切内部脏腑和器官的健康的或受到阻碍的(病态的)活动的快乐和痛苦是每一个人所熟知的。它们常常与我们的自觉行动联系着,形成采取这些行动或避免这些行动的动机——自然的奖赏或自然的惩罚。但当这些快乐和痛苦是将来的而不是直接的后果时,它们就和其他将来的东西一样而往往被忽视。那些从第二类,从体力的活动和不活动所产生的快乐和痛苦也是如此,它们对于青年人的作用比对于成年人的作用更大,但他们对此都是很熟悉的。第三类属于智力的和第四类属于社交的快乐和痛苦对于成年人的作用比对于青年人的作用大,但和他们的知识范围以及判断的正确性成比例。虽然在适当的教育方式之下,这些可以在青年人身上起作用到什么程度,只有很少人考虑过。

从这几项快乐和痛苦的来源中可以得到很多的自然的奖赏和自然的惩罚;这并不能由一个专断的教师来随意分配,而是要由他来加以研究以便他能够在一切适当的时机提醒;这是采取某种行为的不可避免的结果。一种是产生重大危害的行为,由于带来了自然的痛苦或惩罚而被称为恶行,一种是产生重大利益的行为,由于带来了自然的快乐或奖赏而被称为美德。这些快乐和痛苦事实上包括了所有的人类天性所能感受的快乐和痛苦。在它们的数目和效力上不需要再有什么增加,所要增加的仅仅是我们的智力,用这个智力来探索出这些快乐与痛苦与我们的自觉行动的关系。

在这里防止一种反对的意见或者是必要的——“儿童或者平常的人怎么能有分析支配他们的那些动机的能力呢？如果必须经过这种事前的研究然后才能成为有道德的人,恐怕他们永远也不会成为有道德的人”。就是那些生活受着某种混合的或单纯的动机支配的人也完全没有必要认识到这些动机,更不需要他们具有这种分析自己整个心理活动的能力。在血液循环被发现以前,心脏不就是催动着血液流遍全身来营养身体的每一部分吗？动机对于个人的作用像血液循环一样;他感觉到这个力量,他服从它的推动,他采取了某种行动,但却不一定要说明这些动机,正像不一定要忍受着不从血液循环得到利益的痛苦来说明血液循环的一样血液流通着,动机起着作用;而且将永远这样流通和作用下去,并不需要那个这样被作用着的人有足够的智力来分析自己和说明肉体方面的身体和心理构造。由于在这些公社里边的知识的进步,无疑地,它们的成员一定会很快地理解到用来支持他们的社会组织的那些理论和动机。特别是儿童们，在这种制度下学到了真理和真正的事实，一定会和懂得其他部门的有用知识一样地懂得他们的智力构造。

自然奖赏和自然惩罚既然有这样的基础，怎么会有一类儿童或者成年人的行动是这种行动的后果所不能单独控制的呢？

有的事情由于继续做下去，或做得过分，或附带产生的作用而有害于健康，或者虽无害于健康，但使人们产生任何一种不舒服的感觉，以至于超过了个人能从这件事情得到的利益（在个人利益当中包括着对于这种行动可能产生哪些社会利益的考虑在内），自然奖赏和自然惩罚就不会使人们做这种事情。所以，现在一切浪费人类生命的，或使当事者感到苦恼的，为资本家的利益或者社会上少数有钱人的奢侈享受和想象的幸福而进行的活动和劳动都自然会停止：这些动机不能促使这些事情继续下去。为什么要继续做这一类事情呢？如果这些事情不产生重大危害，不减少幸福的总和，这些动机是足可以使这些事情继续下去的。如果产生重大危害，再继续下去就是愚蠢。

所有这些有害的过度的劳动方式被清除之后，剩下的是什么呢？只有那种与健康、舒适，甚至于与快乐相适应的那种劳动了，而且这种劳动对于这三者也是必要的。没有强迫或者欺骗，人们是不会超出这个界限来劳动的。自利的自然动机，自然奖赏和自然惩罚保证这种健康程度的劳动。

为了刺激和经常保持进行这种适当的劳动，一个自愿合作的公社所能提供的自然奖赏和自然惩罚都是些什么呢？它们不过是上边所提到的一种或多种的从事于这种劳动或不肯从事于这种劳动所必然引起的那四类感官的、体力的、智力的或社交性的快乐和痛苦。在美好的环境里的舒适的住宅、经常使人满意的食品、整洁而有益的衣物是不是人们欲望的对象和努力的动机呢？如果是的话，这些公社的成员对于这些能够取得快乐或者避免痛苦或不舒服的生活资料的享受，在它们的数量和质量上，将比个人以同样的劳动，从单独努力、单独消费中所能得到的要高四倍。有时做一些轻微的体力劳动有时休息，对于保持健康和身体组织的能力，从事一切享受的能力，不是必要的吗？没有这种劳动，生活将变得空虚，时间也难于挨过；用做一些事情和从事一种有趣味的劳动来填补生活的空虚和度过悠长的岁月不是必要的吗？这些公社所要求于它们的社员的不过就是这种能够得到这些自然奖赏的劳动。交换意见、听取意见、做出判断和交流思想有无穷的快乐，即或对于知识较低的人也能给他们的生活增加一些幸福；如果不这样利用时间，就要浪费在一些无节制的不健康的事情上，是不是把浪费掉的时间用在这些有益的事情上就更能增加生活的幸福呢？如果是这样，这种有机会从读书和听报告中得到无限进步的快乐是外加的自然的奖赏，能够刺激这种公社的成员从事于适当的劳动并作为他们的报酬。尤其重要的是，人们如果没有社交的快乐，几乎在感官、体力活动和甚至于智力活动各方面都会感到枯燥乏味；社交的快乐能不能使这种枯燥乏味变成高兴愉快呢？能不能使处于平等地位的人们之间，男女两性之间（在权利、义务和享受上也是平等的，所以能互相给对方增加上千倍的快乐），儿童、青年人和老年人之间，个人与他周围的和他来往的人们之间产生互相敬爱的感情呢？如果是这样，这种公社的共同利益就会给个人劳动外加

上这种社交的动机，这种动机不仅在平常的社会里不存在而且完全为日常的竞争、嫉妒和仇恨所排斥；而制止这些就只能使用强力或欺骗，靠人们对于法律惩罚的恐惧，靠毫无意义的、渺茫无凭的、有利害关系的迷信的威胁。这种如此易于得到而又如此少为人们所享受的同情之乐的上层建筑必须建立在什么基础上边呢？建筑在每一种合理的物质欲望以前已经得到充分满足上。一个有知觉的动物在他自己本身得到满足和快乐以前，是不会在他本身以外寻找对象来和他一起分享的，也不会把他多余的幸福散布给那些对象。物质需要是如此地迫切，既不能被收买，也不能被欺骗：它们必须得到满足，只要这种自私不是恶行，即使因而产生自私也在所不惜。无论哪里，像在这些合作的公社里边一样，一切自然需要都得到了充分的满足而又没有给予过分刺激的可能，那里就是产生社交感情的最适宜的土壤。无论哪里，对抗的利益已被消除，互相为难和互相欺骗的一切诱因已被取消，那里因为从互相折磨中什么东西也得不到，就必然互爱互助来寻求工作和同情的来源。幸福的人每一个微笑都不是无益的，它从每一个人的目光中都可以得到反映，在每一个人的心里引起共鸣，当这种微笑含有一种思想时，它将像流动的空气一样散布在各处。这里每一个人都直接关心每一个人的道德习惯和勤劳品质。这里，公众舆论的力量将产生一切温和的深入的有益的影响，没有任何纯属于家庭范围以内的专制统治。这里，每一个人都可以从每一个人的脸上看到自己为全体幸福所做的努力的价值，周围朋友的这种温和的赞许将每天越来越成为生活中照例必不可少的安慰，失去了这种赞许好比从动物的身体组织中撤销了太阳的热能；人们将感到一个行动

的原则，一个活动的源泉被撤走了，一定用加倍的努力或者改变努力的方向来重新得到这种给人以鼓舞的力量。当我们的理智告诉我们这个公众舆论的方向是正确的，我们就不可能逃避它的支配，——就像我们的神经在通过电流的时候不可能期待不受它的特别感触一样。不可能想象有一种社会存在，在那个社会里，同情的原则，公众舆论的力量能够如此地坚强有力；因为没有一个地方要求发展舆论的关心是如此地普遍，也没有一个地方曾经存在过如此经常反复出现的表现舆论的机会。劳动的时候、吃饭的时候、休息的时候、举行文学的或科学的社交集会的时候，每天，几乎每天的每一小时都有这样的机会。甚至于在最不公开的私人房间里也可以呼吸到公众的感情，这种感情来自那些深思熟虑的人给那个社会制度增加的推动力。这种公社的一个成员，无论走到或者移动到什么地方，他都会遇到这种对于他的行动的渗透一切的感情并为这种感情包围着；甚至于在思想上，他也逃不掉它的影响。但是，为什么他要从这种感情中逃开呢？这种感情会使用得不公正吗？能够是不易对付和严厉的吗？能够是一个心理正常的人所不愿意分享和服从的吗？这种感情不怕麻烦而要表示不赞同的是那些真正有害于社会的行动；不过，在许多利益彼此有密切关系的情形之下，几乎没有一种真正有害于个人的私人不道德的行为能够不影响公众利益。任何个人的健康由于任何一种无节制、忽视、不正当的激情的影响而受到了损害是不是与公众利益无关呢？在生产上，在教化上，在医疗上，在管理或分配上，社会都将失去他的全部的或部分的帮助。由于他失去了健康，每个人都要受苦；每个人都关心他的健康的恢复。这里私人利益和公众利益，私人道德

和公共道德，对于个人和对于社会来说二者都是同一个东西；这里利益和义务是统一的。每个人都对于痛苦的人表同情并且渴望解除这种痛苦——每一个人都责备犯错误的人。但是，每一个认识到环境力量和知道自己也可能犯错误的人将努力来安慰、教育和挽救犯错误的人而不是给他增加精神上或身体上的痛苦。在这样的朋友中间犯错误，于消除了错误之后——用这种方法它是必然被消除的——只能唤起他对于关怀、帮助和具有说服力的真理的记忆，而不是羞耻和恐惧，这样就可以扩大他们的心胸使他们看到有害行为的真正愚蠢。所以，在像这样的公社里，谁能够认真地说，他不相信同情和公众舆论的支配力量呢？从哪儿去找敢于反对这种力量的恶人呢？这样的人在这种力量面前能够不感到羞愧而撤退吗？能够不把他的恶行带到秘密的地方去以免为周围的人所看到，以免为精细的人所察觉和提请他考虑他的行动的可怕的后果吗？在这样的公社里，懒惰的或者其他不道德的人能不能留下来，一直等到一切自愿合作制度所包括着的必然采取的办法（当一方不实现他的条件时，另一方就可以相对地避免履行合同）的实行呢？他能够留下来一直等到公社本身和他分开吗？有没有这样一种情形，在被迫退出之前，无论如何他也不肯退出呢？在这种情形下，每一个自愿组成的公社所固有的开除权力，会不会完全被以前已经发挥作用的公众舆论的力量所代替呢？

赞美无保障制度的人说："仅仅对于生活必需品、舒适品和便利品，甚至于对于奢侈品的欲望很快就会得到满足；但是希望更大的动机不久将引起人们的注意，并且将随着它们为享受手段所满足的程度而活动得更为积极。卑鄙的，仅仅是一种动物性满足的动机不久将停止起作用，一种想凌驾别人的欲望喜欢显示自己，喜欢为人所羡慕或者为人所嫉妒，将是在高傲的人们身上起作用的动机并将引导人们从事于积极的努力和大规模的积累。”

对于这种反对的意见需要加以分析。关于“现在的强迫的财富不平等制度所产生的弊害”，有些人曾读过我们在第二章里提出来的理论和事实。这些人将首先做出回答说：这种努力的动机，“高傲的人们”仅仅为了显示自己“而显示自己的动机等等”是一种恶劣的倾向，因为它产生重大弊害。他们将指出，现在单是对于单纯财富的追求太过分了，并且是在非常有害地活动着；为了人类的幸福在一切真正有益的需要得到满足以后，在高傲的人们开始无限制地把财富当作人为的显示自己的手段来追求以前，这种追求应该立即放松和停止。

在普通的社会里边，为什么盛行着对于显示自己的喜爱呢？为什么要积累得比别人多或者开销得比别人大呢？难道不是为了吸引公众的注意和得到别人的羡慕吗？如果在一个没有人烟的孤岛上，只有他一个人是产业主，谁肯努力去积累来显示自己呢？所以公众的注意是他所追求的真正目的，用积累和开支来显示自己不过是一种手段。人们不可避免地要受他周围同类的欢喜赞叹和轻蔑鄙视的影响，正是这种影响才使人们愚蠢地显示自己，虽然那是可笑的和可恶的。在这些公社里，公众的羡慕和这种感情在舆论上的表现是靠着生气勃勃和勤勤恳恳的努力得来的，所以不需要做任何多余的努力去追求财富的不平等。道德品质的不同，为社会幸福努力的不同，在任何新的、困难的，同时又是有用的技艺或者科学上成就的不同，这些才是公众舆论所要奖励的有益的与众不同而不是仅仅财富上的毫无益处的与众不同。既然承认这种要求得到公众羡慕的欲望在平常的社会里边是如此地强烈，以至能够唤起人们为得到这种羡慕而从事努力和积累；那么在这些公社里，这个同一的手段所起的作用岂不将更大，更足以唤起人们为得到这种羡慕而做各种各样的特别努力吗？

喜欢财富不平等的人说："那些高傲的人对于这种和特别的富有没有实在联系的公众舆论的极度赞扬仍然永远不会感到兴趣。这种高傲的人怎么能忍受他自己不比他那些同类的一群庸众过一种较高的生活呢？"回答这一点，我们只要问这个喜欢财富不平等的人一个问题："这些对于他的同类的一般羡慕感情不感觉兴趣的人和这种公社的整个人数相比大概是一个什么比例呢？十个人之中的一个或者一百个之中的一个呢？"不管是哪一个比例，难道他真的认为：如果所有高傲的人离开了这些公社并一起和这些公社脱离，用他们的大度的动机去抬高整个社会，或者如果他们从来也没有屈尊来参加公社的共同劳动，这些公社就不那样幸福了吗？

没有一个人能够把比别人多占有的欲望，或者因为周围的人有和他相等的享受手段他就不能享受，当作一个行为的有力理由来做片刻的辩护。这是一种嫌恶同类幸灾乐祸的理论。一个组织正常的仁爱为怀的人，从与人同乐中得到双倍的快乐。如果一个人对于愉快印象有健康的感受能力，那么十个人十部分幸福就不应该被牺牲以减少第十一个人的以这十个人的快乐为快乐（无论是什么都将是一种极大的快乐）的幸福。

无论在这些公社里或者不在这些公社里，公众的羡慕和公众的舆论是促成行动的真正普遍的动机，它是高出于满足真正需要和取得物质上的巨大享受的欲望的。它促使野蛮的人肆行屠杀或者忍受痛苦；它促使迷信的人为他的错误的想法而牺牲自己或者迫害别人。什么地方公众舆论最有力量，什么地方就产生最有力量的行动；什么地方的公众舆论最进步，什么地方那个最有力量的行动也就必定是最有益的行动路线。在这些公社里边，公众舆论必将同时既是最有力量的又是最进步的。

“这些公社的最初的合作者的习惯不能不是在一般社会里养成的。随着他们个人努力的程度，他们在此以前曾经经验过或者被教导认为，他们应该经验过个人的和排他的利益。个人的懒惰所带来的一直是个人的损失，个人的勤劳一直能够获得优厚的报酬，懒惰的人并没有吃掉勤劳的人的面包。”

如果这种公社里边的安排是懒惰的人可以吃掉勤劳的人的面包，这种错误对于这种公社将是非常严重的，但是在这种公社里，不可能有人故意懒惰，不务正业。只有意外事故或者疾病才能限制他们只从事于轻松而愉快的工作，因为社会的感情将使他们热烈追求体力劳动的快乐，从一切人都是负责者和经营者的共同事业中感到极大的兴趣。一个游手好闲的人怎么可能在这个公社里存在和得到支持呢？他怎么能被允许参加呢？人们为了什么目的而容忍他入社呢？如果这个公社不能不维持一定数目的懒惰的人们的生活，这种反对或者会有一些意义；但是，认为一群人在没有强迫之下愿意把他们的劳动果实让给一群或者一个属于懒惰的消费者阶级的人，或者是不幸的低能的生物，或者容许这样的人加入和在他们中间存在下去，那就等于认为这种公社不是造福的而是疯狂的。所以对于在这一点上受挫折的担心是完全没有根据的。

“但是，即使没有绝对懒惰的人，某些人也许不像别人那么勤奋工作，而辛勤劳动的人不能够比那些麻木迟钝的人多得报酬也必将感到失望。”社会的绝对实践证明从这一方面所发生的流弊是微乎其微的。农人、纺织工、木工、裁缝就是在现在的竞争制度之下，也几乎是各自为普遍而同一的工资工作着，每一个熟习劳动的人都知道，在所有这些方面，最好的熟练工人，在力气和技术上都超过别人的人，能够比差一些的工人多干一倍半或者两倍。对于一个有技术的人，或者健壮的人，或者态度积极的人，把他的工作量增加一倍也不像对于一个没有技术的、没有能力的或者无精打采的人增加一半那么使人烦厌。仅仅被赞为最好的工人就足可以使优秀的工人从事于积极的卓越的努力。大多数人以他们的劳动从事于平常的生产，而一般的普通报酬就是他们从事这种劳动的动机。可以看到，在没有公众舆论的社会里，在只有靠一般的努力以取得工资的社会里，情形就是这样；在资本家和生产者分有利益，作为一个团体的全体工人的一般趋势必然是尽可能地少干活多拿钱的社会里，情形也是这样。在这些公社里，在共同利益共同所有的制度之下，在公众舆论能够表现出最大同情和最大力量的情形之下，在平常劳动能够为每一个劳动者同样取得更多的生活舒适品和便利品以作为报酬的情况之下，谁能够担心这种公社里的最有技术和态度积极的工人会由于怨恨他们的劳动同胞（自然和条件没有给那些同胞以和他们同样的劳动能力）得到了幸福的一种幸灾乐祸的动机而产生任何沮丧的心情呢？所以他们是不会感到不平的，不安的将是那些在合作上出力最少和用处最小的人。

在优秀的工人那一方面，他们将经常努力去改善这种情况。为什么呢？因为到那时提高这些人将对于他们有利。而在现在的社会里，他们的利益是把那些人永远保持在落后和困苦的状态中；因为现在每个人都把他们自己的繁荣建筑在他们邻人的更为愚昧和无助之上的。

"但事实上，一般的普通劳动者现在并没有这种见识能够看到一年到头的成果以作为他们劳动的报酬的，更不会看到每年共同劳动的巨大成果，他们早晨努力，晚上就必须得到报酬，否则，这样的人就会失去从报酬（虽然是巨大的）中产生的动机。"不错，对于现存的无保障制度所造成的最下层愚蠢的人说来的确是这样，但把它应用到在新制度的影响下仅仅生活过一年的普通人身上就是完全可笑的，更不能应用到完全在这种制度下训练出来的青年人身上。但是——什么阶级或者说什么样的人将从一般的社会里自告奋勇地出来开始组织这些公社呢？是不是今天的那些普通人，那些既没有远见也没有计算的人呢？从事物的自然趋势来看，不会有一个这样的人参加这些公社。公社也决不会请求一般社会用拉夫队或者裁判所里的人来帮助它强迫这样的人加入。可是，假设有一些像爱尔兰农民那样的不幸的生物，像网里边的鱼一样地被捞到了一个这样的公社里，并和占他们数目的三分之一的能够看得见一年的结果和共同的利益的人联合在一起，虽然他们的智力已经被蜕化成为愚昧的自私，以至于不能有直接的远见，不能有理解力；可是由于这个制度的作用他们一定会养成新的良好的劳动、休息和享受的习惯，从而使他们在一年终了的时候喜欢这个制度，虽然他们自己并不知道这是什么缘故。像爱尔兰农民那种

例子,如果他们的大脑生来并没有什么毛病,他们的理解力一定会逐渐地被迫看到这种制度对于个人利益的良好作用,而且不久之后,要想把这些原来愚蠢的合作者赶出这些公社去一定会比以前要把他们赶进来还要困难。

喜欢现存制度的人还要说,"习惯,新制度就是失败在习惯上;而现存制度的持久性和优越性就是建立在这些习惯上边。无论现存制度的办法是多么荒谬,劳动是多么不经济,劳动产品分配得多么不公平,现存的习惯,许多年代传下来的习惯却都是与现存制度相符合的。支配人们的不是理性而是习惯。虽然从真理、利益和道德上看,新制度是好的,可是,习惯在另一方面却战胜了这些东西。"有一个时期,很不幸,主张强迫和欺骗的人曾经以此作为正当的理由。但那个时代已经不存在了。现在人们知道了很多真理,而解释真理和推广真理的方式,甚至于在文化较低的人们的理解力上起作用的方式都已经被广泛地传播开;所以,那些有害的思想和行动习惯将被迫让位给真正的利益观点。况且,一切习惯都是属于个人的而不是遗传的;至少还不能证明某种遗传下来的精神禀赋特别适合于某种特殊习惯的这种有力的假定,即使能够证明,它的程度一定也是很轻微的。所以习惯是在个人身上形成的,至于是否是从过去很多年代继承下来的这一点并不关重要。真理可以战胜迷惘。因而能够一天比一天更多地削弱单纯是习惯的力量。随着理智的发展,没有必要再用单纯的习惯来指导行动。以前,只是用空谈来反对那些顽固的恶习;产生那些习惯的环境,则由于无知或者缺少消灭它们的力量,一直被容忍着存在下去发挥它们的全部作用。新制度的原则,或者说许多原则之一是根据

事实和客观事物来说理，靠着环境来对于人们发生影响并用语言来说明这些环境。况且人们对于那些有利于旧制度和旧办法的习惯完全估计得过高了；事实上它们此刻已经在各处被极端地削弱了，这是对于人们有利的；人们在寻求着一个新的动力。新的环境将提供这种动力。虽然合理的利益和真理将是新社会中支配行动的动机而不是习惯，虽然新社会在经常探索习惯的来源并把这些习惯和真正的利益与事实相比较，但建立在这种推理基础上的新习惯一经形成，——通过这种过程，它一定被形成——它在有益的效果上和持久性上和旧制度的机械性的习惯相比，将和真理与谬误相比，真正的利益与迷惘相比一样地优越。这样，习惯就不再是敌人，而被转变——只要这种习惯是值得保持的——成为新事业的最有用的助手。

我们还要研究一下，支配青年人们的那些动机里边是不是有与新制度的教育和训练相抵触的地方。

关于人们心理的一般事实和原理，在成年人和儿童的身上既然是相同的，所以不需要用很多时间对这一方面进行研究。如我们所已经表明的，如果用已经指出的那些自然的奖赏和自然的惩罚作为动机来指导力量较大，激情较多，一般欲念较强的成年人的行动不仅是可能的而且是最有益的，因而不必在这些社会里边外加什么人为的奖赏和惩罚；那么占压倒多数的成年人用这种自然的动机来指导这个公社的儿童们的自觉的行动又将是如何地容易呢？在此以前，一切成年人在管理一切儿童上的一个重大错误，就像政治上统治者管理一切成年人一样，是为了管理者所认为的利益，用强迫或欺骗，而不是用真理和理智来控制他们的行动。如果对于难驾驶的成年人可以不用强迫和欺骗，对于那些容易管理的，那些完全依靠他们的管理者的儿童就更不需要使用强迫和欺骗这些手段了。

不过，虽然成年人比较坚强，有新的激情，有比儿童们更强烈的激情，虽然成年人和儿童们的人类心理状态的一般原则是相同的，但对成年人的管理所以能够不用强迫或欺骗，那是因为他们有推理的能力。人们可以说，儿童的智力还不发达，所以必须用强力来限制他们；虽然没有直接适用他们的行为的法律，但那是因为法律几乎把它们的一切权力，以最专断的形式，给了他们的父母和他们父母的代表。

这些说法的大部分不幸是正确的。但它们并不能削弱以前用来反对人为的奖赏和惩罚的那些理由。随着儿童们的力气和干出有害行为的能力的增加，他们也能获得——在适当的教育之下他们必然获得——推理的能力。在他们的早期生活当中不可能有——除非有计划地大力对他们灌输一些不良的思想感情——伤害别人的动机，所以对他们进行早期教育的目的仅仅是消除有害的原因，保持他们自己免于被伤害，这样就可以使他们的一切感官、他们的体力和智力，得到充分的发展。在这种管理之下，体力和智力，力气和理智，同时在增进中！等到这个儿童能够做出任何于人危害的事情的时候，他的理智就会指导他避免这些有害的行动。当然，除了愚昧无知，他不会伤害他自己；而要纠正这一点，最恰当的办法是给以真正的实际知识，而不是使用强力。

什么是最适合于人们未长成，发育未完全时期，儿童和青年时期的说服教育的特殊方式呢？研究一下这个问题仍是有意思的、有益的和必要的。

人在儿童时期,看一切都是新鲜的。由于我们的天赋,任何东西只要不给他带来其他痛苦的感觉或感情,新奇就是一种快乐的源泉。在一定间歇之后,当神和大脑构造有时间恢复我们所说的健康状态,或者说接受刺激的能力时,一种愉快尝试的重复是人们所高兴的;但每个人都知道,如果给他一种同样愉快的但却是新的尝试来作为替代,他将更高兴。这是关于我们神经系统的一个根本事实。现在,对于成年人,随着他们经验的增多,他们从新奇中所能得的快乐就有限了,并且是在日益减少中;但是,另一方面,对于这些事实作出比较和判断的快乐,看到事情的后果的快乐,发明或获悉新的行动方式,或者科学或艺术上的有用事物的快乐,所有这些快乐,(精神的快乐这个名义之下都随着文化教养的高低而有多有少并且在不断地扩大)必须用来作为指导成年人行动的动机。成年人在不轻视观察和新奇事物的情况下,必须主要受理智的指导:儿童在不轻视理智并以培养将来的正确推理能力为唯一目的的情况下,必须主要受直接观察和新奇事物的引导。成年人,尽管他们所知道的事实有限,但能从这些事实的无穷无尽的组合中,从计划如何满足他们的更强烈的感情中得到比做一些新的简单的观察,认识一些被忽略了的实际事物和它们的性质的更多的快乐,根据相反的理由,儿童们的最大快乐是在活动和好奇心上,在身体活动和新的感受上,和随着他们有限见闻的增多而对这些东西作比较上。

因此可以清楚地看到什么是早期教育必须采取的道路和必须利用的自然奖赏和自然惩罚。这种教育的双重目的是传播真正的

知识或者真理(也就是真正的事实、真正的事物、真正的后果,真正的相同之点和相异之点),和在青年时期培养成能够获致最大幸福的良好习惯。

首先,关于培养道德的或有益的习惯问题。这种做法不能不在一个儿童的智力能够看到教给他的那个习惯的任何有益的效果以前开始。这些习惯是用所谓联想的方法来养成的。如果一个儿童的任何行为,比如像捕杀苍蝇或者折磨一只小猫,或者殴打任何触犯了他的东西,永远能引起他们的教师的高兴的表示:这些行为(除被某些自然的惩罚所抵消,如被小猫咬伤或抓伤之外)将随着教师所给的赞许的程度而必然被那个儿童看作为是绝对良好的和应该有的;特别是如果教师们自己给这种行为做出榜样和对这些行动的完成加上一些人为的奖赏,如给以任何感官上的满足等等。虽然在理智发展以前用联想能养成坏习惯,并且应该也可能养成好习惯是如此地正确,但就是关于这些习惯,关于那些最道德的和最有益的习惯,也不能因此就说,在理智有了发展时,忽视理智的训练是必要的和聪明的。在教育中,没有比处理这种早期的联想作用再细致或者再重要的了。关于这些联想似乎应该遵守三条规则。第一,"不要为了任何目的而使用不是建立在真理基础上的联想,不仅应该这样,而且应该建立在不仅为一切教派和党派所承认并且为一切文明人类所普遍承认的真理上。"博爱精神、坚持真理、坚毅忍耐,这些和这一类的普遍德性,是一切人所愿意对他们实行的,可以尽早地用同情的联想和示范作用来进行教育。但那种有局限性的对于任何特殊教派或党派里边的人关怀的所谓道德,或者对于任何可能有的无根据的意见和假定的历史事实的尊

敬,或者其他属于理解范围以内,对于直接指导儿童行为以使他自己和为他的行为所影响的人获得幸福不是必要的事情,都是永远不应该用任何联想的方法来进行教育的。即使在理智力发展以前有必要使用联想,这种使用也应该严格限制在必要的和普遍的道德问题上边。这是一个危险的力量,一个非常容易造成恶果的力量,一个很片面的,只能临时用之于有益目的的力量。第二条规则是:"不要用任何人为的奖赏或者惩罚,也不要用任何夸大的或造作的感情的表现来加强无论什么样的道德联想,尽管它是真实的和普遍的。"当一个印度女人把她的孩子紧紧抱在怀里,并用一种恐怖的表情和手势指向属于另外一个种性的邻人时,这个印象将经常在这个孩子恐怖的想象中重复出现,而一生不忘,并同样地折磨着他自己和别人。即使这个被指的人是一个强盗、说谎者、凶手,和他的行业是如此地不值得赞许,但从这种夸大了的表情中仍不可能得到任何好处。为了保全这个孩子,这是不必要的,它消灭了对于行为价值形成未来的冷静的判断的能力,它只能把他引向不分青红皂白的未经过判断的怨恨和仇视。第三条规则是:"在任何情形下,不要使联想的印象过于强烈,以至于使一个人在理解力发展到能够做出判断的时候不能对于与之有关的行为的性质或者良好的或恶劣的后果进行公正的考察。"尽管这种联想是如此地正确,如此地普遍,赞许或不赞许的表示是如此地经过衡量和恰当,如果这种道德的联想,(即使是关于最被普遍承认的道德行为的)不能使一个人在将来做出公正的判断,它仍将使那个人在关于那件行为上(既然在关于那件行为上,为什么不也可以在关于别的行为和任何别的好的或坏的行为上)成为偏见的奴隶,在推

理之前或者根本没有推理就形成了他的意见。正当合理的使用联想是在理智发展之前用联想来代替理智,并把它当作为理智的助手以提高从看得到的功效中所得的喜悦。它的唯一的用处仅仅是对于一个儿童做直接的暂时的指导。没有比这个理由再简单的了。那就是,如果通过同情的联想,原来所做了的或者避免了的事情,经过对于它们的后果的检查,真正能产生重大的有益的或者有害的结果,那么这个检查就一定会给每一个有益的联想增加力量,就会使这个联想在将来能够靠得住地发生作用,就使这个联想的力量恰好和它的功效成比例,就使理智和感情永远为良好的效果而合作,而不是像现在这样永远是互相敌对的行动原则。

在联想这个项目之下,也包含着模仿的原则。如果前边所规定的关于道德联想的三条规则已经被遵守,在把大批的儿童放在一起来进行教养的情形下,模仿就几乎可以对整个的早期道德教育起有效的作用;新来的儿童几乎会立即采取他们进入的那个小社会的行动方式来行动。但因为有许多行动当时看来是可喜的而其后果可能非常有害,因为年幼的孩子们认识不到这些后果,所以一个儿童学校或者社会就必须特别重视培养他们的有益行动和仁慈的感情。这是早期教育的指导者的最高责任,他必须巧妙地进行联想教育,一直到儿童们能够逐渐根据理智进行判断并把利益和义务有益地结合在一起为止。在平常的情形下,自动模仿的原则完全足以使新来的儿童形成他们所加入的那些学生们的习惯。不管是好是坏,如果某些行动给他们以努力的机会并获得了他们小同伴们的同情,儿童将立刻参加到这些行动里边去。所以把大批儿童放在一起来进行教育有难以估计的利益(或者是这些利益之中的一个),但因此也就带来了重大责任,那就是必须正确地使用联想这一伟大教育手段,以在大批儿童中间培养起最初的良好习惯。如果这些联想是有益的,年岁较大的儿童将不必费力气,而在行动中随着年幼儿童智力的发展就对他们说明了这些联想所造成的快乐。他们并不是当作课程而是当作彼此都感兴趣的事情来这样做的,所以比一个成年教师所能做的更有效。所以,模仿的重要性,在教育上是仅次于联想的;而它的有益的或有害的影响则完全由赋予行动被模仿的那个集体的道德品质来决定。一个体力和智力特别发达的儿童有时会以新的有害的行动方式来破坏甚至于是有益的模仿的普遍性。仔细地观察并巧妙地处理这些脱离常轨的情况是受训练儿童的一般习惯的监督者的许多责任之一。

用联想的力量培养良好的道德习惯以完成早期教育的第一个目的,虽然没有人为的奖赏和惩罚的帮助,它的功效也是特别显著的。现在谈一谈第二个目的,灌输真正的知识这个问题。我们也将同样看到,用自然的奖赏和惩罚比用人为的奖赏和惩罚能更好地促进这一方面的教育,而在自愿平等的制度下,一般的人类动机是并不与这一方面的教育相抵触的。

用什么动机可以诱导这些公社的青年人对获得真正而有用的知识发生兴趣呢?他们可以从运用他们的才能和新奇事物上感到兴趣,从他们的好奇心的欲望不断得到满足上感到兴趣。每一件要求儿童使用他的任何一种感官的事物,只要不给他带来其他痛苦都会使他从中得到乐趣。由于长期的重复而使成年人不再感到兴趣的东西,每一种新的形状、颜色、声音、气味、味道对于儿童们都是一种获得满足的源泉。现在,大自然所提供的这些无穷无尽的各种各样的满足的源泉——遍布在地球上的矿物、植物和动物——是无穷无尽千变万化的，就是记忆力最强的人也不能把它们全都记住。儿童在从它们的外形，表面现象，如光泽、脆度、硬度、软度，和从与这些东西的接触所得到的颜色、声音、气味、味道上得到满足以后，立刻就会追求其他方面的知识。好奇心使他们要找出来这些东西是由什么做的，它们的里边是什么，它们是怎样组成的，它们的内部和它们的外部都在起着什么作用。一个儿童知道了它的外部构造还要知道它的内部构造。他们也一定还要知道它们的功用，这也是一个与儿童所能取得的最有用的知识有关的一方面。矿物、植物、动物的内部构造，最后还有他自己的身体构造，这是人们所应该知道的最完全的最有趣和最有用的一种动物形态，这样就结束了所说的"自然史"这一门的早期教育。在考察这些东西的外部和内部构造的时候，将研究到与它们有关的引起人们好奇心的许多问题：这些东西所从来的那个国家，那里的土壤、气候和人民；这些东西是怎么得到的，它们的用途，如果是动物，有什么习性。这一类好奇心的满足又是有用的知识和乐趣的一个来源。这里仍是遵循大自然的规律并取得了它的奖赏和尽量加以利用。但在儿童们用他们的思想的同时，为什么不也让他们的身体组织，喜爱活动的欲望得到满足呢？没有一件他们所感触得到的自然的东西不可以让学生来描画以借此教给他们简单有用的绘画技术，给他们一个练习用手的机会并加强他们对课程的记忆。为了同样的目的，还可以让他们在画的下边加上一些有用的关于事实的简短的说明，这样就不必特别费力而附带着同样地教给了他们以写作和绘画，并且对于获得真正实际有用的知识这一主要目的形成一种调剂和帮助。

这就是从培养最简单的最早获得的才能上来进行早期教育的自然方式。当儿童们知道了这些东西和实际知识之后，他们就会产生一种新的好奇心而飞翔得更远。我们用我们在地球上找得到的我们的头上和我们的周围的这些原料来制造出一切东西，用劳动生产出这些东西以供人类使用。食物、衣服、家具、房屋，一切有用的东西都是从这些东西来的；把它们分开，分解，使它们的细微组成部分互相发生作用，用化学手段把它们重新组合起来；这样就开辟了新奇事物的来源，满足了好奇心并可以不断地把它们应用到日常生活的实用技艺上边去。这样我们一定会经常使用我们的记忆力，把我们以前从博物学的研究中所得到的实际知识提出来以供应用；并且一定会经常使用我们的判断力以从事于化学研究的更为详细的比较和推论。

一方面有些自然界的东西可以用化学上的分解或者制造成新的混合物的方法使它们变为有用；另一方面有一些东西可以用机械学上的方法把它们大批地拿来使用，用它们的物质力量或者特性而不必破坏它们的组织，借以节省或者帮助人类的劳动，使人类的力量和许多官能的能力成千倍地增加。创造和运用一切这些机器和它们建立于其上的少数简单原理，对于好奇心是一个多么大的刺激呢！发现它们所能提供的动力和手段是一个多么大的满足呢！从知识的每一步向前发展中都可以得到成功的快乐，回顾过去，把我们现在的知识和过去情况相比较，从而看到我们自己拥有新的力量或者更多的谋求幸福的手段也可以体验到自我满足的快乐；因为除了当作一个谋求幸福的手段外，是没有一个人愿意用他的力量的，对于他自己永远是这样一个手段，如果他聪明的话，他会把他自己和他的同胞联系起来看。

获得文化教养的动机并不限于从认识、记忆和判断中取得的乐趣，不限于一切其他的所谓个人快乐。社会的动机经常存在并且在发展的各阶段中是显著有力的动机，但是它的力量经常是随着知识的增长而增长的。这些社会的乐趣，作为动机而起作用，作为自然的奖赏，是彼此同情的快乐，知识传授的快乐，仁爱为怀的快乐，或想到从已得到的知识中所产生的或从将要得到的知识中所可能期待的利益的快乐。对于年轻而热情的人来说，于这些乐趣之外，自然还有预见到今后将以技艺或者科学上的发现对于知识的进一步发展，人类力量与幸福的进一步的发展做出贡献的快乐。

鼓励人们获得知识的那些彼此同情的快乐是儿童们彼此之间的，教师对于儿童的，父母和一般社会对于有显著进步的或者艰苦努力以求进步的儿童的那些同情的快乐。无论儿童、教师、父母或公众，特别是在明智地把人数加以限制，以使大家都彼此互相了解和能够影响大家行为的情况下，当他们看到一个在知识上出类拔萃的儿童时，都不可免地要产生和表现一种特别赞许和喜欢的感情，正像他们看到一件特别美好的物品一样。任何一种有用的东西，如果导致它有用的理由是非常必要的，在人们想到它的时候，一定比想到一件无用的东西的时候更高兴。这种感情一定被拥有这件东西的人或者本身就是引起这种感情的人所觉察到，并且一定使他感到快乐，虽然这种感情对于这种进步的行为仅仅是一种无言的承认。这种同情的联想的原则在儿童的身上起的作用特别大，他们早期的一切行动都受它的支配。如果没有专断的惩罚或者奖赏来把这种同情引离正轨并使它反对进步，它将在这样的环境下，在一个只教儿童们以有用的东西的社会里，以一种前所未见的力量在教育上起作用。现在学校里所教的都是浮夸无用的东西，他们谁能够有这种同情呢？

次一个促成进步的自然的社会动机是知识传授的乐趣。在只是以有用的东西，只是以这个社会的每一个成员都会依次感到兴趣的东西作为教育内容的社会里，特别是在这样组成的公社里，学生们每天都会得到这种乐趣。在田野间散步就可以学习农业操作，矿物课或者植物课所选用的就是花园里、果园里和田野间的矿物和植物。化学课和机械课即使不能找到完全相似的模型，但它的原理可以在工业生产操作中得到说明。儿童们在这些生产上将同样受到训练。这种学习和生产上的完全结合将引起极大兴趣的研究和讨论；劳动将是特别光荣的：学习将是人们所欢迎的和具有极大吸引力的。这些引起注意的乐趣和动机是现在的儿童们所享受不到的；因为现在所教给他们的东西几乎完全是无用的，而所用的教学方法也是使人讨厌的，儿童们对之完全缺乏兴趣。但在人为的奖赏和惩罚完全从教育上取消了的地方，教师们就必须研究人类的天性，心理和思想感情，就必须在身心两方面给儿童们的引人入胜的和他们所喜欢的精神食粮，这样就必须依靠学生们从知识传授中所体验到的快乐，以使他们渴望于已有的知识外，再增加一些获得知识快乐的手段。儿童们和他们的同伴、父母以及这个公社里的所有成年朋友们的谈话都给他们带来各种各样的魔力，一切人都在鼓励他们追求新的进步，增加他们求得更多知识的好

奇心。

次一个属于社会动机这一类的能够导向知识进步的自然动机是对利益作仁爱为怀的考虑,而这种利益是从增加了的知识中所能得到的或者所能期待得到的力量中产生的。来自这种考虑的快乐,因为需要某种程度的远大眼光,常常能够看到好的或坏的后果,并把这些后果加以比较以决定最后是否有巨大的利益,所以不能期待它在儿童身上起作用。它虽然是一种崇高的乐趣但也因此而在教育上被列为最后的一项自然奖赏。实在说来,教育的最后目的是使包含一切现在的和将来的利益在内的效用成为获取知识的主导动机。每一种知识的追求都要经过这个道德标准的严格而亲切的检验。不过,远在教育结束以前,甚至于在刚一开始的时候,它就起着作用,它的力量是以教师的技巧为转移的。从婴儿的最早的联想被审查时候起,从道德习惯稳固地建立在理智和利益的基础上的时候起,每一件要教给他们的东西的用处都会在他们的心里和口头上引起许多疑问。能够先对儿童们解释清楚的只是那些最简单和最直接的用途,但就是这些已经很足以在他们身上培养起效用的原则和仁爱的观点,并使他们看到无限的将来。由于单纯要运用他们的理解力来找出事物的用途,他们就会在研究中培养起一种感情来;而最初不过是为利益作打算,结果——由于事实的联系,由于个人的利益和他的同胞的利益结合在一起而不可分——却加深了他高尚的可喜的仁爱为怀的感情。一个聪明的儿童在他受早期教育的时候常常要问,"这东西有什么用处呢?"但他一再受到打击或者因为得不到任何满意的答复而失望;这或者是由于教师的愚蠢或者更多地是由于所教的东西无用而不可能

做出回答,可是他的问题、他的好奇心、他的仁爱的感情却永远遭到了挫折。相反地,在这些公社的学校里边,在有益的并且只是有益的自然教学制度之下,有益于被教者本人的教学制度之下,却不是把他或她培养成为一个任何无论什么其他利益的驯顺的奴隶;从一个学生最早提出这样一个使人欢喜的问题时候起,我们就可以断言一定会得到进步。随着他的心智的开展,他将被示以和发现许多新的用途,一直到最后得出这样的结论:没有一种真正的知识是无用的,每一种知识的可能的增加都会有一天发现它的用途。

另有一种获得知识的自然动机是从几乎所有前边各动机联合在一起中产生的。那就是一个学生愿意有一天以他在技术或者科学上的,或者其他学术研究上的发现来对于知识的进步和人类的幸福有所贡献。一个曾经在青年时代从知识当中得到了快乐的人,一定会感觉到他这种愿望随着他以前所受的教育程度而不断在他心里扩大,虽然他的动机也许在利人的成分当中杂有自私的成分。有些青年人在有志于学术研究或力求上进的幌子之下,取消了每一个其他动机,单由自私的动机支配一切;而在这些公社里,它们的教育计划像它们的整个办理计划一样,是不容许这种自私存在的。野心或者为了任何其他目的的单纯对于权力的爱好,而不是为了服务或者增进幸福,竞争心,或者是高抬自己压倒同类的欲望,都是与这些公社的原则不相容的动机,不管这些动机是自然的或者是人为的(因为在教育上只能使用有益的自然动机);因为用这些作动机必将带来重大的危害。在我们以前详细描述过的环境之下,在那些动机起作用的情形之下,像这样的感情和欲望是不会在青年人的思想中产生的。他们重视能力和优越的知识,只

是因为它们能对他们自己和别人提供增加幸福的手段。从他们的生活上的每一个重要行动来看,别人的幸福和他们自己的幸福一定已经在他们的心里紧密联系在一起,理智和效用一定会加强这种联系,从而使那些现在必然和青年人的出人头地和有所发现的浪漫愿望混杂在一起的有害成分,在他们中间找不到地位,要追赶别人的欲望一定仅仅是为了要像别人那样地增进同样多的幸福:这种追赶的愿望永远是和对于那些树立了学习榜样的人们的羡慕和热爱结合在一起。我们所羡慕的,我们一定愿意去学习;在道德上看来是优秀的东西,我们由于我们的天性一定对这些东西羡慕;学习这些品质,取得和它们一样的品质是好的,能超过这些品质就更好;积极运用我们的才能和发展我们的仁爱精神,这种双重快乐加强了这种愿望。这种愿望一经被唤起并把自私的成分除掉,在公社舆论有绝对支配力的社会里,谁也不能限定这种愿望会创造出什么奇迹来。

所以我们认为,看来,为了达到教育青年的一切正当目的,一个有能力的和仁慈的教师是可以在他的周围找到许许多多的有益的自然动机来加以运用的;而青年人和成年人一样,在人类动机的性质上并没有什么东西是与自愿合作制度和享受上的平等不相容的。

我们在上边简要地说明了在启蒙教育和早期教育时期所要教的一些东西,但不要因此认为所教的就是这些东西:传记、历史、一切有用的道德和知识科目,自然科学和以后的自然科学与心理科学二者在复杂的生活活动和事件中的应用,在保持健康和避免疾病的技术上的应用,在广泛的社会规章制度(随着这些规章制度范围的扩大而永远能引起学生的越来越多的兴趣)上的应用,包括整个地区,国家和国家之间的社会在内,所有这些,每一种真正有用的东西,那就是说,把教育上所花费的时间和它将来所要占用的同样多的时间相抵消之后,在对于一生幸福的影响上能够产生巨大利益的东西,都无疑地应该在这些学校里教给学生,或者在这个公社的某些成员对学生所作的报告中为这些东西的未来发展奠定基础。为了表明自然动机的作用,就有必要把它们应用到某些知识部门上,而在次序上首先应该教给学生的自然是最有兴趣的和最简单的科目;我们的目的并不是要对所采取教育的过程做什么概要的说明。

事实上,那些心胸开阔性情和善的人从取消人为的奖赏和惩罚上所感到的困难并不在管理儿童方面。强力和恐怖除了最愚蠢的和最野蛮的人以外,已经开始不为一般人所使用了。那些自认为在教育上做得恰当的人所保留的人为的动机只限于几种自然动机的专断使用或增加上,如羞耻、禁闭和竞争等等。说明这些动机的有害后果将是一个有益的工作,但离开我们的本题太远。如果能证明有足够的自然动机使应用这几种动机成为不必要的也就够了。最大的困难还是在管理成年人那一方面。当为人们周围的恶劣环境所造成的罪恶在盛行时,刑法就以限制、恐怖和身体惩罚等手段来防止罪恶的蔓延。想要取消这些是困难的;要取消这些只能靠不良的社会环境的改造,靠取消对于罪恶的诱惑。取消了这些诱惑,如所看到的,还存在有很多的自然动机使人们彼此和善地相处。

但是,我们也曾经在这一节里提出过一个问题,“从任何围绕在人类周围的物质条件来看——如果不是从已知的影响人类行为的那些动机来看——自愿平等的制度是不是实际可行呢?”这个问题并不需要占用我们很多的时间。

在地球上有人居住的地方可以找到很多能供给一切生活必需品和舒适品的适合于建立这种互助合作公社的地点,这是没有人争论的。问题是:有些地方是大片的荒山,贫瘠的沙地,或者是其他不能生产的土地,人们不能在那里聚集在一起,结果,就不能在那里用这种制度替代个人努力、个人经济和获得个人报酬的制度。再有,大矿山的工人、海员也不能进行所有这些安排。假设一切文明民族的十分之一,由于这些或相似的情形,不能像社会上其余的人一样享受这种经济的合作和开支的利益——如果肯定它们是利益——那么是不是因此就可以说,那些能够享受这些利益的人也不应该享受呢?如果这样,那就等于说,如果人类全体不能用任何方法来逃避某种特殊疾病,如肺病、痛风,大多数人就应该不必再采取任何预防措施来防止这种疾病的到来。疾病是不好的,人们得病的越少就越好,哪怕是十分之一呢。如果互相合作、共同占有、共同消费的制度是好的,这种福利就普及得越广越好,虽然我们永远不能使它成为普遍的。那些喜欢强迫的无保障制度的人,在此以前是不是按照这个原则行事的呢?他们是不是因为不能使他们的同胞都富有就停止积累财富了呢?相反地,这种制度是不是在他们病态的心理上,更提高了对于反社会的财富的兴趣呢?他们是不是在秘密地担心着他们的同胞被提高到和他们同等的地位,并且以此为一个有力的理由来反对这样一种自愿平等制度呢?在自愿平等制度之下,每一件东西都可以生产出来,没有一件东西

要求他们赐与。如果社会上大多数人发现这种保证共同劳动者能够全部享用他们劳动产品的共同生产，共同占有，共同享受的社会制度是实际可行的和有利的，那些不能分享这些利益的少数不幸者的劳动报酬将被提高到参加公社的人们的物质生活水平——即使不能超过这个水平——就像现在对于那些不愉快的职业特别提高工资一样。那些不安静的人必然要群趋那些不愉快的职业，因为除了财富不平等和冒险以外，没有一种刺激能够在他们身上起作用，使他们努力去劳动。

这里还有另外一种情况。任何一个这样的固定公社或者一个分社都将经营它所能经营的一切商业、工业或者远洋贸易，不是像现在这样由一个大资本家和千百个愚昧的堕落的和疲惫不堪的在法律制度压迫下的奴隶来经营，而是由彼此平等的人组成股份公司来经营。它们在受着共同合作和共同享受的社会的志同道合的精神熏陶，结果差不多将和这些联合起来的公社本身一样地为他们带来幸福。

在原料特别丰富的地方，特别是在这些东西体积笨重运输困难而土地的生产又不是怎么丰富的情形下，这样一个公社的主要业务无疑地就是在就近开采这些笨重的东西，从他们自己当前的土地上取得有限的生活资料并主要靠着交换来维持生活。这样一个公社的所有合作者，虽然他们拥有一个矿山而且是一个地面上的工业，并且在那里和农业作交替的生产，但也可以像拥有最好的农业土地那些公社一样，同样是共同占有者、共同劳动者和共同享受者。不仅如此，一个完全由矿工组成的公社，虽然一天也不从事于生产自己的食粮而完全依靠交换生活，但他们也可以像任何其他公社一样，用共同劳动、共同占有和共同享受来进行他们的一切活动；至于建立这样一个没有农业劳动的公社是否合适，那是另外一个问题。

至于纬度的不同，气候的寒暖和所生产的食粮或者交换物品的不同等等这些情况，显然它们都不能使互相合作和共同享受的原则发生什么变化。糖、葡萄、棉花或者烟草（假设人类一直是疯狂地把他们的劳动力浪费在这一种有害的毒物上边）可以像燕麦、马铃薯和亚麻一样地用共同劳动来培植。在范迪门地[1]上或在俄利诺科河[2]或涅瓦河[3]两岸上都可以同样地建立这种合作公社。在有人类有知识和有适宜的土地的地方，除非像在俄国和土耳其那样，有的限制人们组织这种公社的自由行动专制主义或者从一些其他原因产生的无保障制度，除非像在北美洲反对奴隶制度各州以外的各地方那样，对于人们生产出来的劳动果实有政治掠夺，否则没有任何东西能够阻止人们成功地建立这种公社。仅仅是地理上的限制而不是不毛之地不能阻碍这些公社的建立。按照这个计划可以在爱尔兰成立一个纺织工人和农业者的合作社，也可以同样方便地在瑞士建立一个钟表制造者和农业者的合作社。气候或者产物的影响，就它是一种天然的障碍来说，并不算什么；就它是一个必须考虑的问题来说那是当然的；假设产物是铅矿，一个慎重的公社，从任何可能的利润上来考虑也不会把它的很多劳动力都用在铅的开采和冶炼上。

① 澳大利亚达尔文港以北海湾地区。——译者

② 南美洲委内瑞拉境内的河流。——译者

③ 苏联境内列宁格勒地区的河流。——译者

现在，在那些最开化的和人口稠密的欧美社会里，在我们对于它们的内部制度有一些正确了解的社会里，——因为关于半开化的野人统治着广大群众的中国的内部经济情况，我们所知道的仅仅是粗浅的概略——，肥沃的土地和原料，或者获得这些原料的便利条件都是很多的，对于新安排下的人口来说远远超过了他们的需要，所以没有必要再谈什么天然的障碍。如果在一百年或者一千年以后出现了这种障碍，那时候存在的这些公社的知识和远见无疑地是能够解决这些问题并把它们减低到最小限度的，或者更可能的是，采取一些预防的措施防止它们的到来。但是，为了恐怕万一他们的子孙的子孙不能像他们一样地幸福就警告寻求幸福的人放弃他们整个一生和他们目前后代的最大幸福，这种警告是多么奇怪呢！

所以，我们可以把我们对于这种制度在最后发展上将受到天然阻碍的一切担心看作为仅仅是无益的空想而把它们忘掉，即使是真实的，也不要以为它们能够在现在的人们身上产生任何影响。发展最后将受到阻碍，这个同样的理由也可以用来反对靠个人努力和个人报酬来走向进步的制度——每个人都可以看到这种反对是如何地无效。关于人口问题将在下节里讨论。

第五节

对于财富的自愿平等制度的一般反对意见的研究

这一节里将讨论到对于自愿平等制度的一般反对意见。我们必须力求简单扼要:因为一种制度是包括一切社会安排和社会利益在内的,它也包括着关于人类心性的理论和实践,如果我们任我们的想象在关于一个制度的辽远的偶然事件上驰骋,那便用这本书的整个篇幅来讨论这个问题也是不够的。

所以我们首先将越过在理论上反对这一计划的那些流行意见。因为欧文先生对于这个计划的理论已经作了说明。虽然这一理论从经济的、政治的或者文化的观点来看,在这里和那里被发现是有缺点的,但它并不影响这一计划的实际安排和确定了的事实;它仅仅证明从这些或者其他事实中所得出来的一般结论不够准确。例如欧文先生提倡人们所说的"哲学的必然性"这个学说,并且说,"人的性格是由他周围的在他身上起作用的环境形成的","他的性格,观点等等是为他形成的不是由他形成的";结果是,"人们可以被教育去为善也可以去为恶,而且都是与他们天性不违反的。"欧文先生所理解和说明的这些命题是十分正确的。许多人反对是因为他们误解了它的意义;还有的人是因为他们脱离不了早期形成的关于自由意志的观点(那就是,没有动机的或与最强烈的动机相反的一种行动的或者形成一种意愿的力量);他们认为这种自由意志事实上是存在的,或者认为它就是一个他们所说的仁慈的主宰没有目的地——在不起任何以儆效尤的作用的时候——来折磨他所创造的生物的理由。像这样的讨论,如此地微妙,如此地接近于神学的幻想对于合理的实际安排并不是不可缺少的先决问题。尽管人们可以在没有动机的毫无根据的行动力量上大发议论,但他们全都承认人们很少行使这个力量,而人的行为事实上很多都是受他所处的环境的影响的。他们不记得有这样

的情形，那就是每一个人的事前的当时心理状态是和外界条件合作能够立即产生行动的最有力的条件之一。

即使情况是这样，即使人们有这样一种控制意志的专断力量，但每一个人都会承认人们很少这样愚蠢地运用这个力量以违反他们所看得到的和所承认的利益。承认了这些之后，我们立刻就有基础来对于反对我们那些实际安排的流行意见进行考察。这些反对意见大体上可以分为道德的、经济的和政治的三种，也许其中很少可以被严格地限制在任何一个项目之下；但是，为了有条理起见，我们按照它们的最显著的特点来加以研究。

首先，看看那些属于道德性质的反对意见。人们说："自愿平等的办法是建立在限制之上的，虽然它们对于那些为了生计而愿意或者必须屈从这种限制的不幸者来说是非常合适的，但那些不受生活压迫的人不会为了任何金钱上的利益而服从这些限制。"

如果这种反对意见，反对第一章所提出来的那些原则，不，贯穿全书的那些原则的意见定有根据的，我们设想的自愿平等的计划必将立即遭到摒弃：但事实是，这一反对意见完全是建立在对于这一问题的无知之上的。

互相合作和自愿平等的办法是可以有许多不同情况的，在公社非常贫穷，必须借钱来建筑房屋购买土地和牲畜农具的情形下，毫无疑问地，他们必须在这样的限制之下和对于这样的条件负责，那就是他们必须像任何其他自愿约定用劳动产品来偿还资本的个人或者许多个人一样，偿还所借的资本。随着他们与之订合同的各人的知识水平和仁慈程度的不同，偿还的条件和为了资本的安全而给与资本家的控制权将多多少少对于借用是一种负担。但在这些约定上边,他们一般是受着当地关于合同的一切法律的保护的;如果他们所给的干涉权超过了法律所规定,除非他们认为服从这些合同对于他们有利,这种权力就不再对于他们有拘束力。为了把问题简单化,我们把那些资本家对于公社内部事务有任何控制权的情况除外,而专把一般生活当中的单干所受的限制和这样一个公社的个人成员,他们自己事业的所有者,所受的限制做一个比较。

在加入这些公社和退出这些公社上,这里有完全的行动自由。一般社会生活当中的就业,或者是单干或者是合伙,能不能说也是这样呢?为自己而经营的个人大多数受他出生的地点和他所继承的事业的限制。即使他受到极大的金钱损失的痛苦,他也必须继续下去。如果是合伙,个人不得他的合伙者的同意是不能离开的。但是,在这些公社里边,不需要合伙者的同意;因为资本和一切设施都是大规模的,任何个别社员和他的股份的撤出对于整体的繁荣并不产生什么影响,所以也就没有必要坚持任何社员的个人退社必须得到公社的同意(在私人小规模的合伙里,一个合伙者和他的资本的撤出可能搅乱了整个营业)。个人就业的变化对于资本完全没有损失;对于个人和公社也没有什么较大的不便,这就给了变更住所和职业以很大的方便,而在个人经营里要这样做就必带来很大的牺牲,假设在任何牺牲之后能办到这一点的话。所以这样看来,重大的限制显然是在个人经营那一方面。这些公社消除了限制方面的重大负担,使它们的所有社员在改换住所、职业和生活方式时,对于任何人不造成资本上的损失,也没有时间上的损失。假设迁移到另一个较远的公社里边去,合作的原则相同而职

业和自然环境不同,这种迁移不但不受什么限制而且可以像在离开的那个公社里一样,在新的公社里有绝对获得成功的把握。事实上,如果这些公社很多并散布在各地,更换住所和职业不但不是像现在这样成为生活上一件最严重的事情,而且通过售出一个股份和购进一个股份或者仅仅通过交换,它将成为不过是旅行或者一种有趣的试验。这些住所和职业的交换也不需要请求两个公社或者其中任何一个公社批准的手续。这种变化对于每一个公社都是有益的和愉快的,从这种个人意愿的满足上不会产生什么弊害;如果这两个公社的利益不是差不多相等的,就不会有这种交换;虽然一个来自一般社会的普通人在没有公社的同意之下侵入社内可能产生弊害,但和一个同样的公社交换一个习惯于公社生活和赞同公社生活的社员,对于一个广大的公社来说,它的害处就没有可能大于公社限制交换社员的害处。相反地,没有比这种个人的自愿交换再对于每一个公社有利的了;通过这种交换,每一个公社的意气不相投的社员将逐渐撤退到对他们更有吸引力的公社里边去;这种个人交换和经常有选择权力的结果将使每一个公社的社员之间保持着最大可能的团结性和一致性,把他们团结在一起的不仅是作为合作者的共同利益而且还有一种他们之间的特殊的友谊。这些交换对于每一个公社将像安全阀那样起作用,使每一个使别人感到不快或自己不快的社员撤退并吸引那些观点和行事与他们的新同伴协调的人加入。

像这样的自治的公社,还有什么可怕的限制存在呢?使人感到麻烦的许多内部规则,如关于作息时间、吃饭、休息、劳动、服装式样以及一切生活琐事等等全部与他们的利益有关的事情的规定

几乎都是出于他们的自愿。没有一种这一类或者任何一类的限制不是由他们自己亲自规定的。一种自加的限制,自愿的限制,这在名词上是一个矛盾。多数人可能知识不够和判断错误,但他们不会给自己加上负担性质的限制;任何构成多数的公正而有理性的人也不会给最小的少数加上任何限制,除非在多数人的利益和愿望与少数人的利益和愿望显然不相容的那种很少有的情形之下。诚然,在这种情形下,少数人可能感到不满意;他们也可能同样是正确的;但在人们被容许运用他们的理智的情形之下,人类有什么办法可以挽救这种弊害呢?什么地方能够像公社这样,把这种弊害减低到最小限度呢?首先,入社是自愿的;其次,他们有退出的完全自由,不必受什么损失,也不必得到谁的允许或者同意。如果他们认为没有希望说服公社使它相信某些规定的不合理,最小的少数也可以很容易地退出公社和不受他们认为是一些限制和不恰当的规定的影响。但在一群合作朋友们组成的公社中间,为什么一个有理性的人会对于说明真正的利益感到失望呢?在没有邪恶的金钱利益来歪曲判断的地方,通过冷静的讨论,在公众和私人的集会上,用书面和口头的方式来说明问题,正确的结论难道能够最后不被那些以追求自己幸福为唯一目的的人所承认和采纳么?何况他们还掌握有得出正确判断的一切资料和用试验来证明的一切办法呢?在这种情况下,如果说还有什么限制,那么这种限制对于任何其他社会说来,就是最大限度的自由。

假设有一种最坏的情况出现,假设一个公社的多数是如此地不合理,以至于通过或者容许他们的委员会通过这样的规定,如所有的人必须留胡子或者像俄国大彼得那样,规定任何人都不许留

胡子，任何人都不许跳舞，或者演奏乐器，或者写作或背诵一首诗。那么支持这些规定的制裁力在哪里呢？使人们遵守这些规定的奖赏和惩罚在哪里呢？我们很久以前就看到，这些公社的管理机构已经放弃了人为的奖赏和惩罚，就是那些常常被看作为是自然的奖赏和惩罚也因为引起重大弊害而被放弃。对于破坏这些可怕的限制的刑罚在哪里呢？从哪儿去找剪掉别人胡子和砍倒反抗者的那些大彼得的卫兵呢？唯一的卫兵、唯一的强制执行的力量就是公众舆论——公社的公众舆论。如果这个公众舆论是由一个很小的多数形成的，它的力量将是软弱的；尽管有这种微弱的公众舆论，我们将仍然可以看到胡子、跳舞或者听到音乐，而这种公众舆论的表示只能引起友好的讨论，经过这种讨论，最后在全公社里确定究竟胡子、跳舞或者音乐是无罪的还是有害的。这样，公共舆论就是这些限制的高出于个人利益观点的唯一支持力量；仅仅用多数来公布限制并不比把这些限制的是否恰当有用提出来供全公社来讨论强多少。但因为这种讨论可以在日常的社交来往中做到。所以在社会上所有的人都对这个问题形成共同意见以前，就没有必要来表示这种公共的舆论。这样形成的多数人的意见的表示在肯定实际趋向上可以是有益的而它的必然结果是使那些在行为上反对这种意见的人不能不重新考虑他们的行为建立于其上的理由并衡量这种行动的一切后果。

谁能够这样软弱以至于害怕这样的限制呢？这些限制是：自加的限制，——公众舆论所明确宣布的，以功利观点为唯一支持力量的限制，——发现有害就立刻可以取消的限制，——虽然仍有一个人不同意这个限制，但这个不同意的人可以避开而不受损失并

且除了他自己以外不必取得任何人的同意。

公众舆论的力量是强大无比的。行使这个力量可以迫使一切法律和制度屈服,可以深入人心,使人的同类洞见他的一切动机并指导他的行动;无论如何,人们能够说,他主要反对的就是这种制裁力的本身,就是这种公众舆论的限制,就是这种力量的运用吗?人们能够说,独立的可爱不仅在于不受强迫而还在于不被观察和不被判断吗?能够说窥探的好奇心和别人的意见将毁掉我们难以言传的快乐——不被公众注意,不被公众谈论和更多的免遭物议的快乐吗?

无疑地,某一个公社的公众舆论,像任何其他大的或小的公社和社会一样,也有可能是完全错误的;但在对每一个可能的问题都有发表意见自由这种最初的根本规定之下,一切这一方面的真正弊害都是可以避免的。在有讨论自由和不正当利益已被消除的情况下,公众舆论不可能长期停留在错误中或者发生极端有害的影响。不正当的利益和从之产生的压迫和欺骗败坏了公众舆论并使它变为残忍。对于公社建立于其上的那些安排和原则表示同意就说明了合作者那一方面的心理状态,他们完全不可能在应用公众的或者群众的制裁力上造成重大的错误。即使是这种在道德上不大可能有的情形,也还有退社的权力作为它的对抗。所以,这种公社的公众舆论和最进步的社员的思想感情不相容的危险是微乎其微的,而最大的可能,非常大的可能是这些进步的社员将以他们全部的知识的和道德的力量来左右公众舆论的进程。有理性的有知觉的动物从来也没有过这样好的传播真理的园地。没有一个社会,它的聪明善良的人曾经有过这样多的机会来把公众舆论导向正确的方向。所以聪明而善良的人是不会反对受公众舆论的温和而健康的支配的。

但这里还有其他一些类人物，还有那些既不聪明也不善良的人；他们的性格是由他们过去的环境造成的；他们——在冷静地考虑了后果之后——做一些对自己幸福有害的事情。他们害怕公众舆论的攻击，预见到公众舆论将谴责他们的赌博、酗酒、耗损精力的淫乱、傲慢，懒惰和相类似的品质。无疑地，这种进步的公众舆论的限制，在人们互相了解的公社里对于这些人将是十分难堪的；而这种舆论越进步越是仁爱为怀也就越使他们难堪。在人口稠密的大都市里，在千百万人的掩蔽之下，是更适合于这些人的习惯的。假设他们是精细的人，假设他们没有决心来改正他们的习惯并把他们自己信托给一定会逐渐消除这些习惯的环境，他们就不会加入这样的公社。如果他们墨守任何上述的一种习惯，那就没有比他们参加公社再能给公社造成更大危害的了。一个勤劳而合理的公社和具有这些性格的人是不相调和的，正像这些人和公社不相调和一样，他们不是适合于建成这种社会结构的原料。如果他们不放弃他们的习惯，他们不能长期地和这样的公社保持着关系；所以最好是根本就不加入。我们承认，这样的公社将得不到所有害怕行使公众舆论的那些人的合作，但这种损失对于一个这样的公社将是一种利益。

关于那些无关紧要的没有什么影响的私人行动和私人之间的只有个人才能够体会的感情，我们会不会相信：一个建筑在个人意见绝对自由基础之上的公社的多数人会把自己变成为看守或者检察官，为了增加彼此的痛苦，来互相刺探阴私并把它们付诸公开使

之遭受诽谤,从摧残无害于别人的幸福中来寻求恶意的开心呢?这种滥用公众舆论影响的事情是不会发生的,因为如果发生,也是永远与大多数人的利益相背反的。多数不能由老年人,没有感情的人和愁眉苦脸的人来构成。多数人必须由那些中年人,对于并不带来重大弊害的事情抱有每一种可能的兴趣的人构成;他们的影响所及将建立起这样一种互相关心互相宽容的公众舆论,使诽谤和刺探的好奇心在这个公社里绝迹。财产为公共所有,言论是自由的,诽谤和扰乱别人的幸福能得到什么好处呢?

把这些自由公社的限制和一般社会流行的限制——工商业的限制、法律的限制、公众舆论的限制、迷信的限制、政权的公开掠夺的限制比一比,我们就可以看到,从限制上产生重大弊害的还是现在的社会。我们没有足够的篇幅把每一个项目都作详细的比较;但为了举例说明,我们将就第一项,"工商业上的限制",来谈一谈:

在工商业方面,一般社会的劳动者没有工具、原料或者土地使他们能够从事劳动。他们不仅受到限制而且完全依赖于有办法掌握所有这些生产资料的资本家。这些资本家用上千种无保障的手段从愚昧和不幸的劳动者身上榨取他们的劳动力和生命;因之在这些手段支配之下,劳动者就完全成了机器(虽然他们自己往往看不到这一点),好像一些小人形一样被装束成真人并被展览以用他们看来像是自愿的动作来欺骗大众。所以劳动生产者在一般社会里边就是这样被他自己的看来好像是自愿的行动欺骗着。他被教导着把无保障的限制看成天经地义或者宗教的教义:他对于这些是没有选择余地的。虽然必须受这些限制,可是还告诉他,他可以到别的地方去住，可以劳动或不劳动，可以接受或拒绝施舍给他们的工资。不错的，是这样，但如果他真的到别的地方去住，拒绝按照规定的工资劳动，后果是什么呢？他将要挨饿！随便他到什么地方，同样的限制都在等待着他。这就是无保障制度下的不受限制的伪善的自由，他已经成了无数的看不见的原因的牺牲品，他不敢再要求做他所熟悉的工作。当他遇到这种温和的限制时，他怎么办呢？他在挨饿、窃盗、乞讨或者到某一个地方去沦为乞丐这几项里有选择的自由。试举一个从来也没有缺少过无保障制度能给他的工作和报酬的最幸运的劳动生产者为例。一千人里边是不是有一个人能够有足够的知识和好奇心促使他愿意去访问邻近的城郡，看一看其他地方的生活和生产情况呢？他只要能够侥幸不失业，就很高兴在家乡干下去而不愿意再离开。一千人里边有九百九十九个人是由于需要，需要工作，由于必要才被迫离开家乡的。在这种情形下，说这些人有不受限制的自由并把它和互相合作的公社里每一个人所享受的真正的不受限制的自由相比，那是怎样地可笑呢！在公社里，他们是能够使他们的劳动产品全部为自己所有（除了常常被政权机关掠夺去的以外）的那一切东西的共同所有者。这些公社从一开始就拥有自己的一切资本，它们由于自愿地互相放弃彼此干涉压迫的权利和采取互相合作共同占有的方式而从一切商业和工业上的限制，从某些使人难于负荷的捐税中解放了它们自己。在那里，没有师父限制学徒；没有工匠限制没有执照的人（除非满了七年以后或者通过社团取得自由）从事于他们的行业；没有资本家能够由于占有劳动生产者的工具、原料、衣服、食粮和房屋，并于这些之外，取得绝对的强迫规定工资的

权力来限制工资；没有监禁、鞭打和其他折磨人类的方法来强迫人们为少量的食物而劳动；没有雇主的联合和工人的反联合与反抗以互相限制和互相折磨；没有比限制还不如的对于工人找不到雇主或者产品找不到销路的恐惧；没有行业的限制了一切规章都是由自己订定的，目的是为了公社的各社员能够享受到巨大利益，而不是为了一种抽象的东西所谓的公共福利，而真正的意思是指着少数领导人物所认为的私人利益。这些公社的社员，由于他们有优越的知识，可能愿意去旅行以增益见闻和证实他们所学的东西。那怎么办呢？如果公社认为旅行——每年每人轮流用一个月或者略长或略短于他们劳动时间的十二分之一比以同样的时间用在体力或脑力劳动上来增加生活舒适品和便利品和家庭享受更能得到幸福，那就没有什么限制能够阻止他们获得这种愿望的满足。只要他们愿意这样做，他们就可以这样做。不必担心离开了内行的眼睛，一切东西和营业就会被搅乱。少数人离开这些公社不会打乱工作或使资本有受到损失的危险，事业可以照常进行，不会受到这种暂时离开的影响，它将以和离开的人所具有的同样的知识和技术被指导着。相反地，在一般社会里，人们会看到，劳动生产者和工匠甚至于许多资本家的活动都受着物质上的和精神上的许多限制，因而在那里去谈旅行以增长见闻和满足好奇心将被人看作为是世界上的一种疯狂的无知。此外，在一般社会里，当地的习惯往往在一天的劳动时间上和职业的性质上判定一个工人去苦干或者受罪；但在这些公社里，没有任何身体的或精神的限制强迫一个人多劳动一小时或者从事于多数人认为有害于健康的或者产生任何其他重大弊害的任何劳动。再说下去是没有必要的；一般社会

对于劳动者的限制是无法和这些公社的限制相比的。一般社会里的生活是一个由人为的限制构成的罗网，只要一伸手就会被缠绕住了。公社里的生活除了自然限制之外，几乎不受任何其他限制，这种自然限制就是人们要享受就必须去生产。

下一个流行的属于道德性质的反对共同占有，共同劳动和共同享受的自愿平等制度的重要理由是一种没有根据的恐惧。它认为"这种制度，由于取消个人报酬的刺激，将消灭或者大大地减少天才、特殊才能和努力的机会，因而把人类的进步和幸福事业限制在仅仅是动物欲望的充分满足上。"

这个反对的意见中有一部分是对的，也有一部分是错的。说它是对的，因为新制度为了人类的幸福，就是要压抑一些应该被压抑的才能和努力；说它是错的，因为新制度对于那些于人类幸福有益的才能和努力的发展不但不压抑而且还是要鼓励的。

最常见的错误是把一般的个人报酬和金钱性质的或者财富之类的报酬混淆起来。一切享受都是个人的享受；一切产生个人行动的动机都必须是他所深信不疑而要付诸实行的；看到别人获得幸福的快乐和自己吃一个菠萝或者其他美味的果子的快乐是一样的。这是我们的天性和周围的环境对于我们的仁爱心肠和仁爱行为的培养和实践所给的个人报酬之一种，也是个人表现这个首要的美德的自然动机。但为什么一个人要实践这个仁爱的美德，这个在实践之后被称作善行的美德呢？除了这种实践显然符合于他的个人利益之外，没有什么其他可能的理由。是不是个人的金钱上的利益呢？一般说来是的，但不一定必须是这种利益。是不是希望从当前的和将来的一切可能来源获得同样多的幸福的那种个人利益呢？无疑地是的。但是，我们能够说，一种特殊情形下的仁爱行为，因为它不是个人的金钱上的利益，因而他就没有个人利益了呢？或者，换一句话说，能够说实行仁爱根本就没有任何利益，无论它是现世性质的利益或者是可以在多少万年中享受到的利益呢？如果是这样，人就一定是在没有动机的情形下来行动了；因为不是个人的动机对于他来说根本就不是一个动机。你也许说，那是一个社会的动机而不是一个自私的动机；但自私的也好，社会的也好，它必须是*个人*的——必须是本人感到是他的真正的或者假设的利益，不然他就不能去行动。

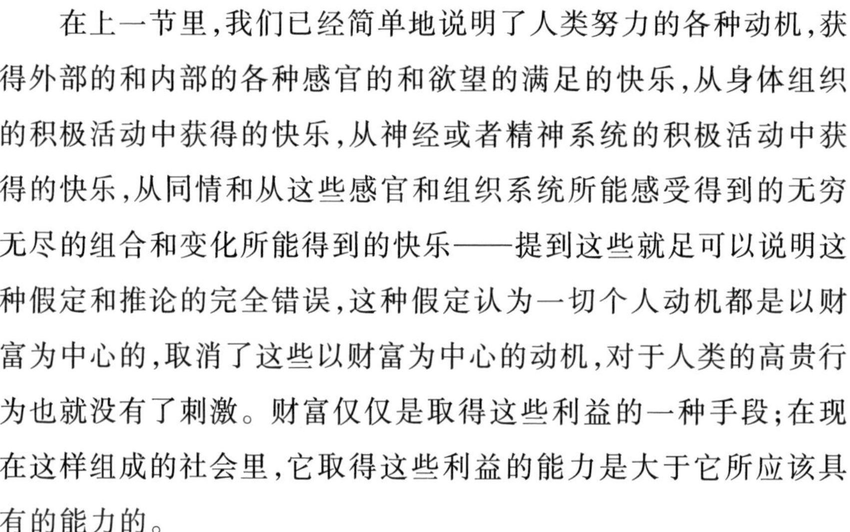

在上一节里，我们已经简单地说明了人类努力的各种动机，获得外部的和内部的各种感官的和欲望的满足的快乐，从身体组织的积极活动中获得的快乐，从神经或者精神系统的积极活动中获得的快乐，从同情和从这些感官和组织系统所能感受得到的无穷无尽的组合和变化所能得到的快乐——提到这些就足可以说明这种假定和推论的完全错误，这种假定认为一切个人动机都是以财富为中心的，取消了这些以财富为中心的动机，对于人类的高贵行为也就没有了刺激。财富仅仅是取得这些利益的一种手段；在现在这样组成的社会里，它取得这些利益的能力是大于它所应该具有的能力的。

不必列举在这些公社里边能够唤起每一种有益的每一种超人的才能和美德的那些动机，就是现在那些能够绝对产生最高贵的品质的那些动机就能说明这种反对意见的错误。在人类的需要一经获得满足之后——在合作的公社里边每一个人都将得到这种满足——那些引导人们在学术研究以及非常困难的工作（不管是有益的或是有害的)上从事于高尚的努力和取得卓越的成就的混合动机是:从事研究活动(身体的或精神的)的快乐,单纯获得权力的快乐,单纯获得能够显示自己的财富的快乐,从别人的简单的手势、赞许、同意、相信、羡慕中所表现的感情里体会到的快乐,从仁爱行为或者从预期能够从自己的努力中获得幸福——任何一种真正的利益——的快乐。

某一些动机的采用可以导致纯粹有利的结果,有一些导致有害的结果,大多数是有利也有害的。努力从事活动——体力的脑力的或者双方面的——的快乐;仁爱为怀的快乐;公平地获得与自己的才能和善行相称的同情的快乐;所有这些动机现在都在一般的社会里有益地推动着人们作最积极的努力,而在合作公社里,由于公众舆论力量的增加,和真正知识的普遍传播,这些动机的作用将增加到一百倍。为了影响别人的行动而喜爱纯粹的权力,不考虑怎样用来为善;只是为了能够显示自己而喜欢财富,不考虑构成财富的那些东西的实际用途,在合作公社里几乎都是不能存在的;就是在一般社会里,这些动机也不能常常引起有益的活动。在野心和贪心的名义之下,它们将带来极大的危害。还有一些次要的偶然的动机,如爱情、仇恨、嫉妒、复仇、羡慕等等,这些有时候也能推动人们积极努力,但它们起作用的范围太小,所以这里没有加以注意的必要。那些能够使人们的思想和行动产生有益效果的那些动机在合作公社里边比在一般社会里更有力量;那些能够偶然产生好效果而一般是带来重大危害的那些动机,在这些公社里边,它们的有害成分将被肃清,并被用来作为仁爱、同情和获得活动的快乐等这些较高动机的辅助。

这是一个事实，一个肯定的可喜的和重要的事实，那就是几乎一切人类在科学上和在活动上的有益的较高的成就和发现都是从较好动机的作用中产生的，而几乎一切有害的活动都是从爱好权力或者财富和偶然的不能控制的激情中产生的。单看那些征服者、政客、僧侣、法官和讼师以及各种特权阶级，贪心和野心、单纯喜爱权力、单纯喜爱财富几乎是他们做艰苦卓绝的努力的唯一动机。但是，再看看那些人，那些科学和道德真理的发现者，那些艺术上的和物理学上的天才，你就可以发现他们的大多数，特别是他们中间最著名的那些人，或者不过是部分地受着这些有害动机的支配，或者是完全超越了这些动机而只是受着更高尚的行为动机的影响。在艺术上，从荷马①到弥尔顿、莎士比亚②和巴里③；在爱国行动上，从伊巴米诺达斯④到华盛顿⑤（和几乎以后的每一个美国总统）和玻利瓦尔⑥；在物理学上，从阿拿克萨哥拉⑦到伽利

① 荷马（Homer），传说中的古希腊诗人，生于纪元前十二到八世纪。伟大的史诗“伊里亚特”和“奥德赛”的作者。——译者

② 莎士比亚（Shakespeare，1564—1616年）是英国的伟大诗人和剧作家。——译者

③ 巴里（Barry，1719—1777年）是英国著名演员，以演莎士比亚悲剧的主角而得名。——译者

④ 伊巴米诺达斯（Epaminondas，公元前362年）是古代希腊底比斯人的将军，和斯巴达人坚持斗争，在曼提涅亚战争中获得大胜。——译者

⑤ 华盛顿（Washington，1702—1799年）美国第一任总统。——译者

⑥ 玻利瓦尔（Bolivar，1783—1830年）是南美洲西班牙殖民地独立运动的领导者之一。——译者

⑦ 阿拿克萨哥拉（Anaxagoras，公元前500—428年）是希腊的哲学家，曾因不信神的罪名而被判处死刑，其后被救逃出雅典。——译者

略[1]、拉瓦锡[2]和普里斯特利[3]；从伊壁鸠鲁[4]和苏格拉底[5]到功利主义学说的创始人[6]，或者是互助合作的自愿平等制度的倡议者，——那些最热心和在最有益的发现和活动上最成功的人不仅都完全是被最伟大的动机支配着而且都是在坚持和强权作斗争，冒着饥饿、贫乏的危险，甚至于遭受到迫害。那些现在还活着的天才的人们，用写作和行动，一生为改善人类精神生活和物质生活而努力，大部分为了热爱他们所从事的伟大事业而遭受到财富和权力上的损失；这就说明了那些认为卓越的行为都是靠贪心和野心来作为刺激的动机的人对于人类的心理是怎样地完全无知。虽然那些没有其他生活来源的人必须依靠自己的努力，但不能因此就说，喜欢维持他们的生活所必需的财富就是他们崇高的努力的有力的动机；因为他们一般是能够用其他比较轻松愉快的方法来获得更多的财富的。一般说来，有才能的人，如果以专门追求财富作为他们的有力动机，他们将使他们的行为降低到和他们原来的动机一样地粗鄙。现在，在一般社里，许多人是以闻名于当世，也就

① 伽利略（Galileo，1564—1642年）是意大利物理学家和天文学家，力学的创始人，为先进世界观而战斗的战士。——译者

② 拉瓦锡（Lavosier，1743—1794年）是法国伟大的化学家，物理学家，现代化学的创始人，首先运用物质不灭的定律于研究化学。——译者

③ 普里斯特利（Priestley，1733—1804年）是卓越的英国自然科学家和唯物主义哲学家，曾发现化学上的许多气体。——译者

④ 伊壁鸠鲁（Epicurus，公元前341—270年）是希腊化时代杰出的唯物主义哲学家，无神论者，激进的古代启蒙运动者。——译者

⑤ 苏格拉底（Socrates，公元前469—399年）是古希腊唯心主义哲学家。——译者

⑥ 这里指的应是美国的边沁（Bentham，1748—1832年）。——译者

是说，获得他们同时代人的爱戴和赞许，或者预期得到后世人的尊敬为他们的行为的动机的；这种动机使他们为了与人类进步有关的学术和其他事业而不仅贡献出全部时间和精力并且也贡献出了他们的财产（不管是用什么方法得到的）。另有一些人是受着热爱活动的动机的驱使。还有许多人是希望增加幸福和所有的人都获得幸福。这三种动机以各种不同的混合和变化方式曾经在人们中间引起和正在引起着大部分的卓越的知识活动和精神活动。那些并不富有的人在根据这种动机努力的同时，必须以他们的报酬的一部分作为生活资料；但不能因此就说，取得那些生活资料的欲望就是鼓励他们做那些崇高的努力的动机。我们怀疑：是不是能够找到一个确实可靠的例子，足以说明专门追求财富——为了明显的享受或是为了显示自己或者是二者兼而有之——曾经是任何在著作或者行动方面的真正有益的天才活动的唯一动机；专门追求权力也是一样；追求财富和权力曾经引导人们从事于困难的卓绝的活动，但也往往是最有害的活动；这些活动永远破坏着他们的同胞的幸福，大部分也破坏着他们自己的幸福。

在一般社会里边，只有少数富有的人感不到生活的困难和被容许为这些高尚的动机而努力；但就是这些人也往往由于他们的教育和习惯而缺少这种动机。他们的财产也由于政权机关的任意胡来和诈骗以及各种各样的无保障制度的迫害而永远在危险中，因之很少人有机会听从这种动机的支配以从事于这些动机所导向的有益活动，而具有这种意愿的人就更少。社会上一切崇高美好的努力几乎现在都从有益的远大目标堕落成为追求自私的个人利益。那些身居高位的人也互相妒羡，争先恐后地唯利是图，以借此夸耀于人;因此比较少数从有益的动机出发去追求有益的目的的人就被一般庸众看作为使人莫名其妙的人,看不见什么是他们自己的利益的傻子。那些反对互助合作的人除了金钱的利益之外,再也不知道有任何其他利益。

在合作公社里边,一切情况都与此相反。在那里,全都感不到生活的困难;仅仅为了夸示于人或者为了从财富中得到享受这个合理的目的以外的任何其他目的而去专门追求财富,在这里是不存在的;在那里,对于一切青年人都一样地教以有用的知识和培养他们良好的习惯;在那里,一切人都有从事于研究学问的闲暇时间;在那里,公众舆论起着坚定而有益的作用,就是对于那些做艰苦努力以求增进共同幸福而没有获得成功的人也永远准备以同情和感激作为对他的奖赏;在那里,对于造福一般社会,造福整个人类大家庭有着强烈的愿望,在那里,贪心和野心的道路已被堵塞;在那里,除了有益于行为者本人和他的同胞的那些卓越的才能和活动以外,其他都没有发展的余地;在那里,没有经常起作用的涣散人心的力量,来诱惑或者强迫一切有卓越才能和肯于努力的人长期从事于无止境地增加个人财富的竞争;在那里,由于对一切人进行同等的教育,所以一切有能力的人都是公社所经常需要的,因而没有一种特殊的才能能够被埋没。

所以,从这些公社里所能期待的属于有益一类的较高的才能和活动,在数量上比从一般社会所能期待的要多得多。因为谁都会承认,一般人所称之为伟大的高贵品质和活动,在合作公社里边都是可以找得到它们的动机的。

反对者接下去说:“关于有用的才能和活动,可能是这样,这些公社是建筑在功利之上的；它们将只是努力取得一些有用的东西。但是人类的活动应该停止于此吗？——那些装饰之类的东西怎么办呢？绘画、雕刻、音乐、诗歌、雄辩术：是不是这些都被当作无用的东西而被放弃呢？有时间从事于这些高尚的研究吗？在合作制度之上，怎样来培养这些才能呢？这些是不是属于无用的或者有害的研究呢？"

关于这些次要的或者轻松的享受，所说的装饰品或者欣赏方面的享受，在这些合作公社里边的实际情况似乎是：从这些东西获得享受的能力和愿望将普及到最大限度；那就是说，为公社的全体社员所分享；而在一般的社会里边，五百人当中不见得有一个人有追求或享受这些轻松快乐的愿望、时间或者手段。

无疑地，在任何这样的公社对于更细致的艺术享受所需要的时间和精力做了合理的估计之后，认为它能够比把同样的时间和精力用在任何其他方面所获得的幸福更多，这些公社自然会追求这种艺术享受。超越了这个限度，追求这种享受就是愚蠢的而不是聪明的。热心于在任何一种艺术上取得卓越成就的人将在这里得到最有利于他的特殊才能的发展的环境；不是像在一般社会里边，要寻找保护人，并且还要忍受着贫困。在这里，良好的普通教育为一切真正的天才奠定了基础，每天有六小时的空闲时间可以由他自己来处理。什么时候发现他在绘画、诗歌、雕刻、音乐方面有卓越的才能，他甚至于可以用一部分或者全部平常工作时间来发展这种特殊才能，因为那是他自己的利益也同是公社的利益。如果他的才能是绘画、雕刻、音乐、诗歌，他将以平常劳动的代价，用他的艺术作品来装饰公社的建筑物和地面，或者来娱悦人们的视听——不是像现在这样，其代价百倍于平常的劳动。他的卓越的才能所得的报酬是他的朋友增加了享受的感激和赞佩之情。如果他愿意把他的才能卖给一般社会，他只要离开公社就行了。他可以把他的股份卖给公社或者任何其他购买人，从而立即得到维持自己的资本。如果他受到仁爱精神指引之下的真正天才的光辉激励，他将不离开这个公社，而吸引那些给装饰艺术以合理估价的人对公社做更多的赞美，并告诉那些骄傲的拥有标准的装饰艺术作品的人什么是这种艺术的真正价值。音乐，作为教育过程当中附带的一种娱乐，每个人都要多少学一些。绘画将是一种进行教育的手段，使人们更深刻地认识那些天然的和人造的物品，它们的性质和用途并以体力劳动来调剂脑力劳动。诗歌的有用部分，正确地描写人类的感情和行为以及天然的和人造的东西从而在它们周围引起有益的亲切的或者有力的联想的那些诗歌，可以在这里进行研究——以大自然和真理在青年人心里所激起的那种热情来进行研究；但诗歌在这样的公社里和大自然与真理比起来将永远处于次要的地位。

这样处理了关于美术的优美的享受之后，我们是不是还会担心人们的性格将变成沉闷的千篇一律呢？用不着说，在大自然的奥秘和她的一切能力的运用完全被发现和为人们所掌握以前，在这些自由研究的公社里是不可能沉闷的。在掌握了这些以后，如果一切那些谋求幸福的有力手段的使用在我们身体组织的各种发展了的神经感受力上仍不能起驱除沉闷作用，这些公社也就只好满足于这种沉闷了。如果千篇一律是所有的人都聪明有道德和幸福，那也就只好让它千篇一律了。现在日常生活中遇到的不同人物和千变万化的事件以及社会上给人们的骚扰不安的刺激是从两个来源产生的:一方面是由于广大群众当中掺杂有许多堕落和不幸的人,一方面也是由于他们当中混杂有聪明而善良的人。那种从恶行和犯罪的混杂当中产生的变化无穷和惊人的刺激自然是公社所不欣赏的。与其从听到和看到这些不道德的行为和悲惨的情形而感到兴奋还不如让它沉闷下去的好。在合作公社里,窃盗是不存在的,因为那里每个人有他自己的每一种东西,每个人都不缺少什么,自然也就没有什么要偷的东西;说谎和伪证也是不存在的,因为这样做什么东西也得不到;那里也没有关于财产的民事纠纷和争议,因为那里没有私人财产;那里没有人是贫乏的,所以不会发生强夺生活必需品的袭击、谋杀事件,像公开抢劫、偷窃店铺的这种行业也不会存在。所以在那里,人们没受过一方面是恐惧,暴力和欺骗,另一方面是酷刑和公开执行死刑的那种强烈的刺激;所以在那里,人们没受过赌场失败垂头丧气,中宵酒醉,伤风败俗,从而受到良心苛责以及用美丽的自杀来结束生命的那些强烈的刺激。几乎一切从这些事情上和从与这些相类似的犯罪和恶行上产生的引起人们行为上警惕的强烈的刺激都将停止;而从犯罪和恶行的停止上所产生的享受上的,道德上的和幸福上的千篇一律就必须被容忍,虽然这种情况看来使人感到有些沉闷。可是,因为人们认为,缺乏刺激对于有知觉的生物不可能是一种幸福,所以这些公社就不能不为了免于生活的单调和呆板,免于仅仅是没有弊害,而另寻一些超出于满足物质需要,超出于日常生活中的娱乐和兴趣之上的刺激力量。从科学、艺术和善良的一般研究中必然产生使人感到愉快的热情,从这种热情刺激的十倍百倍的增加上可以

找到这种刺激力量。道德或者自然科学上的每一个进步都比现在普通社会上所发生的以战争和光荣的名义宣布的大规模的抢劫和凶杀更能引起所有这些由有知识的人们组成的公社的普遍兴趣；而它们所唤起的感情在性质上和效果上是如何地不同呢！这些公社的宽仁厚爱将由于高瞻远瞩而扩大到全世界的一切利益和一切事情上；它们所想的是怎样互相勉励获得福利而不是互相竞争招致毁灭。当人和自然存在时，无论什么地方有了任何社会改革，农业或者工业上的改进，无论地球上发生了什么变故或自然现象对于这些公社都是经常重复出现（在吃饭的时候、劳动的时候和闲暇的时候）的刺激力量，因为，由于有共同享受的平等机会，这些事情没有一件不可以立即引起每一个人的极大兴趣。在自由探讨和从而产生的知识的不断进步的制度之下，每个人的精神上的和身体上的以及有机组织的不同将使每个人具有崭新的创造力独特的个性，而这正是他获得个人刺激所不可缺少的。于这些之外，还有一种亲切友爱的感情，而这种感情在这里是不能被收买、出卖、假造、强求和用商业上的动机把它们维系在一起的。人们会看到，在这些公社里边，一方面几乎所有产生重大弊害的痛苦刺激的来源将被消除，一方面那些永远给人们带来巨大幸福的愉快刺激的来源将得到无限的增加。

我们所讨论过的对于我们所提议的自愿合作制度的两项流行的反对意见——担心受到限制和担心性格上的千篇一律——是唯一的属于道德性质的值得我们在这里特别提出的意见，下边是值得我们注意的属于经济性质的流行的反对意见。

有人说："这些合作公社的建立并不能根除竞争的原则和从

之产生的有害的工资低落;它只是把个别劳动者之间的竞争转变为个别公社之间的竞争;随着这些公社的增加,它们将像现在的个人一样,彼此争着出售它们的剩余产品,因之同样地降低它们的劳动报酬。这些敌对的公社之间将产生在衣服,在其他舒适品,甚至于在奢侈品上的竞争;而财富虽然不是个别私人追求和储蓄的对象,但这些互相嫉妒的由个人组成的合作集体将对之展开尖锐的竞争。”

这个反对的意见是从承认互助合作制度有远为更大的利益这个基础上出发的。在公社的个人社员之间,一切利益的冲突和从而产生的罪恶和不道德的行为均将停止;所有的人都能享受到劳动增产的利益,因而有更多的舒适品和更多的闲暇时间以用之于谋求其他幸福;有一切受教育和学习的方便。在公社的数目增加到开始代替现在的个人竞争的生产方式时,这些利益也不会减少。因此,对于这样一种遥远的,仅仅涉及到这种制度的一小部分的弊害,公社是不会没有补救办法的。新制度所唤起的日益增长的智慧将提供这种办法。由于我们现在的制度,在经过一切努力之后,仍不免有一小部分流弊存在,于是就把大量的利益一概抛弃,似乎不是聪明的办法。况且,这些弊害是不是有一定发生的可能呢?

所有这些公社的个人成员基本上是资本家而兼工人和工人而兼资本家,在一种身份里边体现着另一种身份,而在一切交易上,较大的利益,工人的利益将占重要地位。每一个合作公社都有一些剩余产品要处理,但它根据什么利益来处理这些产品和卖给什么样的主顾呢?他们作为生产这些产品的劳动者来处理这些产品并且不是卖给单纯的资本家,而是卖给其他公社,像他们自己一样

的工人兼资本家。为什么这些资本家—工人的公社要在新的生产方法能够减少他们生产所需要的劳动范围以外，更多地减价来彼此竞争呢？这样减价符合他们的利益么？显然是不符合他们的利益的。一切减价都是一种产品的牺牲——谋求幸福的手段的牺牲，如果没有一种更大的利益来强迫它，这是不会发生的。在无保障的制度之下，这种更大的利益才有它的地位。那就是生活上的需要强迫劳动生产者牺牲。这种牺牲从来也不是自愿的，而是被那些喜欢无保障制度的人无知地或者伪善地说成是自愿。劳动者必须减价出卖劳动产品是从维持生活的这种更高的需要中产生的，虽然他们在出售时免不了有一种沮丧的心情。在互相合作的制度之下，怎么会有这种必要呢？从事交换的那些公社没有一个是为了维持生活而必须出售的。他们互相合作的首要目的就是获得足够的食粮和其他生活必需品。所以他们没有理由也没有必要去牺牲他们的剩余产品，来换取比花在这种产品上的更少的劳动力所生产出来的任何其他物品。如果在这样的条件之下，他做不成交易；他们自己可以立刻制造这种物品而不必用任何东西去交换它；或者制造一种代品；或者根本不用它而把那一部分劳动投入到一个全新的生产方向上去。很显然，这些合作公社彼此之间的一般交换是不会引起违反它们的利益的减价竞争的。没有一种更高的需要要求它们这样做，他们所要求的只是以公平的等价劳动换取等价劳动。为什么要在交换中从另一个志同道合的生产者所组成的合作公社那里取得比他们自己用花费在他们提供交换的那些产品上的劳动所能制造的更多的东西呢？两个公社都想各自从对方得到尽可能多的剩余产品。这一个公社的愿望是为另一个公

社的愿望所对抗所牵制的。没有一个是为了维持生活而被迫出售产品的，它们当前的需要全都得到了满足；谁也不比谁具有更多的人为的有利条件。结果是什么呢？必然是规定一个能够促进双方最大利益的价格——交换的媒介。这个价格是什么呢？包含在要交换的物品里边的劳动量。进行交换的公社里边的生活习惯可以帮助对于这一价格做出正确的估计。竞争的原则和随之产生的一切秘诀、说谎和骗人的手段既已从它们的一切内部安排上绝迹，享受共同劳动产品，而不再要求其他成了生活的准则和习惯。不得到生产者的自愿同意，或者用强力、或者用骗人的定价把别人的劳动产品取走的这种不公平是它们所深恶痛绝的。它们不懂得什么叫作讨价还价。所以，在这里，利益和以前的生活习惯都将同样在公平方面起作用——以劳动来换取劳动，以等量来换取等量。如果找不到准确的估价，双方的诚心将对商品所代表的那个将要交换的劳动量做出一个大概的估计以使彼此满意。这里也没有必要用相反的手段来压制习惯和次要利益。所以交换是在假定的花费在各目的产品上的劳动量的基础上进行的。如果任何一方的劳动力使用得不恰当，不能达到劳动力的平均生产标准，这种缺点是不能计算在内的；但这些缺点的发现将引导疏忽的或者笨拙的一方修正他们的生产方式或改进他们的机器或技术。如果这些公社用它们的剩余产品和一般社会的资本家进行交换，他们的原则，由于对他们的利益有透彻而广泛的理解，不会有什么变化，但因为另一方的习惯的关系，免不了在安排上要多费一些时间和多有一些麻烦。

在无保障制度之下占非常重要地位和在现在分配财富的安排

上压倒一切其他利益的资本家的利益，在我们所提出来的互相合作的自愿平等的制度之下必将不再存在。在公社里边，除了生产者的利益之外，没有别的利益，那里没有资本家。资本所代表的不过是必需的劳动手段可供享受的劳动产品。和劳动者不同的资本家和作为收入的来源的不劳动而能维持生活的来源的资本都将不再存在。所以，从竞争产生的那些弊害，或者说，从大多数在政治力量保护之下的资本家的压迫或欺骗所产生的那些弊害，无论在公社的内部或者在它们的交换上都是没有地位的。在交换上，仅仅是公社的劳动者希望为他们用劳动生产出来的东西得到一个公平的劳动等价物。他们希望得到所需要的东西以代替过多的东西来供他们享受。如果公社做了一次良好的交换，其结果是什么呢？就是整个公社多了四分之一或五分之一的从交换中得到的可供消费的物品。这个公社从增加了的东西（假设不是用不着的东西）得到享受或者是把这些东西存起来作为实物交换的资本，哪一个更有可能，哪一个更聪明一些呢？为什么这个公社要把它取来供全年消费和享受的任何一部分物品放在一边，准备在交换中图利呢？是不是它的劳动已经生产出来比它一年的方便消费和享受所需要的更多的东西了呢？如果是这样，再增加它，准备使已经是多余了的东西更多起来，或者是使当前的大量的享受服从于将来的靠不住的在利润上的小量的享受，那将是如何地可笑呢！为什么要为了下一年的少劳动而这一年要多劳动呢？这什么不把对于健康和享受都是必要的有节制的劳动平均分配到每一年呢？也许对于个人来说，在健康的时候多劳动一些，以防备疾病，老年或意外事故是聪明的，但对于一个整个的合作公社来说，就没有这种理

由；因为在公社内部彼此之间形成了一个保险公司，而它们的整体健康是永远不会发生问题的。如果这一年的有益而健康的劳动，生产出来足够的东西可供一年的享受，为什么下一年或者未来的每一年的劳动就不能生产出同样丰富的东西来呢？如果这一年的机械化的劳动生产得过多，为什么不减少劳动时间而把它用在更能造福的事业上边呢？在这样的公社里，能不能有这种糊涂想法，那就是认为靠利润和剥削别人劳动来生活比靠自己的勤劳而健康的努力来生活更舒适和更美好呢？人类的整个历史告诉我们，由大批人组织起来的商业企业永远是管理不善的并且个人出资者靠着以前的勤劳所积累起来的资本往往由于这些企业的经理们的自私肥己而遭到损失。有这种经验在它们前边，它们是不会从事于那种错误的没有必要的邪恶的积累资本，用商业的办法，试图靠着剥削同类的劳动来维持生活的。就资本仅仅是一种生产性的劳动和享受手段来说，这些公社是可以通过委员会或其他方法来最有效地加以管理的；什么时候它一变成为商业资本、利润来源，它就必将随着带来不可避免的商业交换上的流弊。

如果这样的公社是多数的，像商业交换这种事情就不能存在。每一个公社只为了它的全体社员所需要的每一种物品做一次整批的交换。如果所需要的物品是三十种或五十种，和在这些物品的生产上有剩余的其他公社的成批交换将是三十次或五十次。零星的商业交换是不存在的。引导一个公社不经过中间人来和其他生产公社互相交换剩余产品的同样的动机，也必推动着其他公社做同样的交换。虽然一个个人从制造者那里来满足自己少量的需要（交通、运输等费加在一起将比零售价还要高）而不去到零售店去购买将是十分可笑的;但整个公社不从制造者那里满足它的大批的需要将是同样可笑。私人的个人消费使商业交换上的一切弊害成为不可避免。一个大批做商业投机的公社,即使它能够维持这种大批交易所需要的巨大仓库和支出大量的双倍的运费,也是找不到主顾的。我们所说的公社无论在发展上或在最后成就上都没有把自己变成为商业或者贸易企业的危险。如果一个合作公社出口它的剩余产品,那将仅仅是一年或者半年一次的外加的交换。人们现在积累资本以图利是因为资本不是从自己花费劳动上得来的,而是从别人的劳动上得来的。在生产者积累资本的时候,生产上的艰难困苦就可以阻止他们为了图利而做有害的积累,阻止他们于增加自己劳动生产力所必需的资本之外再作积累。

从这些理由看来,我们完全可以相信,这些公社是永远不会把自己变成为商业公司的;那样做对它们并没有利益,它们一定会聪明到能看清自己的利益。

在这些合作公社里边,代替这种目光短浅的,无效的靠着出卖别人的劳动来维持生活的企图的,将是随着生产的进步和生活当中的科学和技术的改进而不断增加着的享受,不管这种进步和改进是自己或者是别人努力的结果。这种进步在许多方面和在同等保障制度之下的个人中间的进步是相似的;也在许多方面是优于个人中间的进步的。假设一个公社在农业上有了改进,谷类生产比以前节省了四分之一的劳动力。它的结果是什么呢?如果以前所生产的谷类足够正当使用的(永远包括储藏以备灾荒的那一部分在内),那么以前用在生产谷类上的四分之一的劳动力或者时间现在就被解放出来用在任何其他最能增进幸福的体力或脑力活动上，或者用在可以被认为最能增进幸福的娱乐上或休息上。通过印刷，这个改进可以立刻推广到一般社会，而这个进步的公社由于减低了人类享受所最需要的一种物品的生产代价，给所有其他人增加了幸福，或者说增加了谋求幸福的手段，它就多享受了一种造福于人的快乐。发明者将不要求专利、垄断或者任何种类的专有权。这些办法是在无保障制度下造成的和必须采用的；由于长期实行这些办法，劳动者被直接的掠夺或间接的欺骗或威胁剥夺去了他们的劳动产品。没有改进的动机对于特权阶级和对于勤劳的人同样都是不利的，为了这种动机不至于丧失，所以人们采取专利权和相类似的办法以应付这种情况并给改进生产的人以报酬。如果一切无保障的情况被消除，如果一切个人，不管是单独生产还是彼此合作，都得到自由发挥他们的能力和自由享用他们的努力成果的保证，那么一方面由于享受的欲望，另一方面由于愿意得到公众的赞扬和造福于人，他们就会有足够的动机来促使他们在改进生产中做每一种可能的努力并使这种努力得到报酬。在另外一个合作公社里，有一些发明可以使热和光获得解放，或者使皮革、毛织品或麻织品的制造成本减少一半；这样，另外一部分劳动力就可以被解放出来用在其他有益的目的上，首先在提出改进的公社里，其次并且很快地推广到一般的整个社会。因此，每一个公社都可以从无论什么地方的生产改进得到直接的利益；这种相互的利益和把这种相互的利益很快地扩展到所有的公社这种作法给人们带来的幸福，比把每一种发现的秘密和享受保守在做出这种发现的个人或公社手里所能得到的幸福要大得多。

如果被改进的是一种供交换用的剩余产品，它的效果是什么

呢？这种物品比如说是用以前的一半劳动力生产出来的,它的价值也就只有以前的一半了。那么当这种改进已成为人所共知的事情时,自然就需要这种物品的一倍或近于一倍的数量来换取以前从交换中所得到的东西。这个增加了的数量或者供以前在生产代价高时无力购买的人享用,给他们以享受,或者供以前用过这种物品的享用以增加他们的享受,或者解放他们的一部分时间和劳动力以从事于其他事业。结果,他们就能够用这个多余的时间来更多地生产出他们常常用来交换的东西(不管是什么东西)。所以他们就有力量对这种产品多提供而且也将多提供他们以前必须为那个现在低廉了的物品提供的劳动力的一半的劳动力。对于这个从事改进的公社以它的低廉的多余产品从交换中所得到的每一种其他物品也是这样的;所以这公社和与它交换的公社都将得到这个利益,这个利益的多少是与这个低廉物品的代价减低,花费在生产上的劳动力的减低给每一个公社解放出来的劳动力的多少成比例的。所以,每一种新的有用的物品的发现和旧物品的改进所带来的利益将遍及于整个社会。如果任何一个这种低廉物品的购买者拒绝提供比他们在这种产品的生产代价是一倍的时候所惯于提供的恰好多一半的劳动品,其结果一定是,提出改进的公社将用它的一部分解放了的劳动力来生产这种拒绝提供的物品,或者生产它的代用品,这样做或者能够这样做将迫使需求者提出一个公平的等价物。

如果任何一个特别的公社,由于无论什么原因,不像它的邻社那样勤劳和有技术,同时生产得较少,它就必须满足于较少的享受,假设它不进行交换的话。要进行交换,劳动产品的价值必须根

据一般生产的平均生产标准来估定。订得过高等于给懒惰以奖励，使最懒惰和最笨拙的公社靠着勤劳的公社来生活。按照这个平均生产标准来估计可以推动所有公社的生产。

如果担心这些有理性的资本家而兼工人的公社在处理它们的剩余产品上会把产品的价格降低到生产成本以下完全是不必要的，那么，对于各个公社成员之间会在服装上、舒适品和奢侈品上展开竞争的担心，岂不更没有必要吗？

一切公社，根据它们的性质，都有同样的生产资格，每一个公社都将按照它认为最能增进它的幸福的方式来支配它的生产力或从事休息。服装、漂亮用品、奢侈品将按照它们的固有价值，它们的真正效用来加以估计；在估计时，当然也不能忘掉它们的任何一种优点，如丝织品的光泽柔软或舶来品的特殊风格等等。随着夸耀在财富平等制度之下的消灭，人们将不再把财富品仅仅当作夸耀自己的手段而给以人为的重要性。所以，如果任何一个公社的社员看见另外一个公社的社员穿着不同的服装，用一种新的食品或者家具——他们怎么办呢？问题是，这种服装，就其整体来说，包括颜色、式样、质地、原料、代价（制造时所用的劳动量）和其他各项在内，是不是比我们的更有好处呢？如果是这样，我们就采用这种服装；现在已在采用它的公社将帮助我们来核算和教给我们制造的方法。关于家具或食物也是一样。因为每一个公社最后都有权力来支配它的劳动力以和其他公社用同样的东西，所以这些东西永远不会成为无味的竞争对象。因为这些东西不再表明个人在财富上的优势以及财富所带来的一切，公众对于那些特殊的在衣服和家具的变换上矜奇炫异的人并不表示尊敬。离开了效用，

这些东西就和醋栗的颜色一样地无关紧要，只能对于那个重视它们的人引起惊奇。实用和最后产生的某种幸福是推动一切为了有用的目的而生产的最有力量的刺激。关于衣服和食物，还有许多试验等待着我们去做；在这些与人类幸福有重要关系的科目上和在其他科目上一样，我们的可靠的知识还是很少的。

我们已经说过的，或者可以作为另一个经济方面的反对意见的回答。这个意见就是："这些合作公社将具有一种社团风气，它们的管理权将被少数人抓在手里，而一种支配欲，即使不是贪欲，将潜滋暗长从而损害了可能有的利益。"

如果这些合作公社像其他社团一样，是在政权所随意颁发的特许状管理之下并包括有社员们所不能控制的许多规定，通过这些规定，少数人或者任何比公社的多数人少的人能够使他们的同胞的利益（在应该是他们的自愿行动的指导上或者是他们的劳动产品的享用上）服从于他们所认定的特殊利益；无疑地，这些少数人所处的恶劣环境将把他们陶铸成为在统治上处于有利地位的个人，而在政权的保护之下，他们将形成对于这个政权的一个新的支持力量并和它结成同伙，并将发明出一套新的无保障制度，像以前曾经设计出来以使个人努力归于无效的制度一样，来限制和败坏共同劳动的努力。本书并不提倡这样的公社。如果任何一个公社在它的内部规章上不是自治的，它就缺少保障，没有保障，一切生产和一切享受，或者是由于合作或者是由于个人努力，都将受到威胁，有理性的人是不能安心劳动的。这种根据特许状和在社团原则上被管理着的公社将不再是自愿合作的公社，将失掉它们的魅力。少数这样建立起来的公社是找不到它们的模仿者的。如果只

有在这样的原则上才能建立公社,如果关于内部管理的许多最重要的事情上必须放弃个人意见,人们不久就会停止再继续建立这样的公社。

但是,近来一切提出来的反对改革社会——不管是通过个人努力或是通过互助合作——的意见中,没有一个比来自所谓“人口论”的那种反对意见再有力量的了。这个半道德性质的和半经济性质的反对意见是特别针对着平等制度而发的。它是用来吓退一切改革社会企图的大稻草人。所以,关于这个问题的著作虽然已经写了很多,但在这里还是不能整个不谈。这个反对的意见实际上是说:“不管你是怎样地改革,不管物质的、文化的和精神方面的福利增加得怎样多,但在人类的天性里潜伏着一种祸害的根源,一种以前忽视了的起反作用的原则,它的危害的程度将和改革的速度成正比例,破坏的范围与以前获得幸福的广度和深度是等量的。”

如果一切真是这样,我们要解决的问题将是,“就整体来说,是不是让一切事情停留在原来状态而不做努力,能够产生更多的幸福呢? 还是让繁荣的幸福和深重的苦难交替着出现能够产生更多的幸福呢?”

但是,这个反对的意见是建立在对于事实的严重的歪曲上,建立在对于绝对的社会结构的人为性质和人类心理以及新的社会组织的完全无知上。

这些反对者认为,人口数目增加的自然能力比我们所知道的必须用来维持人类生存的食粮增加的自然能力要大。他们还认为,在人类现有知识的情况下,把这个重要的问题提出来做精密而彻底的讨论是一件最有益的事情。

在人类的自然天性上,人口数目的增加比食粮数量增加的速度快是有这种可能的。绵羊和丝蚕的数目的增加也同样有超过必须用来维持它们生存的那些食物(青草、菜根或桑叶)的数量的可能。但是,因为人们能够根据最浅显的计算方法把这些有益动物增加的可能限制在能够饲养它们的食物数量上和它们的生存足供人类使用的数目上,所以谁也不能因此得出结论说,人类的智虑是不够周密的。人类既然完全有力量控制他们自己种族的繁殖像他们控制任何他们所饲养的动物一样,为什么这个同样智虑的原则不可以用来调节人口数目的增加像调节绵羊和丝蚕的增加一样呢?对于一般的反对意见,这个一般的回答似乎已经很够了。

但他们还引用了些特殊的例证;摆出很多历史事实来,从这些上边得出结论说,人类的大多数不仅在这方面完全缺乏周密的考虑,而且随着他们环境的改善——永远包括食粮的供应在内——他们必然更放纵他们增加人口的欲望。它的后果是人口过剩,超过了食粮所能供应的数目,因之回到了以前的不幸状态或者更坏的状态;这样一直下去,就永远或者永世地造成一种贫乏、罪恶和苦难与富裕、道德和幸福的不可救药的循环交替。

有必要在这里先说一下,即使所有这些关于人类大多数的过去行为的说法能够被满意地证实,它也不过证明这个人类大多数,愚昧的那一部分,由于对人口增加缺乏顾虑,以前曾经受到了很大的祸害。它完全不能证明这种祸害是不可救药的,不能证明人类将永远缺乏顾虑和因为以前存在过祸害,这种祸害就必须永远继续下去。

关于改革社会组织,我们从这些事实中得出来的将不是这样的结论,而是另外一个简单的合理的结论。这个简单的结论和每一个蒸汽机制造者在蒸汽机上发现一个以前没有看到的缺点,阻碍了它的动作或者妨碍了从它所能期待的有益的效果时所达到的结论完全相似。他将把这个缺点的发现看作为除掉这个缺点的重要步骤并且将用加倍的力量来寻找除掉这个缺点的方法。没有一个真正肯定了的自然法则(自然现象的有规则的递嬗)是与消除这种缺点不相容的。

在这个与社会组织有关的道德问题上,于发现缺点的同时和用发现缺点的同样的方式我们可以完全找到纠正它的办法。这个缺点是超过了食粮所能供给的数目来增加人口的倾向;这个缺点是从人类的大多数,那些愚昧的人们那一方面,缺乏远虑来调节一种自然欲望中产生的。如果有可能使人类的大多数有所顾虑,所谓从缺乏远虑中产生的祸害显然不是不可救药的。这种关于增加人口的顾虑不仅流行于每一个社会的那一部分富有者,那些不劳而食的人们中间,而且这些人还经常被责备以在繁殖人口上过于谨慎而把它看作为是不道德的行为。他们曾经为了这种假设的不道德行为而受到愚蠢的刑法的惩罚,而这些受惩罚的人也有许多来自于较贫苦的阶级。给人以智虑就是给人以实际知识和自制的习惯,为了更巨大的幸福而控制当前的欲望。如果给社会上一部分人以这种知识和这种习惯是可能的,我们无论如何都可以肯定地看到,没有一种自然法则会反对我们把知识和自制的习惯给与社会上的另一部分人或者给社会上一般的所有成员。这就导致了这个假定困难的真正解决。喜欢无保障制度的人知道得很清楚,

没有一种自然法则能够阻止把知识和自制的习惯传授给所有的人;但他们更为担心的是这种知识和他们的制度不相容。对于他们来说,这种制度,或者手段比整个人类的幸福还重要。所以他们就规定了一个原则:人类的大多数必须永远停留在愚昧当中并作一时的情欲冲动的奴隶,因为照他们的意见看来,他们的不正当的利益要求这种愚昧继续下去。"人类和老鼠一样,只要他们一有了充足的食物,就将继续繁殖下去直到他们互相咬杀为止;如果这个四条腿的或两条腿的动物有了知识,这种过多的繁殖就一定会停止。但是,如果他们有了知识并且少繁殖,我们就不能这样多地掠夺他们的劳动产品。这些劳动产品是我们的聪明的制度为我们取得的财产;这种由他们的劳动成果构成的财产对于我们来说就是一切。所以,给人类的大多数——人类中劳动的那一部分——以知识将是可笑的、不道德的、邪恶的、不实际的,等等。那些人应该并且从古以来就被注定去劳动而且没有别的只有劳动。"

在一切社会的个人中间传播知识和自制是人口问题的一个唯一的重要部分,而人口论的支持者却对此完全不予考虑。他们的广大的同胞的愚昧和邪恶对于他们的制度来说是必要的。那种愚昧和那种邪恶是他们所依附的无保障制度的必然产物,所以,他们宣告这些是永恒的、是不可改变的,和物质的自然法则一样。究竟这些是不是如此地不可改变或者与人类天性不可分,那些读过本书以前各章的人会做出判断。

但是,他们所提出来的一些支持他们的想法那些事实都是被歪曲了的。他们认为,愚昧的人类过去是邪恶的,只要有充足的食物和足够的舒适品供他们作为谨慎小心地去享受的手段,他们就

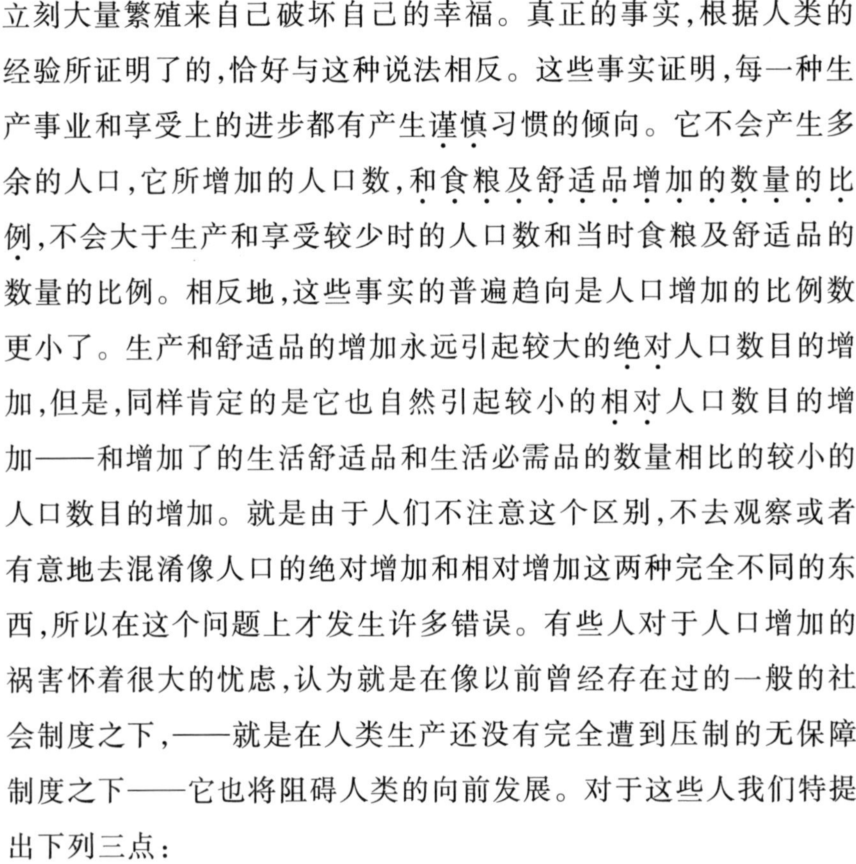

立刻大量繁殖来自己破坏自己的幸福。真正的事实,根据人类的经验所证明了的,恰好与这种说法相反。这些事实证明,每一种生产事业和享受上的进步都有产生谨慎习惯的倾向。它不会产生多余的人口,它所增加的人口数,和食粮及舒适品增加的数量的比例,不会大于生产和享受较少时的人口数和当时食粮及舒适品的数量的比例。相反地,这些事实的普遍趋向是人口增加的比例数更小了。生产和舒适品的增加永远引起较大的绝对人口数目的增加,但是,同样肯定的是它也自然引起较小的相对人口数目的增加——和增加了的生活舒适品和生活必需品的数量相比的较小的人口数目的增加。就是由于人们不注意这个区别,不去观察或者有意地去混淆像人口的绝对增加和相对增加这两种完全不同的东西,所以在这个问题上才发生许多错误。有些人对于人口增加的祸害怀着很大的忧虑,认为就是在像以前曾经存在过的一般的社会制度之下,——就是在人类生产还没有完全遭到压制的无保障制度之下——它也将阻碍人类的向前发展。对于这些人我们特提出下列三点:

1. 生活舒适品的增加,在每一个长期享受这些东西的社会里,永远引起关于增加人口的更多的顾虑而不是减少了这种顾虑。

2. 生活舒适品的增加容许人口数目的绝对增加而且与这种顾虑并不发生冲突。

3. 生活舒适品的增加阻碍人口数目的任何相对增加(和食粮相比),因为这种增加将减少那些增加了的舒适品。

尤其重要的是,一切从拥有更多的舒适品产生的对于人口问题的影响都是在没有任何教育,没有任何关于人口问题的法律作为帮助的情况之下发生的。它们仅仅是靠着公社被安置于其中的新环境的力量;这种新环境提供了新的行动动机。如果一切人所得到的是同等的保障而不是没有保障,如果知识已经获得了普遍的传播,这些影响对于一般的顾虑自然也就是对于应用到人口问题上的顾虑将起多么大的作用呢?

考察一下每一个民族在它的历史的不同时期的节育习惯——就我们从某些传留下来的事实中所能确定的习惯来说——和一切现在居住在地球上的不同民族的节育习惯,就可以证明上边的第一个命题是正确的。举我们所熟知的那些国家为例,关于人口增加的节育习惯在它们中间哪一个国家里最有力量呢?在贫穷的国家里还是在富有的国家里?在拥有生活舒适品和便利品最多的国家里还是在拥有最少的国家里?在波兰、爱尔兰、俄国、那不勒斯还是在挪威、瑞士、英国、法国、北美合众国的那些地方呢?还有,在一切这些国家里的什么地区,什么阶级中间,在穷人还是在富人中间,在那些生活舒适还是在那些生活贫乏的人们中间,这些节育的习惯最为流行呢?

在爱尔兰,众所周知的是,社会上的大多数人不但没有生活便利品和生活舒适品,而且常常缺乏生活必需品。在爱尔兰社会的贫困成员中间,同样为众所周知的是关于增加人口他们没有谨慎的习惯;但在爱尔兰北部,在那里生产发达,生活优越,关于结婚和生育也就有谨慎的习惯。在英格兰,社会上的大多数人的生活都比较舒适,控制生育的观点也就流行于各处。在这个国家里,哪些地方长期保持最高的工资和生活最舒适,那些地方就最盛行着控制生育的观点。这种观点在中等阶级中间更为盛行,在最富有的人中间,盛行的程度是超出于一切其他阶级的。

在爱尔兰,最近这五十年,在缺乏一切生活舒适品的情况下,人口有大量的增加。在北美合众国,在生活富裕和比较幸福的情况下,人口也有同样的增加。这怎么解释呢?在爱尔兰,舒适的生活为无保障的制度所剥夺,人口的增加既是绝对的也是相对的;绝对是和以前的数目相比较;相对是和生活资料相比较。相反地在美国,部分有保障的制度容许整个社会过舒适的生活,人口的增加就只是绝对的而不是相对的。在美国,控制生育的情况在全国各地方是不同的,但在每一个地方都防止了人口的超过于食粮的相对增加。随着人口的增加,人民的生活也在不断地改进。因为生活的不断改进,所以人口得到与之相适应的增加。不仅如此,那里的劳动报酬常常是这样的,很小的儿童能够赚得比维持他们生活所需要的更多的钱,从而帮助他们父母生产,以获得更多的享受。在这种情况下,不增加人口将是最大的不智。

据我们所知,在挪威、瑞士的许多地方和在荷兰,人民的生活水平(如舒适品和便利品)比它们周围的地方高得多。这些国家的自然和政治环境是很不相同的,人民关于结婚和生育的情况也是很不相同的。它们的共同之点是人民都过着很舒适的生活。这对于人口增加有什么影响呢?到处都在实行控制生育并和反对他们的各种各样的无保障制度作斗争以保持他们的舒适生活。这种控制生育的办法是恰好与每一个国家的自然和政治环境相适应的。在挪威和瑞士,那里气候良好,人民长寿,如果要增加人口,就要降低生活,所以结婚都是晚的。除非有的人由于自然的死亡腾出住房,让出职业,使新人有结婚和生育的可能,就不会增加人口。

但在荷兰的那些气候恶劣,人口死亡率较大的地方,那些并不比挪威和瑞士有更多的增加人口的余地的地方,控制生育就采取了另外一种方式。那里必须有更多的儿童出生以补救较大的儿童死亡率和代替逝世较早的成年人。那里需要早婚和更多的结婚与生育以保持人口的绝对数,同时也使新出生的人能够维持和以前的人同样的生活,或者毋宁说不降低增加了人口的人以前的舒适生活。因此,已经提高了的生活,在不同的情况下,都会产生一种保持住那种生活的同样愿望,结果也就产生了一种不愿意由于结婚的开支或由于任何其他原因而降低生活的想法。

在俄国,谈不到享受,广大农村人民完全是奴隶,永远像牲畜和家具一样随着土地被出卖——常常被处理,被从土地分开,像北美自由联邦的南部各州的奴隶一样,他们不知道在结婚方面控制生育。疲劳、穷困、无选择的性交、法律限制等可能防止黑色的或白色的奴隶在俄国、西印度群岛或者美国的增加;但远见和控制生育却从来没有起过作用。他们的生育经常超过他们维持生活的能力,虽然这种生活是悲惨的,但他们已经过惯了这种生活:一般的愚昧,屈服于当前的富有刺激性的动机(主要是那些强有力的)的习惯,使他们不能估计他们的生活资料所不能允许的那种生育的后果,因而对之抱一种漠然的态度。一切筹划、估计、考虑都留给主人去做;服从和劳动,享受他们所能得到的东西是一个奴隶的本分。

最近五十年里,在英格兰和爱尔兰的人口增加情况可以说明下边这种见解的错误,那就是认为提高生活会产生无节制和导使那些生活舒适的人生育太多以至于和他们的生活享受相抵触。在

英格兰,人民的生活是舒适的,在爱尔兰就不是这样。在爱尔兰,人口增加在百分之五十以上,超过了英格兰人口增加的百分比。在爱尔兰,由于以前某些无保障的限制已被消除,同时由于英格兰的工业发达引起人民对于农产品要求的增加;因之有可能使更多的人维持他们以前过惯了的并不舒适的生活或比以前略好的生活,这就是人口增加的原因。在英格兰,人口增加是因为许多年来不断增长着的劳动生产力容许增加了的人口过着和以前同样的舒适生活。在爱尔兰生活并不舒适,人口却继续增加而不知道节制;在英格兰,生活是舒适的,人口却是在有节制的情况下增加的,而增加了的人口还能和以前的人得到同样的享受。不错的,就是在英格兰,尽管生活较好,也和爱尔兰一样,这个表面的繁荣已经停止了,增加了的人口已经陷入和正在陷入不幸的生活当中。这是怎么造成的呢?是不是提高生活,因而引起随便生育和人口过剩的结果呢?没有这样的事情。它是从环境的作用上产生的。环境所造成的结果不仅不是辛勤劳动和过着舒适生活的人们的智虑所能预见的,也不是那些最聪明的人,不劳动而专门从事研究经济、政治和道德问题的人们的深谋远虑所能预料的。它是从根深蒂固,遍布各处,阴谋策划的政权机关产生的。这个政权采取旧有的和外加的无保障的手段掠夺现在的劳动产品,预支一切未来的劳动产品,把从庞大的生产设备(这本来是科学和技术上所能取得的机械的或其他方面的改进提供给整个社会的)中所能获得的一切利益垄断在它自己和资本家手里。以前使一个工人或者农民能够享受到一定数量的舒适品、便利品和生活必需品的那种坚持不懈的劳动和技术,在几年之后就不再给他带来同样的利益了;我们

能期待这个工人或农民有这种智虑或知识可以预见到这种结果吗？他能够估计到币制上的永远带有欺骗性和破坏性的变化的后果吗？他能够估计到什么时候他的掠夺者高兴起来会命令他交纳两蒲式耳麦子以代替他以前所交的一蒲式耳呢？他能够估计到以借款的名义来增加所谓国债，不断在邪恶的开支上浪费国家得之不易的资本的影响吗？他能够预料或预防随意改变税制，改变税率和征税方式，以至使几天前某种最有利的生产部门在今天忽然变为无利可图的吗？他能够预料或预防对外条约、战争以及革命和无穷无尽的法律所产生的影响吗？这些法律每一种都比前一种更坏更荒谬，并且为了资本家和特权阶级的利益来干涉自由劳动和劳动的报酬；而他却对之无权过问。至于政治上的当权者，只要这些法律能使他们达到他们自己的某种自私的目的，对于提高和降低劳动报酬所产生的结果和许多其他后果是完全漠不关心的。他能够预料到那个代替无保障手段的危害甚大的济贫法骗人补助金的后果么？这些就是人们智虑所不及的那些事情——所有这些和与这些相类似的事情都是完全与正常的生产进程无关的。这些就是那些使英国人民陷入乞丐处境的原因而不是设想的在生活提高的情况下生育过多的愚蠢。只要这些事情被容许存在，只要任何无保障制度，不管在什么新的外衣掩蔽之下，在人类中间存在，人类就必将陷于贫乏、罪恶和不幸中。同等保障制度或者甚至于与之相近的准许劳动生产者获得一份相当享受的制度，不就是为此而建立的吗？喜欢获得当前的享受这种习惯本身就会防止因生育过多而造成这些享受的损失；这种纯粹自私的感情加上知识的帮助，再加上他们预见到那些由于自己的轻率而来到这个世界上

的人将过一种不舒服的生活而抱有同情，和对于他们劳动生产者自己将要降低到同样不舒服处境而怀有恐惧，其力量不就更大了吗？在人民最穷困、最愚昧、生活上享受最少的国家和每一个国家的这样的地方，那里的人口都普遍有最大的增加；随着生活的提高，人口发展就比较地减少，人们对于享受的喜爱和不愿意过不舒适生活的愿望似乎永远随着舒适品的增加而增加。人类生活的提高产生了节制的习惯，它阻止人口在生活舒适品所能供给的范围以外增加而不是鼓励人口的增加；这无疑地是一条经济学和心理学上的真理。

如果在个人努力个人竞争的同等或部分有保障制度之下，不断发展以及随之而来的舒适品的增加经常趋向于增加人们的控制生育的习惯，以把人口的增加限制在增加了的享受品所能供应的范围内，那么在采取互助合作生产方式和享受平等原则的同等有保障的制度之下，它的效果岂不将更为显著了吗？

在财富和人口问题上，一个合作公社或者许多合作公社所处的国家的一般情况，不外乎是固定的、上升的、下降的三种情形。

假设这些公社存在的那个国家的情况仅仅是固定的，除了由新出生的人代替每年死亡的人以外，不容许人口的增加；在这种情况之下，在一般社会里，如我们所看到的，当人民过着舒适生活时，控制生育将发挥它的全部作用并且足以防止人口的有害增加或者增加到降低生活的程度。如果人民生活很穷困，控制生育就将不起作用，在长期的贫乏当中，人们忘记了控制，生育将像在下等动物中间那样进行着，直到他们遭到无衣无食、饥饿、寒冷和疾病的侵袭，人口由于生活悲惨而降低到生活资料所能供给的可怜的数目。在合作的制度之下,像一切生产都必须受到有保障原则保护那样受着这个原则的保护,控制生育将起什么不同的作用呢？首先,舒适的生活和享受的习惯将使他们像以前一样不愿意再离开这种生活;其次,丰富的知识和广泛的同情将加强他们不愿意离开这种生活的愿望并认为这是正确的,因为他们看到了如果不节制生育将使新生的一代和原来的一代同样陷于痛苦。不错的,在互助合作的制度之下,大家庭的麻烦对于个人的压力不像对于在最彻底的同等有保障制度之下的个人竞争者的压力那样大;但对于包括他自己在内的共同幸福和舒适生活的共同损失的考虑,在那些合作者的心里,一定会不久就像简单的个人动机在个人竞争者心里一样地至少成为一种有力量的控制。即使这个一般享受将受到损失的动机是非常薄弱的,甚至降低到等于零,但这个动机的缺少也不会产生什么害处,因为新成立的公社的条件在人口问题上形成了这样的防范措施,以至于有这种顾虑似乎都将成为多余的。这些公社在这个问题和在其他问题上一样,一定早就特别注意了。

我们所说的情形是这样:一个合作公社要增加人口就必须把它的生活享受分给较多的人,而得到这种少量享受的人在数目上的增加并不能抵消原来少数人在享受深度上的损失。要想防止这种可能发生的情形恐怕没有一套办法能比合作公社所提出来的更好。公社的大小,为已婚的人准备的房屋的数目和每一种其他细节上的安排同样都是按照一定的人口数目决定的。比如说一个公社的原来参加者有五百名已婚的人、一百名占有房屋而未结婚的人,和六百名各种年龄的未成年的儿童和青年人。任何一个占有房屋的未婚的成年人都可以随时在公社里结婚。在几年以内,某些较大的儿童变为成年人了；而在这些年以内，也必然有些人死去，所以那些愿意结婚的人就可以接替他们的空出来的房屋。但房屋的腾空可能不像青年人的发展和成长所要求的那么快。在这种情形下，会不会有轻率结婚的情形发生呢？不可能的；至少也是除非结婚的双方想要离开公社。如果他们不加考虑和不顾公社的良好意见而结婚，他们到哪儿去住呢？所有结婚的房屋都已经被占用了，虽然结了婚，他们也必须住在青年人的宿舍里等待着有空房出来供他们居住。不过更大的可能是不会有这种荒谬的结婚，因为在制定这方面的规章时，这些长成了的青年人和任何其他的个人一样，都按照他们的知识程度参加了意见；这些规章既是全公社所制定的况且又在进步的公众舆论支持之下，那么一定会使这种不成熟的结婚绝迹。所以，这里就有保持人口固定的一种物质方面的控制，永远不会破坏人们的绝对享受，我们的假定是：社会的情况不容许这种人口的增加。整个公社关于人口和其中每一个个人的情况对于所有的人都将像一张地图一样了如指掌，并登记下来供所有的人来了解。个人竞争的彼此不相干的社会所提供的情况在任何方面怎么能和这个相比呢？在竞争的制度之下，父母的房子必然是孩子们所住的，他唯一注意的就是这所房子，至于其他就是多少属于抽彩或者赌博性质的靠不住的希望了。在合作制度之下，父母空闲出来的特定房屋和其他空闲出来的房屋都是同样为子女所注意的，一切房屋在它们空闲出来的时候，一切需要它们的人都可以用。在竞争制度之下，父母和子女之间有一种伤感情的利益冲突，子女方面结婚的幸福依存于那父母方面的腾出房屋，因而常常发生一种严重影响慈爱的利益对立，在父母这一方面

种下一种恶因，在子女那一方面种下另外一种恶因。在社会合作的制度之下，这些有害的情况被消除了；子女不再希望从父母的死亡中得到他们的财产和行动的独立，只有与智慧和道德相符合的动机在父母和子女之间起作用。一个年老的合作朋友的逝世对于整个公社所带来的沮丧永远可以很快地为青年人将要获得长期幸福的这种肯定的希望所代替和减轻；这些青年人和公社的永久亲密关系不是建立在金钱的或者其他堕落的动机上，而是建立在最公正无私的感情上。这样，公社自然就建立起一条简单的规章——那些自己提出名字来最早登记的人将尽先结婚。几乎在所有的情形下，他们都一定会是年岁最大的，仓促错误的结合是不可能发生的。在这种情形下，结婚将是晚的，公社办理得越健全越晚，也许比其情况容许人口相当迅速增加的社会晚十年。

至于其余的事情，前此已经表明，在这些公社里边，必将有最开明的社会公众舆论，因为这种舆论一定有最靠得住的资料供它做出正确判断，而且不会有相反的利益妨碍它做出正确决定。公众舆论的影响将是最有力量的，因为它为每一个人所了解也包含着每一个人的意见。如果公众舆论即使在一般社会里也常常有力量足以保持住富有阶级的妇女们的一生的贞洁，那么在舆论的控制力量既不是片面的也不是反复无常的这种公社里，它能够没有影响吗？在这些公社里，男人不把私有财产垄断在他们的手里，供他们养纳妾、建后宫或者嫖妓。妇女对于公社的共有财产和男人有同样的权利，和男子受同样的教育，因之能把她们自己提高到和男人同样的水平，一举而摆脱掉她多年的堕落悲惨的处境；同时把她们的社交提高到以知识和感情为依据的平等基础之上至少可以使男女两性获得加倍的幸福。

所以,在合作公社中间,即使处在最不利的情况之下,人们所忧虑的从人口问题产生的危害也是微不足道的;如果在比较有利的、容许人口或多或少地迅速增加的情况之下,对于人口学说所谈到的危害——假设有任何危害的话——还有什么可忧虑的呢?对于下降的情况,这里没有加以详述,因为在现在的自然法则没有改变的情形下,除了由于政权管理上的重大错误,没有任何力量能够使这样的公社,或者实际上一般的社会,降低到不能维持它们自己的成员的地步。除了政权以外,这些公社有力量应付任何情况。公社一经建立之后,就只有政权机构有力量使它们衰落。生产衰落,不管是个人竞争还是彼此合作一定是从没有保障产生的。其他东西都不能使对于人类有用的真正知识退步。政权机关既能够并且趋向于压迫这些已经成立的公社也就必能够和趋向于阻止这些公社为任何有益的目的而建立,除非把它们变成为专制主义的机器——这一目的是完全与公社的要求以自由活动和明显的利益作为共同劳动的连接纽带的性质不相合的。只有在自由主义的政府之下,或者在最接近于彻底的同等保障的制度之下,互助合作的公社才能繁荣起来,甚至于也许可以说才建立起来。

既然下降的情况,除了从自然的原因或一般的无保障原因产生的之外对于这样的公社是不可能的,而固定的情况又已经讨论过,所以剩下要研究的就是,在上升的社会情况之下,关于幸福,人口学说在合作公社中间将发生什么影响。

人类的身体组织给他提供了某些快乐的来源:感官的快乐、饥渴获得满足的快乐、性欲获得满足的快乐、感到健康或身体内部官能顺利工作的快乐、体力劳动和脑力劳动的快乐，包括同情和仁爱的快乐在内。所有这些快乐的总和，或者快乐远远超过于他可能受到的痛苦就构成了他的幸福。拒绝从所有和每一种这些快乐的来源中得到最大可能的享受，这种行为不是智慧而是疯狂。对于这种享受的限制是：由于满足而对于本人或其他的人最后产生了重大的祸害，或者在没有什么价值的快乐上花费了时间，如果把这个时间用在较高级的事情上可以更多地增加幸福。这些限制是必要的，因为能够增进幸福。这些合作公社的目的就是要把这些限制增加到最大限度，从性交上所能获得的快乐和其他一切快乐都要同样受到这种限制。每一种快乐，就它的本身来说都是好的，而且是生活的唯一合理的目的。如果做真正有益的结合，简单的快乐，其中最主要的是性欲满足的快乐，也可以提高到具有难以估计的价值（排除它们的粗鄙之处）。关于这种情欲，要产生这种效果，合作公社是怎样安排的呢？首先，对于男女两性把选择的范围扩充到最大可能的限度，甚至于扩充到公社的全体社员身上。其次，对于所有那些希望得到对方爱情的人普遍唤起他们具有健康、智慧、仁爱等美德，使这些人比在一般社会里最具有这些品质的人具有更多的这些最低的条件和增加彼此幸福的能力。

单纯从正确地控制性欲这一来源来欣赏所能得到的巨大幸福看起来将像小说。还是让我们从现在所经验到的在无保障制度下由于被迫误用两性的情欲所产生的重大危害上来做一番判断吧。这些危害引导全体宗教家，禁欲的道德家和盲信者非难性欲本身，向他们自己种族的延续挑战，并且除了赞扬他们自己的奢侈以外，把一切快乐都混同地称之为不道德的行为。在一般社会里，两性的选择，不仅是一个人的而且是一切阶级的，都被专断地限制在可能最狭窄的范围之内。由于财富竞争的盛行，即使在社会地位被认为是平等的情况之下，个人的品质也是最被忽视的，金钱的条件支配着人生最重要的结合。否认妇女们的一切受教育和得到公平的平等的权利，使她们大部分失去了品格，成为男人的满足兽欲的消极的工具，帮着增加了她们对于单纯是财富的爱好。这样，建立在尊重和对于彼此的明显的优秀的品质的羡慕上，和微妙的难以说出来的条件上的结合就成为非常稀少的事情，而且很多人把这种结合看作为非常愚蠢。这种选择上的限制并不完全限于上层阶级而是遍及于整个社会。下层阶级不敢高攀上层阶级，但他们自己却在彼此之间寻找最微不足道的优越条件以满足自己，在他们看来与低于他们的人结合将是一件不名誉的事情，虽然那个低下的原因除了那些幻想自己优越的人以外是谁也看不到的。关于财富的最微小的区别，或者说贫穷程度的微小的区别永远是限制选择的一个原因。所有这些造成的结果是：性的享受和社会上其他每一件事情一样成了一种商业，一种交易，正像任何其他商品一样，用每一种可能的竞争手段以尽可能低的价格来购买女人（她们天生来是软弱的并且由于缺乏教育而成为愚昧）的身体和生命。就是在男性那一方面也失去了只有在完全自由平等的社交中才能享受到的那种在知识和感情交往上的魅力，而所剩下的只有兽欲。就是关于这种兽欲的享受，那些较高阶级的和一切已婚妇女也逃不掉被剥夺和被遗弃的命运；至于那些其余大多数以人身作为交易品的妇女，她们的命运不过是于短暂的兴奋之后，饱受身体和精神的痛苦，从而使青春的生命迅速地归于消逝而已，所有这

些祸害都被认为是性欲所带来的不可避免的后果，而无保障制度都被认为是非人力所规定的和永远不能改变的；无怪乎那些好心而愚昧的人竟至糊涂惶惑起来，他们不知道把性欲导入正轨能产生多大幸福，反而因为它产生了祸害就祈求它的消灭，虽然这种祈求也包括全人类的消灭在内。

在无保障制度下，即使这种自由的互相选择的范围能够扩大，从它所能得到的利益也是很有限的。一切人的愚昧和邪恶在追求幸福上互相起破坏作用，女人的人为的愚蠢使她甘心做男人兽性自私的消极工具，因之那些可供选择的人除了在财富方面有不同的条件外，在其他方面很少有什么差别；在财富上有各种各样的可能的差别，在知识和道德品质上却仍然是一个空白。羊群是加大了，但除了牧羊人以外，在任何其他人看来，羊的个性都是一样的；和以前同样地具有自私的习性，同样地缺乏知识。在合作公社里边，这个选择范围的扩大将产生多么不同的效果啊！因为在他们中间可以找到思想感情上的一致和契合。关于男女结合应维持多久和结合条件，我们不预备在这里多讲，那是属于一般立法方面的事情。但很显然的是，一种看来像是正当的束缚着妇女一生的唯一理由——妻子不应背弃丈夫和应该照顾子女的幸福与教育——已经不再存在了；因为在公社的安排之下，妻子的或子女的幸福和财产、子女的教育都不受婚姻是否继续下去的影响。不公正不平等的法律给一方以无限制的通奸的自由而对于生来就体力较差和由于不平等的制度而智力较差的另一方的通奸却以仅次于失掉生命的严酷方式来加以惩罚。这种法律将像许多其他无保障的手段一样；在合作公社里边可以得到逃避。如果在虐待或者意见不合

的情形之下，男女双方都能够同样接受分居和准许重新结婚的要求。残酷丑恶的排斥人类半数的法律，使她们没有财产，没有公民权利和政治权利，结果也没有知识，但却使她们在触犯这种法律时常常受到极严重的惩罚；公社的财产制度使这种法律变为软弱无力了。因此，在这些公社里边，由于这些总的情况，任何两性的结合，除了根据互相重视个人的良好道德品质和真诚地希望增加彼此幸福的那些最美好的原则以外，不可能根据任何其他原则。既然结婚的收获只是爱情和个人良好的道德品质，他们就不会再追求别的东西。既然对于体力较弱的一方施行虐待得不到什么，既然对于双方同样有害的专制手段从较强的一方被拿掉或者说被他自愿地放弃，一种良好的互相关心的品质必然会被培养起来以保证如此结合的双方能够互敬互爱。在这些公社里边人们不知道什么是从财产或者从所谓出身和地位的骄傲上产生的光荣人——建立在功利或者说能够增加幸福的基础之上的个人品质是光荣的唯一来源——所以很显然，任何人如果具有这些品质——除创办人外所有的人以后都受到了一种共同的真正知识和良好习惯的广泛教育——都可以希望取得这种公社里的任何其他人的欢心。凡是被认为具有某种特殊性格和感情能够增加彼此的幸福的人都不会因为公众舆论的歪曲或者冷酷的个人骄傲而被拆散开以至陷于不幸。不仅在每一个公社的内部，可以在一切未婚的人当中自由地选择志同道合的对象，而这种选择将普遍地扩展到每一个其他合作公社，所以在所有这些公社中间，彼此的社员将像在自己的公社里一样地不受任何选择上的限制。男女双方既然开辟了这种互相表示敬爱的道路，性欲既然能导致一切愉快的结合，在这样的公社

里边，谁也不会想到为了低级的冲动而胡乱抛弃这种情欲的高尚的满足。这种由于缺乏知识和感情而仍然存在的冲动，将引起人们的憎恶和嫌弃。所以，在互相合作和共同占有的制度之下，从性欲所产生的和与性欲有关的快乐将增加到一千倍，而一切由不能控制性欲所引起的祸害将被消灭净尽。

但是，是不是有人会问，“在这种自由表示敬爱的情形下，会不会产生嫉妒和争夺，从而增加这一方面的祸害呢？”嫉妒和争夺——仅次于从无保障制度中产生的一般到处存在的互相倾轧的现象——的主要原因是对于妇女的估价过低，把她们看作为仅仅是财产、装饰品和供男人偶然一用的东西。妇女被看作是没有感情的，没有她们自己的选择的；像房屋和羊群一样，对于谁占有她们是没有任何意见的；最完美的禁欲主义的道德就是她们根本应该没有感情，如果有的话，也是应该要和男人与幸福离得远远的那种感情。现在，在一切情况都与此完全相反的情形下，在妇女被当作有理性的动物来教养和对待的情形下，在妇女在各方面和男人享受平等利益的情形下，她们将不像一个成熟了的果子或者一包衣服那样成为争夺的对象；在处理她们的人身和一生幸福的问题上，她们的意见也应该受到一定的重视；如果认为她们将成为两个斗争的野人当中的强者的或者比较幸运者的心甘情愿的掠获品，恐怕没有一种想象能够比这个再对于这些女人是一个更大的侮辱了。当两个男人选择同一个女人时，女人的选择自然应该起决定性的作用；相反地，当两个女人爱同一个男人时，男人的选择就应该起作用。除了选择的范围扩大以外，一切人为的限制的消除，周围到处都是聪明可爱的同伴，也对于他们另作选择提供了极大的

希望，所以，除偶然的错误估计会引起一时的短暂的遗憾而外，不可能再有其他严重的祸害。没有一种社会组织能够防止天生的特殊性情和心理构造（大脑的）上的天然缺陷。

根据我们的假设，一般社会的情况是不限制结婚人的数目的，在合作公社里边，怎样处理这个数目增加的问题呢？在某些青年人长大成为成年人并且希望结婚，但在公社里边没有腾空了的房子供他们居住时，他们可以提出他们的希望。作为成年人，他们和公社的任何其他社员在支配公社事务和处理财产问题上有同样的影响。并且是与他们的说服能力成比例的。唯一的问题是：究竟是由公社的共同资本中提出一笔建设家庭费用呢，还是建筑新住所以供新婚夫妇居住呢？哪一种办法能够增加老年人、青年人、中年人、儿童们（包括希望结婚的人在内）的一般幸福呢？哪一种办法被断定是最明智的就采取哪一种办法。现在就是在一般社会里，我们也将看到父母有时候节省他们自己真正享受或者可以用其他方法来代替的享受以为他们的子女建立家庭；因为他们从看到他们的子女增加了享受中所感到的幸福远超过于他们从个人财富品的享用权和所有权的损失上所感到的痛苦；他们用这些财富品为他们的子女增加了享受。在这些公社里，财富品只被看作是供真正的享受之用的而不是被用来不自然地表现自己的特别富有的，所以这种同情心的快乐就更有可能被列为最高的一种。无疑地，在这些公社里边，虽然有许多愿意结婚，但他们对于那个地方、那里的事情和青年时代的伴侣有着非常强烈的热爱，所以宁愿推迟和留在他们的朋友中间也不愿意在另外一个公社里边买到一个住处，或者加入一个新公社作为成员。也有另外的人会因为换一

个新环境而感到高兴。总之我们认为没有一个人会愿意回到一般社会的不道德的行为和痛苦中去。如果希望结婚的双方属于不同的公社,所根据的最能增进幸福的自由原则可能是:男女双方(在彼此同意之下)应该被允许选定他们最喜欢的公社作为他们未来的住所(如果决心等待空闲出来的房子),迁移的一方可以把他的个人股份从原来公社转到新选定的公社。在繁荣的情况之下,对于一个愿意在公社外边选择新居处而不愿在公社内部等待空缺的人所给的公平的股份价值将等于全部积累起来的财产的按股平均分配的一份,按照社员数目的比例,为千分之一或两千分之一。这个数目,或任何较小的数目将按照同一公社或不同公社在不同时期的不同情况付出。在结婚的选择自由上和结婚时间上,公社将不规定任何限制,社会上的一般法律使这些强迫的限制成为不是实际可行的;而男女双方的自己利益也不会使他们自己愿意受到这种限制。过早的结婚的后果不过是在社内找不到私人住处,或者得不到在社外买到一处住宅的款子,自然还有公众舆论对于这种轻率行为的责难,假设在这种情况下的结合被认为是一种轻率行为的话。但这种偶然的情形只能发生在生产下降的或固定的公社里;我们现在所谈的是在生产上升的情况之下的公社,在这种情况下,公社的积累永远在增加中,对于这种正常发生的需要是早有打算的。在原有的社员数目不多的情况下,在能够购买到邻近土地的情况下,在能够于原有的房屋之外很方便地建筑新房屋,或者能够把楼房增加一层的情况下,就可以采取这种扩大公社的方式为增加的人准备住处。只有经验能决定:在不同的情况下,有多少合作者能够给个人,自然也就给全体带来最大的幸福。很明显,在

合作公社的这种繁荣的情况之下，不会从性欲中产生任何弊害。它既然能够有益而容易地得到满足，就将成为对一切人抱好感的一个温和纽带。这里不会有限制挑起它的犯罪，也不会有过分满足的手段和机会把它降低到使人嫌弃和作呕，或者成为冷酷自私的肉欲。

现在我们来讨论反对共同生产，共同占有，共同享受的自愿平等制度的最后一种流行的意见，一种属于政治性质的反对意见。在这个项目之下，唯一值得我们注意的就是这样的一种说法："这些合作公社，如果成功了，将由于人类从现在活动中的撤退而推翻一切现在的社会制度。"

这个反对意见是有根据的，如果现在的制度和它所给人们的生活、性格和享受都是合理的，那么再发明什么新制度以逃避或改善现在的制度就将是多余的了。就因为现在的制度被认为有缺点，与人类的真正进步和幸福是不相容的，所以才提出新制度来以供采用。但新制度是用什么方式被提出来代替那些建立在过去时代的愚昧和激情之上的旧制度呢？用说服那些支持旧制度的人和在旧制度下受过害的人，说明参加新社会制度可以增加他们的幸福。新制度并不提议从任何人取走已得的财产。它的目的是使一切人，甚至于最悲苦的人，能够和那些认为自己是最幸运的人获得同样的幸福。现在，难道那些掌握政权的人，那些旧制度的保持者不愿意负责对他们自己的事业做出判断吗？不愿意采取他们经过研究之后认为最能增进他们自己幸福的那些措施吗？难道他们愿意不顾他们自己的确信而永远使自己成为制度的奴隶吗？虽然他们在经过研究之后是可能不愿意再受这些制度的束缚的。他们是不是想要从他们的同事那里取走他们认为自己应该有的关于幸福问题的判断的自由呢？政权机关现在只能选择下边两条路：或者采取这种自由讨论的方式，或者使它自己每天冒着受到秘密组织的暴力攻击的危险。全欧洲的人都知道这个真理，那就是一切政治制度至少也应当对于利益受它们影响的那些多数人的幸福——如果是多数人的幸福，也就几乎永远是全体的幸福——有所贡献，而且应该以多数人认为最能增进幸福的方式来追求这种幸福。无论强迫或欺骗都不能再来支配人类的事务了。人类今后将是他们自己的审判官，必须通过他们的理智来支配他们。

但是，这里还有另外一种具有前述经济的、政治的和道德的各种性质的反对意见。这一意见反对用互助合作的生产办法来达到财富平等和普遍获得幸福的目的。它说："公社拥有最肥沃的土地，虽然数量并不超过维持它们自己所必需，但对于那些拥有贫瘠的土地要求在耕耘和施肥上多用劳动力以获得同样产量的公社来说，它们就永远具有有利的条件；随着人口的增加，这种有利的条件将不断地在增加，而拿来耕种的土地也就必然越来越不肥沃。"

这种说法是假定互助合作制度已经相当地发展，所有的公社都有它们自己的土地和资本；这种结果自然是在公社建立几年之后所必能达到的，即使是最初的合作者非常贫困，必须借钱作为他们的全部资本。这样一个公社在一开始的时候越穷困就越需要长期地每天坚持劳动以获得它们的独立。

如所指出的，那些幸运的占有肥沃土地的公社比那些耕种贫瘠土地的公社具有有利条件是没有疑问的，虽然每一个公社所拥有的土地并不多于足以供给他们自己需要的数量。但是，下边的情况可以说明所忧虑的这种弊害是如何地微不足道。

因为在每一个国家里边,和它现在的人口相比,都有丰富的头等和二等土地——或者是天然肥沃的或者是天然贫瘠的——在互助合作的劳动制度之下来维持他们的人口,并且在大多数的情形下,能够维持更多的人口,所以在互助合作制度的作用已经大大地增加采用这种制度的各国家的人口以前,就没有必要来耕种坏的土地,更不用说最坏的了。

当这种情况将要发生的时候——回想一下我们说过的话:生活提高将引起保持这种生活的欲望和把这种生活继续维持下去的深谋远虑的习惯,用教育和其他方法也可以使知识在这些公社的青年人和老年人的心理上起作用——当所有好的土地将要被开发完的时候,那时将是一个简单的计算问题,计算一下耕种劣等土地到底有多大的好处——对于整个社会能够增加多少幸福。不管耕种的技术改进到什么程度,我们总不能认为这种改进对于肥沃的土地和贫瘠的土地同样地有效,或者认为这些改进能把岩石、沙漠和荒山变为沃壤,土地的不同和良好土地的优越性总是存在的。在每一个国家和每一个地区里边总不免有一些不毛之地,即使整个公社在八小时中的全部劳动或者一年的每一天每一小时的劳动都投入到这样的土地上,也不能从它取得足够维持耕种者生活的东西。如果岩石和沙砾,用碾碎、混合和把它们完全制造成为一种人工土壤的方法能够使之生产,但由于地势过高,缺乏热力也将在许多情形下使这种努力归于失败;而每年保持这种人工土壤的正常状态所需要的巨大劳动力也必能够永远保证从天然肥沃的土地上获得利益。所以不同的公社用劳动从土地上取得相等数量的食

粮和其他物品所需要的努力的不平等是永远存在的。不过我们可以放心地相信，未来的公社是有这种智慧来防止把它的劳动力用在不生产的土地上的，在土地贫瘠到劳动不能从之得到巨大利益的时候，公社一定会停止它的努力。这个牵制将以这样的方式起作用。已经在肥沃的土地上建立起来的繁荣幸福的公社的青年人希望在他们的各自的公社里腾出空房以前结婚。我们假定他们在他们所属的公社里能够支配他们那一份资本。在他们面前的选择是什么呢？或者是和他们一样的青年人联合起来，把他们一生的共同劳动用在开发一块贫瘠的土地上，或者是留在他们原来给他们以每一种合理享受的公社里，等待着公社的情况允许他们结婚。即使结婚和成家立业的欲望非常强烈，但一切时代中的一切人的经验都使我们确信，他们是不会用不仅牺牲以前物质生活的享受而且牺牲在公社里存在的非常亲密的同志和友谊关系作为代价来满足这种欲望的。那么，那些移殖和定居在新土地上——即使是最肥沃的土地——的人，结果怎么样呢？痛苦，移居者的痛苦和他所离开的那个公社的痛苦。谁听见过有为的青年人曾经为了把婚期提前几年而移殖和定居在新环境里呢？但是，即使现在曾经有人这样做，一个人没有任何可根据的判断材料，就把他的希望委托给不可知的命运而冒一切危险来满足一个现在的愿望，可是在大大改变了的情况之下，各方面的可能都已经成为了必然的情况之下，有什么理由认为会发生同样的轻率行为呢？——这已经不是轻率而成了完全的疯狂。几乎没有必要来说，任何土地如果在互助合作制度之下耕种起来无利，人们就更不会在个人努力之下去耕种它。这样的土地将成为牧场或用在耕地以外的其他目的上。

我们既然消灭了从这一来源直接产生的弊害，我们还可以进一步研究到它的细节。我们将满意于一种办法的提出；这种办法对于一切人都是公平的，不是强迫的而是自愿的。这种办法能够有力地解除我们的顾虑，使我们不再担心不同的土地的不同生产力会给彻底的财富平等造成天然的障碍。

如我们所假设的，在一切没有保障的限制——自然也就是一切没有保障的制度——被解除之后，那个在每一个个别公社里管理由个人组成的大家庭的私事上卓著成效的合作原则仍有必要被用来管理与一切公社的一切个人的共同利益有关的全国性的事务。如果这个原则对于一个公社的一千个人的合作是好的，它在与共同利益有关的事情上，对于一千个公社或者十万个公社的合作也必同样是好的。分担全国财政上的开支以办理全国性的事业，维护外部的和内部的安全仍然是必要的。公家的和私人的掠夺既然停止，任何一个公社的劳动产品既然不会在没有公社认为满意的等价物的情形下从公社自己的享用中被取走；那么，每一次这样的分担就必须取得公社的同意。这些自愿为一区、一省、全国、国际或者慈善的目的而分担或者献出的数目将是非常微小的；因为个人积累和显示富有的欲望已经消灭，政府行使一般职权的机会也几乎完全不存在，只要这些职权被认为是必要的，它们就为各个公社，为了自己的利益而认为必须自愿履行的那些义务所代替了。这个数目可能很小，假设向这些公社或者任何代理它们的个人提出的时候，那些拥有肥沃土地的公社，既然能够以同样的努力比它们的不太幸运的邻人生产出更多的财富，就应该按照土地的肥沃程度分担这些每年必要的支出。是不是这种只是为了有益

的目的而分担的一笔款子会遭到这些处于有利地位的公社的反对呢？——这种负担现在是以所说的地租的形式支出的，地租被积累在私人手中正是财富的极端不平等的主要来源。争议很可能是在拥有贫瘠土地的公社那一方面；因为它们没有机会来分享对于这种有益的目的做出贡献的快乐。假设一种最坏的情况出现，所有的公社都是自私的，虽然支出是为了它们全体或至少大多数所赞同的目的并与他们全体利益有关，但没有一个愿意付出公共负担的任何一部分；在这种情况下，多数人的意志可以用地租的形式规定一种捐税以替代一切其他捐税，并按照肥沃的地超出于一般耕种的最贫瘠的土地的肥沃程度向肥沃的土地征收。用这种规定可以使公家的负担得到解除，而关于劳动和从财富获得的享受也可以得到完全的平等。所以，如果在已经做了这些解释之后，仍然认为土地肥沃程度的不同会造成极大的弊害，那么这种纠正的办法是既简单又方便的，而且一定是对症的良药。

第　六　节

财富的平等只有靠理智来建立

这就是真理迫使我按照我的最好的判断能力对于财富分配方面的自愿平等制度所作的估计。这种制度是在同等和彻底有保障的保护之下用互助合作的方式来实现的。一切强迫和欺骗已被消除；每一个人的合作都是由于他看到了提出来的这个办法能够把他的幸福和别人的幸福联系在一起从而增加他的个人幸福；这个计划的当事者和创始人那一方面没有任何邪恶的利益或者秘密的企图,在这种情况下有理性的人除了在各处对这个伟大的计划做一番试验外,还应该做些什么呢?

要做的事情还有很多。知识有待于传播。秘密必须被揭开。简单朴素的真理必须摆在众人面前。对于少数掌握政权的人和到处被掠夺的,由于万恶的制度(那些少数掌握政权的人就是这种制度的工具和支持者)而变得邪恶和不幸的现实社会,不必掩盖真理的任何一部分。对一切后果都必须坦率地公开出来。人类考虑到他们的利益,今后必须受他们的理智的支配。这些公社的建立必须不是也不应该是由于热情,和出于当权者之手。每个合作者都必须而且也应该有自信心。这种自信心还有待于树立。只是没有压迫,没有欺骗,没有不正当的利益还是不够的;对于这些东西的疑虑本身必须从希望在这些公社里合作的人们的内心里消除。无论是耶稣会会员①,摩拉维亚教徒②,震教徒③,或协和会教徒④,在此以前所成立的互助合作的公社没有一个不是建立在排外的原则之上的,所以人们说公社不可能建立在其他原则之上。群众的愚昧,对于他们的骗人的领袖的盲目服从,除了具有生产者

① 耶稣会会员是1533年西班牙人罗友拉所创办的天主教教会一派的教友。——译者

② 摩拉维亚教徒是1457年波希米亚人胡思所创办的基督教教会一派的教友,又名为弟兄派教友。——译者

③ 震教徒是创始于英国华德雷的基督教一派的教友,祭神时跳震动舞,所以叫震教。——译者

④ 协和会教徒是1803年德国人乌丹勃格创始的基督教会一派的教友。——译者

和寄食者所需要的那一点可怜的知识以外，禁止一切自由探讨和取得一切其他知识：这些就是在此以前用互助合作来进行劳动的特征。无怪乎聪明正直的人，热爱真理的人都怀着憎恶的心情离开了这些公社。

这种根深蒂固的组织必须打破。这些公社今后必须建立在自由探讨和了解的基础上。它们的功效必须不仅表现在吃穿上而且应该表现在每一种人类幸福的来源上，特别是表现在摆脱邪恶势力的支配上。当人类利益被明显地摆在他们的面前的时候，他们最后一定会看到这种利益和追求这种利益。人们所考虑过的人类社会的变革没有比这个再重要再广泛的了。只有理性的力量能够实现这种变革。自封的政权机关的微弱而不可靠的帮助只能阻碍这一伟大工作。全国人民，通过他们所指定的人或者所指定的方式所表现出的深思熟虑的智慧，今后可以帮助一切愿意参加合作的人用互助合作的方法获得他们劳动产品的全部享用。同时，个人也可以进行说服和宣传；说明这确是一个关于财富生产和分配的最好的计划，它综合了在此以前所实行的一切其他人类劳动方式的优点，能够使人类的一切其他享受达到最高度；这是一个如此聪明、如此有利的计划，同时就是对于坚决反对它们的人也是一个十分温和的计划，它创造而不破坏，它鼓舞一切人而不打击任何人——在真正的幸福上；它不打击任何人——在此以前，人类知识的发展从来没有能够使人类发现这一计划。

结　束　语

在讨论财富问题时，一种更为常见的和更为不可避免的错误来源就是认为作者周围的情况，——无论作者是在哪一个国家里写作——当地盛行的千变万化的无保障制度所产生的情况是不可避免的和必然永久存在下去的。产生特殊道德或不道德习惯的和引起财富的生产和分配的无穷无尽的变化的无保障制度，不仅在地球表面上的每一个国家里不同，而且在同一国家里也是在不断地改变着。因此，在这样一种片面的靠不住的基础上建立任何永久的或普遍的真理是不可能的，但也因此就流行着错误的论断，或者从不充分的资料中得出错误的结论。

在道德科学的研究中和在自然科学的研究中一样，我们必须首先确定事实。在物理学上是物质的东西和它们的性质；在道德科学上是制度、行动和它们的后果。在道德科学上，探讨时所遭遇到的实际困难——近年来是迫害——阻碍了这种科学研究的第一步。这一步仅仅是真正知识的准备阶段，但却被看作为知识的本身了；判断的材料被用来作为阻碍判断的障碍了。把财富在此以前是怎样生产和怎样分配的做一番解释，研究家们就认为他们的工作已经完成了。把过去一切的法律收集到一起就可以合理地代替最好的法典。

我们的目的既然是确定那种能够导致最大的财富再生产和从一切其他来源获得最大幸福的财富分配的方式,以前一切的生产和分配方式自然就不能被看作为权威,使它们妨碍我们关于新计划的判断,而只能被用作为资料以使我们判断得正确。奴隶制度和自由劳动制度以及它们的一切变形,印度斯坦的制度和英国的制度都同样被用来作为判断的材料,同样被拒绝作为权威来妨碍我们的判断,同样要经过我们用功利原则作一番严格的审查。这种探讨方式排斥一切特殊利益,一切现存的生产方式或者不如说把一切特殊的被误解的利益,一切可以恰当地称之为邪恶的利益,吸收到普遍的利益、广大群众的利益之中。在这种探讨方式中,我们曾经力图把问题从大部分由激情和愚昧和为了达到讨厌的目的而采取的错综复杂的手段中解脱出来,并把分配问题还原成为最简单的因素。人、劳动、原料;大自然所提供的,人类必须以他们的智力和体力从它们制造出一切财富所能提供的谋求幸福的手段的那些原料;这些就是我们的简单的因素。怎样以财富的形式从这些因素中制造出最大量的幸福就一直是要解决的问题。这个问题解决之后,接着来的是另外一个仅仅在重要性上占第二位的问题——怎样用最方便的办法把现在偶然形成的财富的生产和分配方式变成为一定能够产生最大幸福的方式。

在本书一开始的时候,我们曾经看到分配上的**平等**被认为比任何其他分配财富的方式都能够产生难以估计的更多的幸福,如果分配到最后,各份不是太小以至于不值得取得和享受和这种分配不是用强力实现的以至于造成祸害的话。

所以只有在能够提出产生更大的福利这种理由的情形之下,

才可以离开分配的平等这个原则。

人类除了努力之外,没有其他方法可以生产财富:有时候用个人的劳动,有时候用多于一个人的共同劳动,有时候用几百人的共同劳动;很明显,如果任何一定数量的财富的分配平等的原则扩及到与财富生产无关的人们身上去,虽然由于分配增加了目前的享受上的快乐,但将来生产财富的动机必将从生产者那里被取走,而从分配的平等上得到享受的那些没有分担生产劳动的人也完全不取得这种动机。生产财富的一个人或许多人永远不会自愿地同意:他们为他们自己的目的,为他们自己的使用和享受所生产的东西,应该在生产出来之后被拿走,分配给那些没有在生产中合作的人以增加他们的幸福。这一原则对于由二百人或两千人共同努力来生产所说的财富和对于由两个人来生产这项财富同样地适用。我们把这种对于财富品的分配平等的限制叫作保障的原则。平等必须受有保障的限制。有保障的意思是指"自由劳动,劳动产品的完全享用和自愿交换。"没有保障就没有再生产。生产的多少和保障的程度——在知识和其他一切条件都相等的情形下——成正比例。生产将随着无保障的程度的增加而降低一直到最后停止。无论财富是由一个人或由一千人生产的,由个人竞争或由互助合作生产的,保障对于生产同样都是必要的。如果由一千人或一万人生产出来的财富品没有得到他们的同意就分配给两万人或十万人,分配给认为分配的数量值得接受的那么多的人,这一千人或一万人的未来生产不会像一个人的单独努力所生产出来的东西被同样地分配了一样地受到挫折吗?

要求保障——只能应用到从劳动获得的东西上边——既然是

普遍的至高无上的权利，而又不能发现其他原则可以限制平等的利益，所以结论是：在平等与保障不是不相容的情形下，平等应该永远是分配的原则，而当保障和平等的要求都指向同一方向时，平等就更应该是分配的原则。

"保障"这一词已经被剥掉了前此和它联系着的虚伪的和诡辩的意义。这里所说的保障是一切人的同等的保障，不是仅仅少数人有保障而大多数人无保障，它是"生产力"的保障——生产出无数东西来以供每年消费和再生产之用的保障，每一个人的生产力的保障，不是某些少数有权势的人无论用什么手段积累起来的少量产品的保障。

对于分配的平等的唯一的合理的限制，那就是说唯一的能够产生更大利益的限制既然是**同等的保障**，所以我们曾经对于公正地支持这种同等保障原则会产生什么效果作渴求的探索，并且曾经表明，公平地给社会上的所有成员以同等保障而不是只给少数被偏爱的人们以保障，这种保障在发展中将成为分配平等的同伴和坚定不移的支持力量，而不是像以前被错误地认成为分配平等的敌人。虽然它不可能产生绝对的平等，虽然它不可能排除主要从自然原因产生的意外变故的可能性：虽然仍有些人比别人富有，有些人比别人贫穷，但极富和极贫将被消灭。从极端的富有和极端的贫困所产生的大量祸害和不幸将告停止，而所剩下的将只是那些以最有益的形式在才能努力上展开竞争时所不可避免的那些毛病。

我们揭露了虚伪的保障，政治当权者以恐怖手段来支持着的，常常为政治经济学家所卑躬屈节地或者愚昧无知地崇拜着的保

障——在一切现存的获得方式的享有和永久保持上的保障，或者不如说偶然的占有者支配别人每年劳动产品上的保障，虽然这些产品是从社会其余的人的无保障上勒索敲诈得来的。我们揭露了代替真正同等保障的虚伪的保障在各处造成的可怕的伪善和其他不道德的行为，各种各样的不幸，以及和这种保障的盛行程度成比例的对于生产和再生产的甚至达到毁灭程度的削弱。我们对于这个以保障为名的可怕的重利盘剥者已经给了它一个正确而恰当的名字，那就是"无保障"；我们把它用来达到它的目的的和把对人类的幸福的掠夺固定下来的一切各种各样的，一直在变化中的压迫和欺骗手段称为"没有保障的措施或制度"。真正的同等保障的原则在财富分配上几乎可以导致真正的从公平的竞争中产生的平等，而虚伪的保障原则则导致了财富分配上的最大不平等，因为它践踏了竞争，和除了自己以外，把全世界排除于有保障的利益之外。这个虚伪的名词，"保障"，曾经被用在非常可怕的弊端上，以至于人类的奴隶制度也在它的幌子之下被认为是有理由的而仍然被支持着，一切影响别人财产和人身的人类恶行和犯罪都在这一个字上集其大成而公然大规模地付诸实践。一个人的各种形式的有保障必须被牺牲来维持另一个人的一部分微不足道的财产的有保障。

真正的或同等的保障和虚伪的保障，或者说有保障和无保障各有其特点。我们曾把这些特点表明如下：

同等的保障	虚伪的保障
保护一切人从事劳动的自由。	
	除了它所偏受的人以外，限制一

	切人从事劳动的自由；此外它还允许那些宠儿使用强迫和欺骗。
同样地保护一切人完全享用他们的劳动产品。	准许那些具有政治或其他权力的人掠夺一切人的劳动产品。
保护一切自愿交换。	为了增加或固定它的宠儿的占有（用**这种占有，他们几乎可以垄断人类劳动的所有产品**），或便于收集公开掠夺的东西，或为了其他片面的理由而限制一切交换。

这些关于财富的同等保障的特点包括着我们笼统地叫作“分配的自然法则”或那些关于财富分配的基本原则在内。任何社会的法律如果破坏了这些原则，就要随着破坏程度的大小而或多或少地减少财富所能产生的大量幸福。这些原则就是：**自由劳动**、**劳动产品的完全享用和自愿交换**；一切公平的财富分配应该建立于其上的原则就是如此地简单。

虚伪的保障几乎把它的全部注意力都放在财富的**实际积累**上，放在所分得的实际存在的东西和分配方式的保持上。同等的或真正的保障更多地注意生产力，注意生产未来财富的能力，而不是注意积累起来的实际数量；它注意积累起来的或者可以积累起来的那一部分财富的目的也只是为了从那些东西上边得出人类可能有的最大幸福，既是没有财富的人的幸福也是拥有财富的人的幸福。要估计这个区别的重要性，我们应该问一问，这两批财富，甚至在最富有的社会里已经积累起来的财富和用普通的技术与勤劳每年或在几年以内能够生产出来的财富，究竟哪一批数量最多和对于人类幸福最有影响。

大多数人（不都是可疑的）很少想到：社会的实际积累，无论就它的范围和就它的影响来说，和人类的生产力比起来，甚至于和一个世代的几年的平常消费比起来是如何地微不足道。想不到的原因是非常明显的而它的结果则是非常有害的。每年所消费的财富，随着消费而消失了的财富只是暂时地被人注意，除了在享受和使用的时候外，不给人留下什么印象。但那一部分消费很慢的财富，如家具、机器、房屋等，从儿童到老年一直都看得见，是人类劳动的永久标志。由于拥有这部分固定的、永久的、消费很慢的国民财富，拥有劳动于其上的土地和原料，用来劳动的工具，在劳动时居住的房屋，这些东西的占有者就为了他们自己的利益支配着社会上一切真正有能力的劳动生产者的每年的生产力，虽然这些东西和从劳动中不断产生的产品比起来不过是很小一部分。不列颠和爱尔兰的人口是两千万，每一个人，男人、女人和儿童的每年平均消费为二十镑，全年所消费的财富，或者说劳动产品为四亿。据估计这些国家积累起来的资本总量不超过十二亿，或者说是社会一年劳动所得的三倍；如果平均分配就是每人六十镑资本。我们所关心的是这个比例数，而不是那个估计数目的绝对的实际数量。这个积累起来的资本的利息约将支持整个人口过两个月的和现在一样的舒服生活，而全部积累起来的资本本身将维持他们过三年的不劳动的生活（如果能找到买主的话）；在这个时间终了的时候，没有房子，没有衣服或者食物，他们就必须挨饿或者成为支持

他们过三年不劳动生活的那些人的奴隶。实际的财富,甚至于最富有的社会所积累起来的资本,它的价值和重要性与他们的生产力——只是一个世代的生产力——相比正像三年和一个世代的健康生活,比如说四十年,相比一样;这里所说的还不是在同等保障的合理的安排之下他们所能生产的,尤其不是在合作劳动的帮助之下生产的,而是在不安全的有缺点的和使人沮丧的制度之下他们所能绝对生产的!如果整个社会在合作制度之下圆满而顺利地劳动着,大概他们将能干一年半(如果他们同时可以维持生活)里边再生产出这个看来像是巨大的现存资本。把这个现存资本(或者不如说用来作为垄断手段以对于每年劳动产品进行支配)维持和固定——因为谁也不愿意减少——在它现在的强迫分配的情况下,就是这个可怕的机器——无保障的罪恶和不幸——所要继续维持的。由于不首先供应生活必需品就什么也不能积累,由于人类要求享受的强烈愿望,社会所积累的实际财富在任何特定时期都是比较少的。这是一个生产和消费的无尽的循环。从每年所生产和所消费的巨大数量中总会得到这么一点点真正的积累,可是人们的主要的注意偏偏就是在这一点积累上而不是在那个巨大的生产力上。不过,这一点积累已经为少数人所夺取作为他们把他们的大多数同胞的每年不断生产的劳动产品拿来供自己享用的手段;因此,在那些少数人看来,这样一种手段是十二分重要的。说他们是重要的也就是说是对他们有利的,这是不错的。但对于这种积累使他们把一生的劳动贡献给少数宠儿享受——想象的或者真正的享受——的那些人来说,其重要性就是另外一种并且是使人感到可悲的。至于和生产者阶级的一生的劳动比起来,就没有

什么重要之可言了。因为这些国家约有三分之一的每年劳动产品现在是在公共负担的名义之下从生产者那里抽取来的，而且是被那些不给等价物，也就是说不给生产者认为满意的等价物的人们非生产地消费掉了，所以很显然，即或是在现在的安排之下，停止了这个抽取，现在的资本总量十二亿镑，也能够在九年之内积累起来，虽然免不了以很大的穷困和痛苦作为代价。每年的生产量为四亿，九年的生产量将为三十六亿，它的三分之一或者说十二亿镑，就是这个所需要的资本。在共同合作的劳动制度之下，一半时间或者更少一些，将生产出同样多的东西来并且在积累过程中能够使生产者过相当舒适的生活。在这两种情形之下，都是假定现在没有保障的负担已被消除。在这种负担存在的时候，个人单干和合作劳动都是无结果的；虽然合作劳动（如果它天真到肯于忍受这种负担）在负担之下能够兴旺而个人单干将完全为这种负担所压倒。

我们希望现在可以认清，积累起来的财富和创造财富的生产力相比较，用人类幸福的尺度来衡量，究竟哪一项更重要。一般人的眼睛总是注视着积累起来的财富，特别是当这项财富被掌握在少数个人手里的时候。每年所生产和消费的大量财富好像一条大河的汹涌波涛，日夜奔流不息，在消费的海洋中被人忘记而消失了。然而不仅整个人类的几乎一切满足而且整个人类的生存都依存于这个永恒的消费。这些每年生产出来的生产品的数量和分配应该是我们注意的最高目标。真正的积累完全是次要的，它的全部重要性几乎都是从它对于每年生产品的分配的影响上得来的。

我们就是以这种观点在这里讨论从财富中得到幸福这个问题

的。实际的积累和分配对于生产力来说永远被看作是供参考的和次要的。可是,几乎在一切其他制度下,对于实际的积累和现存的分配方式的继续来说却把生产力看作是供参考的和次要的。和保存这个实际分配的方式相比,整个人类时常过着痛苦或者幸福的生活竟被看作为不值得注意的。把强迫、欺骗和机会所造成的结果固定下来就是所说的有保障;为了支持这种虚伪的保障,不惜牺牲人类所有的生产力。我们在这里主张的是,任何一种实际分配方式却不值得我们一顾,除非它能够增进整个社会的巨大幸福,穷人和富人同样地被包括在内。

同等的保障所要求的是解放社会的未来生产力。实际的积累必须和未来的生产力区别开。同等的保障一方面不干涉过去大批的实际积累,一方面保障生产力的未来发挥,以免它将来继续遭到强迫、欺骗和意外事件的打击。在此以前,它是暴露在这些打击之下的。

我们曾经表明,平等和有保障有一个共同的要求:那就是为了从它们得到所能容许的最大利益,有必要使每一个财富生产者完全享用他的劳动产品或努力的成果。但是,只要社会上的劳动者被剥夺得只剩下了劳动力——只要他没有用来劳动的工具和机器、没有劳动于其上的土地或者原料、没有保护他的房屋和衣服,或者甚至于在他生产的时候没有食物供他消费——只要有任何制度或计划用公开的或者隐蔽的方式使他们生活一天比一天地依存于那些积累了他劳动所必需的手段的人——他就必然被剥夺去几乎他的所有劳动产品而不是享用所有这些产品。

强迫、欺骗和意外事件,既然因为与真正的同等保障不相容,完全不被用来作为产生平等分配，或者最大程度的实际平等的那些好处的手段，而广大的劳动生产者既然现在并不具有那些生产手段以使他们的劳动力对于他们自己或者那些他们所要加惠的人们生产得更多；在这种情形下，我们曾经证明，如果将来严格遵守分配的自然法则——自由劳动、劳动产品的完全享用和自愿交换（自然也包括着与这些法则不相容的制度或手段的取消）——必将和平地导致这个所希望的结果，并逐渐使一切劳动生产者在资本的名义之下，拥有他们必需的那几种东西以使他们能够收获他们的劳动果实。

但是，在分配的自然法则，或者同等保障的保护之下，有两种生产方式可以用来达到这个最重要的目的，以使所有劳动生产者拥有那一部分恰好使他们的劳动产品为他们所有所必需的资本。一部分人拥有资本，另一部分人拥有劳动力与一般的人类幸福和财富的最大生产都是不相容的。从功利的观点来看，所有的工人都应该成为资本家，劳动力和资本应该为同一个人所有；按照现在的人类心理状态来看，资本和劳动结合之后，必能随着获得知识。

不错的，许多政治经济学家认为这种情况是永远不能普遍存在的。如果你问，为什么？理由是，“从来就不是这样。”这个最好也不过是一部分正确的理由是不值得考虑的。不是这样，那是因为人们用这些生产手段从财富生产者那里勒索走了大量的产品。由于从劳动者那里取走了使他们的劳动力成为有效所必需的那些东西，并把它们交给别人，交给另外一群显然不同的叫作资本家的人来掌管，由于公开的和隐蔽的无保障的手段，生产者的劳动产品往往有四分之三被骗走。如果生产者有他自己的房屋、机器、原料等，比如说值一百镑吧，每年他在这笔财产上的损失或者说消耗将是多少呢？假设这些东西先后继续可以用五十年，每年的开销就是两镑，此外每年再加上一镑以作为修理费，这样每年三镑就可以在五十年后恢复原来的一百镑资本，并且在这个时期中一直可以保持这些东西适合于用来生产。假设他的劳动所值是每天两先令，每年以三百天计算，他一年的劳动价值就是三十镑；这个数目里边的三镑或者说十分之一，是为了保有那些必需的东西以使劳动成为有效，在资本的名义之下被消费了的。剩下的十分之九的劳动产品，他可以自由用来享受；或者直接消费或者制造一些东西以供多年的使用。如果这个资本不是为生产者所有，而是为另外一个叫作他的雇主的人所有，情形将是怎样地不同啊！为了使用这一百镑资本，这个雇主将要求百分之十到百分之二十，比如说百分之十五的利润。生产者的劳动价值和从前一样仍是每年三十镑。这样就随着资本积累总量的多少和其他影响利润率的各种条件而从他的劳动价值中抽取三分之一、二分之一，或三分之二交给了资本的所有者。并且怕这种榨取不够，资本家还采取规定工资和压制工人联合等等方式，进一步把生产者自己剩下的用来维持生活的劳动产品减低到最小可能的数目。这个一百镑所代表的资本，如果由劳动生产者自己来生产，连这个数目所代表的劳动力的一半都用不了。另一方面，政治力量还要从剩下的劳动产品中抽取三分之一，于是生产者自己的劳动产品被留下来的那一部分就少得可怜了。怕劳动生产者看见这种层层剥削的巨大的不公平，于是就尽可能地把他保持在愚昧无知的状态。那些无保障制度的拥护者狡猾而聪明地觉察到，如果劳动生产者获得了知识，他将不

适合于他的处境而感到不满足。无疑地,随着知识的普及,这种可怕的情况将要停止,而有了知识的劳动者不仅应该而且也一定能完全享用他的劳动产品作为他的报酬。资本、劳动和知识将重新被结合起来,永远不再分离。

在同等保障制度保护之下,实现这种结合的两种方式是:

平等的个人竞争的劳动生产方式。

互助合作的劳动生产方式。

我们已经指出自由平等的个人竞争的劳动制度与现在到处存在的限制和独占制度相比的优越性:也指出了互助合作的劳动制度和这些无保障制度下的一般劳动方式相比的更大的优越性。我们还在许多细节上解释了互助合作劳动制度和最好的个人单干相比的有利条件,充分地说明了这种生产方式和前此所实行的各种生产方式相比,不仅在财富上而且在每一种其他幸福来源上,都有它的更大的优越性。很显然,为了社会的利益,甚至于更多地为了不仅从当前的财富而且从一切其他的来源获得幸福,应该尽可能多地采取互助合作的劳动方式;它比即使是所能容许的最好的个人努力、个人竞争制度更可取。

这两种同样建立在同等保障的广泛基础之上的生产计划或者说劳动制度,不但远不是彼此不相容的而且必须互相支援互相保护以反对那些无保障的制度、反对那些制度的复活或新的压迫手段的兴起。不论有多少孤立的以不同职业为生的人联合一起以寻求共同利益,社会的其余部分也不会受到干扰,以前的所积累起来的资本也不会受到什么损失。这些联合起来的公社像许多大家庭一样地生产和消费,家庭的人数使他们能很方便地互相全部满足值得他们用劳动来满足的各种需要和享受，而不在任何方面影响以竞争方式来从事劳动的人。这些联合起来的公社在一切重要物品方面对它们自己提出需求和供应。如果由于它们的优越的组织和人人具备的技术，在处理它们所生产出来的那一部分劳动产品，以交换用同样的劳动代价在社内生产不出来的物品时，能够比一般社会的资本家的售价低廉，一个重要的影响就是：劳动生产者和一切有理性的不劳动者（如果有这种人的话）以及零售商和这样的阶级，将逐渐看到应该改变他们的竞争的劳动方式而采取合作制度的路线。这是他们随时都可以办到的。在合作公社遍布社会各处，几乎把所有国内国外所供给的它们认为最好由它们自己生产的物品吸收过来以前，这些公社是不会以它们的广泛商业经营和大资本家以及贫苦的个人生产者发生利益冲突的。如果到了那个时候，在这些物品上从事个人竞争的生产者就会由于必要而采取联合在一起的进步方式，用互助合作来满足他们的需要。由于再过孤立生活和每个人为自己而奋斗的不可能，他们——资本家和劳动者——将被迫满足于提出联合的需求和供给。如果他们旧的生产方式不能再获利，他们可以随时采取新的优越的生产方式。这种方式是不会带来生产过剩的，因为他们的一切基本需要是靠他们自己来供应。

关于财富的分配，聪明而仁爱为怀的远大目标应该是使社会上的每一个成员都成为资本家工人和共同幸福的贡献者；并且从这个观点出发，设计出一些办法以使这个伟大目标实现，同时不但使已经积累了资本的资本家而且使那些不劳动者也不感到任何可能有的不方便。这些不劳动者现在不过是生产性劳动的一种负担

而对于他们自己也并没有什么好处。即使有什么不便，和这个伟大改革的利益相比也算不了什么。政治变革只有在建立或者推向建立这个真正“有保障”的伟大原则时才是有益的；这些变革的明显趋向就是要实现这一伟大改革。这种改革是那些被不必要地降低了生活的广大人类——没有知识，没有舒适的生活，没有彼此的关心——向正义者之手所要求的，也几乎是那些把自己看作为特权阶级的人为了自己的真正利益所同样要求的。

在现在人性还没有改变时，只要社会上积累起来的资本在一群人手里而创造财富的生产力在另外一群人手里，这个被积累起来的资本就将被用来破坏分配的自然法则和使生产者不能享用他们的劳动产品。如果我们有可能看到，在简单的代议制之下，任何无保障制度被容许存在以支持资本和劳动的分离，那么，这样的代议制（虽然一切政治当权者的掠夺可以停止）对于人类的真正幸福，就不会比提供一种发展知识的便利以最后消除这些无保障制度有更多的利益。只要有纯粹的资本家阶级存在，社会就必定停留在病态中。幸免于被政治当权者掠夺的东西将被资本家以利润的名义用另外一种方式征去。这些资本家在他们是资本家的同时也就必然永远是法律制订者。少数分散在社会各处的人拥有比一般平均数量略大一些的资本，形成一般情况的例外，并不能造成明显的弊害。它的榨取上的影响在普遍的资本家工人制度面前是微不足道的。个人竞争的生产也好，合作的生产也好，在生产者拥有他们自己所居住的房屋和一切使他们的劳动成为有效所必需的东西以及他们能够处理他们的全部劳动产品以前，他们将继续（不论是用什么间接的方式）充当拥有那些东西的人们的得力的（虽

然从表面上看是自愿的)奴隶。因为没有这些东西他们的生产力是毫无用处的。

但这种假设的情况是不可能的。代议制是和无保障制度不相容的。代议制的建立包括一切最有害的手段的废止,如公开掠夺和为了任何目的而在没有得到生产者同意之下抽取他们的劳动产品等等。代议制的建立就是要解散资本家和掌握政权者的联盟;因为代议制将同样充分代表那些没有资本的人的重大利益和那些拥有资本的人的利益。代议制的建立给多数人以权力使他们按照他们的利益,来逐一地废弃那些无保障制度,同时提供最有效的手段使那些拥有权力的人获得必要的知识以正确地使用那个权力来生产最大量的幸福。

掌握政权的人必然是敌视每一种劳动计划,每一种能够消除现在社会上与道德和知识之可贵无关的那些有害差别的安排的,必然是敌视每一种用个人竞争或互助合作方式来把他们的同胞提高到和他们一样水平的计划的。否则他们一定会用他们的权力来达到消灭一切这些差别这个唯一的目的,而尽量少给任何人带来可能有的不方便。难道他们不是和其他人类一样,是他们现在和过去处在其中的环境的产物吗?能够合理地期望他们成为某些制度的赞成者,实行这些制度的结果将是最后取消他们和他们的同胞之间的人为的差别吗?他们所拥有的渺小的生活上的幸福几乎完全建立在一切这种差别之上,虽然那一点幸福是用他们的千千万万同胞的不幸换来的。不能这样期望他们——他们将保护他们所希望的能够为他们的狭隘而错误的观点服务的任何办法和任何人。不能达到这种目的,他们除了不使用野蛮的暴力来回答为了人类的利益而提出来事实和理论外,不能从他们那儿得到其他支持,他们的深谋远虑迫使他们采取这种不使用暴力的政策。作为一个阶级,他们永远不会被说服的;随着广大人类的知识的普及,他们将听从他们的智虑的指导而不是听从别人的说服。

互助合作的劳动制度看来不是对于某一阶级某一党派,而是对于整个社会有巨大的利益,所以它能够和最好的个人的或孤立的劳动方式相竞争。假设它不能做到这一点,人们就不会采取和实行这种制度。只有在最好的形式之下实行这两种制度的经验才能够或者说才应该使人类相信每一种制度的优越性。二者的充分发展都需要同样的先决条件。同等的保障一经建立,个人单干的最好形式既然得到了表现,合作劳动的真正优越性也就更明显了,个人劳动因为没有法子再借口于不再存在的限制力量,所以就不能不承认自己处于劣势。同等的保障一经建立,对于人类努力的每一种可能的劳动方式就开辟了一个宽广的天地,而那种最能促进人类幸福的和最能增进财富(就值得用劳动来创造的财富而言)的劳动制度只要实行得好,将最后代替一切其他方式。同等的保障一经建立,现在那些社会上没有力量的、贫穷的、愚昧的、邪恶的、不幸的劳动生产者将逐渐获得他们必需的小额资本,使他们能够组成大规模的合作劳动,而不需要资本家的靠不住的帮助来使他们的生产力发挥作用。同等的保障一经建立,如果资本和劳动的可怕的分离在以前阻碍了(当这种分离和它所建立于其上的制度还存在时)合作劳动的建立,现在,这种劳动也将作为一种自然的后果而接着出现。同等的保障一经建立,合作公社像社会上其余部分一样,在它们的劳动成果由它们自己来处理得到了保证

的情形之下，就可以发挥它的全部力量并顺利地增加生产。

从我们的整个探讨中可以得出什么结论来呢？

在形成人类性格的影响人类幸福的一切原因中，没有比财富的分配更重要的了，因为性格的发展和幸福的增加所依存的一切条件和关系几乎都依存于财富的分配。但是，关于功利的原则，每一个现存的时代都有它自己唯一的正确判断力，因之都有权力来这样分配它所拥有的，包括财富在内的一切谋求幸福的手段，以保证获得最大的幸福；这种权力和它的前人所行使的同样的权力完全相同。

现存的分配法不应该再被继续支持下去，除非证明它能够增进最大的利益。所以，如果以任何可能的方法重新分配积累起来的财富、土地、房屋、机器、粮食、衣服和整个社会的其他物资，如果重新规定劳动力的未来使用方式，能够增加整个社会的幸福总量（当前的和将来的一切利益和后果都考虑在内），那么这种重新分配和重新规定就应该付诸实行。在实现这种改革时应该尽可能地消除或减少对于任何一方的不便。

真正积累起来的财富量，就它的重要和对于人类幸福的影响来说，和无论处于什么文明情况的同一社会的生产力比较，甚至于和那个社会的即使是几年的真正消费量比较都是微不足道的了。所以立法者和政治经济学家应该特别注意“**生产力**”和它将来的自由发展，而不是像以前那样只是注意惹人注目的积累起来的财富。

所谓**积累起来**的财富，大部分不过是名义上的财富，并不包含任何真正的东西，如船只、房屋、棉花和改善了的土地等等，而**仅仅**

是对于社会的未来的每年生产力的要求权，这种要求权是从无保障计划或制度中产生的和被这些制度固定下来的。

所以，既然对于未来的生产和幸福没有损害，一切物质财富的积累，或者说实际的财富就可以留在现在占有它们的那些人手中让他们去享受。分配的自然法则唯一要逐渐剥夺的——不用强力——是那些占有者单纯把这些东西当作侵吞将来社会生产力所创造出来的财富的一种手段的权力。如果在合作制度帮助之下，在几年之内就可以剥夺掉他们这种权力。

如果任何社会上的十分之九的人能够被说服相信：在同等保障制度保护之下，用合作的劳动制度或任何其他劳动方式能够增进一切人的幸福，如果他们被说服相信，一切现存的实际财富的积累应该平均分配以使一切人都成为资本家工人，那么从一切人的利益来考虑，对于拥有真正财富的十分之一的少数人就没有必要使用压力来强迫实行这种分配。因为：

> 如果在组成新社会制度时，用强迫来代替说服，怎么能保证以后的每一个多数不使用这种强迫，从而导致勤劳和生产的毁灭呢？
>
> 未被说服的真正的财富的拥有者的所失将比多数人的所得为大，一种不公平的感觉会减少多数人的快乐和增加被强迫者的贫乏的痛苦。
>
> 如果资本是借来的而不是从强迫取得的，整个社会的多数人的几年生产力的剩余产品就可以在各方面都满意的情形之下还清这笔资本；或者自己很快地生产出更多的东西以建造自己的房屋、机器，而不必向人借贷。

拥有实际资本的微小的少数将最后被说服把他们的资本借给或投入这种有益的事业——如果被证明是有益的——或者无论他们是否被说服，他们将由于同情或者深谋远虑或者由于二者，而遵从他们周围的那些人的明显表示出来的愿望。在有建立于知识基础之上的公众舆论的地方，少数人是不能长期和这种舆论抗拒的。只有在没有知识，没有公众舆论的地方，少数人才能以强力来统治一切。

拥有实际资本的微小的少数，无论是不是被说服、表同情、深谋远虑，他们在这种情况之下，除了用他们的资本帮助实现一般人所希望的新事业外，不能为资本找到其他用途。同等保障制度使他们不能用这个资本作为从生产者榨取未来的大部分劳动产品的手段，资本必须被闲搁在那里，或者被用来实现人们所希望的目的，虽然他们不愿意这样做。

如果任何社会一个刚刚过半的多数被说服相信一切生产者都应该是资本家，一切使用强迫的害处一定会更大。同等保障和它所带来的一个结果——自由讨论——将很快地完成每一件有益的事情而不必用强迫。

总之一句话，为了从财富中获得最大的幸福，和有保障相调和的最大平等，每一个生产者，无论是农业的或是工业的，或以任何其他方式为财富提供一个满意的等价物，或拥有自由使用他的劳动的能力，都应该有足够的资本以使他自己得到他的全部劳动产品，无论他是自己单干来生产或者是和别人一起合作。和这个资本一起，他也应该有知识来指导他利用和保持这些有利条件。

实现这个人们所希望的分配制度的手段是：

1. 简单的代议制度；

2. 在代议制度之下，完全废止一切无保障制度的限制（限定继承、长子继承、地方的和一般的劳动组合、直接的或间接的规定工资、职业知识或行业知识的垄断、奖金、赌博、特权规定、公开掠夺和一切其他与同等保障或分配的自然法则不相容的一切手段），而尽可能地不给任何人带来不便；不侵犯一切过去的实际积累，但也同样保护一切未来的劳动产品使它免受一切强力或欺骗——直接的或间接的，公家的或私人的——掠夺。

3. 知识的进步和传播和一切社会都能逐渐认识到它们的真正利益一定会逐渐使其余的事情得到实现，那就是说，在社会的安排上实现每一种对于财富和对于每一种其他产生幸福的手段有益的事情。

人名对照表

三至五画

马尔萨斯　Malthus
孔多塞　Condorcet
巴里　Barry
贝尔　Bell
兰开斯特　Lancaster
边沁，杰里米　Bentham，Jeremy

六　画

伊巴米诺达斯　Epaminondas
伊壁鸠鲁　Epicurus
西尼尔　Senior
汤普逊　Thompson
米尔斯　Mills
伏尔诺　Volney
华盛顿　Washington

七　画

伽利略　Galileo
苏格拉底　Socrates
阿拿克萨哥拉　Anaxagoras

八至九画

欧文　Owen
佩利　Paley
拉瓦锡　Lavosier
弥尔顿　Milton
科尔里奇　Coleridge
玻利瓦尔　Bolivar

十至十一画

荷马　Homer
莎士比亚　Shakespeare
爱尔维修　Helvetiu
培根　Bacon

十二画以上

葛德文　Godwin
普里斯特利　Priestley
奥斯本，西德尼·戈多尔芬　Osborne，Sydney Godolphin
穆勒　Mill

图书在版编目(CIP)数据

最能促进人类幸福的财富分配原理的研究/(英)威廉·汤普逊著;何慕李译.—北京:商务印书馆,2017
(汉译世界学术名著丛书:120年纪念版:珍藏本)
ISBN 978-7-100-14123-9

Ⅰ.①最… Ⅱ.①威… ②何… Ⅲ.①分配经济学—研究 Ⅳ.①F014.4

中国版本图书馆CIP数据核字(2017)第138781号

汉译世界学术名著丛书
(120年纪念版·珍藏本)
最能促进人类幸福的财富分配原理的研究
〔英〕威廉·汤普逊 著
何慕李 译

商 务 印 书 馆 出 版
(北京王府井大街36号 邮政编码100710)
商 务 印 书 馆 发 行
南京爱德印刷有限公司印刷
ISBN 978-7-100-14123-9

2017年12月第1版 开本710×1000 1/16
2017年12月第1次印刷 印张30¾
定价:145.00元